청각장애와 언어

청각장애와 언어

김병하·강창욱·최영주 편저

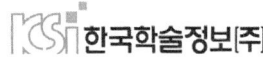 한국학술정보(주)

머 리 말

청각장애아 교육은 특수교육 분야에서 역사적으로 가장 오래된 전통을 지니고 있다. 농학교 교육이 시작된 지 유럽은 230년이 넘었고, 미국은 180년 가까이 되는가 하면, 우리나라도 85년쯤 된다. 이처럼 특수교육의 다른 장애영역에 비해 농교육은 오랜 역사적 전통을 가지고 있는 반면에 교육적으로 안고 있는 문제들 또한 산적해 있다. 이 누적된 문제들을 개선하기 위해서 그간 많은 노력들이 있었으나, 좀처럼 잘 개선되지 않고 있다.

어쩌면 '농(deafness)'의 문제는 '언어'의 문제라 할 수 있다. 따라서 언어 문제는 농교육자들이 일생의 과제로 도전해야 할 핵심적 문제이다. 이런 점에서 모든 농교육자는 한 사람의 교사이자 언어전문가이어야 한다. 청각장애 아동들에게 최적한 의사소통 양식은 무엇인가, 어떻게 하면 이들에게 언어능력을 최대로 개발해 줄 수 있는가, 또 어떻게 하면 이들도 일반아동과 비슷한 수준에서 교육내용을 이해할 수 있겠는가 하는 물음들이 끊임없이 제기되어 왔다. 그러나 아직도 우리들에게 명쾌한 해답은 주어져 있지 않다. 그간 이 분야의 많은 전문가들(우선 이 책의 방대한 참고문헌을 보라)이 여러 측면에서 그 해결 대안들을 탐구해 왔지만, 분명한 것은 결코 명쾌한 해답이 없었다는 점이다. 농교육에서 언어 문제는 대상 아동의 특성, 언어환경, 주어지는 교육 프로그램들의 특성 등에 따라 복잡하게 얽혀 있으므로 '결코 명쾌한 해답은 없다'는 사실만이 유일한 해답인지도 모른다.

그러나 난마처럼 얽혀져 있는 농교육의 언어 문제들에 대한 쟁점을 우리들이 분명히 이해할 수만 있게 된다면, 농교육의 실천과정에서 몇 갈래의 가능한 대안을 설정해 볼 수 있지 않겠는가. 합리적 이론이 뒷받침된 모델 프로그램을 섬세하게 개발하여 이를 끈질기게 실천해 가노라면 농아동의 언어능력과 교육력도 놀랍게 개선되어 가지 않겠는가. 이런 측면에서 Stephen P. Quigley와 Peter V. Paul 교수가 저술한 『언어와 농』(Language and Deafness, 1984)은 우리들에게 소중한 시사점과 아이디어를 제공해 준다.

이 책의 1장에서 5장까지는 Quigley와 Paul 교수의 『언어와 농』을 번역한 것이다. 제1장은 청각장애아의 언어발달과 언어교수에 있어 중요한 쟁점이 되는 개념들에 대한 정의와 역사적 개관을 해 놓은 것이다. 농아동에 대한 다양한 언어지도와 의사소통 접근 문제들을 역사적으로 추적하면서 주요쟁점들을 논의하고 있다.

제2장은 '언어와 인지'문제를 다루고 있는데, 언어를 인지능력의 종속 변인으로 볼 때 농아동의 언어발달을 위해서는 적절한 인지발달이 뒷받침되어야 한다. 언어가 발달하려면 인지는 뗄 수 없는 필수조건이 된다. 농아동의 내어(internalized language) 형성은 사고의 중재에 의해서 가능하다는 입장에서 이 장에서는 '상징적 중재'가 논의된다.

제3장에서는 언어에 대한 최근 이론들을 근간으로 하여 일반아동과 농아동의 일차언어발달을 다루고 있다. 기본적으로 농아동의 언어발달은 그들에게 적용되는 의사소통 양식과 연관하여 검토되어야 하므로, 이 장에서는 미국의 구어 영어(OE), 수지부호영어(MCE), 미국수화(ASL) 등의 언어형식이 다루어진다.

제4장은 읽기를, 제5장은 쓰기(문어)를 다루고 있는데, 이 두 장은 별개의 장으로 처리되어 있지만 '문해능력'이라는 측면에서 따로 떼어서 볼 수 없는 내용들이다. 특히, 문해능력은 학습의 기본 도구이기 때문에 학교 교사들과 임상가들은 이 문제에 대한 일차적 책임을 질 수 있어야 한다. 비록 언어문화권이 다르지만 우리나라 농아동들의 문해능력 개선을 위해 4, 5장을 유의해서 볼 필요가 있다.

제6장은 우리나라 농학생들의 문해능력을 분석한 연구들을 요약한 것이다. 농아동의 읽기 능력은 최영주가, 쓰기능력은 강창욱이 각각 연구를 수행하였는데 이들은 지금도 이 문제에 깊은 관심을 가지고 계속 연구하고있다. 마지막 7장의 「언어능력과 교육과정」은 R.E. Johnson, S. K. Liddell, C. J. Earting 등(1989)이 Gallaudet대학교 연

구소의 세미나 보고서로 제출한 "Unlocking the Curriculum: Principles for achieving access in deaf education"이라는 논문을 번역한 것이다. 이 논문은 농아동으로 하여금 일반아동과 비슷한 수준의 교과내용을 이해할 수 있게 하기 위해서는 기본적으로 농아동의 언어 수용능력을 개선할 수밖에 없는데, 이를 위해 농아동에게 가장 적합한 일차언어는 '자연수화'이어야 한다는 것이 주요 논지이다. 이 논문은 농교육계에 많은 관심과 파문을 던진 주목할 만한 보고서로서 미국 농교육분야의 여러 잡지에 소개되었을 뿐만 아니라, 이미 스페인어, 프랑스어, 독일어, 미국수화(ASL)로 번역되어 있으며, 최근에는 태국, 일본 등지에도 번역되어 있다고 한다. 이 논문에 대한 세미나 토의(논평) 자료로 묶어 놓은 "Access: Language in Deaf Education" 1990) 이 별도로 보고되어 있기도 하다. 이 논문을 몇 년 전부터 대학원 강의자료로 활용해 오던 중 이번에 완역본으로 소개하게 되었다. 이 책의 전체 성격이나 내용구성으로 보아 무리 없이 연결될 수 있어 다행으로 생각한다.

이 책의 1, 5장은 강창욱, 2, 3, 4장은 최영주가 각각 초벌번역을 하였으며, 퇴고(堆敲)과정에서 강창욱이 수고를 하였다. 그러나 전체 내용의 검토와 최종 퇴고는 필자가 행하였으므로, 본문 내용 가운데 잘못 번역된 부분이 있다면 궁극적으로 필자의 책임이다.

이 분야의 전문서적이 아주 부족한 우리의 현실에서 이 책이 학부와 대학원의 특수교육 전공 학생들, 농교육 분야의 교사들과 임상가들, 농자녀를 둔 부모들에게 유익하게 활용될 수 있으면 다행이겠다. 끝으로 이 책이 발간될 수 있게 해 준 한국학술정보에 고마움을 표한다. 또한 나의 강의를 들으면서 이 책의 교정을 도와준 석사과정 청각장애 전공학생들에게도 고마움을 표한다.

1993년 11월
金 炳 廈

목 차

제1장 정의와 역사적 조망

이 장에서는 농아들의 언어발달과 지도의 조망을 제공할 목적으로 구성된 약사에 따라 여러 용어들의 정의가 내려진다.

제1절 정 의

농

이 책의 기본적인 목적상 양호한 증폭장치를 사용하더라도 주된 의사소통의 통로와 세계에 대한 연결매체가 시각에 의존하는 정도의 청력손실을 가진 아동을 농으로 간주한다. 물론 이것은 모호한 것이어서 농을 진단하는 데 잘 적용되지 않을 수 있지만, 많은 증거들(Ling, 1976; Conrad, 1979)은 대부분의 청각장애 아동들이 청력손실 약 90dB에서 의사소통의 주된 통로가 청각에서 시각으로 바뀐다고 지적한다.

의사소통을 목적으로 할 경우에 청각은 대수 단위인 dB로써 125Hz에서 8,000Hz까지의 주파수대에 걸쳐 측정된다. 청력역치수준(hearing threshold level, HTL)은 측정된 각 주파수에 대한 반응역치를 청력도 상에 그래프로 구성한 것이다. 청력도에서 어떤 주파수의 청력역치가 0역치에서 상당한 편차(15~20dB 또는 그 이상)를 나타내면 청각장애를 나타내는 것으로 볼 수 있다. 정상역치는 많은 수의 정상청력인구 표집으로부터 각 주파수에서 측정한 결과, 통계적으로 정상인 것으로 판정된 것이다(ANSI, 1969). 이러한 역치는 직선의 청력도 위의 각 주파수에 0(0dB)으로 표시된다.

청각장애는 농과 함께 이 책의 취지상 청력손실의 모든 정도와 유형을 수렴하는 보편적 용어이며, 심한 장애 정도(90dB)를 말하는 것이다. 청력도상의 청력역치수준은 -10dB에서 110dB까지 측정되어질 수 있다. 청력손실의 정도는 흔히 말의 수용에 매우 중요한 것으로 여겨지는 500, 1,000, 그리고 2,000Hz에 대한 HTL 평균으로 나타내어진다. 그래서 500Hz에서 55dB, 1,000Hz에서 60dB, 그리고 2,000Hz에서 65dB의 HTL을 가진 사람은 60dB의 청력손실 혹은 장애를 가진 것으로 간주된다. 청력손실 정도는 청각장애자 개인이나 집단에 대한 1차적 기술변인이 된다.

청력손실 정도와 함께 청각장애가 시작된 연령은 농을 규정함에 있어 중요한 의미를 부여하는 것으로 간주되어진다. 여섯 살에 100dB의 감음신경성 청각장애를 수반하게 된 아동이 선천적으로 100dB의 청력손실을 가진 아동과 동일한 손실 정도를 나타내기는 하지만, 언어와 의사소통 상의 결과들(그리고 다른 많은 결과들)은 아주 다르다. 6세에 청각장애를 수반한 아동은 여러 가지 욕구들에 반응하기 위해 부모와 다른 사람들과의 청각/구어 의사소통을 통해 발달된 청각에 기초한 내재적 언어체제를 구축하게 될 것이다. 전형적인 상태에서 농으로 태어난 아동은 6세에 청력손실을 가지게 된 아동의 인지적 수행과 언어적 능숙함에 거의 이르지 못하게 될 것이다. 그래서 청력손실의 시작연령은 언어발달과 관련된 핵심적 요소이다. 이 책에서는 청각장애 시작의 결정적 연령을 2세로 설정했다. 그러나 두 살이 되기까지 정상청력을 가진 아동은 출생 시에 농으로 태어난 아동보다 청각/구어 의사소통(aural/oral communication)과 언어에 이점을 가지고 있을 것으로 생각되지만, 광범위한 통계자료와 실제적인 경험들은 실제로 반드시 그렇지 않음을 지적한다. 청각장애 아동들을 위한 서비스 체제에서 주어지는 현실적 한계들은 그런 이점들을 대개 상실케 하며, 그리하여 두 살이 되어 농이 된 아동과 선천적으로 농인 아동은 6세경에 교육적으로 구별할 수 없는 경향이 있다. 그럼에도 2세를 청각장애 발생의 규준연령으로 잡는 것이 중요한 기준이 되기 때문이다.

또 다른 기술적 변인들은 청각장애 병인과 유형, 그리고 청각장애자의 부모와 형제들의 청각 상태이다. 산소결핍과 모체에 감염된 풍진과 같은 병인들의 결과로 인해 초래되는 시각장애, 정신지체, 그리고 뇌성마비와 같은 발병 요인들이 농아동 인구로 판별된 아동 중에도 25% 정도나 차지하고있으므로, 이런 병인은 청각장애의 중요한 원인이 된다(Vernon, 1969). 청각장애 유형은 병변이나 손상 부위를 나타내고, 장애가 전음성인지, 감음신경성인지, 혼합형인지, 또는 중추신경계통의 것인지를 말해 준다. 전음성 장애에는 대개 외이와 중이의 전음 메커니즘만이 포함된다. 전음성 장애는 중도(moderate)가 대표적이며, 흔히 의료적으로 치료가 충분히 가능하거나, 음의 증폭(보청기)으로써도 보상이 가능하다. 감음신경성 청각장애는 내이에 위치한 청감각 메커니즘의 손상에 의해 발생한다. 전음성과 감음신경성장애의 합병은 혼합형 청각장애로 알려져 있다. 중추성 청각장애는 내이로부터 청피질로 청감각적 정보를 전달하는 청피질 혹은 청신경계에 손상을 입음으로써 발생한다.

부모와 형제들의 청각 상태는 농아동이 신생아기와 영유아기에 접하게 되는 의사소통 양식과 언어에 영향을 미칠 수 있기 때문에 중요한 변인이 된다. 농자 부모들은 대개(항상 그런 것은 아니지만) 자신들의 농자녀들과 미국수화(ASL)나 (덜 일반적이긴 하지만) 수자부호영어(manually coded English: MCE)를 사용한다.

분명한 것은 IQ, 사회·경제적 지위 등과 같은 많은 요인들이 청각장애정도와 상호작용한다는 것이다. 어떤 유리한 환경이 주어지면, 90dB이 넘는 청각장애 아동이 농아동이라기보다는 난청아동처럼 기

능을 발휘할 수도 있다. 이와 비슷하게 어떤 불리한 환경이 주어진다
면, 청각장애 아동이 난청아동이라기보다는 농아동인 것처럼 의사소
통의 측면과 다른 측면들에서 기능을 나타낼 수도 있다. 90dB이라는
규준은 청력역치의 연속선상에서 농이 전형적으로 시작될 수 있는
수준에 대한 개략적 지침을 제공할 뿐이다. 청각장애에 대한 어떤 분
류는 청력역치 측도상의 70dB 정도의 수준을 농으로 간주하며, 어떤
것은 105dB를 농으로 간주하기도 한다. 현재의 지식수준을 바탕으로
여기에서는 90dB이 가장 변호할 수 있는 농과 난청의 규준으로 제시
되었다.

〈표 1〉 장애정도와 교육적 요구들 간의 관계

장애정도	언어와 말에 미치는 청력 손실의 영향	교육적 욕구들과 프로그램
경도 16~29dB(ASA) 또는 27~40dB(ISO)	희미하거나 떨어진 거리에서의 말을 듣는 데 어려움이 있을 수 있음. 학업장면들에서 어려움을 별로 경험하지 않을 수 있음.	청력손실 30dB(ASA) 또는 40dB(ISO)의 가감에 의해 보청기로부터 도움을 얻을 수 있음. 어휘 발달에 중점을 둠. 배려된 좌석과 조명이 필요함. 입술읽기 지도가 필요하기도 함. 언어교정을 필요로 하기도 함.
중도 30~44dB(ASA) 또는 41~55dB(ISO)	3~5피트의 거리에서 마주보고 대화어를 이해함. 음성이 작거나 바로 쳐다 볼 수 없으면 학급토의의 50% 정도를 놓침. 어휘의 제한성과 말의 불규칙성이 나타나기도 함.	교육적 효과를 위해 특수 교육과 같은 서비스가 유용함. 평가에 의한 개인 보청기와 그것의 사용 훈련. 배려된 좌석과 가능한 한 특수 학급에 배치, 특히 초등학생의 경우에 그러함. 입술읽기 지도를 필요로 하기도 함. 필요한 경우, 말의 보존과 교정.
고도 45~59dB(ASA)	목소리가 커야 대화를 이해 함. 집단토의에 참여해	특별 지도시 교사나 특수 학급을 필요로 함.

또는 56~70dB(ISO)	야 하는 학습장면들에서 어려움이 증가함. 불완전한 말을 하기 쉬움. 언어사용법과 이해에 있어 결함이 있기 쉬움. 어휘가 제한적임을 나타내는 증거가 있음.	언어기능, 어휘발달, 언어사용법, 읽기, 쓰기, 문법 등에 특별한 도움을 필요로 함. 평가에 의한 개인보청기와 청능 훈련, 입술읽기 지도, 말의 보전과 언어 교정 항상 청각적, 시각적 상황에 주의를 기울임.
최고도 60~79dB(ASA) 또는 71~90dB(ISO)	귀에서 약 한 걸음 떨어진 곳의 큰 음성을 들을 수 있음. 환경음들을 식별할 수도 있음. 모음들은 식별할 수도 있으나, 자음들은 전혀 식별 못함. 말과 언어에 결함이 있으며, 악화의 경향이 있음. 청력손실시기가 1세 이전이면 말과 언어가 자연스럽게 발달하지 않음.	모든 언어기능, 개념발달, 입술읽기와 말읽기를 강조하는 농아들을 위한 전일제 프로그램이 요구됨. 프로그램은 특별한 장학과 폭넓은 지원서비스를 필요로 함. 평가에 의한 개인보청기. 개인보청기와 집단보청기. 청능훈련 이익이 될 수 있을 때만 정규학급에 시간제로 참여.
농 80dB 이상(ASA) 또는 91dB 이상(ISO)	어떤 큰 소리를 들을 수도 있으나 음 형태로보다는 진동으로 지각함. 의사소통의 기본수단을 청각보다는 시각에 의존함. 말과 언어의 결함이 있으며, 악화 경향이 있음. 청력손실시기가 1세 이전이면 말과 언어가 자연스럽게 발달하지 않음.	모든 언어기능, 개념발달, 입술읽기와 말읽기를 강조하는 농아들을 위한 전일제 프로그램이 요구됨. 프로그램은 특별한 장학과 폭넓은 지원서비스를 필요로 함. 구어의사소통과 수화의사소통의 욕구들에 대한 계속적 평가. 개인보청기와 집단보청기를 이용한 청능훈련. 신중히 선별된 아동들에게만 정규학급에 시간제로 참여시킴.

* Bernero, Raymond J., and Bothwell, Hazel. "Relationship of Hearing Impairment to Educational Needs", Illinois Department of Public Health and Office of the Superintendent of Public Instruction, 1966.

이러한 변인 모두가 농을 이해하는 데에 중요한 것이기는 하지만, 분류체계들은 대개 HTL(Hearing Threshold Level)만이나 혹은 HTL과 청각장애 시작연령에 기준하고 있다. 분류는 여러 자료들에서 발견되어질 수 있다(Davis & Silvermans, 1978). 〈표 1〉은 청각장애 정도나 HTL에 기초하여, 장애의 여러 수준들에 의해 발생하는 언어와 의사소통 상의 영향들과 교육적 욕구들을 유목화한 것이다(Bernero & Bothwell, 1966). 이 분류의 다섯 영역 중 다섯 번째 것만이(그리고 네 번째 것은 좀 적게) 이 책에서 다루어졌다. 유용한 통계들(Karchmer, Milone, Wolk, 1979)은 미국의 학교 프로그램에서 대부분 다섯 번째 영역에 속하는 학생 수가 약 54,000명이 있음을 지적한다. 이 책이 관심의 대상으로 하는 집단은 90dB 이상의 청력역치 수준을 가지고, 2세 이전에 청각장애가 나타난 아동들이다. 하지만 농아동들의 언어와 의사소통 발달 문제에 대한 문헌들은 이러한 간단한 분류에 의존하지 않는다. 이 책에서 인용된 연구들 중 어떤 것은 연구에서 청력역치 수준에 대한 기술적 자료나 청각장애 시작연령에 대한 정보도 없이 농아동들에 관해서 서술하고 있다. 또 다른 연구들에서는 농으로 유목화된 아동들 중에서 60dB 정도의 낮은 청력역치 수준을 가진 어떤 아동들을 포함시키고 있다. 이것은 관심을 어디에 두느냐 하는 문제인 것이다. 언어발달에 대한 청각의 중요성은 아무리 적은 잔존청력의 양이라 할지라도, 특히 음이 증폭될 때는 아동의 청각/구어적 언어이해와 사용에 상당한 차이들을 발생시킬 수 있기 때문에, 매우 영향력이 있는 것이라 하겠다. 그래서 이 책에서 농아동들의 언어발달과 문제들에 대해 설명하는 경우에, 농의 정의가 무엇인가 하는 것이 애매모호한 채로 남아 있게 된다. 농아동들이란 청각의 장애가 너무 커서, 양질의 증폭기기를 사용하더라도 시각이 의사소통의 주된 통로로 이용되는 아동들이라고 간단히 진술하는 것이 아마 가장 무난할 것이다. 이러한 아동들은 의사소통을 하는 데에 자연적으로 청각/구어적 양식들보다는 시각/수화적 양식들을 사용하는 쪽으로 기울어지기가 쉽다.

언 어

언어는 "세계에 관한 생각들에 의한 부호가 의사소통의 관습적 신호체제에 의해 나타내어지는 것"으로 정의되기도 한다(Bloom & Lahey, 1978, p. 4). 문법적으로 구조화된 음성언어는 대부분의 인간 언어에서 사용되는 신호들의 관습적 체제들을 형성한다. 그러나 많은 농자들은 자신들의 의사소통 수단들로 문법적으로 구조화되어 관습화된 시각적 체제(혹은 체제들)를 사용한다. 미국과 캐나다의 많은 지역에서는 이런 의사소통 형태가 미국수화(ASL)로 알려져 있다. 다른 나라들에서 사용되는 수화들도 역시 의사소통의 수단들로서 "공간 속에서의 동작"을 사용하는데, 그러나 마치 음성언어들간에 변인들이 있는 것과 같이 수화 간에도 변인들이 있을 수 있다(Stoke, 1971, 1972). 수화들은 Bloom과 Lahey(1978)에 의해 정의된 것과 같은 언어의 필요조건들에 부응하는 것처럼 여겨지며, 그리고 다른 일반적 정의들의 필요조건들에도 일치하는 것으로 이해되어질 수 있다. 수화들은 농에 대한 기록이 있은 이래 농자들의 의사소통 욕구들에 기여를 해 왔으며, 그리고 농자들이 존재한 것만큼이나 오랫동안 의사소통의 수단으로 사용되어져 왔다. 그래서 언어와 농에 대해 폭넓게 써놓은 책이라면, 구어와 문어와 동일하게 수화도 반드시 다루어야만 한다.

대부분의 건청아동들은 전형적으로 거의 삼투적(渗透的)으로 언어를 습득하는 것으로 여겨진다. 그들은 신생아기와 영유아기에 특별한 노력없이 언어모델(대개 어머니)과의 상호작용을 통해 언어를 습득한다. 만일 유아가 실질적인 지적 결함이나 인지적 결함이 없으며, 자극을 주는 환경과 접하고, 그리고 따뜻하고 수용적인 분위기를 제공하는 부모가 있어서 아동의 욕구들에 맞추어 아동과 편하고 유창하게 대화를 나눈다면, 청각에 기초한 언어체제는 특별한 노력을 기울이지 않고도 습득하게 될 것이다. 이러한 조건들에 접했을 때, 전형적 건청아동은 읽기와 쓰기와 같은 2차적 언어양식들이 후속적으로 개발되어짐으로써 인지적 능력과 언어적 능력들을 쉽게 발달시키게 될 것이다.

건청아동들의 조기 인지발달과 언어발달에 관한 이러한 설명들 중의 대다수 요인들이 농아동들에게도 역시 적용된다. Quigley와 Kretschmer(1982)는 다음과 같이 진술했다.

> 농아동의(실제로, 어떤 아동의) 교육적 잠재가능성의 발달은 유창하고 지적인 의사소통 체제의 수단들에 의한 다른 사람들과의 상호작용을 통해 의미있게 주어지게 되는 자극의 풍부함과 관련 학습경험들을 제공하는 조기의 환경을 필요로 한다. 원활한 의사소통은 부모나 부모의 대리인들이 아동의 생활에서 주된 인물들이 될 때, 신생아기와 영유아기에 특히 중요하다.(P. xi)

Bloom과 Lahey의 언어 정의가 음성언어의 제약성을 언급하지 않았거나 또는 합의하지 않은 것처럼, 청각/구어 양식에 대한 의사소통의 제약성이 이 인용문에서도 전혀 언급되지 않거나 또는 함의되어 있지 않고 있음에 주목해야 할 것이다. 미국수화는 Bloom과 Lahey의 언어개념(다른 최근의 개념들에도 들어맞는 것처럼)에 들어맞으며, 그리고 시각/수화 의사소통양식은 유창하고 지적인 의사소통 체제에 대한 Quigley와 Kretschmer의 조건에 들어맞는다. 농유아와 건청유아의 주된 차이는 최초의 언어체제를 발달시켜 주는 전형적인 청각/구어 양식이 청각 메커니즘에 손상을 입은 농아들에게는 상당히 훼손되어져 있다는 사실이다. 따라서 농유아의 인지적 발달과 언어적 발달을 어떻게 촉진시킬 수 있을 것인가에 대한 어떤 대안이 뒤따라 주어야 한다.

의사소통의 두 양식인 구화와 수화, 그리고 영어와 미국수화라는 두 언어간에 선택을 해야 한다. 이러한 두 개의 의사소통 양식과 두 개의 언어는 농아동들이 사용하기 위한 다양한 의사소통 양식들과 언어체제들을 구성하도록 결합되어질 수 있다. 이런 체제들의 정의는 Caccamise와 Drury(1976)와 Quigley와 King(1982)에서 살펴볼 수 있다. 정의들 중 어떤 것에 관한 분야에서는 완전한 일치를 보지 못하는 것도 있다. 여기에서 사용되는 정의들은 Quigley와 King(1982)에 기초하고 있다.

의사소통 체제

농아동들이 사용하는 여러 가지 언어와 의사소통 체제들은 미국수화(American Sign Language), 수지 부호 영어(manually coded English), 그리고 구어 영어 등과 같은 범주들로 묶을 수 있다.

미국 수화

Rainer, Altschuler, 그리고 Kallman(1969)은 미국 농자 성인의 거의 75%가 미국수화를 사용한다고 추산했다. 실제로 미국의 거의 모든 농자들과 캐나다 농자 대부분이 다른 농자들과 미국수화를 아는 건청자들과의 대화에서 ASL을 사용하며, 그러한 농자들의 많은 수가 ASL을 자신들의 모국어처럼 생각하고 있다고 해도 과언이 아닐 것이다. ASL은 구어의 구조와는 다른 문법구조를 가진 언어로서 사용되는 사인들의 형태를 독자적으로 고안한 손짓 의사소통(기본적으로 손과 팔의 형태, 위치, 그리고 움직임)체제이다. 관용적 신호체제로서 사용되는 어음들 대신에 사인들이 동일 목적을 위해 사용되어진다. ASL이 정말로 언어인가 하는 것에 의문을 제기한 연구자들도 몇 사람 있기는 하지만(Schlesinger and Namir, 1978), 이 분야의 연구자들 대부분은 언어로서의 훌륭한 특징들에 대한 증거를 제시하고 있다(Friedman, 1977; Klima & Bellugi, 1979; Siple, 1978; Stoke, 1960; Wilbur, 1979). 그러나 교육적 목적을 위해 구어가 수행하는 것과 같은 기능을 ASL이 동일하게 발휘하는 특징들을 가졌는가의 여부에 대한 의문은 여전히 존재한다. 하지만 이런 측면에서의 부족한 점이 있다고 하더라도(그렇지 않을 수도 있다), 그것이 언어로서의 어떤 결함 때문에 기인한 것으로 생각할 필요는 없다. ASL은 교육 체제 내에서 자주 억제되어 왔거나, 또는 최소한 방해를 받아 왔기 때문에 구어처럼 꽃을 피우는 데 부자유스러웠다. 대부분의 농자들이 ASL을 사용하지만, 단지 그들 중 소수의 사람들만이 건청아동들이 건청부모로부터 구어를 습득하는 상호작용처럼 신생아기와 영유아기에 그들의 부모로부터 ASL을 자연스럽게 습득할 뿐이다. 농아동들 중 약 3~4%만이 부모가 모두 농자인 가정에서 태어나고, 10% 이하는 부모 중 한 사람이 농자인 것으로 알려져 있다. 분명히 전형적인 상황 속에서 농아동들의 건청부모는 ASL을 알지 못한다. 그리고 농부모를 가진 농아동들 전부가 여기에 정의해 놓고 있는 ASL에 노출되어 있다고 보기도 어렵다. 어떤 농부모들은 그들의 농자녀들과 구어 영어를 사용하며(Corson, 1973), 어떤 또 다른 농부모들은 몇몇 다양한 수지 부호 영어를 사용한다(Brasel and Quigley, 1977). 그래서, 농아동들 중 단지 적은 비율만이 신생아기와 영유아기에 ASL을 자연스럽게 습득한다. 대부분의 농아동들은 농자 부모나 혹은 또래 다른 농자들로부터 ASL을 배운 농자 또래들로부터 ASL을 배운다. 이러한 ASL의 습득은 언어가 일상적이고도 쉽사리 습득되어지는 때인 유아기와 초기 아동기를 아주 넘어선 학령기에 대개 일어난다.

수지 부호 영어

아마 수지 부호 영어(manually coded English)의 가장 보편적인 형태는 영어의 굴절체계가 없이 사인들이 영어 어순에 따라 단순히 만들어지며, 동일한 의미의 사인이 없는 낱말들이나 개념들에는 지문자를 사용하는 것이다. 이것은 다수의 사인들은 알고 있지만 수화의 구조를 모르는 많은 수의 건청자들과, 그리고 그러한 사람들과 대화를 나누는 많은 수의 농자들에 의해 사용되어진다. 또한 이것은 자신들의 농자녀들의 영어를 발달시키고자 하는 높은 교육수준에 있는 몇몇 농자들에 의해 사용되어지기도 한다(Brasel & Quigley, 1977).

수지 부호 영어 체제들이 농아동들에 의해 사용되어질 수 있는 두 가지 방법이 있다. 첫째, 수지 부호 영어가 농아동의 시언이 됨으로써 부모와 아동 간에 최초의 의사소통 체제로 사용되어질 수 있다. 이 체제의 구조(통사)가 구어 영어와 문어 영어의 구조에 합리적으로 잘 일치되고 있기 때문에 수지 부호 영어는 읽기와 쓰기 발달을 위한 기초를 양호하게 제공할 수 있다. 마찬가지로 미국수화의 의미론적 측면들(사인들)을 사용함으로써, 추후 ASL의 학습에 기초로 이용되어질 수도 있다. 둘째, 수지 부호 영어는 ASL을 시언으로 하는 농아동들의 경우 ASL에서 영어로 전환되어 가는 가교로서 이용되어질 수 있다. 모든 경우들에 있어 농아동이 수지 부호 영어를 사용하는 것을 지지하는 사람들은 수지 부호 영어가 일반 사회의 언어의 통사적 구조(통사론)와 일치해서라기보다는 농자들이 수지적 의사소통(사인들)을 사용한다는 실제적 우수성에 그 기초를 두고 있는 듯하다. 이것은 아마 읽기 학습을 더 쉽게 만들 것이다. 그러나 이런 주장들을 뒷받침해 주는 실제적 연구가 없으며, 이러한 주장들을 합리화시키기에는 막대한 요소를 담고 있어야 할 것이다. 수지 부호 영어의 꾸준한 인기와, 그러한 체제들의 발달과 교육적 이용에 있어 최근의 큰 물결은 수지 부호 영어 체제들은 건청교사들, 부모들, 기타의 다른 사람들이 배워서 사용하는 데에 미국수화보다 상당히 더 쉽다는 것이다.

수지 영어의 이러한 형태 외에도, 농아동들이 사용해 오고 있는 많은 수의 고안되었거나 만들어진 체제들이 있다. 수지 영어들 중 고안되어진 가장 잘 알려진 것들 중의 여섯 개가 여기에서 설명되어지며, 그 외의 정의들은 Caccamise와 Drury(1976)의 글에서 찾아볼 수 있다. 이 체제들은 그것들이 영어의 구조(통사론)에 어느 정도 밀접하게 접근하거나, 혹은 접근하기를 요구하는 점, 그리고 그것들이 이러한 접근을 달성하는 데 사용되는 방안들에서 기본적으로 차이가 있다.

지문자

지문자는 문어의 철자들과 손, 그리고 숫자의 외형들과 그러한 문어의 철자들(그리고 숫자들)을 나타내는 움직임들 간에 1대1 대응을 함으로써, 문어 영어의 26개 철자들(그리고 또한 아라비아 숫자들)을 나타내는 수단이다. 이것은 문어의 철자들을 가지고 종이에다 쓰는 것과 유사하게 손의 형태와 움직임들로써 공간에 영어를 쓸 수 있게 하는 것이다. 두 가지 형태간의 중요한 차이점에 대해 주목할 필요가 있다. 첫째, 철자로 쓴다는 것은 다소간 고정성을 가지고 있기 때문에 읽는 사람이 어떠한 속도로도 선택해서 읽을 수 있으며, 또한 읽고 싶은 만큼 재차 반복해서 읽을 수 있다. 지문자는 어음 신호들이 청각적 일시성을 지닌 것처럼 시각적인 일시성을 가지고 있다. 둘째, 쓰기는 공간적으로 제시되어지는데, 이에 반해 지문자는 말과 같이 시간적으로 순서에 따라 제시되어진다. 지문자는 인쇄되어지는 본문이라기보다는 단기기억측정처럼(한 순간에 한 철자가) 제시되는 낱말과 더 유사하다. 두 번째의 이러한 차이점은 지문자와 쓰기에 있어 외견상의 시각적 유사성에도 불구하고, 이것들은 아주 다른 경로를 통해 중추신경에 의해 처리되어진다. 이 문제에 대한 몇몇 연구가 인지발달을 다루는 장에서 논의되어진다.

LOVE(Linguistics of Visual English)

이것은 취학 전 교육프로그램과 유치원의 농아동들이 사용하게끔
구성되어진 사인체제이다. 사인들은 운율과 병렬적으로 표현되어진다
(즉, 삼음절의 낱말은 세 가지 동작의 사인으로써 나타내어진다).
LOVE의 사인들은 다른 수지 부호 영어 체제들보다 ASL사인들과
덜 유사하다. 이 체제에 대한 자료들은 찾기가 어려우며, 현재 거의
사용하지 않는다. 더 자세한 것은 Bornstein(1973)의 사인 체제들에
관한 논문에서 찾아볼 수 있다.

SEE Ⅰ(Seeing Essential English)

이것은 순수 구어 프로그램들의 전일제 프로그램들이 분명히 실패
한 결과를 나타냈음에 대한 반작용으로 1960년대에 개발되어진 최초
의 여러 수화영어체제들 중 하나이다. 이것은 농자들과 많은 기숙제
학교들에서 사용된 미국수화나 수지 부호 영어의 일반적 체제를 수
용하는 것이라기보다는, 여러 고안자들이 다음과 같은 두 개의 전제
위에서 만들어낸 것이다. ① 큰 동작들로서의 사인들은 어음들이나
지문자보다 농아동들에 의해 보다 더 쉽게 읽고, 보다 더 쉽게 만들
어질 수 있다; ② 영어가 미국의 보편어이기 때문에, 농아동들은 그
들의 1차 언어로서 영어를 습득해야 하며, 따라서 수지 부호 영어체
제들은 문어 영어와 세밀하게 일치하도록 고안되어져야 한다. SEE
Ⅰ은 Anthony(1966)에 의해 보고되었다. 이것은 영어의 통사구조에
가깝게 접근하기 위해 ASL의 사인들과, 그리고 영어의 어근과 굴절
체계를 나타내도록 고안된 사인들을 사용한다.
　이 체제는 영어의 낱말들을 세 군으로 분류한다: ① 기본어, ② 합
성어, ③ 복합어. 기본어는 온전한 낱말 형태나 어근들로서 구성된다.
영어 낱말들과 사인들 간에는 1대1 대응이 없으며, 그래서 SEE Ⅰ은

여러 가능한 사인들 중 어느 것이 특정 낱말과 연합하기 위해 선택
되어지느냐를 결정하기 위한 의미, 철자, 음의 세 규준을 마련하였다.
단일 사인은 세 규준 중 어떤 두 개의 규준이 두 개 이상의 영어 낱
말들과 동일할 때 사용된다. 예를 들면, "right"라는 영어 낱말은 세
개의 일반적 의미(옳음, 방향, 권리)를 지니고 있는데, 그러나 철자와
음은 그 의미의 수행과는 무관하게 동일한 단어를 쓴다. 그러므로
SEE I은 모든 의미들을 나타내는 데 단일 사인을 사용한다.
butterfly와 같은 합성어는 ASL의 분리 형태소 사인들(fly사인이
butter사인에 이어진다)을 사용해서 사인이 이루어진다. 영어의 굴절
체계를 나타내도록 고안된 표지들과 사인들은 영어 어순을 따라 제
시되어진다. 동일한 ASL사인이 없는 낱말들은 지문자로 나타낸다
(Quigley & King, 1982).

SEE II(Signing Exact English)

이 체제는 많은 측면들에서 SEE I과 유사하지만 몇몇 중요한 방
법들에 있어서는 다른 점이 있는데, 특히 합성어와 복합어들을 취급
하는 방법이 다르다. SEE II는 SEE I이 하는 것처럼 영어 낱말들
을 세 군으로 분류한다. 기본어, 합성어, 그리고 복합어. 이것 또한
사인과 낱말의 연합선택에 세 규준(철자, 음, 그리고 의미) 중 두 개
가 같은 것을 사용한다. 두 체제 간의 주된 차이점은 어근을 구성하
는 것이 무엇이며, 어떻게 합성어와 복합어가 형태를 이루게 되는가
하는 것이다. SEE I은 view와 같은 어근에 대한 접두사의 굴절을
통해 interview와 같은 수많은 말들을 만들어 내고, 두 개의 어근으
로 된 butterfly와 같은 합성어들을 취급하는데 butter와 fly 각각에
사인들을 사용한다. 이것은 ASL을 사용하는 사람들에게는 우스꽝스
러운 사인의 계열을 분명히 낳게 된다. SEE II는 어근을 설명하는데
어근들에 대해 단일 ASL사인들을 사용함으로써 이것을 시정하려고

한다. 이 체제에 대한 기본 안내서에서 Gustason, Pfetzing, Zawol-kow(1975)는 SEE II가 거의 70개의 접사를 가지고 있으며, ASL사인들로 구성된 것이 61%, ASL사인들을 개작한 것이 18%, 새롭게 만든 사인이 21%인 것으로 추산한다.

사인 영어(Signed English)

이 체제는 1세에서 6세 사이의 농아동들에 의해 일반적으로 사용되는 통사구조와 어휘를 포함하도록 Bornstein(1973, 1974)에 의해 고안된 영어의 의미론적 표현이다. ASL사인들은 영어의 굴절체계 부분을 나타내기 위해 부과된 14개의 사인 표지들로서 영어 어순에 따라 사용되어진다. 사전과 많은 이야기 책들이 이 체제의 사인들을 활용해 왔다. 지문자는 사인에 없는 몇몇 낱말들에 대해 사용된다. Quigley와 King(1982)에 따르면 이 체제는 앞서 언급된 어떤 체제들보다 ASL의 사인들의 사용에 더 밀접한 채로 남아 있다.

피진 사인 영어(Pidgin Sign English)

이것은 영어 어순에 따라 ASL사인들을 사용하는 것이기는 하나 영어의 굴절체계를 사용하는 데는 제한성이 있다. 이것은 사인 위치, 복수화, 그리고 방향성과 같은 ASL문법의 측면들이 사용되어지는 어떤 형태들을 이용할 수 없는 것에 대해서는 지문자로 쓰여진 낱말들을 가지고 엄격한 영어 어순에 따라 사인들을 변화시킬 수 있다. 이 체제는 사인들과 지문자를 사용하는 의사소통을 영어로 하기를 원할 때, 잘 교육받은 농자들에 의해 사용되어진다(Bragg, 1973).

여기에 제시된 수지 부호 영어와 ASL체제들이 사려깊은 실체로서 논의되어 왔지만, 체제들 간에 차용하는 사례가 흔히 있다. 덧붙여 많은 사인들에는 특정 목적을 위해 지역사회 내에서 사용되어지고

전국적으로 사용을 하지 못한 것들도 들어 있다. 또한 대부분의 수지
부호 영어 체제들이 청각/구어적 의사소통과 어우러져서 사용된다.
지문자와 어음의 조합은 1878년 이래 사용되어진 로체스터 농학교
이후 로체스터법으로 알려져 있다. 영어 어순에 따라 사인들, 지문자,
그리고 어음을 조합하는 것은 동시법(simultaneous method)으로 알
려져 있다.

구어 영어(oral English)

이것은 건청 화자들 사이에 사용되는 구어 형태의 영어이다. 오로
지 구어적 의사소통에만 의존하는 농아동들이 사용하는 두 방법은
청각/구어법과 어코우페딕*(혹은 단감각)법이다. 청각/구어법은 아동
과 교사 또는 아동과 부모 사이에 의사소통을 위해 말과 말읽기(입
술읽기)를 사용하며, 그리고 높은 질의 증폭기기와 청능훈련을 조기
에 그리고 지속적으로 사용할 것을 강조한다(Ling & Ling, 1978). 어
코우페딕법은 말읽기를 최대한 줄이고, 주된 강조점을 대부분의 농아
동들이 가진 다양한 양의 잔존청력을 가능한 한 모두 이용 가능하도
록 하기 위해 증폭기기의 이용과 청능훈련에 둔다는 것을 제외하고
는 청각/구어법과 유사하다(Pollack, 1964). 이 두 방법은 모두 청각
의 발달과 말의 발달이 비록 느리긴 해도 건청아동들의 방식과 비슷
하게 1차적 언어(구어)와 2차적 언어(읽기)를 발달시킬 수 있게 할
구어 학습을 주요 기반으로 생각한다.

큐드 스피치(cued speech)

아마도 이것은 농아동들의 의사소통과 언어를 발달시키기 위한 독
특한 방법으로 잘 알려져 있다. 이것은 말읽기를 시각적으로 쉽게 할
수 없는 어음의 음소들을 수지적(手指的)으로 나타내는 것이다. 이러

한 음소들을 나타내기 위해 여덟 개의 수형(手形)이 네 개의 위치에서 사용되어지는데, 이러한 것들로써 말읽기를 하기 위해 어음들을 시각적으로 완벽하게 볼 수 있도록 만든다. 이 체제는 하나의 손짓 의사소통 체제로서 단독적으로는 기능을 할 수 없는 방법으로 정교하게 구성되어 있다(Cornett, 1967, 1969).

오늘날 보편적으로 사용되는 또 다른 용어는 토털 커뮤니케이션이다(Denton, 1970). 이것은 농아동들에 의해서 그리고 그들과의 의사소통에서 사용되는 의사소통 방법들 중의 어떤 것을 사용하거나 모두를 사용하기를 주장하는 체제와 철학으로서 나타났다. 토털 커뮤니케이션에는 여기에서 제시되어졌던 체제들 중의 어떤 것이나 혹은 이 체제들 전부가 포함되어질 수 있을 것이다.

언어발달 체제

농아동들과 다양한 의사소통 체제들을 사용하는 것에 덧붙여, 교사들은 언어를 발달시키기 위한 다양한 체제나 접근법들도 사용하였다. 대부분의 언어발달 접근법들은 자연법적 접근법과 문법적 접근법의 두 범주로 분류되어질 수 있다.

자연법적 접근

자연법적 접근들은 언어를 전일적으로 취급하여 건청아동들이 언어를 습득하는 방법과 같은 맥락에서 접근을 시도한다. 농아동은 농아동 자신의 욕구와 흥미에 기초하여, 구조화된 상황들 속에서 적절한 언어형태들에 지속적으로 노출됨으로써 언어를 귀납적으로 습득하게끔 진작되어진다. 이러한 접근은 다음의 여러 사람들의 작업이 그 예가 된다. 1800년대 초반과 중반 독일의 Friedrich Moritz Hill; 1900년대 초반과 중반 미국의 Mildred Groht; 그리고 1970년대에서 현대에 이르는 네덜란드의 van Uden(Bender, 1960) 등이다.

문법적 접근

문법적 접근들은 언어를 개체로 이루어진 독립적이고 분석적인 것으로 취급하여 언어의 구조, 즉 언어의 부분들과 그 부분들이 관계를 짓는 방법에 대한 지식을 강조한다. 이러한 접근은 품사와 통사규칙, 형식적 교수, 그리고 엄격하게 계열화된 커리큘럼을 통해 학생들이 이러한 것들을 학습하는 것에 그 주안점을 맞춘다. 이 접근법의 좋은 예가 되는 사람은 18세기 후반 프랑스의 de l'Epée와 Sicard, 19세기 초반 미국의 Clerc와 Gallaudet, 그리고 20세기 전반 미국의 Edith Fitzgerald 등이다(Bender, 1960).

실제로 아마 농학생들을 위한 대부분의 프로그램은 자연법적 접근법과 문법적 접근법 둘 모두의 요소들을 사용할 것이다. 자연법적 접근법(어머니들이 하는 방법)이 유아기와 초기 아동기의 언어를 발달시키기에 더욱 적합한 것으로 여겨졌던 사실에 기인하여 최근 수십 년에 이르기까지 대부분의 농아동들이 6세가 넘어설 때까지는 학교에 들어가지 않았다. 아직까지 여전히 농유아들에게 발달적 기술들(자연법적 접근법)을 사용하고, 그리고 8~10세경에 문법적 접근을 적용하는 쪽으로 나가는 경향이 있는 것처럼 보인다.

제 2 절 역사적 조망

여기서 다루는 내용은 농아동들에게 사용해 온 여러 가지 의사소통과 언어체제들에 대한 간략한 역사적 개관일 뿐이다. 이것의 목적은 역사적 선각자들이 고안한 의사소통과 언어체제들을 관계지움으로써, 오늘날 모호해진 접근법들에 대한 관점을 제공하고자 하는 것이다. "과거라는 것은 서언이다"라는 말은 오늘날 행해지고 있는 것이 무엇이며, 그리고 미래에는 무엇이 행해질 필요가 있는가에 대한 더 나은 감각이 이전에 행해진 것에 대한 지식에 의해 얻어질 수 있다는 의미이다. 농아동 교육에 대한 상세한 역사적 설명은 Bender(1960), Deland(1931), Farrar(1923), Moores(1978), Nelson(1949), 그리고 Davis와 Silverman(1978)이 제공한 바 있다. 1960년대에 이르기까지의 언어와 의사소통 접근법들의 출현에 대해 자세하게 역사적으로 다룬 것이 Schmitt(1966)에 의해 제공되었다.

유럽: 1700년까지

1700년대 중반에 이르기까지 학교들이 농아동들의 교육을 위해 존재하지 않았지만, 그러나 많은 농아동들이 개인교사들에 의해 개별적으로나, 혹은 매우 소집단 규모로 가르쳐졌다. 대개 이런 아동들은 부유하고 귀족인 가정들의 어린 농자녀들이었다. 이러한 농아동들에게 사용된 의사소통과 언어접근법들에 대한 몇몇 설명들은 앞에서 소개한 역사적 자료들에서 제시되었다. 최초의 형식적 교수는 수도승 Ponce de Leon(1520~1584)의 개인지도 하에 스페인에서 행해졌던 것 같다. 당시 기록을 종합해보면, de Leon은 구어적 의사소통과 언어발달에 문법적 접근법을 사용한 것이 확연하다. 그는 쓰기에서부터 가르치기 시작했는데(학생들은 나이가 든 아동들이었다), 글로 쓰여진 낱말들을 참조물(대상물, 기타)과 연관짓는 것을 가르쳤다. 어휘는 이러한 방법으로 가르쳐져서, 형식 문법적 교수에 의해 문장으로 확대되도록 했다. 말은 글로 쓰여진 낱말들의 조음을 통해 가르쳐졌으며, 교육과정은 언어와 의사소통에서부터 일반교과로 진행되어 나갔다.

스페인에서 Ponce de Leon의 뒤를 이은 사람이 Juan Pablo Bonet(1579~1620)이었다. Bonet은 지문자에서 시작해서, 음소, 음절,

그리고 낱말들로 진행해 나가서 궁극적으로는 실제적인 읽기와 쓰기로 발전해 나가는 방법을 사용했다. 그는 품사와 단어의 굴절을 암기하는 형식적 학습이 포함되는 논리적, 계열적 문법발달에 큰 강조점을 두었다(Schmitt, 1966). 의사소통 접근법은 지문자와 말(수어적인 것과 구어적인 것)이었으며, 언어 접근법은 문법적인 것이었다. Bonet에 의해 사용된 지문자와 말의 조합은 1800년대 후반 미국의 로체스터법과 1950년대 소련에서 신구화주의로 불리어졌던 것들의 선구적 방법이었다. Bonet에 의해 사용되었던, 그의 저술(농아들을 교육하는 것에 관한 최초의 책) *The Simplification of Sounds and the Art of Teaching the Dumb to Speak*(Bonet, 1620)에 기술된 한 손 수지 알파벳은 오늘날 미국에서 사용되는 한한 수지 알파벳과 직접적인 연관성이 있다. 대조적으로 두손 알파벳은 영국에서 개발되었는데, 아직도 영국과 영국의 과거 식민지였던 곳에서 사용되어지고 있다.

John Wallis(영국; 1616~1703)와 George Dalgarno(영국; 1626~1687)는 17세기 영국 농교육의 대표적 인물들이었다. 이 두 사람은 모두 의사소통을 위해서는 쓰기와 수화적 접근법을 사용했었지만, 그러나 그들의 언어 접근법은 서로 달랐다. Wallis는 품사에 따른 낱말 목록들의 어휘를 확립하는 것을 시작으로 해서 전통·문법적 교수를 통하여 낱말을 관계짓는 문법적 접근법을 사용했다. Dalgarno는 언어의 자연법적 접근법을 보다 더 선호했다. 그는 아동의 어머니가 지문자의 지속적 사용을 통해 수용언어를 발달시킬 것을 권고했으며, 그는 언어란 실제적인 사용과 직접적인 경험을 통해 학습되어지는 것이라고 주장했다.

유럽: 1700년대와 1800년대

일반적으로 폭넓게 확산된 농아동 교육은 Abbé Charles Michel de l'Epée가 1755년 파리에 최초의 농학교를 설립한 것에서 시작되었다. 이 18세기는 또한 de l'Epée를 대표적 인물로 들 수 있는 '프랑스법'의 수화주의자들과 독일의 Samuel Heinicke를 대표적인 인물로 들 수 있는 '독일법'의 구화주의자들 사이에 논쟁이 시작된 시기이다. 실제로는 어느 한쪽 방법만을 완벽하게 사용한 나라는 없었다.

언어지도에서는 문법적 접근법들이 우세했었다. 네덜란드의 John Amman(1669~1724)은 대상물의 이름들과 여러 품사들의 목록을 가지고 지도하기 시작했다. 그 다음 어휘와 품사를 문장과 더 큰 언어단위들로 연결해 나가도록 발전시켰다. 독일의 Samuel Heinicke(1729~1790) 또한 언어발달에 전통적 분석방법을 사용하였으며, 한편으로 의사소통을 위해서는 말과 말읽기에 상당히 집착했다. 18세기 영국의 걸출한 인물들은 자신들의 농아동지도법을 비밀스럽게 유지하려고 했던 Thomas Braidwood(1715~1806)와 Henry Baker(1698~1774)인데, 그들은 구어적 의사소통과 문법적 언어 접근법들을 사용했던 것으로 기록되고 있다(Schmit, 1966).

18세기의 뛰어난 인물은 프랑스의 Abbé de l'Epée(1712~1789)였다. Abbé는 교수언어로서 사인을 농자들에게 최초로 사용했다. 이후 그는 이 언어를 프랑스어의 굴절, 시제, 관사, 그리고 기타 다른 문법 요소들의 여러 기능을 수행하는 사인들과 또 다른 방책들을 새롭게 창작해내었다. 이 체제는 de l'Epée의 계승자인 Abbé Sicard(1742~1822)에 의해 계속 이어져 정교화되어졌으며, Sicard는 또한 정교한 수화사전을 제작했다. 수화를 영어의 구조에 맞추려고 하는 미국의 현대 접근법들(LOVE, SEE Ⅰ, SEE Ⅱ)과 이 접근법 간에는 상당한 유사성이 있다.

de l'Epée의 언어지도는 문법적 접근법들을 사용했었다. 그는 프랑

스 원어의 작문과 회화에 대해서는 강조를 거의 하지 않았는데, 그는
문장을 암기하는 농학생의 능력 범위 내에서 학생의 욕구와 원하는
것에 대해 작문하고 대화를 나누는 것이 더욱 중요하다고 굳게 믿었
다. 그러나 de l'Epée의 방법을 계승한 Sicard는 프랑스 원어를 보다
더 강조한다. Sicard의 방법들은 그의 자랑스런 제자 중의 하나인
Laurent Clerc에 의해 설명되었다(Clerc, 1851). 학생들이 단순문들을
사인으로 나타내는 것을 배운 다음에, 그들의 언어는 1. 주격; 2. 서
술어; 3. 목적격; 4. 전치사; 5. 전치사의 목적어 등 다섯 개 번호가
매겨진 칼럼으로 구성된 방책인 Sicard의 "암호 이론"(theory of
ciphers)을 사용함으로써 더욱 깊이 발전되었다(Schmitt, 1966). 뒤에
설명하게 될 20세기 초·중반 미국에서 폭넓게 사용되었고, 지금도
여전히 사용되고 있는 Fitzgerald의 key와 이것은 유사하다. 19세기
에는 문법적(구조적)인 것을 지향하는 것들이 우세했음이 "40개의 동
사변화와 태들이 제각기 긍정, 부정, 그리고 의문형이 들어 있으며,
대부분의 농아동들이 단지 15~20개만을 '재현'할 수 있었던 방법이
었다"라고 한 Clerc의 불평으로 입증되어진다.

언어에 대한 문법적 접근법이 18세기와 19세기에 우세했었다고 하
더라도, 어떤 주목할 만한 시도들은 보다 더 자연법적 접근법을 사용
하게끔 권장했다. 프랑스의 Jacob Pereire(1715~1780). 영국의 Jo-
seph Watson(1765~1829), 그리고 이태리의 Guilio Tarra(1832~
1899)는 자연법적 양식으로 언어를 개발할 필요성에 대해 강조하였
으며, 유의미적 상황들을 아동의 욕구들과 연관짓도록 했다. 농학생
들에게 문법을 가르치는 것의 중요성은 이러한 교사들에 의해 평가
절하되어졌다. 하지만 이것이 농아동들을 지도하는 교사의 문법적 지
식에 관한 중요성이 평가절하된 것을 의미하는 것은 아니었다.
Guilio Tarra가 말한 것처럼, 학생들의 "열악한 이해력에 문법적 지
식을 부과"해서는 안 되지만, 교사는 문법에 대해 정확히 알고 있어
야 한다. 이것은 아동들에게 기계적 언어 내지는 상위언어를 직접적

으로 가르치지 않고 농아동들의 자연스런 언어발달을 조장하게 될 상황들과 자료들을 구성할 수 있도록 하기 위해, 농교사는 의사소통과 언어(문법을 포함하여)의 많은 측면들에 관해 매우 잘 알고 있어야 한다는 입장을 견지하는 이 책의 접근과 맥락을 같이한다.

19세기 후반 가장 영향력 있었던 자연법적 언어접근법의 옹호자는 독일의 Friedrich Moritz Hill(1805~1874)이었다. 그는 "어머니의 방법"으로써 건청아동이 부모, 그 중에 어머니와 대화를 나누면서 주고받는 언어를 자연스럽게 수용하는 방법처럼 해 보려는 시도를 했었다. Hill은 초기 지도단계들에서는 구어로 대화를 나누는 방법을 사용하였으며, 그 다음에 읽기와 쓰기를 발달시켰다. 그는 농아동들이 자신들의 욕구를 충족시켜 주는 수단으로 언어의 유용성을 깨닫게 함으로써, 언어를 배우고자 하는 동기가 농아동에게 유발되어질 수 있다고 믿었다.

농아동들에게 사용된 의사소통과 언어접근법들에 있어, 19세기의 결정적 사건은 Guilio Tarra에 의해 주재되어진 밀라노에서의 역사적인 국제회의가 열린 것이었다. 그 회의의 구성원들은 농아동들의 의사소통에는 구어적 접근법을, 언어발달에는 자연법적 접근법을 사용할 것을 강력히 지지했다. 가령 Schmitt(1966)와 같은 사람은 "대부분의 나라들이 구화법들을 적용하기 위해 변화를 꾀하였으며, 교육자들은 점차적으로 언어에 대한 자연법적 접근법에 더 많은 관심을 가지게 되었다"라고 결론을 짓는다.

미국: 1800년대

미국에서의 농아동들에 대한 형식교육은 1817년 Thomas Hopkins Gallaudet에 의해 Connecticut주 Hartford에 설립된 기숙제 학교(현재 American School for the Deaf)로부터 시작된 것이다. Gallaudet는 영국의 Braidwood가를 방문해서 그들의 방법들에 관한 지식을 얻고자 했다. 그는 여기서 소기의 목적을 달성하지 못했는데, 이는 Braidwood가 그의 방법들을 비밀스럽게 유지했으며, 그의 입장이 농아동들을 교육하는 구화법들과 동일하게 수화법을 배우고자 했던 Gallaudet의 취지와는 서로 상반되었기 때문이었다. 그러다가 Gallaudet는 자신의 뛰어난 학생들 중의 한 명인 Jean Massieu를 데리고 영국을 여행 중이었던 Sicard를 만나 파리에 있는 학교에서 공부를 할 수 있다는 초청을 받고 수락하게 되었다. 거기에서 de l'Epée와 Sicard에 의해 고안된 방법들을 배우고 난 Gallaudet는 파리 농학교의 졸업생이자 농자교사인 Laurent Clerc를 데리고 미국으로 돌아왔다. 이로부터 유럽의 체제들과 미국의 농교육을 구별짓게 한 수화적 의사소통과 농자교사들이라는 두 전통이 시작되었다.

언어 접근법

Gallaudet와 Clerc는 파리 농학교에서 사용되던 언어발달의 문법적 접근법들을 미국으로 도입했다. 이러한 문법적 접근법들과 수지적 의사소통은 1867년 Massachusetts주 Nortampton에 Clarke 농학교와 잠시 뒤 뉴욕에서 현재 Lexington 농학교로 알려져 있는 학교가 설립될 때까지는 절대적 위치를 점하고 있었다. 실제로, 수지적 의사소통과 언어의 문법적 지도는 거의 1세기 동안 미국 농교육에 있어 주도권을 행사하고 있었다. 1867년 Clarke 농학교에서 시작된 구어적 의사소통법은 1880년 밀라노 국제회의와 1869년경 통학제 학교의 설립과 세기가 바뀔 무렵에 설치된 통학제 학급 프로그램이 생겨나기까지는 크게 자리를 잡지 못하고 있었다. 통학제 학교들과 학급들은 1960년대 말과 1970년대 초까지 거의 모두가 구어법을 사용했었다.

19세기에 여러 상징체제들이 농아동의 언어지도 보조를 위해 고안되었으며, 그리고 그러한 수단들은 언어지도의 문법적 접근법에 있어 중요한 역할을 수행했다. Schmitt(1966)에 따르면, 최초의 그러한 상징체제는 1836년 Barnard에 의해 고안된 것이다. 그것은 "명사어, 수식어, 연결어, 혹은 단정, 작용, 시간을 나타낸" 낱말의 관계를 상징하는 여섯 개의 간단한 직선 상징들과 곡선 상징들로 구성되었다 (Nelson, 1949). 1870년대 Richard Storrs는 문법공부에 사용하기 위한 47개의 "Storrs의 상징"을 고안해 내었다. 이러한 상징들은 한 문장 내에서의 품사, 인칭, 성, 시제, 형태, 정도, 그리고 여러 가지 굴절 등을 가리키는 낱말들 이상으로 쓰여질 수 있었다. Wing의 상징 (Wing, 1887)은 그 후에 만들어졌는데, 문장 내에서 그것들의 형태들과 기능들을 나타내는 낱말들에 해당되는 철자들, 숫자들, 그리고 기타 다른 상징들로 구성되었다. 여덟 개의 핵심상징들은 S=주어; V=서술어(동사를 타동사, 자동사, 또는 피동태로 세분화하기 위한 V의 세 가지 변형과 함께); O=목적어; AC=형용사 보어; N=명사와 대명사 보어였다. 이 체제는 또한 형태들을 변형한 1~7까지의 숫자, 여섯 개의 연결상징, 그리고 동사의 시제, 목적격의 형태, 그리고 기타 문법관련사항과 같은 것들에 대한 14개의 특수상징들도 가지고 있었다. 이러한 상징들은 미국의 몇몇 학교에서 여전히 사용되고 있다. 두 개의 또 다른 시각적 표식과 도해체제가 Mckee(1895)와 Robinson(1898)에 의해 만들어졌다. 이 방식들은 어느 것도 다른 교육자들에 의해 사용된 것이 없으며, 단지 역사적 관심의 대상이 될 뿐이다. 가장 많이 알려지고, 또 사용되어지는 시각적 체제는 20세기에 속하는 Fitzgerald key(Fitzgerald, 1929)이다.

문법적 언어지도에 여러 가지 시각적 상징체제들의 사용과 함께 많은 수의 교육과정, 교과서, 그리고 문법적 접근법을 지향하는 독자들도 19세기에 나타났었다. Peet의 언어 교과서들(1869, 1870)이 두루 사용되었다. 이런 책들은 쓰기와 지문자의 50개 어휘를 설정하는 것을 맨 처음 한다. 그 다음 어휘, 구, 그리고 문장의 확립에 열중하는 일련의 수업을 진행해 나갔다. 문장들은 현재 시제 동사들에서부터 다른 시제들로 진행되어졌다. 언어는 체계적이고도 순서적인 방식과 소단계로 나누어 가르쳐졌다. 19세기의 또 다른 읽기와 언어 교과서들은 Nelson(1949)의 논문에 유목화되어 실려 있다.

19세기 미국에서 문법주의가 농아동들의 언어지도를 주도하긴 했으나, 자연법적 접근 또한 그 지지자들을 가지고 있었다. 대표적인 인물로는 오늘날 뉴욕의 Lexington 농학교로 알려져 있는 학교의 교장이었던 David Greenberger(1878, 1879)였다. Greenberger의 노력과 그 후 Mildred Groht의 수고로 이 학교는 현재 자연법으로 알려진 언어지도법의 근간이 되었다(Groht, 1958). Greenberger는 문장들의 언어규칙들과 원리들의 암기를 반대하고, 배경과 자연스럽고 의미있는 상황 속에서의 언어지도를 주장했다. 유사한 접근법이 Alexander Graham Bell(Bell, 1883)에 의해 주장되었기는 하지만, 그러나 Greenberger가 독일인 Friedrich Moritz Hill의 "어머니 법"의 미국 최초의 주장자이자 개발자로 간주되어져야만 할 것이다.

의사소통 접근법

1800년대의 이러한 약사가 언어발달과 지도에 대한 상당한 관심과 활동이 그 세기에 일어났었음을 가리키고는 있지만, 미국의 교육자들 또한 의사소통방법들에 관한 논쟁에 휘말려 있었다. 19세기 초반의 모든 교육자들이 사인의 장점에 관한 Thomas Hopkins Gallaudet와 Laurent Clerc의 생각에 동의를 한 것은 아니었다. 사인들이 호의적으로 용인된 의사소통 양식이었을 때조차도 생각을 달리하는 입장들이 있었다(Keep, 1853). 그러나 Connecticut주 Hartford 농학교의 사인 본위 방법들이 전국 대부분의 공・사립 기숙제 농학교들에서 우위를 점했었다.

1867년 Clarke 농학교와 조금 뒤 현재의 Lexington 농학교에 의해 선도된 구어법들이 농아동들을 위한 통학제 학교들과 학급들의 프로그램들에 주된 영향을 미쳤다. 최초의 통학제 학교는 1869년 Massachusetts주 Roxbury에 설립된 Horace Mann 농학교였다. 기타 다른 통학제 농학교들이 인구밀집지역에 세워졌으며, 20세기에 접어들 무렵 통학제 학급 프로그램들이 시작되었다. 통학제 프로그램들은 1940년대와 1950년대에 크게 번성하였으며, 1960년대 중반에는 농아동 등록 숫자가 기숙제 학교들을 능가했다.

미국: 1900년대

언어 접근법

Schmitt(1966)에 의하면, 1900년대 초반에 가장 널리 사용된 언어 방략은 Katharine Barry(Barry, 1989)에 의해 고안된 5층 체제(the five slate system)였다. 이것은 언어의 문법적 접근법이었는데, Sicard의 "암호이론(theory of ciphers)"과 관련되어 있다. 다섯 개의 층은 농아동들에게 간단한 언어, 즉 주어, 서술어, 서술어의 목적어, 전치사, 그리고 전치사의 목적어와 같은 각기 다섯 개의 층과 관련된 문장성분에 적합해지도록 고정적이고 시각적인 문장 골격을 제공하였다. 문장들과 언어원리들은 언어발달의 전체계획을 구성함에 있어 점점 난이도가 높아지도록 계열화되었다.

금세기 초 수십 년 동안 교육자들은 계속해서 농아동들의 욕구에 부합되고자 하는 언어교과서를 만들었다. 주요 업적은 Croker, Jones, Pratt(1920, 1922, 1928) 등에 의해 제작되어 폭넓게 사용된 4권의 시리즈로 된 언어연습책의 발간이었다. 이 책은 각기 일련의 네 쪽으로 된 주간 학습과제가 있었는데, ① 새 어휘와 발달되는 언어원리의 예들이 담긴 이야기, ② 쓰기 문제해결(대답이 주어짐)과 선수 자료들에 대한 형식적 심화학습, ③ 학생에 의해 대답되어지는 질문들, ④ 새로운 언어원리가 가르쳐지는 데 기초한 연습들로써 구성되었다. 선택의 범위는 한 권의 매우 짧고, 단순한 이야기들에서부터 네 권의 간추린 고전판에 이르도록 했다. 언어원리들은 계열화되어져 누가적 형식으로 제시되어진다. 이 책들은 1920년대에만 널리 사용되어진 것이 아니라, 초판 발행 이후 60년이 지난 오늘날의 수많은 프로그램들에서도 여전히 사용되고 있다. 이 책들은 현 세대의 농아동들을 위해 마련된 특수자료들의 선구적인 것들이다.

또 다른 1900년대 초반의 중요한 사건은 1929년에 출간된 저서 *Straight Language for the Deaf*에서 설명된 바 있는 Edith Fitzgerald에 의한 Fitzgerald key의 개발이었다. 이것은 아마 농아동들의 문법적 언어지도법에 있어 가장 널리 사용되어진 것이다. key 는 ① 주어(who:, what:); ② 동사와 서술어; ③ 간접목적어와 직접목적어(what:, whom:); ④ Where를 말하는 구와 낱말들; ⑤ 본동사의 기타 구와 낱말 수식어들(for:, from:, now:, how much:, how much: 등); ⑥ when을 말하는 낱말들과 구들과 같은 품사와 문장기능들을 가리키는 의문사들과 상징들로써 시작되는 여섯 개의 칼럼으로 구성된다. key는 who: what: (주어), 그리고=(동사)와 같은 단지 둘 또는 세 칼럼만을 사용하는 매우 단순한 문장들로 시작하여 접속문과 복합문들로 진행해 나가면서 농아동들이 언어를 확립하도록 사용되어질 수 있다. 연결상징들은 접속문들을 구성하는 데 쓰여진다. key는 미국의 많은 프로그램들에서 여전히 사용되어지고 있다.

1900년대의 자연법적 접근법은 Mildred Groht(Groht, 1958)의 *Language for Deaf Children*에 예시되어 있다. Groht는 1870년대 Greenberger시대에 Lexington 농학교에서 사용된 접근법의 열렬하고도 뛰어난 옹호자이다. 이 접근법에서는 본질적으로 언어가 목적 그 자체라기보다는 하나의 목적에 이르는 수단으로서, 그리고 가르치고 배우는 것이라기보다는 발달되고 습득되어지는 것으로 간주되어진다. Groht는 언어를 가르치는 것보다는 언어를 발달시키기 위한 많은 원리들에 대해 논의와 설명을 한다. 이러한 원리들 중에는 다음과 같은 것들이 있다. ① 어휘와 접속어는 반드시 낱말들과 언어원리들의 고정된 목록들에 따르기보다는 아동의 욕구들에 따라 주어져야만 한다; ② 자연언어는 심화학습과 교과서의 연습보다는 유의미적 상황들 속에서의 반복에 의해 획득된다; ③ 언어의 사용은 대화와 논의, 많은 종류의 작문, 그리고 교육과정의 교과와 기능영역들을 통해 가장 잘 가르쳐진다; ④ 언어원리들이 가르쳐져야 할 필요가 있을 때는 자연적 상황들 속에서 우연스럽게 소개되어져야 하고, 그 다음에 놀이, 질문, 이야기, 그리고 대화를 함으로써, 아동들에 의해 연습되어져야 한다. 이 접근법에서는 학생들에게 언어원리가 가르쳐지는 것보다는 학생들이 언어원리를 무의식중에 도출해 낼 수 있도록 다양한 자연적 상황들 속에서 반복적으로 의미있는 언어를 제공하는 것에 강조점을 두고 있다. 언어원리들과 구조가 아동들에게는 가르쳐지지 않는다 할지라도, 교사는 이러한 자연법적 접근법으로써 언어를 성공적으로 가르치기 위한 상황들을 설정해 낼 수 있기 위해 언어의 구조와 원리들에 관한 상당한 지식을 가지고 있어야 한다. 언어발달의 자연법적 접근법의 몇몇 형태들은 오늘날의 농아동 프로그램에서 널리 사용되고 있다.

현 재

언어 접근법

1960년대에서 1970년대 동안의 지난 20년간 자연법적 접근법들, 문법적 접근법들, 그리고 농아동들을 위한 특수언어와 읽기자료들의 새로운 개발이 있었다. van Uden의 *A World of Language for Deaf Children*(1977)은 언어발달에 있어 자연법적 접근법을 계속하여 확대시켰다. 이것은 Noam Chomsky에 의해 일어난 언어학에서의 사고 혁명의 결과로, 1960년대와 1970년대에 도출되어진 막대한 양의 심리언어학적 연구들로부터의 결과들을 구체화시킨 것이다. Blackwell,

Engen, Fischgrund, 그리고 Zarcardoolas(1978)는 Chomsky의 연구에서 도출된 언어학적 연구들을 문법적 접근법을 이어가는 농아동들을 위한 모형화된 문장언어식 교육과정을 만드는 데 적용했다. King(1983)이 실시한 전국적 조사에 의하면, Apple Tree 프로그램은 현재 미국에서 가장 널리 사용되는 문법적 프로그램임을 보여 주었다. Quigley와 그의 동료들은 1960년대와 1970년대의 언어학의 발전을 농아동들의 통사검사(Test of Syntactic Abilities; Quigley, Steinkamps, Power & Jones, 1978), 언어자료(The TSA Syntax Program; Quigley & Power, 1979), 그리고 읽기 시리즈(Reading Milestones; Quigley & King, 1981, 1982, 1983, 1984)를 만드는 데에 적용했으며, 이후 특수자료들의 개발을 계속해서 하고 있다.

기타 현재의 이러한 개발들은 다른 장들에서 좀더 자세히 제시되어질 것이다. 여기에서 언급된 것들은 가장 초기의 것에서부터 가장 최근의 것에 이르기까지의 농아동들에 대한 언어발달과 지도의 발전에는 전체적으로 여러 가지 몇 가닥의 흐름이 있음을 보여 준다. 이러한 흐름에는 다음과 같은 것들이 있다. ① 아동의 욕구와 흥미에 기초한 의미 있는 상황들 속에서의 언어발달과, 아동과 언어 모델 간의 어떤 형태를 통한 유창한 의사소통적 상호작용을 강조하는 언어발달의 자연법적 접근법들, ② 언어형태와 구조에 대해 보다 많은 직접적인 교수를 행하는 언어의 문법적 접근법들, ③ 농아동들을 위한 특수 언어자료들과 교육과정의 개발.

의사소통 접근법

1960년대 후반과 1970년대 초반까지 통학제 학교들과 학급들은 많은 수의 사립 기숙제 학교들과 마찬가지로 거의 독점적으로 구어법만이 사용되었다. 19세기의 구어 접근법은 전기 증폭기기의 출현과 급속한 발전에 의해 20세기의 청각/구어 접근법이 되었다. 구어법의

말하기와 말읽기, 그리고 발전하는 증폭장치들에 추가하여, 청각/구
어법은 오스트리아의 Urbantschitz에 의해 개발된 청능훈련법이 사용
되었으며, 1914년 Missouri주의 St. Louis에 Central Institute for the
Deaf를 설립했던 Goldstein에 의해 미국에서 정교화되었다. 청각/구
어법들에서 파생된 방법 중 농아동들의 조기교육에서 청각의 사용을
강조하고 시각의 사용을 덜 강조했던 것이 *어코우페딕(단감각)법이
었다(Pollack, 1964).

1900년대 초반과 중반의 청각/구어법들은 대부분의 통학제 학교들
과 학급들에서 사용되었다. 이러한 프로그램들의 농아동들은 대개 어
떤 형태의 수지적 의사소통이든 그 사용이 금지되었다. 대부분의 공
립 기숙제 학교들 또한 어린 아동들에게 청각/구어법들을 사용했다.
그러나 이러한 학교들 중 많은 수가 어떤 형태의 것이든 나이가 든
농아동들에게 수지적 의사소통을 계속 사용했으며, 교실 외에서는 모
든 아동들과 교직원들이 수지적 의사소통을 하는 것이 허용되었다.
농아동들에 대한 이러한 의사소통 접근법들의 형태가 약 1970년까지
미국에서 계속되었다.

1960년대 일반교육에 있어서의 재정지원의 막대한 증가, 대중과 정
부의 교육에 대한 관심이 크게 증대한 것이 농아동 교육을 포함한
특수교육으로 넘쳐 들었다. 농아동들에게서 일반적이었던 읽기와 쓰
기 수준에 대한 불만이 표출되었으며, 그리고 그 시대의 정신에 따라
새로운 방법들의 연구와 시도에 대한 관심이 새롭게 되살아 났다.
Stokoe(1960)의 *Sign Language Structure: An Outline of the Visual
Communication System of American Deaf*라는 선구적 저술은 미국

---

* 어코우페딕법(acoupedic method): 청각장애아를 위한 언어교육의 한 방법으
  로서 네덜란드의 Henk C. Huizing에 의해 개발되었다. 조기에 잔존청력을
  적극적·체계적으로 활용하는 것을 강조한다. 영국의 청각적 접근법(auditory
  approach)과 미국의 단감각법(unisensory approach)과 같은 용어로 사용되기
  도 한다.

수화(American Sign Language)에 대해 새롭게 일어난 관심과 연구
방법을 나타낸다. Chomsky(1957, 1965)의 저서들에서 시작된 언어학
과 심리언어학 연구의 엄청난 증가와 연결되어 Stokoe의 연구는 많
은 언어학자들로 하여금 ASL의 연구에 몰두하도록 만들었다.
Stokoe의 위대한 업적(1960, 1971, 1972) 외에도, 현재 ASL의 문법과
지도에 관한 12권 이상의 책들, 연구도서물을 발간하는 상당수의 단
체, 많은 수의 언어학과 내의 과정들, 그리고 ASL에 주된 관심을 가
진 많은 수의 대학들에서 언어학자들과 심리언어학자들의 연구가 있
다. 농아동들이 1차 언어로서 ASL을 발달시켜 이중 언어 상황 속에
서 어떤 형태로든지 1차 언어로서 획득된 ASL을 따라 영어를 발달
시키거나, 혹은 2차 언어로서 차후에 영어를 발달시키고자 하는 개념
에 대한 관심과 그것을 뒷받침하는 연구들이 증대되고 있다.

　미국수화(ASL)의 재조명과 함께, 1960년대와 1970년대는 수지 부
호 영어의 여러 체제들의 개발이 있었으며, 그것들 중 몇몇은 현재
미국의 농아동들에 의해 널리 사용되고 있다. 현재 미국 내 약 65%
의 농아동들이 수화적 의사소통과 구어적 의사소통의 어떤 결합형태
로써 가르쳐지고 있다고 추정된다(Jordan, Gustason & Rosen, 1976).
그 효과는 현재 유행하는 수지 부호 영어로써 지도하는 통학제 프로
그램에서 가장 컸다. 수지 부호 영어의 다양한 형태들은 앞에서 정의
되었다.

제 3 절　언어수행의 현황

　미국에서 거의 200년 이상의 노력과 유럽에서의 300여 년에 걸친
노력에도 불구하고, 농아동들의 언어를 교육적 발달을 위한 적절한
운반도구가 될 정도로 발달시키는 데에는 제한적 성공만을 거두었을

뿐이다. 이것은 읽기 성취측도와 문어표본들에 나타난 성취에 의해
가장 잘 예시되어진다. 서론에서 이러한 두 변인들은 농아동 교육 프
로그램의 성공이 평가되어질 수 있는 것과는 대조를 이루는 규준으
로 규정되었던 것을 기억할 것이다. 이러한 것들과 언어의 또 다른
측면들과 관련해서 농아동들의 성취에 대한 상세한 정보는 다른 장
들에서 논의되어질 것이다. 여기에서 목적은 농아동의 언어성취 현황
을 간단히 개관하고자 하는 것이다.

읽 기

읽기평가에 관한 가장 오래된 작업들 중 몇몇이 금세기 초엽
Pintner와 Patterson(1916)에 의해 수행되었다. 그들은 전국적인 여러
연구들에서 읽기평가 상의 농학생들의 중앙치가 어느 연령에서건 8
세 건청아동들의 중앙치에 결코 도달치 못했다는 사실을 발견했다.
가장 최근의 전국적 연구(Trybus & Karchmer, 1977)는 거의 정확하
게 60년이 지난 오늘날에도 성취수준이 기본적으로 동일하였음을 보
여 주었다. Trybus와 Karchmer는 6,871명의 유층무선표집된 농학생
들이 20세 이상의 연령에서 읽기 중앙치가 일반아동의 4, 5학년과 동
등함을 발견했다. 제일 나은 읽기 집단(18세)의 10% 학생만이 8학년
내지 그 이상의 수준에서 읽기를 할 수 있었다. 뒤의 장들에서 유사
한 읽기성취 수준이 다른 나라들의 농학생들에게서도 마찬가지로 나
타나며, 농자 성인들에게도 예외가 아님을 언급하게 될 것이다.

통사론

통사 평가 상의 성취는 피검자가 조작하고 있는 내재화된 언어구
조를 나타내며, 그리고 읽기와 쓰기의 성취를 반영해 주는 경향이 있
다. Quigley와 그의 동료들은 미국 내의 450명에 이르는 유층무선표

집 농학생들을 대상으로 여러 가지 통사자료들에 대한 이해에 대해 연구를 하였는데, 8세 건청아동들이 보편적인 18세 농학생을 능가할 수 있음을 발견했다. 다음과 같은 문장들이 주어졌을 때:

수동태 The boy was helped by the girl.
관계사 The boy who kissed the girl ran away.
보 어 The boy learned the ball broke the window.
명사상당어구 The opening of the door surprised the cat.

미국의 농학생들은 흔히 이러한 문장들을 다음과 같이 이해하였다:

The boy helped the girl.
The girl ran away.
The boy learned the ball.
The door surprised the cat.

읽기자료들의 분석에서 이러한 농학생들은 심지어 18세가 되어서도 매우 초보적인 독본들에 나타난 통사구조들을 이해하는 데에 상당한 어려움을 가지고 있다는 사실 또한 발견되었다(Quigley, Wilbur, Power, Montanell:, & Steinkamp, 1976).

문 어

아마 농아동의 영어구사 능력을 나타내는 최고의 표식은 아동이 자연스럽게 생성해 낸 문어의 질이겠지만, 그러나 이것을 평가하기 위한 충분하고도 타당하며, 그리고 신뢰할 수 있을 만한 기술들이 없다.

대다수 농아동들의 읽기와 쓰기가 제기능을 발휘할 만큼의 수준(4학년 정도의 읽기 수준)에 결코 도달할 수 없는 것으로 보여진다. 심

지어 낮은 성취는 통사와 같은 읽기의 특정 측면들의 평가에서도 나
타난다. 문어 연구들은 한결같이 낮은 수준의 도달도를 보여 준다.
많은 농아동들이 적절하게 영어를 읽을 수도 쓸 수도 없다는 것은
확실한 것 같이 생각되어지며, 이것은 일반적으로 낮은 교육성취수준
으로 나타나게 된다.

제 4 절 요약 및 결론

의사소통 접근법

이 책의 강조점이 언어와 농아동들의 언어발달에 있기는 하지만,
그러나 언어는 의사소통과 불가분의 관계를 맺고 있으며, 그래서 의
사소통 양식은 반드시 관심이 기울여져야만 하는 사항이다. 과거 200
~300년 동안 농아동들에게 사용되었으며, 현재까지도 여전히 사용되
는 여러 가지 의사소통 양식들은 구어와 수화라는 두 가지의 의사소
통 양식들과, 영어와 미국수화라는 두 개의 언어로 대표되는 세 범주
하에서 분류가 가능하다. 상위 범주들과 그것들의 하위 범주들에는
다음과 같은 것들이 있다.

> 구어영어(Oral English)
> 　청각/구어(aural/oral)
> 　어코우페딕(또는 단감각) 절차들
> 　큐드 스피치
> 수지 부호 영어(Manually Coded English)
> 　일반적인 수지 부호 영어
> 　지문자
> 　Linguistics of Visual English(LOVE)
> 　Seeing Essential English(SEE Ⅰ)

Signing Exact English(SEE I)
Signed English
Pidgin Sign English
미국수화(American Sign Language)

　다양한 의사소통 양식들과 언어들이 여러 시대에 폭넓게 사용되어
진 지도방법들을 구축하기 위해 단독으로나 혹은 조합적으로 사용되
어져 왔다. 농학생들이 행하는 의사소통의 1차적 수단으로서 말과 말
읽기를 사용하는 구어법은 16세기 스페인의 Ponce de Leon, 18세기
독일법의 창시자 Samuel Heinicke, 그리고 19세기 미국의 클라크 농
학교의 활동들이 그 근간을 이룬다. 이것은 전기 증폭기기(보청기)의
출현과 20세기 초엽 오스트리아의 Urbantschitz와 미국의 Goldstein
에 의해 개발된 청능훈련 기술들에 의해 청각/구어법으로 발전하였
다. 이것은 청각/시각/구어(AVO)법으로 매우 널리 알려져 있다. 어
코우페딕(또는 단감각)법은 청각/구어법과 관계가 있지만, 증폭기기
와 청능훈련은 강조하고, 초기 교육단계에서의 말읽기는 강조를 다소
적게 한다.
　말과 지문자의 조합은 1878년 Zenos Westervelt에 의해 설립된 로
체스터 농학교의 로체스터법으로 알려져 있다. 이 방법은 스페인의
Juan Pablo Bonet이 사용했던 방법들과 직접적인 관련을 맺고 있는
데, 그는 1620년 출판된 자신의 책에서 한손 지문자 알파벳과 말의
조합을 사용할 것을 주장했다. 이 방법은 신구화주의라는 이름 하에
1950년대 러시아에서 고안되어 1960년대 미국에서 부활되었다.
　수지 부호 영어는 Gallaudet와 Clerc시대 이래로 어떤 형태로서든
지 간에 미국의 농학생 프로그램들에서 사용되어 왔다. 하지만 1960
년대와 1970년대에 그 의미가 규명되어 논의가 되어진 여러 형태들
(SEE I, SEE II, Signed English)의 개발을 통해 수지 부호 영어의
인기와 사용은 크게 증대되었다. 이 체제들은 ASL의 사인들과 표준

영어 구조에서 고안된 사인들을 사용한다. 18세기 파리의 de l'Epée 는 프랑스 수화를 프랑스어의 구조에 맞추려는 유사한 시도를 했었 다. 프랑스에서의 이러한 노력들이 수화 제작을 더디게 했으며, 그것 의 사용을 더 거치적거리게 했으며, 그리고 프랑스 본래의 수화를 점 차 재주장하게끔 했다는 사실은 흥미롭다(Moores, 1978). 유사한 현 상이 미국에서도 일어난 것처럼 여겨진다(Marmor & Pettito, 1979). 동시법은 흔히 구어와 수화 의사소통을 동시에 사용하는 것이다. 토 털 커뮤니케이션은 농아동들에게 어떤 하나의 의사소통 방법을 사용 하는 것과 모든 의사소통 방법을 사용하는 것을 허용하는 철학 내지 는 체제에 관한 용어이다.

미국수화(American Sign Language)가 어떤 미국의 농교육 프로그 램들에서는 체계적으로 사용되지 않고 있지만, 아마 이것은 체계적으 로 사용되어져야 할 것이다. 농아동들의 ASL 사용과 효과에 관한 대부분의 정보는 농부모를 가진 농아동들을 대상으로 한 연구에서 얻어진 것이며, 이것도 뒤에서 논의될 것이다. 농아동들이 ASL을 가 정과 학교에서 사용하는 것에 대한 막대한 관심과 지지가 향후 10년 간 주어질 것임을 짐작해 볼 수 있다.

언어 접근법

본장에서 농학생들의 언어발달과 지도에 사용된 여러 방법들은 자 연법적 접근법과 문법적 접근법들로 분류되었다. 그러나 교사들은 책 들의 저자보다 훨씬 더 절충적인 접근법의 요소들이 대부분의 프로 그램들에서 발견하게 될 것이다. Schmitt(1966)는 각 시대의 농아동 프로그램들에서 최상의 실천을 대표하는 것들의 원리들을 유목화했 다. 그것들 중 어떤 것은 요즈음도 여전히 통용되는 것이기 때문에 여기에서 요약하여 제시한다.

1. 다감각적 통로(시각, 청각, 촉각)가 언어발달과 교수에 사용되어져야 한다.
2. 개발되고 가르쳐지는 언어는 아동에게 실제적으로 유익한 것이어야 한다.
3. 언어는 의미있는 상황들과 장면들 가운데서 지도되어야 한다.
4. 언어는 그것 자체가 목적이라기보다는 목적에 이르는 수단으로서 간주되어져야 한다.
5. 언어학습은 가능한 한 생애 초기에, 즉 유아기에 시작되어져야 한다.
6. 언어는 아동이 그것을 자연스럽게 사용해야만 정말로 습득된 것으로 간주된다.
7. 언어습득은 하나의 연속적 과정이며, 단순히 교실에서 생성되어지는 것이 아니다.
8. 개요와 교육과정이 지침들로서 유용하기는 하지만, 아동의 욕구와 흥미들이 언어프로그램들의 내용과 계열 구성에서 최우선적 판단기준이 되어야 한다.
9. 언어프로그램의 목표는 "자동화"된 언어가 되는 것이며; 형식적 장치들과 자극물들은 임시방편격의 보족기와 같은 것으로서, 가능한 한 그것들을 빨리 없애 버려야 한다.

이러한 원리들이 여기에서는 언어의 자연법적 접근법으로 규정되었다. 또한 이것들은 아동의 언어발달에 관한 최근 연구들과 일치한다. 그리고 이것들은 이 책의 언어발달에 대한 주된 관점을 나타낸다.

여기에는 매우 주의해야 할 것이 있다. 대부분의 건청아동들이 쉽고 편리한 상호작용 방식으로 언어를 습득하며, 농아동들의 언어습득 절차들이 가능한 한 건청아동 모델과 밀접하게 접근해야 하기는 하지만, 이것을 잘 실행하기 위해서는 교사가 언어에 관한 많은 문법적 지식을 잘 알고 있어야 한다는 것이다. 비유를 하자면, 일반인들이 엔진의 내연작동에 대한 완벽한 지식이 없이도 능숙하게 자동차를 운전할 수 있는데, 마치 전형적인 건청자가 언어의 구조와 기능에 대한 형식적 지식이 없이도 유창하게 언어를 사용할 수 있는 것과 같다. 그러나 엔진이 어떻게 작동하는지에 관한 세밀한 지식이 많이 없이는 엔진을 설계하거나, 제작하거나, 혹은 수리할 수 없는 것이다. 농교사들도 이와 유사하다. 즉, 필요한 경우 교사는 농아동들의 언어발달 프로그램을 짜고, 나이가 든 아동들에게 치료기법들을 사용하기 위해서는 의사소통과 언어의 많은 측면들에 관한 세밀한 지식을 가지고 있어야만 하는 것이다.

또 유념해야 할 것은 농아동들에게 적용될 수 있는 거의 모든 의사소통체제와 언어지도법에 의해 훌륭한 사례가 만들어질 수 있고, 이것들은 어느 시대에나 적용되었으며, 대부분의 농아동에게는 그 성공이 제한적이었다는 것이다. 예를 들면, 오늘날 농아동들의 언어발달에서 강조되는 자연적, 상호작용적 절차들은 1950년대 중반 Groht (1958)와 19세기 중반 Greenberger(1879), 그리고 1800년대 중반 Hill 에 의해 주장되어졌던 것들과 상당히 유사하다. 그러나 그러한 절차들은 과거에나 지금이나 제한적 성공만을 거두었을 뿐이며, 교사들은 아동이 나이가 많아질수록 보다 더 문법적 접근법을 사용해야 할 필요를 발견하게 된다. 이것은 농교사는 어떤 교과담당 교사가 그 교과에 관해 알고 있어야 할 필요가 있는 것만큼이나 언어와 의사소통의 내용, 발달, 그리고 지도법들에 관해 알고 있어야 한다는 것을 시사해 준다. 이것은 구어영어, 수지 부호 영어, 그리고 미국수화; 언어발달과 지도에 대한 다양한 자연법적 접근법과 문법적 접근법과 표준언어와 의사소통의 내용과 기능 영역들; 그리고 이중언어법과 2차언어로서의 영어학습에 관한 지식이 풍부해야 한다는 것을 의미한다.

제 2 장   인지와 언어

두 가지 의문이 인지(사고)와 언어 영역에서의 연구거리로 채택되었고, 이 의문에 대한 해결이 농아동들과 그들의 교사, 임상가, 기타 의사들에게 실제적인 의의를 준다. 첫째, 농자와 정상인 간에 기억, 지각, 창조성 등과 같은 인지적 기능의 여러 측면에서 양적이거나 질적인 차이가 존재하는지를 아는 것은 이론적으로나 실제적으로 의의가 있다. 만일 어떤 차이가 존재한다면 그것은 정상인에게 쉽사리 획득되어지는 특정 인지적 기본 기능(읽기와 같은 것)을 농자들이 획득하는 데 있어 보여주는 능력의 한계성을 지적하는 것이고, 그렇지 않다면 그것은 이러한 기능들을 획득하도록 하기 위해서 정상아동들에게 사용되는 것과 다른 발달적·교수적 접근 방법들을 농아동들에게 사용해야 할 필요가 있다는 것을 지적하는 것이다. 둘째, 농자의 인지적 및 언어적 기능에 관한 연구는 언어와 사고 간에 관련성이 있는가, 만일 있다면 그것의 본질은 무엇인가에 관한 끈덕진 철학적, 과학적 의문이다. 언어가 사고에 의존하는가; 사고가 언어에 의존하는가; 상호 의존하는가 아니면 서로 독립적인가? 이 질문 역시 실제적으로 중요하다. 예를 들어 언어가 사고(인지)에 의존한다면 인지적 발달에서의 어떤 차이 또는 결손이라도 언어 획득에 영향을 줄 것이다.

1910년대에 출발한 Pintner와 동료 집단은 이러한 의문들(그리고 농심리)을 농자들에게서 체계적인 방법으로 연구한 선두 주자들에 속하는데, 그들이 내린 연구 결론은 첫 번째 의문 속에 들어 있는 세 가지 초점 중 가장 중요한 것을 이끌어내었다. 그것은 농자가 정상인보다 총명하지 못해 인지적 기능의 여러 측면에서 명백한 결손을 보인다는 것이었다(Pintner & Reamer, 1920; Pintner, Eisenson & Stantor, 1941). 이들 연구자들에 의해 사용된 검사들의 대부분이 흔히 영어로 실시되어지고 영어로 답하기를 요구하는 지필 검사였다는 점을 유념하는 것이 중요하다. 농자의 인지적 기능에 대한 연구에 있어 역사적 발달의 대부분은 실질적으로 언어 없는 인지 검사를 고안하고자 한 연구자들이 조금씩 성공해 나갔던 시도의 역사이다. 그 목표는 언어가 포함되지 않은 상태에서 계열적 기억과 같은 인지적 과제에 대한 농자들의 수행능력을 측정하는 것이다. 대부분의 인간행동에 있어 언어의 확산적인 영향 때문에 퍽 힘겨웁기는 하지만 농자들이 점차 성공적으로 언어능력을 획득함으로써 다양한 인지적 능력에 있어 농자와 정상인 간의 차이가 감소되고 사라져 가는 추세이다.

Pintner와 그의 동료들에 의한 이론은 Myklebust(1960)에 의해서 공식화된 제안에 의해서 도전받던 1940년대까지는 지배적 위치를 차지하고 있었다. Myklebust는 인지적 및 지적 과제에 있어서 언어적 요인들이 통제되면 농과 정상인간에 양적으로 동일하지만 질적으로 다르다는 것을 보여준 자신과 몇몇 그의 동료들에 의한 일련의 연구들을 설명하였다. Myklebust와 그의 동료들에 의해 밝혀진 차이의 유형은 농자들의 전체 측정치(예를 들어 WISC와 같은 IQ 검사에서의 총점)는 정상인과 동일하지만 특정 과제에 대한 농자와 정상인의 전략은 서로 다르다는 결론에 도달하게 되었다. 즉, 농자와 정상인은 WISC와 같은 검사의 여러 하위 검사에서 서로 다르게 수행하였다. 비슷한 결과들이 기억과 창조성과 같은 다양한 인지적 기능의 검사에서 나타났다. 이런 결과들은 Myklebust가 농자들이 정상인들보다는 인지적으로 보다 구체적이고 보다 덜 추상적이라는 결론을 이끌도록 하였다. 나아가 그는 농자들의 기초경험들이 청력 손상의 직접적인 결과로서 제한된다는 점과 결과적으로 농자들의 행동 발달 전체가 많은 방법에 있어서 정상인과 본유적으로 달라지도록 영향을 미친다고 하였다. Myklebust는 인지능력에 있어 농자들의 본유적인 차이점을 설명하기 위해 "유기체적 전환 가설(organismic shift hypothesis)"을 제안하였다.

역사적인 조망의 세 번째 단계는 오늘날 농자들이 모든 중요 능력에 있어서 정상인과 인지적으로 비슷하다는 것을 설명하기 위한 것이다. Rosenstein(1961), Furth(1966b)와 Vernon(1967)은 인지적 기능에 있어서 농자와 정상인 간에 어떤 차이점도 존재하지 않는다고 주장하는 연구자들이다. 이것은 많은 사람들(대부분이 1960년대와 1970년대)에 의해서 수행된 연구 결과에 근거하여 논의된다. 이제는 일반적으로 인지적 능력에 있어서 농자와 정상인 간에 존재하는 약간의 차이점은 농에서 원래 본유되었다기보다는 환경적이거나 과제 영향들의 결과라는 점이 연구자들에게 인정되고 있다. Quigley와 Kretschmer(1982, p. 51)는 이들 과제 영향들을 다음과 같이 구분하였다. ① 피험자측의 언어 차이나 결손 때문에 과제를 고스란히 전달하는 데 따른 연구자들의 무능력, ② 과제의 해결에 함축되어 있는 편견, 또는 ③ 피험자측에 의한 일반적 경험의 결손 등이다.

인지와 언어 간의 관계를 고려하여 제시된 두 번째 의문은 또한 서로 다른 역사적 단계에 따라 다른 해답이 있어왔다. 초기(언어가 우세한 지위에 있던)에는 언어가 1차적이었고, 사고는 언어 안에 위치해 있었다. 이것은 다음과 같이 진술한 Sapir(1958)의 주장이 좋은 예가 된다.

> 사람이 언어 사용 없이 현실에 적응한다고 상상하는 것은 거의 환상이나 다름없으며, 언어는 주로 의사소통이나 의견의 특수한 문제들을 해결하는 데 있어 하나의 임의적 수단이다. ……우리 사회의 언어 습관은 해석의 일정한 선택을 이미 해 놓았기 때문에 보고 들으며, 그렇지 않으면 우리가 그렇게 한 것처럼 경험한다.

이 견해에 따르면 아동 언어발달은 언어 경험에 의해서 대부분 결정되고, 언어는 그 안에 압축되어 있는 개념 획득을 가져오게 한다

(Quigley & Kretschmer, 1982). 그 반대 견해(최근에 우세해진)는 기본적인 지각과 인지 발달은 언어에 앞서고 언어발달을 위한 기초나 지주를 제공한다고 제안하는 인지 우세 가설이다. 언어는 이 견해에서 보면 앞서 발달된 인지적 처리의 자연적인 연장 또는 일부분이다.

현재의 증거는 언어 우세 가설(Whorfian 가설로도 알려진)을 지지하기는 어렵다. 많은 연구자들에 의한 정상 아동 연구(대표적으로 Piaget와 그의 추종자들)와 농아동 연구(대표적으로 Furth와 그의 동료들)는 많은 지각적이고 인지적인 발달이 언어발달에 앞서서 일어나고, 또한 동시적이고 의존적으로 초기 언어발달이 일어나는 것으로 본다. Piaget의 견해를 보면 다음과 같다.

> 상징적 기능은 언어보다 폭넓게 존재하고 말 신호 체계와 엄밀한 의미의 상징 체계 두 가지 모두를 포괄한다. ……사고가 언어를 처리한다고 결론짓는 것이 더 납득할 만하다. ……언어는 사고를 설명하기에 충분치 않는데, 왜냐하면 사고를 특징지워주는 구조들이 언어보다 더 심오한 활동과 감각운동 기제 속에 그 뿌리를 두고 있기 때문이다(1967, pp. 91~92).

경험적 증거의 현재 비중이 언어 우세(Whorfian) 가설을 지지하는 것 같지는 않을지라도 몇몇 최근 연구자들이 이러한 가설을 약화시키는 이설(異說)을 제시하였다(Cromern 1976; Schlesinger, 1977; Mcneil, 1978). 이처럼 Whorf적 가설의 약화된 형식은 비록 언어가 사고를 재현해주는 것은 아닐지라도 사고에 영향을 줄 수 있고, 또 영향을 준다고 제안한다. 이 제안의 증거는 인지적 및 언어적인 발달에 관한 직접적인 연구로부터 나온 것이라기보다는 근본적으로 언어학적 직관으로부터 나왔다. 예를 들어서 성이나 타동사 같은 언어를 만들어주는 특정 기준이 있는데, 그것이 언어를 특수하게 하지만 실세계와 상관이 없거나 대상을 가지고 있지 않다는 점을 지적할 수 있다.

본장의 목적은 사고(인지)와 언어 간의 관련성에 관해 제시된 의문들을 심도있게 분석하기 위한 것은 아니며, 인지 우세 가설을 찬성하는 최근의 증거들에 대해 이야기하고자 한다. 이 문제에서의 관심거리는 그것들이 어떻게 농자들에게 언어발달 문제를 밝혀줄 수 있느냐 하는 것과 관련된 것이다. 이 관심거리는 두 가지 의문에 집중된다. 첫째, 농자들의 인지적 발달을 정상인의 인지적 발달과 어떻게 비교하느냐? 둘째, 농자에게 있어서 사고의 내재적인 상징적 중재자는 무엇인가?

두 가지 의문 모두가 농아동과 청소년들의 교육적 실제에 직접적으로 적용된다. 처음에 진술한 바와 같이 인지 우세 가설로부터 도출된 인지 발달에 있어서의 문제(차이 또는 결손)는 언어발달에 있어서의 문제들 속에 반영되어질 것이다. 두 번째 의문과 관련지어 정상인은 여러 가지 생각하는 과제와 읽기의 범위에 있어 이를 위한 내적 중재자(내어)로 처음에 음성학적인 언어를 기본으로 사용하는 것으로 알려져 있다. 상징적 중재자로서 농아동들이 사용하는 내적 부호(시각적 형상, 내어, 부호 지문자 등)가 무엇인지 아는 것은 농아동들의 언어와 읽기를 발달시키는 데에 중요하다. 이들 질문의 해답을 추구하는 데 필요한 약간의 정의들과 배경 지식이 다음에 제시된다. 그리고 세 영역에 걸친 연구가 검토된다. ① 농자들이 특정 인지적 과제를 어떻게 수행하는가에 관한 연구; ② 특정 인지적 과제를 수행하기 위해 정상인들이 사용하는 것과 비교하여 농자들이 사용하는 부호와 중재 처리에 관한 연구; ③ 사고의 중재자로서 사용하는 농자들의 언어 체계 등이다. 마지막으로 몇 가지 결론이 농아동들의 언어발달 실제를 위해 적용될 수 있는 점을 보여주기 위해 제시된다.

제 1 절 정의와 배경 정보

Slobin(1979)은 인지를 지식의 처리와 조직으로서 지각, 주의력, 기억, 문제해결, 사고 및 언어를 포함하는 지식을 연구하는 심리학의 분야로 정의하였다. 이것은 인지의 연장 또는 부분으로서 언어를 포함하는 인지 우세론적 견해로 볼 수 있다. 언어는 "의사소통을 위한 신호의 전달 체계를 통해서 재현된 세계에 관한 생각들을 나타낸 부호"라고 정의되어 오고 있다(Bloom & Lahey, 1978, p. 4). 이러한 정의는 보다 보편적인 구두 언어뿐만 아니라 미국수화(ASL)와 같이 어떤 전달 가능한 상징체제라도 포함할 수 있을 만큼 충분히 광범위하다.

농자들에 관한 인지적인 연구의 많은 부분은 스위스의 심리학자 Jean Piaget의 연구에 의해 영향을 받아왔다. Piaget(1955)는 성숙된 사고의 발달은 4단계를 거쳐서 진행되는 것으로 보고 아동의 인지능력을 설명하였다. 첫 번째 단계는 감각운동적 사고로서 대표적으로 생후 초기 2년에 해당된다. 이 기간 동안 아동은 기본 욕구와 관련되는 것으로 감각적 자료를 지각하고 반응하며, 도식 안에서 이들 자료를 조직, 통합하기 시작한다. 그들은 환경에 적응하는 것(조절)과 환경에 작용하는 것(동화) 간에 균형을 맞추어가는 과정을 통하게 된다. 조절과 동화 간의 상호작용은 나아가 아동의 경험을 표현하는 것으로서 도식을 발달시킨다. Yuseen과 Santrock(1978)에 따르면 이러한 도식은 감각운동 기능의 조직화된 양식을 위해서 필요한 단위들이다. 예를 들어 아동은 각각 다른 공간적인 장소에 있는 눈, 코, 입이 통합된 양식인 얼굴의 도식을 조직할 것이다. 읽기에서 논의하게 될 도식이론은 인지 심리학의 고차원적인 영역이 되며, 읽기의 현대 이론에 결합되어 있다.

Piaget의 둘째 단계는 전조작기 단계로 알려져 있는데, 2세 가량부터 7세 가량의 연령에 해당된다. 이것은 경험과 행동 간의 관계 수립 기간으로 표현된다. 아동의 상징 체계는 이 기간 동안에 확산되고 언어 사용과 지각적 능력들이 1단계에서 아동이 할 수 있었던 능력을 훨씬 넘어서서 발달을 계속한다(Yussen & Santrock, 1978). 이 단계에서 아동의 자아 중심성(egocentrism)이 아동으로 하여금 다른 사람들의 견해와 자신의 견해를 나눠 갖지 못하게 하며, 이런 범주에서 아동의 사회적 상호 작용이 명백해진다. 이 단계에서는 또한 아동이 보존과 가역성 같은 Piaget식 기초 개념을 이해할 수 있을 만한 능력이 없어서 그의 인지적 처리가 한정되게 된다. 고전적인 Piaget식 보존과 가역성의 예는 흙으로 만든 공이 다른 모양으로 바뀌었을 때도 같은 덩어리로 유지되고 있으며, 원래의 형태로 되돌릴 수 있다는 것이다. 또 다른 예는 물의 양이 낮고 넓은 잔에서 길고 좁은 잔으로 부었을 때도 동일하게 유지된다는 것이다. 또다시 그 과정은 역전시킬 수 있다. 이러한 개념은 Piaget가 구체적 조작기라고 부른 단계에 도달할 때까지는 아동들에게 납득시키기 어렵다.

구체적 조작기는 Piaget의 인지발달 4단계 중 셋째 단계이고 7세 경부터 11세경까지의 범위에 있다. 아동은 이제 다른 것들로부터 자기 자신을 구별지을 수 있고(자아 중심성과 상대성), 보존과 가역성 같은 개념을 이해하기 시작한다(Yussen & Santrock, 1978). 마지막 단계는 11세 가량부터 시작되는 형식적 조작의 사고기이다. 이 단계는 우선적으로 추상적인 사고와 구체적인 대상 및 경험의 필요성으로부터 벗어나는 것으로 특징지을 수 있다.

Piaget는 아동의 언어발달을 두 단계로 나눴다. 첫째 단계는 의사소통적인 의도 없이 표출되는 자기 중심적 말이 포함된다. 여기에는 독백과 말하는 것에 대한 기쁨 때문에 아동이 단순하게 되풀이하는 언어 놀이가 포함된다. 두 번째 단계는 결과적으로 정보, 비평, 권고, 요구, 질문 등과 같은 사회적 의사소통에 요구되는 모든 양식을 합류시킬 수 있는 것으로까지 발달하는 사회화된 말이 포함된다. Piaget

는 인지 발달에 우선적인 영향을 주는 것으로서 언어에 특별하게 중
요성을 두지는 않았다.

여러 심리학 연구자들이 이들 Piaget식 발달 단계의 존재를 실험
하는 데 있어 농아동과 농자들을 통제집단으로 이용하였다. 그 가정
은 농아동에게 형식적 상징 언어가 결여되고 있고, 그래서 인지 발달
에 언어 영향이 존재하지 않는 가운데 실험할 수 있다는 것인데, 정
상 아동들에게는 언어가 너무 확산되어 있어서 상징이 없는 인지적
과제로 실험하기에는 어려움이 있었다. 이에 대한 대표적 연구자로
Hans Furth가 『언어가 제외된 사고』(Thinking without Language,
1966b)라는 저술에서 농아동과 관계하여 초기 Piaget식 연구를 많이
제시하여 놓았다.

농아동들이 비언어적인 피험자로서 이용되어야 한다고 가정한 이
분야의 Furth연구와 다른 연구자의 것들을 해석하는 데 몇 가지 유
의해야 할 점이 있다.

첫째는 농자들을 이용한 대부분의 많은 연구들이 불행하게도 청력
손실수준들을 어떤 사례에도 제시하지 않았고, 어떤 피험자 경우는
60dB(아마도 ASA 표준에서) 이하의 청력치였다는 점이다. 적어도 이
러한 피험자일 경우는 청각에 기초한 언어가 내재화되어 있음에 틀
림없다. 또한 Conrad(1973)도 심지어 어떤 농(90dB 이상, ISO)아동이
중재 부호로서 내어를 사용하는 것을 보여 주었다. 마지막으로, 표준
구두 언어가 결여되어 있기 때문에 농아동들이 일반적인 의미의 언
어 능력에 결함을 가진다고 가정할 수 없다는 것이다. 이 장에서 보
여주게 되지만 많은 농자들이 말 부호와는 다른 부호 체계를 사용하
여 내적 언어를 중재하고 있음을 볼 수 있다.

제 2 절   인지 과제의 수행

 Furth(1966b)는 자신의 연구를 인지적 조작이 언어에 상당히 독립적으로 존재한다는 점과 언어가 인지를 해명하는 데 조금밖에 관계하지 않는다는 점을 확증하기 위해 수행했다. 그의 연구는 언어와 언어의 획득이 자연적인 성숙의 산물이고, 기초 인지적 처리와 조작의 직접적인 결과로 보는 가상적 견해로서도 해석될 수 있다. 이러한 견해로 생각한다면, 농자들이 핵심 문명언어의 유창한 구사력을 획득하지는 못할지라도 대부분의 상황에 가능할 수 있는 이유를 설명해 줄 수 있다. 여기에 소개되는 Furth의 연구와 다른 연구자들의 것은 단지 방대한 문헌들의 표본일 뿐이다. 이들 연구는 여러 부문으로 조직되어 있다. 첫 번째 것은 Piaget의 이론에서 직접적으로 기초된 연구들의 개략을 나타내고자 시도하였다. 그 밖의 것들은 언어획득에 중요하게 관련되는 기억, 추상적 사고 및 창조성에 대하여 보다 특수한 과정을 다루었다.

Piaget식 과제들

 처음에 진술된 바와 같이 비언어성 인지적 발달 측정에 있어 가장 어려운 점의 한 가지는 비언어적 또는 기호가 제외된 과제들을 만들어내는 것이다. 이것에는 과제 그 자체의 실행과 피험자에게 주어지는 지시가 포함된다. 많은 연구들이 농자들의 비언어성 인지 발달을 연구하기 위해 특별하게 고안되어 왔는데, Quigley와 Kretshmer(1982)는 다음과 같이 그것들을 구별짓고 있다.

   1) 다양하게 미리 정의된 개념들 혹은 원리들(법칙들)을 학습하거나 탐구할 수 있는 농아동들의 능력에 대한 연구, 2) 개념 혹은 원리(규칙)에 대한 지식을 새로운 본보기로 변경시킬 수 있는 능력에 관한 연구, 3) 자

극을 연합시킬 수 있는 능력에 관한 연구, 4) 대상을 증가시키고 분류하고 구별할 수 있는 융통성이 요구되는 능력에 관한 연구, 5) Piaget식이며 실제적인 문제들을 해결할 수 있는 능력에 관한 연구 및 6) 복잡한 사고와 상징 조작을 시연할 수 있는 능력에 관한 연구(p. 57)

이들 연구들에 대한 광범위한 개요들이 Furth(1970)와 Ottem (1980)에 의해 제공되었다. 단지 몇몇 예들만 여기에서 논의된다.

Russel(1964)은 개별 탐구 혹은 학습을 피험자에게 요구하였고, 가역적인 변경으로 유목화(categorization)를 해 보도록 요구하였다. 농집단과 건청집단에게 높이와 색에 있어서만 제각기 다른 일련의 쇠컵들을 보여 주었는데 그 쇠컵들은 검은색이거나 흰색이었고 길이가 길거나 짧은 것이었다. 하나의 건청집단과 하나의 농집단에게 색(검은 것과 흰 것)에만 반응하고 높이는 무시하도록 가르쳤다. 검은 색은 이들 피험자의 절반이 옳게 반응했으며, 흰색은 다른 절반이 바르게 반응하였다. 또 다른 건청집단과 농집단에게 길이에 반응하도록 가르쳤는데 긴 것에 반, 짧은 것에 반, 색은 무시하도록 가르쳤다. 그 다음 각 집단의 하위집단 반에게 그들의 최초의 유목화 도식을 변경시키고 싶은 데로 다시 학습할 것을 요구하였다. 그 결과는 농피험자가 유목화 도식을 학습할 수 있고, 건청 피험자들만큼이나 유목화 변경이나 가역을 해낼 수 있다는 것을 보여 주었다. 농피험자들이 이 과제로써 측정되어진 건청 피험자들의 개념 학습에서의 가능성과 개념 변경에서의 응용성에 필적하였다는 결론이 내려질 수 있었다.

Furth와 Youniss(1971)는 논리적 사고와 상징 조작에 관한 연구의 한 가지 예를 제공하였다. 14세 이상의 농학생 40명이 건청 학생과 같은 연령으로 짝지워졌다. 각 집단의 반은 학업 성취에서 평균 이상이었고 반은 평균 이하였다. 모든 피험자들에게 세 가지 형식적 조작 과제가 제시되었다. 과제 1은 상징적 논리 과제였고, 과제 2는 확률 문제였으며, 과제 3은 피험자에게 여러 수를 조합하여 만들 수 있는 모든 수를 만들어 내도록 요구하였다. 그 과제의 예로서 과제 1은 피험자에게 상징-그림 과제를 사용한 어떤 논리적 진술을 증명하도록 요구하였다. 만일 논리적 진술 $\dot{H}/\dot{B}$의 제시가 집도 아니고 푸른색도 아닌 어떤 것을 의미한다면, 피험자는 노란색 나무가 적절한 것으로 결정해야 한다. 반응 양식은 논리적 진술과 그림 간에 놓여 있는 화살표 →(참) 또는 부정된 화살표 ↛(참이 아님) 중에서 선택하는 것이다. 결과는 건청 피험자들이 세 가지 과제에서 농피험자보다 더 잘 수행한다는 것이었다. 그러나 두 집단에서 문제 해결 전략에 있어서 동일성이 주목되었다. 연구에서 발견된 차이에도 불구하고 연구자들은 농과 건청집단 간에는 형식적 조작에 있어서 아무런 차이가 없고 형식적 조작의 Piaget식 단계에서의 논리적 기능은 언어적 상징체계를 요구하지 않는다고 주장하였다.

　Furth(1973)는 액체 보존을 포함하는 고전적 Piaget식 과제를 사용한 비교연구에서 과제의 본질, 지시, 아동 반응 등을 명확하게 통제하는 것의 중요성을 증명하고자 시도하였다. 그는 지시에 대한 반응이 피험자의 필요성에 순응시킬수록 보다 더 적절해진다는 것을 발견하였다. 이것은 농과 건청자들 간의 인지적 차이를 농 본유의 결과라기보다는 지시와 반응에 있어 말이 미친 결과라는 또 다른 지적으로 해석되었다.

　이러한 문제는 물체의 보존성을 다룬 Rittenhouse(1977)에 의해 탐색되었다. 그는 건청인의 실행성도 농아동들만큼이나 지시말에 의해 이러한 과제에서 영향을 받게 되며, 실행에 있어서도 실험자의 기대에 대한 피험자의 지각에 의해서도 영향을 받게 된다고 가정하였다. 비교는 네 개의 보존 과제들의 표준 지시와 과제 속성에 초점을 두어 설계된 지시의 유사한 짝들간에 이루어졌다. 수정된 지시어는 농과 건청 대상자 모두의 실행을 증진시켰지만, 농아동들이 실행에서 평균 2~3년 정도 지체된다는 것이 밝혀졌다.

　지시와 반응에서 말의 영향을 제거하고자 고안된 비언어성 인지 과제에 대한 농아동들의 실행 양식은 다른 연구자들에 의해서도 증명되어 오고 있다. 결과적으로 Furth 등은 이 같은 과제에서 만일 지시와 반응을 완전하게 비언어적으로 만들 수 있다면, 농과 건청인들 간의 과제 수행에 있어서의 차이가 없어질 것이라고 주장하였다. 이것은 아직까지 증명되지 않았다. 지시와 반응을 적절하게 수정하는 것이 이러한 차이를 줄일 수 있을지라도(Furth, 1973; Rittehouse, 1977) 그 차이는 여전히 남는다. 또한 인지적 과제를 완전하게 비언어적인 것으로 구성하는 데 극단적인 어려움이 있다. 건청 대상자들은 거의 언제나 시연을 하는 동안 과제를 내적이고 소리 없는 말로 나타낼 수 있다.

1960년대와 1970년대 동안 방대한 양의 연구에도 불구하고, 농아동들이 여러 Piaget식 과제를 얼마만큼이나 성공적으로 수행할 수 있는지 분명하지 않다. 농아동들은 감각운동기에서는 정상적으로 진행되는 것이 관찰되어졌다(Best & Roberts, 1976). 지체는 전조작기와 구체적 조작기의 특정 측면에서 보고되고 있다. 비록 본질적으로 정상적 기능이 배열 순서 항목들을 정렬시킬 수 있는 능력에서 발휘되고 있을지라도 항목들을(액체와 물질) 보존할 수 있는 능력과 변환적 사고를 사용하는 능력에서 유의미한 지체가 발견되고 있다(Furth, 1964; Youniss & Furth, 1966; Rittenhouse, 1977). 보존능력에는 물체가 그것의 형체를 바꾸었을 때에도 무게나 부피가 바뀌지 않는 것을 인식하는 것이 포함되고, 가역적 사고에는 다음과 같은 유형의 논리적 조작 즉, A>B 혹은 B>C이면 A>C를 이해하는 것이 포함된다.

Piaget식 이론의 형식적 조작 단계에서 농과 정상 피험자의 수행 비교에 관해서는 확실한 것이 더 적다. Furth와 Youniss(1965)는 농청소년과 성인에게 매우 복잡한 논리적 조작 원리들을 사용하여 가르칠 수 있다는 것을 보여주었지만, 그들은 또한 그들의 피험자들이 이들 원리들을 자발적으로 탐구할 수 있는 능력이 결여되어 있다는 것을 알았다. 그래서 Piaget식 과제에서 농자들의 수행이 발달 단계들을 통해서 진행되는 것은 정상적인 순서를 보이지만, 수행의 실제 수준에서는 지체되는데, 특히 구체적 조작과 형식적 조작 사고의 나중 단계에서 지체된다고 결론지을 수 있다. 이 지체된 수행의 영향이 언어 획득에 영향을 미친다는 것이 교육 종사자에게 실제적으로 고려되어야 할 점이다.

기억과제

기억은 모든 다른 인지적 능력에 영향을 미치는 기본 기능이다. 기억에는 보편적으로 세 수준이 있는 것으로 고려된다. 첫째 수준은 재빠른 감각적 등록인데 일초 이내 동안 지속되는 기억을 의미한다. 두 번째 수준의 단기기억은 몇 초에서 1분 동안 지속되는 작업 기억이며, 약 5개 내지 7개의 무관련 항목들에 대해 단기간의 저장을 제공한다. 아마도 직접적으로 단기(작업)기억 속에 각각의 감각적 양식을 공급하기 위한 감각 정보(등록)저장 체계가 있을 것이다. 장기 기억은 1분에서 몇 주 혹은 몇 년 동안 지속되는 수준이다.

기억의 특정 처리들은 정보가 단기 기억에서 장기 기억으로 전환되도록 허용한다. 한 가지는 이러한 처리가 단순하게 반응을 반복하는 시연(rehearsal)이다. 두 번째 처리는 용이하게 유지하기 위해서 새로운 정보를 이미 친숙한 정보와 연합시키는 정치(elaboration)이다. 세 번째는 새로운 정보가 이미 친숙한 정보의 의미있는 단위로 결합되는 조직화(organization)이다. 정보 묶기는 특수 읽기 자료들의 개발에 적용되는 것으로 밝혀진 조직화의 한 양식이다(Quigley & King, 1982).

농자들을 다루는 연구에서 기억 유형에 있어 중요한 차이점은 공간적(혹은 동시적)이고 계열적인 기억 유형이다. 이런 차이는 역시 서로 다른 감각 처리정보 방식과 관련된다. 시각은 비록 청각보다 계열적 처리자로서 덜 효과적이겠지만, 시각은 공간적으로(동시적으로)

처리될 수 있는 데 반하여, 청각처리들은 단기적 계열 방식으로 투입된다. 공간적/계열적 구별은 사인과 활자의 처리에 비교되는 것으로서, 말의 처리에 있어서 중요함을 지닌다. 몇몇 연구들이 이들 공간/계열 차이를 폭넓게 고려하여 다음과 같이 보고하였다.

Blair(1957)은 세 가지 동시적(또는 공간적) 기억과제(Knox Cube, Memory-for-Design, Object Location)와 네 가지 계열적 기억범위검사(Digit Span Forward, Digit Span Reversed, Picture Span, Domino Span)에 대하여 농아동과 건청아동들을 실험하였다.[1] 결과는 건청아동들이 계열적 기억 검사에서 더 긴 길이의 과제를 파지할 수 있었는 데 반하여, 농아동들은 동시적(또는 계열적) 기억 검사에서 동등 또는 우세하다는 것을 보여주었다.

Withrow(1968)는 14명의 건청아동들, 14명의 구화중심으로 교육된 농아동들, 14명의 수화가 유창한 농아동들 및 14명의 특수한 농아동들(대개 학습 장애)을 대상으로 검사하였다. 친숙한 실루엣, 친숙한 지도 양식 및 친숙하지 않은 지도 양식이 처음에 모두 함께 제시되고, 그 다음은 계열적으로 제시되었다. 농집단은 자극이 동시적으로 제시되었을 때 즉각 재생하는 데 있어서는 건청아동만큼 실행하였지만, 건청집단이 계열적으로 무의미하게 제시된 자극의 재생이 모든 수준에서 유의미하게 우수하였다. 이 결과와 흥미로운 유사점이 Stuckless와 Pollard(1977)가 19명의 농학생들에게 그들의 활자 낱말처리 능력을 지문자 낱말처리 능력과 비교하여 검사한 연구에서 나타났다.

Belmont, Karchmer 및 Pilkonis(1976)는 7명의 농대학생과 7명의 건청 젊은이 간의 단기 기억의 계열적 재생 과제를 검사하였다. 각 피험자들은 일련의 자음 글자를 제시받은 다음 특정 글자가 목록의

---

1) Knox Cube; 녹스 입방체, Memory-for-Design; 무늬 기억, Object Location; 물체위치, Digit Span Forward; 순차적인 수 기억, Digit Span Reversed; 역순적인 수 기억, Picture Span; 그림 기억, Domino Span; 장기알 기억

어디에 있는지 설명하도록 요청받았다. 그들 자신의 전략을 마음대로 이용하였을 때, 농피험자들이 건청집단보다 더 열등하게 수행하였다. 농피험자에게 지문자 기억전략을 먼저 사용하고, 그 다음 자음 기억을 해보라고 하였을 때는 다음과 같은 두 가지 결과가 나타났다. ① 기억 전략은 농피험자가 건청 피험자들의 정반응 수의 수준으로 수행하였다. ② 처음 (반향)기억을 지시한 계열전략에 있어서의 반응시간은 두 집단간에 동일하지만, 두 번째 (시연)기억이 지시된 계열의 반응 시간은 농피험자들이 유의미하게 느렸다. 심지어 농피험자가 잘 시연하고 신속하게 재생하는 때라도 그들의 두 번째 기억 회복기능들이 저장된 내용에 접근하는 데는 더 느린 것으로 나타났다. 그러나 그들은 Conrad와 Rush(1965)에 의한 제안, 즉 "농자의 지적 결손은 '그들이 자신들을 위해 가장 유효한 의사소통 양식의 수행에 대한 연습부족' 때문에 결과된 것이다"(p. 342)라는 말은 지지하지 않았다.

이런 연구들로부터 청각장애인은 기본적으로 계열 기억을 포함하는 검사에서 기억 능력이 건청인들보다 더 열등한 것으로 볼 수 있을 것이다. 청각언어가 계열적으로 처리되고, 그리고 어떤 시각 언어의 투입(활자, 사인, 지문자 같은)들도 또한 계열적으로 조성되는 것으로 고려될 수 있기 때문에, 이런 차이는 일차 언어와 이차(읽기와 쓰기) 언어 획득 모두에 있어 유의미성을 가진다. 건청인에 대한 최근 연구는 기억의 이런 양식과 정보 처리가 이어지는 산문을 읽는데 특히 중요하다는 점을 지적한다.

추상적 사고

Pettifor(1968)는 청각장애 아동들과 건청아동들에게 피험자들측의 표현이 요구되지 않는 상태로 개념적 사고를 측정하도록 고안된 Pettifor 그림 분류 검사를 실시하였다. 지시는 두 집단에게 제스처를 사용한 말을 반복하여 사용하였다. 분류의 여섯 가지 방식은 ① 큰 것-작은 것; ② 테두리 있는 것-테두리 없는 것; ③ 오른쪽에 그림이 있는 것-왼쪽에 그림이 있는 것; ④ 남성-여성; ⑤ 어른-아이; ⑥ 여름-겨울이었다. 처음의 세 가지는 시각-지각-구체성이 되도록 제시되었고, 나중의 세 개는 말-관념적-추상적으로 제시되었다. 결과는 정상 청력 아동들이 청각장애 아동들보다 개념적 사고의 측면에서 우월하였다. 건청아동들의 우월성은 구체적인 과제에서보다 추상적인 사고 과제에서 더욱 유의미하게 나타났다. 시각적 및 언어적 점수는 두 집단 모두 연령이 증가함에 따라 증가하였다.

Rosenstein(1960)은 지각적 변별, 복잡한 분류, 인지가 포함되고 사용되는 과제에서 건청아동들과 함께 구화로 훈련된 농아동들을 비교하였다. 이 연구의 결과는 두 집단들이 지각, 분류, 개념에 있어 동등하게 잘한다는 것을 지적하였다. 저자는 연구에 사용된 언어가 농아동들의 능력 범위 내에 있었고, 개념상의 결함을 보고한 다른 연구에서는 언어적 능력이 피검 농아동들의 능력을 벗어나는 과제였다는 점에 그 이유를 돌렸다. Piaget식 과제의 연구에서 판명된 것은 언어 능력이 검사되고 있는 능력에 영향을 주지 않아야 한다는 점에 그 중요성을 둔다.

창의성

Laughton(1979)는 창조적 사고에 대한 Torrence 검사를 통하여 유창성, 독창성 및 정교성에 있어 언어적인 성분이 비언어적 창조성의 처리에 얼마만큼이나 수반되고 있는지 알아보기 위해서 Peabody 언어발달 검사와 연결하여 농과 건청학생들에 대해 연구를 수행하였다. 모든 지시는 아동들이 그 과제를 이해한 것으로 나타날 때까지 쓰고, 사인하고, 말하는 형식으로 내려갔다. 언어 예시는 사인 언어의 수용과 청각장애 아동들의 말을 듣는 데에 경험 있는 기록자들에 의해서 쓰여졌다. 구절구조 변형문법이 아동들의 언어 사례를 분석하는 데 이용되었다.

창의적 처리가 비교된 네 가지 언어 조성 항목은 구절 구조, 단일 낱말, 변형, 형태였다. 비언어적 창의적인 처리들과 언어적 조성 간의 기준적인 상관관계는 .58(p<.000)이었다. 개인적인 자료에 따른 예언 변인들 간의 유의미한 상관(p<.05)은 다음 표와 같다.

	r	R^2	
구절 구조	.46	.21	독창성
구절 구조	.53	.29	IQ
구절 구조	.58	.34	성
단일 낱말들	.38	.14	성
단일 낱말들	.52	.27	독창성
형태	.44	.20	독창성
형태	.51	.26	성
형태	.56	.32	정교성
변형	.29	.08	독창성

아동 중의 30명이 청각/시각/구어(AVO) 환경에서 훈련되어 왔고, 47명이 동시적인 환경에서 훈련되어 왔기 때문에 두 집단을 통계적으로 비교하였을 때, AVO아동들이 비언어적인 창의적 능력과 언어적인 능력 두 가지 모두에서 동시적 방법의 아동들보다 우월하다는 것이 발견되었다. 저자들은 예언변인들 간에 존재하는 유의미한 관련성(비록 그것들이 낮은 R^2 치로서 변량에 있어서 비교적 적은 양이었지만) 때문에 인지와 언어 체계 간에는 상호 상관이 있음에 틀림없다고 믿었다.[2]

---

[2] R^2는 상관계수 r의 제곱으로서 전체 변량에 대하여 예언되는 변량의 비를 말한다. 즉 예언될 수 있거나 설명될 수 있는 비율이다.

요 약

인지에 있어 제한된 수의 영역만이 여기서 논의되었고, 그 영역들 각 부분 내에서도 몇 가지 연구들이 제시되었지만, 그것들은 농자들의 언어 능력에 대한 발견점들의 주요 부분에 있어 대표적인 것이다. 몇 가지 주요 결론들이 제시된 문헌으로부터 추출되어질 수 있다.

첫째, 농자들의 인지 발달에 대한 문헌들에 나타난 발견점들에는 어떤 결정적인 결론을 내리는 데 대한 이유를 정당화하기에는 상당한 모순점이 있다. 비록 인지적 연구에 영향을 주는 다양한 요인들에 대해 더 잘 이해하게 되었고, 이들 요인들에 대한 경험적인 통제가 증가되었고, 인지적 수행에 있어서 농자와 건청인 간에 점점 더 작은 차이점들까지도 발견하게 되었다 할지라도, 확실한 차이가 아직까지 여러 영역에 존재한다. 가능한 실수의 원천을 통제하기 위해 대단히 주의를 기울였을 때조차도 여전히 다양한 Piaget식 과제, 기억 과제 수행, 추상적 사고, 창의성 및 기타 인지적 영역에서 건청인이 더 나은 것으로 발견되고 있다.

둘째, 그런 차이들이 여전히 발견되고 있는데도 불구하고, 그것을 어떻게 해석해야 할 것이냐에 대해서 의견의 일치를 보지 못하고 있다. 차이는 실제로 농의 진정한 인지적 일탈을 나타낸다고 결론지을 수 있다. 이것은 농이란 것이 잔존 감각을 통해서 세계에 대한 다른 관점을 갖도록 강요하고, 농자와 건청인 간에 질적인 차이가 나도록 한다는 Myklebust의 "유기체적인 변환가설"을 지지하는 것이 될 수 있다. 이것은 전체적인 인지적 수행의 양에 있어서 유사하지만, 어떤 특정 측면에서는 농자가 우월하고 다른 측면에서는 건청인이 우월하다고 결론지을 수 있다.

그러나 인지적인 수행에 있어 여전히 남아 있는 차이는 비언어성이라고 믿어지는 과제의 수행에 영향을 줄 수 있는 언어적 요인들에 대한 엄격한 통제의 결여 탓으로 돌려야 한다고 결론지을 수 있다.

비언어성 과제를 구성하는 것이 극히 어려운 가운데, 건청인은 대부분의 과제에서 내적으로 그 과제를 수행하는 데 도움이 되는 말을 언제나 사용한다. 언어의 파급성에 비추어 볼 때, 언어 결함이 농자들에게 인지적 성숙에 기여할 어떤 경험을 하는데 필요한 환경-환경 내의 사람을 포함하여-과의 상호작용을 못하게 한다고 주장되어질 수도 있다. 인지적 수행에서의 차이를 언어와 경험의 차이로 돌리는 데에 중요한 점은 그것들이 교정될 수 있다는 점이다. 이같은 견해로부터 나오는 결론은 농아동에게 적절한 인지적 발달을 허용하게 될 어떤 적절한 언어와 의사소통 양식을 통하여 적절한 경험에 노출될 수 있는 초기 환경을 제공해 주는 것이 중요하다는 점이다.

인지에 대한 연구들로부터 도출되어질 수 있는 세 번째 결론은 인지 발달이 대부분의 경우에 언어에 민감하게 의존하지 않는다는 점이다. 그러나 언어가 사고를 설명하기에는 충분치 않음에도 불구하고, Piaget의 주장처럼 어떤 연구들은 언어가 발달된 후에는 인지와 서로 얽히게 되어 어떤 실제적인 목적을 위해서 언어와 인지의 서로 다른 효과를 거의 분리할 수 없게 되었다고 지적한다. 아마도 교사, 임상가 및 다른 실천가들을 위해서 이런 모든 것으로부터의 가장 중요한 점이 Quigley와 Kretschmer(1982)에 의해서 다음과 같이 지적되었다.

농아동에 관한 대부분의 연구자들과 대부분의 교육자들은 농자와 건청인 간에 어떠한 차이가 지적이고 인지적인 기능에 존재할지라도 사회에서 적절히 기능하는 데에는 유의미하지 않으며, 농자들의 교육적, 직업적, 기타 결손들은 농자들의 능력들에 존재하는 어떤 본유적인 결손의 결과라기보다는 그들의 능력을 발달시키고 사용하도록 충분히 도와주는 데 있어 우리 자신들이 가지고 있는 현재의 무능력이 낳은 결과이다(p. 63).

제 3 절   상징적 중재

본장에서의 중요한 관심거리 중 두 번째 질문은 농자들이 사용하는 사고의 내적인 상징적 중재자는 무엇인가 하는 것이다. 이 질문은 농아동의 일차 언어발달과 읽기 발달을 연구하는 데 특별한 관심거리이고 중요한 것이다. 대부분의 사람들은 그들이 읽고 쓰는 것을 배우기 전에 듣고 말하는 것을 배우기 때문에 사람들의 어휘 목록이 말로 내재적으로 부호화되어 있음에 틀림없다고 가정하는데, 즉 처음에는 사람들이 그 의미에 닿기 위해서 낱말을 말 같은 것으로 표현해야 할 필요가 있다. 이것은 읽는 사람이 활자로 된 낱말의 의미를 이해하기 위해서 어떤 내적 방법으로 그것의 말(음운적으로)로 전환시켜야만 한다는 말 약호화의 가설 공식을 이끌어 낸다. 4장 읽기에서 살펴보게 되겠지만, 이제 읽기에서 낱말은 간접적으로 음운적 중재를 통하는 것 같이 내적 시각 표현을 통해서 직접적으로 접근될 수 있다는 것을 지적해 주는 증거들이 있다. 그러나 음운적(말) 중재는 읽기에 중요성을 지니고 있고, 그래서 흥미로운 의문은 그들이 낱말에 대해 음운적인 표현을 하지 못한다면 상징적인 중재자로서 농자들이 사용하는 것이 무엇인가 하는 것이다. 그들이 낱말을 직접적으로 지시하는 시각상(visual imagery)을 부분적으로든 전체적으로든 사용하는가? 이것에 관한 연구들은 많이 이루어졌다. 제한된 수의 연구들이 이러한 논점과, 그것의 중요성 및 그것과 관련되는 현재의 생각 등을 설명하기 위해서 여기서 논의된다.

사인 부호화

Furth와 그의 동료들이 농자들의 인지적 처리를 연구하였던 때와 같은 기간에 몇몇 연구자들이 농자들의 언어에 대해 내적 부호와 중재 처리들을 연구하게 되었다. Odom, Blanton 및 Mclntyre(1970)은 사인으로 표현될 수 있는 등가(等價) 낱말과 사인 등가가 없는 낱말을 기억해 낼 수 있는 능력에 대하여 농학생들과 건청학생들을 검사하였다. 농학생들은 사인으로 된 낱말을 기억하기는 별로 어렵지 않았지만 사인 등가를 가지지 않은 낱말을 기억해 내는 것은 대단히 어려운 것으로 밝혀졌다. 이들에 의한 또 다른 연구들은 농피험자들이 인쇄된 메시지의 통사를 미국수화의 통사 순서로 바꾸었을 때에는 이어지는 산문을 더 잘 이해할 수 있다는 것을 밝혔다. Bellugi, Klima 및 Siple(1974)은 농아동들이 인쇄된 낱말이나 음향적 낱말로 부호화하는 것 없이 사인만으로 기억해 낼 수 있다고 보고하였다. Moulton과 Beasley(1975)는 지각적인 부호 전략을 결정하기 위해 쌍 연합 구어 학습과제로써 수화를 유창하게 사용하는 청각장애 학생들을 검사하였다. 낱말 쌍의 네 가지 목록은 각 목록 속의 낱말 쌍이 다음과 같은 특징을 가지도록 분류되었다.

비슷한 사인	비슷한 의미	예, 미친-화난
비슷하지 않은 사인	비슷한 의미	예, 춥다-얼다
비슷한 사인	비슷하지 않은 의미	예, 검다-여름
비슷하지 않은 사인	비슷하지 않은 의미	예, 의사-초록

청각장애 피험자들에게 낱말 쌍에서 빠진 낱말을 제자리에 놓도록 했다. 결과들은 피험자들이 사인과 의미 모두를 기초로 하여 구어물을 부호화하는 것이 가능하였는데, 의미적 부호화 전략이 장기기억을 위해서는 사인 부호화 전략보다 더 효과적인 것임을 보여주었다. 그 연구는 최소한 두 가지 부호화 전략들이 청각장애자에게 사용되어야 하고, 의사소통 상황을 유지시키는 데 부호를 전환시킬 수 있다는 것을 지적한다.

사인들이 의미적 특징들의 측면에서 기억 속에 저장되어질 수 있는지를 판단하기 위해서 Siple, Fischer 및 Bellugi(1977)는 청각장애 대

학생들과 건청 대학생들이 사용하는 장기 기억에 대해 실험연구를 수
행하였다. 특별하게 준비된 항목들의 목록이-청각장애 피험자들에게
는 활자와 사인이, 정상 청력 피험자들에게는 활자와 말-피험자들에
게 제시되었다. 한 가지 유의미한 결과는 활자-사인 조건의 집단에
속한 피험자들이 사인의 유사성 때문에 항목을 잘못되게 재인하지는
않았다는 것이다. 두 번째 실험에서는 사인언어 피험자들이 모르는
사인 언어가 제시되었다. 이 두 번째 검사에서 사인들은 무의미한 시
각적 자극으로 주어질 것이다. 형태상으로 비슷한 사인들로 잘못 재
인되는 비율은 이때에 38%로 나타났다. 저자들은 만일 정상적인 청
력집단이 두 번째의 실험에서 시각적인 특성 때문에 경험적으로 발생
하는 실수들을 했다면, 그들이 자신들의 시각적인 특질에 따라 항목
들을 약호화했기 때문인 것으로 보아야겠지만, 청각장애 피험가들의
경우는 그러한 사례가 아니기 때문에, 정상적인 청력인들이 말로서
혹은 쓰여진 언어들로서 저장하는 것과 같은 방식으로 사인들이 의미
구조화에 기초하여 장기 기억 속에 저장된다고 결론지었다.

   Tweeney, Hoeman, Andrews(1975)에 의한 또 다른 연구는 낱말들
이 농 청소년에게 어떻게 의미적으로 구조화되는가를 알아내기 위한
것이었다. 구체적인 명사의 목록, 그림 목록, 소리로 표현되는 낱말
목록-예를 들어, 야옹, 뚜뚜, 쉿, 와르르-들이 고도 난청/최고도 난
청 및 건청인에게 제시되었다. 피험자들은 비슷한 의미 범주로 각각
을 분류하도록 요청받았다. 농과 건청 피험자들은 명사와 그림에서는
단지 몇 가지 방식에 있어서만 달랐지만 소리로 표현한 낱말에서는
상당하게 다르다는 것이 밝혀졌다. 소리 낱말들은 농피험자들에게 명
백하게 친숙하지 않은 것이었고, 그들은 소리 낱말들을 항상 의미적
과제에 근거한 방법으로 분류하지 않고 어떤 시각적 유사성-예를
들어 철썩, 철커덕 같은-에 근거한 방법으로 분류했다. 저자들은 농
피험자들이 분류에 있어서 적절한 의미 바탕이 부족할 때만 그러한
기준으로 묶어서 저장한다고 주장한다.

일반적으로 이런 연구들은 농자들이 건청인이 하는 것과 똑같이 의미적 특징에 따라서 장기기억 속에 정보를 저장한다는 점을 지적한다. 그러나 중요한 차이는 건청인들이 음운적으로 부호화하는 반면에 많은 농자들은 사인과 지문자의 시각적 특질에 따라서 부호화된 것이 단기기억 속에 등록되고 저장되어 있는 것으로 보인다. 그러나 이들 차이점들은 명쾌하지 않다. 능숙하게 읽는 건청인은 직접적으로는 시각적 접근을 통해서, 간접적으로는 음운적 중재를 통해서 장기 저장 속에 있는 의미를 수용할 수 있다(Vellutino, 1982). 그리고 다음 연구 집단들이 보여주는 바와 같이, 어떤 농자들은 역시 장기 기억 속에 있는 의미를 수용하는 데 시각만큼이나 음소적 부호와 중재를 사용한다.

말 부호화

많은 농자들이 건청인들이 하는 방식과는 다르게 단기기억 속에서 언어적 정보를 부호화하고 저장하고 회상한다는 첫 번째 확실한 증거는 아마도 Conrad와 그의 동료들에 의한 실험으로부터 나온 것일 것이다(Conrad, 1964, 1970, 1971a, 1979; Conrad, Freeman & Hull, 1965; Conrad & Rush, 1965). Conrad는 Furth의 질문 "농자는 무엇을 생각하는가?"를 "농자는 무엇을 기억하는가?"로 바꾸었다. 그의 실제적인 질문은 "투입에 있어서의 감각적 성질에 관계없이…… 회상할 때에 어떤 양식, 어떤 상태, 어떤 부호, 어떤 심상 등이 저장된 또는 남아 있거나 지니고 있는 자료의 기억인가?" 하는 것이었다. Conrad는 많은 농피험자들이 시각적 특징으로써 자료를 부호화하지만, 어떤 농자는 완전 농일지라도 음운적(말) 부호를 사용한다는 확실한 증거를 제시하였다.

단기기억에서 정보를 말로 부호화하는 것은 읽기 발달의 이론과 읽기 교수의 몇몇 방법에서 중요한 역할을 수행하기 때문에 중요하다. 이들 이론과 방법들은 정상 아동들의 내적인 청각 언어가 사고를 위한 주요 인지적 도구를 제공하기 때문에 읽기와 쓰기를 발달시키는 데 있어서 기초가 된다고 가정한다. 구어 언어에 대한 내재화의 결여가 농아동들의 읽기와 쓰기에서 중요한 문제가 되는 원인으로도 간주되어 왔다.

Conrad, Freeman, Hull(1965)은 45명의 건청 피험자에게 청각적으로 혼동할 수 있게 만든 여섯 개의 자음 계열에 대하여 즉각적인 회상을 시험하였다. 음향적으로 비슷한 항목들(예, d-t, hat-cat)은 음향적으로 상이한 항목들보다 회상에 있어서 더 쉽사리 혼란을 주는 것 같았다. 음향적 친숙성과 언어표출 빈도가 비교되었다. 철자의 음향가가 단기 약호화에 지배적 요인이라는 것이 밝혀졌다.

Locke와 Fehr(1970)는 11명의 건청 성인들에게 순음(脣音)음소들로 표현되는 철자의 유무에 따라 시각적으로 제시되는 2음절 낱말들을 사용하는 계열 회상 과제들을 가지고 시험해 보았다. 턱-입술 위치에서의 근전도 검사의 분석은 표상과 시연 기간 동안에 비순음 낱말들에서보다 순음에서 더 큰 상승점의 크기를 보여 주었다. 저자들은 구어적 학습과 읽기를 하는 동안 일어나는 은밀한 구어 활동이 가장 그럴싸한 말이며, 이것은 학습의 본질을 판단하는 데 중요한 것이라고 보았다.

Conrad(1971b)는 3~11세의 건청아동에게 공통적 대상에 대한 그림 맞추기를 사용하는 계열 회상 과제를 검사하였다. 5세까지는 기억된 대상이 음향적으로 비슷한 이름이거나 아니거나 상관없이 회상에 아무런 차이가 없었다. 5세가 넘어서면 그림들이 비슷하지 않은 음으로 나는 이름들을 가졌을 때, 체계적으로 처리하는 데에 보다 유리하였다. 이것은 기억의 보조자로서 말 부호 사용의 시기가 중요하다는 것을 의미한다.

또 다른 연구에서 Liberman, Shankweiler, Liberman, Fowler, Fischer(1977)가 46명의 8세 건청아동에게 읽기 능력에서 음운적 부

호화의 영향을 평가하기 위해, 음소적인 회상 기능들에 대하여 세 수준의 읽기 능력 집단-열등 집단, 경계선급 집단, 우수 집단-에게 검사를 실시하였다. 우수하게 읽는 아동들은 혼동 가능성이 없는 항목에서 다른 두 하위집단에 비해 더 나은 회상을 나타냈지만, 일련의 혼동하기 쉬운 것들의 회상에서는 다른 집단들과 거의 비슷한 것으로 밝혀졌다. 이것은 우수하게 읽는 아동일수록 음소적으로 혼동 가능한 것들에게서 많은 영향을 받는다는 것을 시사한다. 우수하게 읽는 사람들이 읽기에서 말 부호에 크게 의존한다고 할 수 있다.

건청 피험자에 대한 이런 연구들과 그 밖의 것들(Hardyck & Petrinovich, 1970; Kavanagh & Mattingly, 1972)이 청력의 결손이 말 이외에도 내적 부호화의 사용을 강요할 것이라는 가정 아래 농피험자들에 관한 연구에 의해 보완되었다. 말로 된 자료들을 기억할 때, 농자들에 의해 사용되는 심상의 본질을 밝혀내기 위하여 Conrad (1970)는 연구를 수행하였다. 그는 1초 간격으로 다섯 개와 여섯 개 철자들의 계열들로 된 아홉 개의 알파벳 철자들의 목록을 만들어 제시했다. 농피험자들은 그 연속 글자를 다시 쓰기 전에 소리내어 읽고 그 다음 소리내지 않고 읽게 하였으며, 건청 피험자들은 단지 소리내어 읽기만 하였다. 실패는 조음적인 혼동과 형태적인 혼동에 따라 나타났다. 그 결과 건청집단과 농집단 중 일부는 주로 조음상의 오류를 나타냈지만, 나머지 농피험자들은 주로 형태적인 혼동에 의해 오류하는것 같았다. 그 구체적 내용을 비교하면 다음과 같다:

건청 피험자	조음상의 오류	유의미함
	형태 오류	의미없음
21명의 농피험자	조음상의 오류	유의미함
	형태 오류	의미없음
15명의 농피험자	조음상의 오류	의미없음
	형태 오류	유의미함

이런 결과에서 볼 때, 21명의 농피험자는 아마도 구어 단서에 의존하고 있고(조음집단), 나머지 15명은 구어 단서에 의존하지 않는다(비조음집단)고 할 수 있다. 농피험자 가운데 조음 집단의 구성원들이 소리내어 읽고 난 후 변화가 없는 것으로 기록된 반면, 비조음집단은 소리내어 읽을 것을 요청 받았을 때 오류가 증가하는 것으로 기록되었다. 흥미롭게도 건청인은 보편적으로 소리내어 읽은 후에 더 적은 오류를 기록하는 것으로 밝혀졌다. Conrad는 농아동 가운데 비조음아동에게 강제로 소리내어 말하게 하는 것이 어쩌면 회상에 있어 방해를 줄지 모른다고 주장하였다.

또 다른 연구에서 Conrad(1972)는 여섯 개의 음향적으로 비슷한 글자와 여섯 개의 시각적으로 비슷한 글자들을 가지고 단기기억에서의 부호화에 대하여 세 집단을 대상으로 시험하였다. 피검자들은 10~11세 된 32명의 건청 피험자들; 11~16세 된 40명의 높은 구화기능을 가진 농학생들; 9~16세 된 56명의 보통수준의 구화기능을 가진 농학생들이었다. 조음지수(adiculatory index; AI)는 전체 오류 수 합계에서 음향적/조음적 오류의 비율로서 산정되었다. 높은 조음지수의 피험자는 음향적으로 비슷한 글자는 회상해 내기 어려운 것으로 밝혀졌다. 높은 조음지수를 가진 아동은 구어(음향적/조음적) 단기기억부호를 사용하는 것으로 추론되었다. 실험 결과는 건청피험자는 매우 높은 조음지수를 나타냈고, 높은 구화기능을 가진 농피험자는 중간 범위의 조음지수, 보통수준의 구화기능을 가진 농아동들은 낮은 범위의 조음지수를 나타냈다.

Conrad(1973)는 정상적인 청력을 가진 여성의 단기기억 부호화와 청력손실 범위 47~115dB(추정컨대 ISO), 어음 명료도 2~5(5등급 척도에서), 그리고 어음 청취율 1~5(5등급 척도에서)의 청각장애 대학생들의 단기기억 부호화를 검사하였다. 자극물은 음운적 유사성이 높은 문자 시리즈와 음운적 유사성이 낮은 문자 시리즈였다. 회상은 구어 부호 지수(speech coding index; SCI)에 대해서 측정되었다. SCI

는 음운적으로 기초되어진 모든 오류들의 비율(음향적인 합성에 대한 결여점을 적용했다는 의미를 제의하고는 앞 실험의 AI와 동일)이다. 건청 피험자의 SCI는 구어 부호의 높은 수준을 지적해 주는 50부터 100까지의 범위였고, 청각장애 피험자의 SCI는 중앙치 50인 0부터 96까지의 범위였다. 나아가 IQ와 말-부호간에는 아무런 상관성이 없었지만, 청력 손실이 클수록 SCI가 낮으며, 어음 명료도가 열등할수록 SCI가 낮게 나타나 유의미한 상관성이 있는 것으로 밝혀졌다. 건청 피험자들과 같은 범위에서 구어 부호 지수를 나타내 보인 청각장애 피험자들은 동일한 단기기억 부호, 즉 구어에 기초한 부호를 사용하였다.

다른 연구자들에 의한 부가적인 연구들도 몇몇 농자들이 단기기억 속에 저장하고 재생하는 정보에서 시각적인 부호의 여러 양식들 만큼이나 구어를 사용한다는 Conrad의 결과를 확인해 주었다. Cohen(1976)은 시각적인 탐지(detection) 과제의 음향적인 요인들에 대해서 40명의 대학생들을 대상으로 검사하였다. 피험자들은 보물섬(Treasure Island)의 한 문장에서 첫자 e를 모두 제외시키도록 요청받았다. 집단 A는 선천적인 농으로 HTL 80+dB이고; 집단 B는 후천적인 농으로 HTL 80+dB이고; 집단 C는 HTL 80dB 이하의 난청이고, 집단 D는 건청 피험자였다. 전농 피험자들은 e의 유형에 있어서 유의미한 차이가 없는 데 반하여, 건청집단과 난청집단은 es를 발음하는 것보다 es를 발음하지 않는 것에 실수하기 쉬운 것 같았다. 이런 결과들로부터 도출되는 잠정적 결론은 건청인과 난청인에게는 낱말의 음향적 특징이 부족할 경우 'e'를 더 놓치기 쉽게 되며, 농자에게 있어서는 선천적이거나 후천적이거나 간에 낱말의 음향적인 상이 그들에게 쉽사리 이용될 수 없기 때문에 주로 시각적인 정보에 의존한다는 것이었다.

Locke(1978)는 Cohen이 세 가지 철자-c, g, h-를 이용한 것과 비슷한 검사를 수행하였다. 학생들에게는 대상 글자들을 지워버리도록 요청하였다. 결과는 건청 피험자들이 철자의 음소적인 사용에서 실수한 것보다 글자들의 비음소적인 사용에서 실수한 것이 거의 3배 가까이 된 반면, 농피험자들은 아무런 차이를 보이지 않았는데, 집단 으로서의 농아동들은 구어로 된 자료를 효과적으로 처리하는 것이 어렵다는 것을 알 수 있다.

Locke와 Locke(1971)는 글자 단위에 대한 회상 검사를 세 집단의 청소년에게 검사하였다. 그 집단은 26명의 건청 피험자, 28명의 명석한 청각장애 피험자, 28명의 명석하지 못한 청각장애 피험자들이었다. 자극은 ① B-V와 같은 음성학적 유사성, ② P-F와 같은 시각적 유사성, ③ K-P와 같은 운율적 유사성에 의해 짝이 지어진 세 가지 글자 목록들이었다. 분석은 세 집단들이 본질적으로 비슷한 수준에서 회상하였지만, 혼동 오류에서는 집단간에 차이점이 있었다. 명백한 부호화도 관찰되어졌다.

	정상	명석한 농	명석하지 못한 농
음성학적 오류	상위	중간	낮음
시각적 오류	하위	중간	높음
음운적 오류	하위	중간	높음
(명백한) 음성학적 부호화	상위	중간	중간
(명백한) 운율적 부호화	없음	하위	중간

연구자들은 농아동들의 의사소통 기능들과 단기기억에서의 부호화 전략이 아주 일치되는 것 같다는 결론을 내렸다.

이 장에서 논의된 어떤 연구들은 농자들이 건청인이 말로 저장되는 것과 같이 사인의 의미적 특징으로 장기기억에 정보를 저장하는 것 같다는 점을 지적한다. 다른 연구들은 단기(작업)기억의 부호화가 많은 농자들에게 있어서 건청인과는 다른 양식으로 되어 있다는 점을 지적한다. 비록 어떤 농자는 건청인만큼 구어 부호화를 사용할지라도 많은 농자들은 사인과 지문자의 시각적 특징에 기초하여 단기

기억으로 부호화하는 것 같다.

다중 부호화

농자들의 내적 부호화와 약호화에 대한 광범위한 연구가 Li-chtengsein(1983)에 의해 수행되어 왔다. 그의 연구는 Conrad(1979)와 Hanson(1982)이 기억 용량은 학생들이 다양한 언어 과제에서 구어에 기초한 부호와 전략을 효과적으로 사용할 수 있는 정도와 관련되고, 이 전략이 읽기 능력과 정적인 상관을 가진다고 한 것을 확인하였다.

Lichtenstein는 기억능력과 부호화 과정에 관련된 문제들이 건청아동들이 읽기를 배우는 어려움과 밀접하게 관련된다는 것을 보여주기 위해 건청인들의 작업 기억에 관한 연구들(예를 들어, Bakker, 1972; Shankweilerm, Liberman, Mark, Fowler & Fischer, 1979)을 광범위하게 보고하였다. 기억능력과 부호화 과정에 관련된 문제들이 있는 아동들은 그들이 읽고자 하는 언어를 이미 알고 있음에도 불구하고 읽기에 문제를 가지고 있었다. 그는 또한 2차 언어 혹은 보다 덜 친숙한 언어를 읽는 것은 작업 기억 용량의 결함을 증가시킨다는 증거 (Sokolov, 1972)를 제시하였다. Quigley와 King(1982)이 보고한 바와 같이 농아동들은 언어(영어) 학습과 동시에 읽기 학습에 함께 부딪치게 되고, 때문에 그들은 어떤 형태로든 읽기 수업을 시작할 때에 영어를 제대로 습득하지 못한 상태이다. Lichtenstein은 이 같은 이중과제가 농아동들의 작업기억과 부호화 과정에 많은 결손을 주기 마련이라고 주장한다. 농아동들은 건청아동들에 비해 이러한 과정들 속에 양적이고 질적인 한계를 가진다.

농자들의 작업기억 과정들과 언어 능력, 특별히 읽기 이해와의 관련성에 대한 Lichtenstein(1983)의 광범위한 연구는 National Tech-nical Institute for the Deaf(NTID)의 학생들에게 실시되었는데, 그들 모두가 언어 습득기 이전에 농이 된 학생들로 평균 이상으로 상당히 좋은 읽기 능력을 가지고 있었다. 그의 피험자들은 영어 기능에 있어 수행성이 상당히 좋은 범위를 보였고, 여러 교육적 배경과 의사소통 배경들을 지닌 학생들이었다. Lichtenstein은 낱말과 문장의 기억 과제에서 작업기억 처리에 대해 연구하고자 하였는데, 약호화 및 부호화 전략에 대한 질문지법으로 광범위한 자료를 얻었고, 청각, 지능, 언어적 능력에 대한 광범위한 설명과 수행 자료를 모았으며, 그런 다음 약호화 및 부호화 과정과 언어 심리학적 기능에 있어 작업기억이 연관된다는 일련의 가설들 아래 이들 자료들 간의 관계를 분석하였다. 그의 세밀한 연구는 농아동들의 일차 및 이차(읽기와 쓰기) 언어 발달에 미치는 기억활동의 역할을 이해하는 데 중요한 결론을 제공해준다.

(1) Lichtenstein에 의하면 개개의 농학생들은 흔히 단 한 가지만의 부호를 배타적으로 사용하지 않고 두 가지 이상의 부호를 사용하며, 그러한 여러 부호들은 효과적으로 다양하게 사용된다. 가장 보편적으로 사용되는 부호는 사인과 말이다.

(2) 기억 용량은 학생들이 말에 기초한 부호화 전략을 사용하는 정도와 관련된다는 명백한 증거가 있다.

(3) Lichtenstein은 하위 체계로 나눈 기억 모델(Baddeley & Hitch, 1974)을 사용하였다. 첫 번째 하위 체계는 중앙 처리자(central processor; CP)로서 상위 단계 혹은 통제 기능을 수행하지만 처리 용량은 정보의 단기저장을 위해 사용될 수 있는 제한된 양뿐이다. 두 번째 하위 체계는 조음적 연결(articulatory loop; AL)로서 다른 음성적인 말의 되풀이에 의해 부호화된 정보로 만들어지는 보다 주변적인 체계이다. 이 모델은 농자들이 언어학적으로 부호화할 수 있는 자료들에 대해서는 건청인들보다 더 짧은 기억 용량을 가지는 이유를 제안하고자 했던 Lichtenstein의 연구에서 잘 증명되었다. 그는 농자들에게 있어 기억활동에서 보다 중추적인 인지적 구성 요소들이 건

청인의 그것보다 더 효과적으로 기능하는 것을 발견하였다. 그는 또한 다른 연구자들(예를 들어, Conrad, 1979; Belmont & Karchmer, 1978; Hanson, 1982)과 마찬가지로 농자들의 기억활동 체계에서 보다 말초적인 구성 요소는 기억활동에서 영어학적인 정보를 보유하는 데 있어 건청인의 그것보다 수행능력이 더 떨어진다는 점도 발견하였다.

Lichtenstein은 또한 그의 농피험자들이 사용할 수 있는 부호화 전략의 제한된 효용성에 대한 실험 연구 결과를 영어학적인 구조로 표현하기 위해 사용되는 부호화의 방식과 관련지을 수 있었다. 그의 연구 결과 중 어떤 것은 일차 언어발달과 농아동들의 읽기 발달에 직접적으로 적용된다.

(1) 비록 대부분의 학생들이 읽기를 하는 동안 말, 사인, 시각적인 정보 및 활자화된 정보를 지문자로 사용한다 할지라도 보다 잘 읽는 사람들은 말 부호화에 상당히 의존한다. 이것은 Conrad(1979)와 Hirsh-Pasek와 Treiman(1982)에 의한 연구 결과에서도 확인되었다.

(2) 말 부호화의 신뢰도는 똑똑하게 말을 하였던 농학생에게는 확인되지 않았다. Conrad(1979)가 영국과 웨일즈의 학생들에게서 밝힌 것처럼, Lichtenstein도 말을 거의 똑똑하게 하지는 않았지만, 그럼에도 불구하고 읽기를 하는 동안 부호화를 위해 어떤 양식의 내적 언어를 사용하는 미국 농학생들이 많다고 밝혔다.

(3) 비록 그들 중 많은 학생들이 특수한 기억 목적을 위해서 선택적으로 사인을 사용하였지만, 사인은 아주 잘 읽는 사람에 의해서는 거의 지속적으로 부호화되지 않았다.

(4) 학생들에게 사용되는 여러 부호들, 특히 말, 사인, 그리고 시각은 영어의 여러 측면에 선택적으로 관련되는 것 같다. 어휘 검사 득점과 의미론적인 쓰기 검사 오류들은 기억활동 용량이나 부호화 처리 과정과 유의미하게 관련되지 않는다. 건청 피험자들에 대한 연구 결과는 부호화할 필요가 없는 읽기에서 의미에 대한 시각적인 접근

이 전형적이라는 점을 시사해 준다. 이것은 농자에게도 또한 사실인 것 같다.

(5) 기억활동 용량과 부호화 처리 과정 간의 우선적인 관계성은 통사구조적인 기능들에 의한 것인 것 같다. 말을 부호화하는 사람은 말의 부호화가 사인이나 시각적인 부호에서보다 영어의 문법적인 구조를 더 잘 표현할 수 있기 때문에 확실히 더욱 잘 읽는 사람이 되게 해 주는 경향이 있다. 이것은 문법적인 구조가 직선적이지 않은 상태(예를 들어, 중간 관계절, 피동태)를 약호화할 수 있을 만큼의 충분한 정보를 단기기억 속에 보유할 수 있게 해준다. 이러한 Lichtenstein의 발견은 Lake(1980)에 의해 보고된 비슷한 결과에서 확인되었다.

(6) Lichtenstein은 형태론 범주의 활용 기능은 기억활동에서 시각적인 낱말형태 정보를 보유하는 능력과 가장 잘 관련되는 것을 밝혔다.

이 모든 것으로부터, 말의 부호화는 읽기 발달에 중요한 것임을 알 수 있다. 시각적 부호 및 사인 부호는 적절한 어휘발달을 위해서는 중요하지만, 영어구조의 충실한 표현은 말을 부호화하는 데에 특히 민감하도록 되어 있는 것 같다. 이에 따라서 말 부호화를 발달시키지 못한 농아동들이 읽지 못하는 사람이 되는 것이 숙명적이라고 할 수는 없다. 읽기에 대한 장에서 논의되는 것처럼 이것은 새로운 방법이 이러한 아동에게 읽기를 가르치기 위해 개발되어져야만 한다는 의미일 뿐이다. 또한 읽기가 아닌 다른 것이 어떤 유형의 농아동들에게 정보를 나누어 줄 수 있도록 탐구되어져야 한다.

제 4 절   언어 체계의 중재

장기기억에(특히 어미적인) 정보를 저장하기 위해서, 그리고 단기

기억에(특히 음소적인 것은 물론 시각적인) 정보를 부호화하기 위해 사용되는 몇몇 방법에 덧붙여, 언어적 사고의 처리를 위해 농자들은 관련된 언어의 어떤 체계를 이용해야만 한다. 다시금 이러한 언어를 수행하는 양식이 무엇인가라는 질문을 제기하게 된다. 또한 단기기억에서 부호화하는 것으로서 그 답은 여러 가지 다양한 양식들이어야 하는 것 같다. 미국에 있는 대부분의 건청인들은 그들의 기본적인 언어로서 영어를 말하고, 읽기와 쓰기를 위한 매개물로서 영어로 활자화하거나 글을 쓴다. 기초적인 기호들(낱말들)은 보편 문법적 체계 내에서 연결되는데, 문장으로 된 것이 기본 성분이다. 그러나 농자들은 몇 가지 체계들만을 사용할 수 있고, 몇몇 연구들이 이것에 관해 약간 밝혔을 뿐이다.

어떤 농자들은 영어가 그들에게 기본적으로 내재화된 언어 체계로 되어 구두 언어에서 충분히 유창해질 수 있다. Ogden(1979)이 농아동을 위한 사립 구화학교 637명의 학생에 대한 측정과 그들의 문장 언어 사례들에 대한 측정을 해 본 결과, 일종의 부호 양식인 영어가 그들의 내재화된 언어이고 그들의 언어적 사고를 위한 매개물이라는 사실을 입증하였다. 그들 스스로 자신들의 학업적 및 직업적 성공의 상당 부분을 그들의 구어 영어 발달 덕택으로 돌렸다.

많은 농아동들의 낮은 읽기 수준과 부적절한 쓰기(1장의 언어 사례를 보라)는 이러한 상황이 절대적인 것이 아니라는 것을 입증한다. 농자들의 쓰기와 말하기 언어 사례에 대한 많은 특정 연구들이 이것을 확인시켜 준다(Brannon, 1968; Monsen, 1979; Oller, Jensen, & Lafayette, 1978; Quigley, Power & Steinkamp, 1977; Quigley, Smith & Wilber, 1974; Wilbur & Montanelli, 1974). 만일 영어 구조가 농아동들을 위해 대표적으로 내재화된 언어구조가 안 된다면 그 대안은 무엇이어야 하는가? 몇몇 연구들은 American Sign Language의 구조가 농자에게는 기능적인 구조라는 것을 지적해 준다. 이러한 연구들은 ASL의 언어적 특성에 대해, 그리고 수지적으로 부호화한 영어 체계들 및 제스처 체계들에 태생적으로 노출되었던 농아동들의 의미적 및 문법적 관계의 출현에 대해서 탐구하였다. 그들이 사고를 하는 데 있어 언어적 매개물로서 ASL과 다른 수화적 체계들이 적절하다는 것을 증명하였다.

일차 언어 매개자로서 사인을 획득한 농아동들과 영어를 획득한 정상 아동들 간에 유사점이 있다는 것은 명백하다. Newport와 Ashbrook(1977)은 사인 언어를 배운 다섯 명의 농아동들이 표현에서의 여덟 가지 의미적인 관계가 Bloom, Lightbown 및 Hood(1975)에 의한 연구에서 네 명의 건청아동들에 의한 것과 같은 순서임을 밝혔다. 사인 언어의 다른 체계들은 영어와 정확하게 대등한 것은 아니지만, 그럼에도 불구하고 농아동들에게는 발달적인 방법으로 발전되는 것 같다. Hoffmeister(1978)는 6세 여아가 대명사 관계체계를 완전하게 학습할 때까지 이것의 발달을 추적하였다. Collins-Ahlgren(1975)은 영어로 된 사인 언어의 편리하고 동시적인 효과를 밝혔다. 그녀가 관찰한 두 명의 농 여아들은 처음에는 단순한 사인에서 복잡한 문법적 기능들을 수행하였고, 그 다음에 단계적으로 기능 형태소를 사용하는 표준 영어 양식으로 전환하였다.

교육 장면에서 Higgins(1973)는 사실적인 정보를 소통하기 위한 사인 언어의 효과성을 밝혔다. Bellugi와 Fischer(1972)는 사인이 그들 연구에서는 느리게 의사소통됨에도 불구하고 주제를 진술하는 비율은 사인과 영어 모두가 비슷하다고 밝혔다. 그들은 사인들이 영어를 활용할 수 있는 언어적 정보로서 완전할 수 없다는 점에 동의하였다. Jordan(1975)은 건청 회화자와 농 수화자의 의사소통 속도와 능력을 비교하고 두 집단이 정확성에서는 같은 정도로 소통하였지만, 농 수화자는 건청인보다 시간당 더 많은 정보를 포함한다는 것을 밝혔다. Dalgleish(1975)는 미국, 폴란드 및 영국 교육제도에 대한 보고서를 연구하고 수화가 농아동들이 선호하는 의사소통 양식임을 보고하였다.

Babb(1979) 및 Brasel과 Quigley(1977)에 의한 연구는 사인이 조기 언어적 투입으로 가치로운 매개로서 나중의 학업 증진에 기여하게 된다는 것을 제안하였다. Max(1935)는 농피험자가 수화로 꿈을 꾸는지 검사하기 위하여 바이오피드백 접근법을 이용하였다. 전극을 농피험자와 건청 피험자의 손가락과 손에 부착하였다. 근전도는 방해되지 않는 수면(그냥 푹 자는 것)과 숙면(꿈을 꾸며 자는 것) 중에 얻어졌다. 꿈을 꾸고 있는 것이 농피험자의 팔과 손가락 근육에 일시적인 반응의 원인이 되었지만, 건청 피험자에게는 그렇지 않았다.

이상의 연구들은 심리학자와 언어학자들 간에 싹튼 신념, 즉 ASL과 같은 언어의 제스처적 양식이 영어 및 기타 구두 언어가 건청인을 위한 것인 것처럼 농자들을 위한 효과적인 사고 중재 체계일 것이라는 점을 시사하는 것이다.

제 5 절   요약 및 결론

언어와 인지(사고) 간의 관계에서 제기되는 의문에 대한 현재의 해답은 서로 의존적이지만, 언어가 사고에 의존하는 것으로 봄으로써 인지 과정의 우세성이 옹호되는 것 같다. 지각, 주의집중, 기억 및 기타 능력들이 교육적 발달의 광범위한 기초가 되는 추상적 사고 처리와 언어의 적절한 발달을 보장하기 위해 잘 발달될 필요가 있다. 기본적인 인지 처리 과정에서의 결여나 문제는 언어발달의 문제에 반영되고, 궁극적으로 대부분의 교과 교육 분야에 반영될 것이다. 이것이 건청아동들에 대한 Piaget 등과 같은 심리학자들의 연구와 농아동들에 대한 Furth 등의 연구가 교사들과 임상가들에게 중요한 시사점이 되는 이유이다.

언어와 인지의 관계에서 인지의 우월성이 옹호되는 것으로 나타나는 반면에, 인지 과제에서 건청인과 비교하여 농자들의 수행이 동등하다는 것이 옹호되는 것으로 나타났다. 그러나 이것은 조심성있게 다루어져야 한다. 농자들이 성공적으로 사회적·직업적 능력을 발휘하기 때문에, Pintner의 농자들에 대한 일반 인지 및 지적 기능의 결여에 대한 견해는 지지되기 어렵다는 것은 명백해진 지 오래이다. 인지 기능(특히 음성언어)에 대한 영향력 있는 연구에서 변인에 대해 비상한 통제가 가해져왔기 때문에 농자와 건청인 간의 격차는 감소되었고, 어떤 경우는 완전히 사라졌다. 그러나 그 차이가 전 영역에서 사라지지는 않았다. 약간의 차이는 여러 Piaget 과제와 언어 및 교육적 발달의 중요한 영역에서 계속 발견되고 있다.

특정 인지 영역에서 농자와 건청인 간의 차이가 진정한 것은 아니지만, 인지적·언어적 및 교육적 발달에서의 차이는 필연적으로 나타나고 있다. 어떤 진정한 차이의 성질과 영향을 아는 것은 그 차이를 근거로 하여 발달 프로그램 및 교육 프로그램이 수립되어질 수 있게 한다. 예를 들어, 만일 농자들이 공간적 기억 검사에서 건청인만큼 잘하거나 혹은 보다 뛰어나지만 계열적 기억 검사에서는 잘하지 못한다면, 그것을 교육 실제에 적용할 수 있다. 첫째, 청각이 단기-계열적 투입(청각과 같은)에서 효과적인 처리자이기는 하지만, 반면에 시각은 공간적 정보처리에 더 효과적이기 때문에, ASL은 적어도 특정 농아동들에게는 1차언어적 투입으로서 음성언어를 능가하는 더 좋은 효과를 준다. ASL은 음성언어의 단기적-계열적 전달에 의존되는 개념들을 전하기 위하여 공간에서의 동작과 위치를 이용하여 만들어진 것이다. 이것은 이어지는 담화에서 어떤 문장 구조 구성이 단기기억에서의 일시적-계열적 저장에 상당량 의존되어야 한다는 점에서 특히 그렇다고 보아야 한다. Lichtenstein의 연구에 따르면, 정보처리에 있어 이러한 유형은 문장의 시작과 끝으로부터 정보를 통합시켜야만 하는 중간 관계절로 이루어진 문장(예를 들어, 소녀에게 입맞춤을 한 소년이 달아난다. The boy who kissed the girl ran away.)과 같이,

내포되어 있거나 연결되어 있는 문장구조 구성을 독해하는 데에 중요하다. 농자는 이러한 문장구조 구성으로 말해지거나 쓰여진 양식을 이해하는 데에 상당한 어려움을 가지지만(Quigley, Smith, & Wilbur, 1974), 그들은 그 문장 구성들이 공간 움직임 및 얼굴 표정으로 전달되어지는 ASL을 통해서는 쉽게 이해할 수 있다. ASL은 동일한 목적을 위해서 음성 언어가 이용되는 시간에 공간과 동작의 이용으로 농자와 건청인 간의 인지적 차이를 메울 수 있도록 적용되어야 한다.

대략적으로 살펴보아 읽기 과정, 특히 문법적 구조와 관련하여, 말을 부호화하는 것의 중요성에 대한 첫 번째 결과들은 농아동들에게 읽기를 가르치는 데 있어 딜레마로 나타난다. 대부분의 농아동들은 현재 영어를 잘 읽을 수 있도록 학습되고 있지 않다. 그리고 만일 이것이 말의 부호화 체계 결손의 탓이라면 이 같은 부호화 체계를 획득할 수 없는 이들 농아들은 적절하게 읽을 수 있도록 배우는 것이 불가능하기 마련이다. 두 번째로 말의 약호화에 대한 발견점들은 특정한 관점을 제시해주지 않는다. 이 문제에 대한 최소한의 잠재적인 해결책으로 다음 세 가지가 있다.

(1) 말은 현재의 경우보다 훨씬 좋게, 훨씬 많은 농아동들에게서 발달되어질 수 있다. Ling(1976), Ling과 Ling(1978), 그 밖의 다른 학자들이 이 가능성을 보여준 바 있다. 그러나 이것은 ASL이나 기타 다른 손짓 매체에 의한 농아동의 의사소통 수단에 대한 포기가 필요하다는 강력한 결론은 아니다.

(2) 읽기를 가르치는 데 있어 다른 수단들은 아마도 말의 부호화나 약호화에 의존하지 않아도 발달될 수 있다. 현재 우리가 염두에 두는 바와 같이 읽기가 말 부호화 없이 가능하지 않다면, 어린 농아동들의 일차언어 및 기초 언어로서의 ASL 사용은 읽기 학습을 방해할지도 모른다. 바로 이것이 딜레마이다. 농아동의 일차언어로서 ASL의 발달을 지지하는 사람들은 나중에 2차 언어로서 발달되어져야 하는 영어가, 농아동이 학습해야 할 새로운 언어일 뿐만 아니라 새로운 부호

(말 대신 사인) 및 새로운 양식(청각/촉각 대 시각)임을 간과한다. 이 것은 이미 일차로 음성 언어를 사용하며 잘 발달된 인지적 및 경험 적 기반을 가진 건청인이 2차 언어를 학습할 때보다도 훨씬 더 많은 어려움을 주게 될 것이다. 건청인이 2차 언어를 학습하는 경우에는 양식(청각)과 부호(말)가 동일하다. 4장에서 논의되는 바와 같이, 농 부모를 가진 ASL 통용 농아동들은 흔히 다른 농아동들보다 더 잘 읽는데, 아마 말 부호가 필요불가결한 것은 아닌 것 같다. Con-rad(1979) 및 Lichtenstein(1983)은 그러나 농아동들 중에서 많은 아 동들이 비록 그들의 말이 불명료하고 심지어 거의 사용되지 않을지 라도 내적 말 부호화를 사용하고 있다는 것을 보여주었다.

(3) 읽기의 근본 목적은 정보 획득에 있다. 그러나 이 목적을 달성 하기 위하여 활자로 된 낱말이 아닌 가능한 다른 수단을 찾아내야만 할 것 같다. 맹인들을 위한 음반도서(talking books)는 이러한 필요성 에 의해 만들어진 다른 수단이다. 농자들을 위한 ASL로 녹화된 활 자 낱말의 변형은 또 다른 가능한 수단들이다.

제 3 장 1차 언어발달

말 또는 음성 언어에서는 말하기가 1차적이고 문자 언어는 1차 언어로부터 파생된 2차 성분이라는 것이 명약관화하다. 달리 말하면, 소리(sound)는 말언어가 구현되는 데 있어서의 매개물이고 문자 언어는 말하기가 전이된 것으로서 2차적인 시각적 매개물이다 (Kavanagh & Cuutting, 1975). 그래서 1차 언어발달은 음성 언어의 말을 수립해 주는 다양한 성분들(예, 음운, 통사구조, 의미 및 화용)의 개념적인 조망 속에서의 말하기 발달과 관련된다. 대부분의 정상 아동들에게 있어서는 음성 언어의 이해와 산출에 곤란을 거의 나타내지 않는다. 정상 아동들이 구두 메시지를 이해할 수 있는 능력은 그들의 언어적 및 인지적 발달 범위에 의해서 일차적으로 제한되어진다(Dale, 976; de Villiers & de Villiers, 1978). 아동 언어 연구에 관련한 논쟁거리들은 세 가지 주요 영역으로 나누어질 수 있다. ① 자료 수집에 있어서 방법론적 문제, ② 여러 언어적 요소들(예를 들어, 음소적, 어의적) 속에서 자료들에 대한 해석 또는 분류의 문제, ③ 그 자료들을 가장 잘 활용한 문법이나 이론의 구성 문제 등이다 (Chomsky, 1965; Howe, 1981; Schlesinger, 1982).

농아동들의 1차 언어발달을 설명하는 것은 보다 복잡한 문제이다. 이러한 설명에는 음성 내지는 사인으로 된, 언어 또는 기타 다른 의사소통 양식(예를 들어 cued speech)이 포함되어질 수 있다. 일반적으로 사인으로 된 언어는 성격상 시각-제스처적이며 지각 및 산출의 형식에 있어 음성 언어와는 다르다. 사인으로 된 언어가 언어학적 및 언어 심리학적 범위 안으로 들어오게 된 것은 극히 최근이며, 적어도 사인으로 된 언어 가운데 American Sign Language가 일반적으로 진정한 언어로서 승인되고 있다(Lane & Grosjean, 1980; Liddell, 1980). 덧붙여서, 미국에서는 일반적으로 ASL의 어휘목록으로부터 빌려와 변형시킨 사인들에다가 또 다른 사인 표지들을 첨가시켜 고안된 사인 체제(예를 들어 SEE II, Signed English)도 있다(ASL로부터 '빌려온' 사인 합성체에 대한 언급은 Stokoe, 1975와 Wibur, 1979를 보라). 건청아동들의 언어 연구에서 언급된 세 종류의 논쟁은 농아동들의 일차 언어 획득에 관한 연구에 있어서도 적용된다. 하지만 농자 집단에 유일하게 관련되어지는 어떤 부가적인 것도 있다. 예를 들자면 농아동들의 교육에서 중요 쟁점 중의 하나인 농아동은 어떻게 언어를 획득하는가 하는 의문이라 할 수 있다. 이 의문은 King (1981)에 의해서 심층적으로 논의되어 왔는데 그는 이것을 두 부분으로 나누어 제안하였다. 농아동들은 언어를 얼마나 잘 획득하며, 농아동들은 언어를 어떻게 획득하는가이다. 여기에서의 '얼마나'와 '어떻게'는 본장의 목적을 위해서 구별하여 논의하고자 한다. 이들 논의는 농아동들의 일차 언어발달의 성격과 과정에 관하여 묻는 것일 수 있을 것이다. 더 상세하게 말하자면 농아동의 일차 언어발달이 정상 아동들의 일차 언어발달과 비슷한가 다른가, 사인으로 된 언어의 일차 언어발달은 음성언어발달과 비슷한가 다른가, 고안된 사인 체제나 기타 다른 의사소통 양식들이 음성언어나 사인으로 된 언어와 동일한 기능과 목적을 가지는가, 이러한 체제들의 일차언어발달이 음성 또는 사인으로 된 언어들과 비슷한가 다른가에 관한 물음인 것이다.

농아동들의 의사소통 유형과 언어 투입 및 사용에 관한 이런 특별한 관심거리 때문에, 그들의 언어발달은 유아기에 그리고 아동 초기에 노출되어지는 투입 언어의 특정 유행과 관련되어 다루어져야 한다. 이를 위해 많은 변인들을 고려할 수 있으나, 이 책의 목적을 위해서 세 가지 유목으로 나누어 제안하고자 한다. 즉, 보충 단서를 포함한 구어 영어(oral English, OE), 피진 사인 영어(pidgin sign

English, PSE)를 포함한 수지 부호 영어(manually coded English, MCE), 그리고 미국수화(American Sign Language, ASL)이다. 서론에서 밝힌 바와 같이 이러한 각 범주에 따라 농아동들의 언어발달을 추적해 내고자 한다. 세 가지 접근 방법들과 그것들의 다양한 특수 변인들에 대한 설명은 어느 정도 가능하지만, 언어발달에 있어 각 접근 방법에 관한 평가는 아직 기초 자료가 부족하다.

제 1 절 이론적 조망

언어 본질에 관한 이론은 언어의 획득과 사용에 관한 이론과 밀접하게 관련될 수 있다. 이러한 언급은 단지 최근 들어 수립되어졌다. 역사적으로 언어 연구는 철학자, 언어학자 및 심리언어학자들에 의해 수행되어 왔다(Blumenthal, 1970). 언어학자들은 명백한 구조(특히, 음소 및 통사)를 설명하는 데만 관심을 기울였고, 반면에 심리언어학자들은 관찰 가능한 기능(즉, 말하는 행위와 듣는 행위)에만 관심을 가져왔다. 과거에는 어떠한 집단도 의미의 획득(또는 마음의 구조)을 연구하는 데는 흥미를 갖지 않았는데, Bloomfield(1933)를 필두로 한 일부 언어학자들은 그러한 실체가 존재할 수 있지만 실제로 연구되어질 수 없는 것으로 인정하였다. 그리하여 Chomsky가 등장할 때까지는 언어학 및 심리학 연구자들이 언어의 표면 특징이나 언어의 산출(즉, 말하기, 쓰기)에 대한 기술에 우선적으로 관심을 가졌었다. 결과적으로, 대부분의 언어 이론들은 이러한 표면 특징들의 획득을 설명하기 위해 기여해 왔다. 그러나 Chomsky는 언어 구조와 말하기 및 듣기의 처리 과정 간의 관계를 이해하고자 시도하였다. 결과적으로 마음속의 생득적 구조에 대한 언급과 모국어 화자의 언어 능력(내재적 지식)과 언어 수행(관찰할 수 있는 말하기 행위)에 대한 그의 구분은 언어학계에 혁명을 가져왔고, 동시에 언어 획득을 탐구하는 일련의 하위 학문을 파생토록 하였다(예를 들어, 심리언어학, 발달·심리 언어학, 교육·심리언어학, 사회 언어학).

최근 들어 언어의 이론은 그 언어의 문법과 같은 것으로 정의되고 있다. 기타 다른 과학적인 이론처럼 그것은 본질적인 현상의 어떤 영역과 범위를 해석해 내고자 하는 것이다(de Villiers & de Villiers, 1978; Howe, 1981; Schlesinger, 1982). 하지만 이러한 본질적 현상들의 영역은 그것의 이론적 조망에 따라 좌우된다. 어떤 연구자들은 그 언어의 모든 모국어 화자가 소유하고 있는 지식을 설명하는 데에 초점을 맞춘다(Chafe, 1970; Chomsky, 1968; Fillmore, 1968). 또 다른 연구자들은 화자들이 서로 다른 사회적 상황과 맥락 속에서 말하는 것을 탐구한다(Bates, 1976a, 1976b; Labov, 1972; Snow, 1977). 그래서 어떤 연구자들은 다른 연구자들이 저변에 숨어 있는 표현에 대한 추상적인 언어적 분석에 더 많은 관심을 기울이게 되었지만 여전히 언어적 끈들의 표면구조에 초점을 맞추고 있다. 대부분의 연구자들은 언어학적 문법 내지는 이론이 어떤 언어의 모국어 화자들이 소리들(혹은 어떤 다른 관찰 가능한 사인들과 같은 것들)에서 상응하는 의미들로 어떻게 발전되어 나가는지를 설명할 수 있을 것이라는 사실에 동의한다.

언어 이론들은 몇 가지 범주로 나누어져 왔다. 서로 다른 연구자들이 이러한 범주들에 명칭을 붙이는 데 다양한 용어들을 채택하였는데, 이러한 용어들을 자세히 점검해보면 서로 다르다기보다는 훨씬 비슷한 것으로 밝혀진다. 몇몇 연구자들(예를 들어, Cruttenden, 1979; Slobin, 1979)은 Menyuk(1977)의 ① 행동적, ② 생물학적, ③ 인지적, ④ 사회문화적 등과 같은 용어를 채택하였다. Cruttenden(1979)은 '생물학적'대신에 '선천적'이라는 용어를, 그리고 '사회문화적' 대신에 '사회학적'이라는 용어를 사용하였다. Cruttenden(1979)은 선천적이라는 용어가 Chomsky(1965)와 연관되는 일반 개념이며, 반면에 성숙(생물학적)은 Lenneberg(1967)에 의한 이론의 일부일 뿐이라고 주장하였다. Bloom과 Lahey(1978)는 오로지 세 분야의 언어 이론만이 아동 언어와 언어발달의 연구에 가장 영향을 주어 왔다고 주장하였는데 ① 변형생성문법(생물학적 및 선천적과 비슷함), ② 의미론, 그리고 ③ 변화론(1과 2의 조합)이다. 그들은 현재 행동주의가 언어 이론에 거의 영향을 주지 않는다고 주장하였다. 다른 연구자들은 신행동주의가 몇몇 언어 자료를 해석해 줄 수 있으며, 행동주의 이론 그 자체는 설명력을 갖지 않는다고 주장했다(Schlesinger, 1979; Schlesinger, 1982). 의미론은 문장구조가 마음의 구조를 묘사하는 것이라고 본 Chomsky의 견해에 대한 반발이라는 점에서 주목되어야 할 것이다. 의미론의 주장은 일부 연구자들이 통사구조를 바탕이 되는 의미로부터 분리시킬 수 없다고 주장한 이후에 생성문법과 밀접한 관련을 맺게 되었다(Chafe, 1970; Fillmore, 1968; McCawley, 1968). Bloom과 Lahey(1978)에 의해 설명된 변화론은 변형생성문법과 의미론의 측면들이 결합되었다. 이런 점에서 변화론은 사회문화적 범주와 비슷하다. 본장의 목적을 위해서 Menyuk(1977)이 제안한 용어들(생물학적 이론은 제외함)을 채택하고, 뒤이어 아동 언어와 언어 획득의 주요 이론들을 논의한다.

행동주의

아동 언어에 대한 최근 연구들은 행동주의적 견해에서 도출되어진 것은 아니지만, 현재 수립되고 있는 이론에 대한 이해를 위해서 행동주의자들이 언어 획득을 설명하기 위해 어떻게 시도하는가를 간단히 논의할 필요가 있다. 행동주의에 반대하는 사람들은 행동주의자들이 의미에 대한 언급을 설명하는 데 실패했다고 비난한다. 나아가 행동주의 이론은 언어의 생산성을 설명해줄 수 없다고 비판한다. 즉, 모국어 화자들은 그들이 이전에 결코 들어본 적이 없는 무한한 수의 문장을 생산할 수 있다.

행동주의 이론은 언어 학습에서 환경의 영향력을 강조한다. 행동주의는 행동을 자극과 반응 간의 관계로 설명하는 자극-반응(S-R) 심리학(Slobin, 1979)으로 명명되어왔다. 일반적으로 자극은 반응을 이끌어 내는 것으로 알려졌고, 그 다음 이 반응은 다음 것을 위한 자극이 되거나 다음 반응을 위한 자극이 된다. 이러한 견해에서 행동주의자들은 아동이 언어를 학습하는 데 도움을 주는 선천적인 능력을 가지고 있다는 것을 부인하며, 이러한 선천적 능력들은 설명되어질 수 있는 것이 아니라고 단언한다(Cruttenden, 1979). 이러한 단언은 명백하게 비인지적인 접근이다. 덧붙여서 이러한 접근은 모방, 강화 및 부모와 사회의 승인 역할과 같은 것에 많은 강조를 둔다.

최근 들어 아동의 언어 획득에 있어 시인, 강화 및 모방과 같은 행동적 개념들이 거의 아무런 역할을 수행하지 않는다는 것이 일반적으로 인정되게 되었다(Bloom & Lahey, 1978; Cruttenden, 1979). 예를 들어 바른 문장을 위한 부모의 압력은 거의 성공적이지 못하다고 본다(Brown, Cazen & Bellugi, 1973). 하지만 그것은 마음속에서 생겨나야 하며, 의미의 성공적인 의사소통에 의한 보다 일반적인 시인이 언어 획득에 있어서 실제적으로 하나의 역할을 담당할 수 있다. 예를 들어 옹알이에서 최초의 말에로의 발달에 있어서 부모의 승인과 같은 것이다(Moerk, 1977). 이 이론에서 승인 상황에 대한 주요 결함은 어떻게 그러한 상호작용이 일어나도록 해야 하는지에 대하여 아무런 설명도 제공하지 않는다는 것이다. 게다가 모방은 과잉일반화에서의 진술을 설명하는 데에 실패를 하기 때문에 제한된 역할만을 수행한다.

행동주의 이론이 언어의 생산성을 설명하는 데 실패하였다고 앞서 언급했다. 그러나 언어 학습에서 모든 S-R이론을 무용지물로 처리하지는 않는다. S-R이론은 아동이 만들거나 이해하는 각 문장들이 완전하게 학습되어질 것을 요구하지는 않는다. Staats(1971)는 S-R연결의 비교적 작은 수가 많은 수의 문장을 설명할 수도 있음을 보여 주었다. 다음 예문을 생각해 보자. 아동이 '학교, 집, 및 차' 다음에 '에'라는 말을 연상하도록 학습되었다고 가정하자. 그 다음에 아동은 '학교에, 집에, 그리고 차에'를 만들어 낼 수 있을 것이다. 이제 그 아동이 '에' 다음에 연결될 수 있는 특정 낱말, 즉 '간다, 둔다'와 같은 낱말을 학습한다고 가정하자. 그러면 그 아동은 전에 그것들 전부를 들어 본 적 없이도 여섯 가지의 구문을 만들어낼 수 있다.

　문맥상의 일반화에 대한 더 생산적인 모델이 Braine(1963a, 1963b)에 의해 제안되었다. 일반적으로 이 이론은 주축문법이라고 불리는데, 특정 형태소들과 구문에 다른 낱말들과 구문이 뒤따르게 된다는 것을 주장한다. 이런 제안들에 대해 여러 반대 이론들이 제기되어 왔다. 연구자들은 행동주의의 모든 이론들(보다 최근의 것들을 포함하여)이 다음 일련의 의문을 해결할 수 없다고 주장하였다. ① 어떻게 아동이 형태소와 구문이 되도록 발음을 분리해 낼 수 있도록 학습하는가? ② 어떻게 아동이 어순이 다른 진술문과 의문문을 다루는가? 그리고 ③ 어떻게 아동이 Visiting linguists can be dangerous와 같은 중의성이 있는 문장들을 처리하는가? 이 같은 반대의 핵심은 행동주의는 어떠한 언어 이론에서도 중요시되어야만 하는 '의미'를 설명하지 못한다는 점에 있다.

변형생성문법

　심리언어학 역사에서 특정 언어 문법내지 이론이 행동주의 이론들과 양립할 수 있었다(그리고 영향을 받아왔다). 이들 이론들은 구조주의 혹은 구성주의라 명명된다. 이들 이론가들은 구성 성분이 되는 단위들(구절) 속에서 문장의 문법 관계를 설명해 주는 구절구조 문법들을 발달시켰다. 본질적으로는 이들 문법은 오로지 표면적 특징만을 다루었고, 앞서의 Visiting linguists can be dangerous와 같은 문장에서는 행동주의와 동일한 난점을 가졌다(Slobin, 1979). 이들 표면 구조 문법 또는 이론들은 Chomsky시대에 수립되었다.

Chomsky(1957, 1965)는 그 당시 유력시되고 있던 음운론에서 이탈하여, 그의 초기 연구들 거의가 전격적으로 통사론에 근간을 두었다. 그는 문장은 언어에 있어 의사소통의 기본 단위라고 주장하였다. 나아가 낱말이나 형태소의 의미, 또는 발음에 대한 이해가 없다면 문장의 이해는 완전히 불충분하게 남을 것이라고 주장하였다. 특히 Chomsky에 의해 제안된 변형문법은 낱말의 표면 배열뿐만이 아니라, 그 문장이 품고 있는 추상적인 구조에도 관련된다. Chomsky에 따르면 모국어 화자가 말해지는 낱말들로 드러나는 문장들에 대해 알고 있는 것이 그가 알고 있는 것 모두는 아니다. 바탕이 되는(또는 심층) 구조와 표면 구조 간의 차이는 변형문법의 중요한 공헌 중의 하나이다. 결과적으로 Chomsky이론(1968)의 기본 입장은 아동들이 언어에 선천적인 소질을 가지고 있다는 점이다. Chomsky는 더 나아가 이러한 선천적인 구조가 자연스레 문법적으로 배열됨으로써, 문장 구성 형식은 마음의 구조를 묘사한다고 주장하였다.

선천적인 구조에 대한 언급은 다음 세 가지 관점에서 주장된다. ① 언어적 보편성의 존재; ② 아동들에게 투입되는 언어의 구조와 양식; 그리고 ③ 언어 습득의 속도이다. 문장에 있어 관찰 불가능한 구조와 불충분한 자료에도 불구하고, 아동들은 짧은 시간 내에 언어의 복합성 전체를 획득한다. 아동들에게는 특정 언어 특징을 관찰하거나 탐구하는 데에 영향을 주는 어떤 선천적인 성향을 가지고 있는 것으로 나타났으며, 이것들은 모든 언어에 공통된 것임에 틀림없다. 결과적으로 Chomsky는 인간이 언어를 진화시키는 유일한 종족이기 때문에 유일무이한 합리적인 동물이라고 주장하였다. 이것은 인간의 언어 습득 능력이 의사소통에 있어서의 다른 동물들의 능력과 다르다는 견해를 이끈다. 언어의 변형주의 이론들이 S-R처리과정들에 대한 반발로 나타난 것이기 때문에, 이들 이론들에 의해서 의미론에 보다 많은 관심이 기울여질 것으로 기대되어졌다. Chomsky(1965)의 문법 모형은 의미 성분들을 포함시켰고, 이 모형은 아동들이 문장구조를 통해서 의미를 표현해내는 방식들을 밝히고자 시도하였다. 그러나 이 새로운 모형은 의미론이 통사론보다 더 기본적인 것이라고 느꼈던 이론가들에게 여전히 인정받지 못했다(Chafe, 1970; Fillmore, 1968). 최근의 연구자들은 의미적 정보가 언어학습에 중요하다고 주장하는데, 그러나 그들은 의미 구조를 바탕으로 해서 표현되어지는 것에 대해 적절한 형식화에는 동의하지 않는다. 변형문법에서 의미 차원을 나타내고자 시도한 가장 최근 이론은 Charles Fillmore(1968)의 격문법이다. Fillmore는 문장들의 심층구조는 변형문법으로써는 나타내어질 수 없는 일관된 의미관계들을 가졌다고 주장했다.

요약하자면, Chomsky의 혁명은 언어 연구의 구성 요소에 대한 모든 측면에 영향을 주었던 두 가지 중요한 견해에 기여하였다. ① 언어 능력과 수행 간의 구별, ② 언어가 생성적이라는 것, 즉 한정된 수의 규칙들이 무한정한 수의 문장을 생성할 수 있다는 견해이다. 이런 견해들은 생성론, 음운론 및 생성 의미론을 탄생시켰다.

인지 이론

앞서 언급된 바와 같이 변형주의 이론들의 의미론에 대한 거부(아니면 보다 낮추어 보는 태도)는 대항 운동을 불러일으켰다. 본질적으로 의미이론가들은 통사론을 의미론으로부터 분리할 수 없으며, 사실 의미론 또는 의미가 통사론보다 언어에서 보다 기본적이라는 점을 주장한다. 비슷한 종류의 주장이 다른 운동으로도 나타났었는데 인지 이론들이 그것이다. 본질적으로 인지 이론가들은 언어가 다른 인지 기능에 독립적이라는 견해에 반대하며, 언어가 인지 기능을 세련시킨다고 주장한다. 이들 이론가들은 지각 및 운동 발달이 음운 발달의 전제 조건으로 간주되는 것과 같은 방식에서, 인지 발달은 문법과 어휘 발달의 전제 조건이라는 점을 공리로 채택한다(Cruttenden, 1979; Menyuk, 1977; Schlesinger, 1982). 의미론적 접근방법이나 인지적 접근방법 모두가 언어 지식이 선천적이라는 주장에 대한 반발로 보여질 수 있다. 언어 학습이 일반 인지 발달에 근거를 둔다는 점을 논증하는 데에 관심을 가졌던 연구자들의 배경 지식은 Jean Piaget에 의해 유도되었다.

언어에 관한 인지 이론들 중에는 여전히, ① 인지 능력의 성질은 무엇인지, ② 어떻게 연구할 수 있는지, ③ 어떻게 발달되는지, 그리고 ④ 어떤 방법으로 언어와 인지가 상호작용하는지에 대한 의문이 해결되어야 할 과제로 남겨진다. 인지 발달에 대한 대부분의 연구들은 인지가 언어를 통해서 연구되기 때문에 언어발달과 인지 발달의 비교는 쓸데없는 것이라고 주장하고 있다(Cruttenden, 1979). 언어와는 독립적으로 연구된 인지 발달에 대한 성과는 물론 Piaget의 것이다(Piaget, 1954, 1971). 인지에서의 최근 연구는 인지와 언어가 서로에게 다소 영향을 발휘하는 것으로 밝혀졌다. 이러한 영향들(또는 상호작용 접근법)의 성질은 여전히 탐구되어지고 있다(Schlesinger, 1982).

사회·문화적 이론들

최근에는 많은 특정 학문들이 언어학적 안목으로써, 사회문화적 맥락에서 언어 연구가 포함된 목적을 가진 사회과학이 발달되어 왔다(Cruttenden, 1979; Ervin-Tripp & Mitchell-Kernan, 1977; Mey, 1979; Moerk, 1977). 의미론 및 인지 이론가들처럼 사회문화 이론가들도 언어에 대한 Chomsky 가설(특히, 문법), 즉 언어 습득이 선천적인 언어 구조에 의존되는 자동 체계로 보는 것을 거부한다는 것은 흥미롭다. 이들 이론가들은 언어발달이 아동과 다른 구성원과의 상호작용 과정으로 돌리는 것을 강조하므로 의미론 및 인지 이론과는 다

르다. 이러한 사고는 의사소통에 대한 문화기술학(Gumperz &
Hyme, 1972), 사회언어학(Labov, 1972) 및 대화 분석(Turner, 1974)
의 발달을 낳게 하였으며, 언어학에서 화용론 역시 이러한 움직임에
서 나타난 것이다(Bates, 1976a, 1976b; Moerk, 1977).

　일반적으로 사회문화적 연구는 다음의 여러 주장으로 나누어진다.
① 자연적인 대화가 자료의 진정한 자원이다; ② 문장이 가장 상위
의 분석수준은 아니다; ③ 사회적 맥락은 언어 규칙과 관련된다; ④
가변성이 언어 규칙의 성분이다; 그리고 ⑤ 언어 기능은 자연 상태
에서 다양해진다(Ervin-Tripp & Mitchell-Kernan, 1977; Lucas,
1980; Mey, 1979). 주요 문제는 이러한 영역 각각에서 체계적인 규칙
을 찾아내는 것이다.

　자연스런 대화가 언어 자료의 가장 적절하고 기본적인 자원이어야
한다고 주장되어 오고 있다(Lindberg, 1979). 여태까지는 변형 이론
가들이 지식(언어 능력)은 문장 규칙성, 수용력, 의미의 추론에 대한
판단에 의해 평가될 수 있다고 주장하였다(Chomsky, 1975; Slobin,
1979). 이런 책략은 내성적인 것인데, 그러나 이 방법은 아동 언어,
특히 비형식적 문체 및 아동 특유의 통용어의 연구를 위해서는 비실
용적인 것이다(Brown, 1973; Ervin-Tripp & Mitchell-Kernan, 1977;
Labov, 1972). 내성은 어의의 연구를 위해서도 덜 적합하다. 예를 들
면 모국어 화자는 사회적 혹은 상황적 맥락에 따라 바뀌는 언어 측
면을 벗어나는 상황들을 일일이 보고할 수 없다. 자연스런 대화를 자
료 원천으로서 이용하는 것은 해결되어야만 할 몇 가지 문제들을 야
기한다. 즉, ① 어떤 종류의 활동, 혹은 집단들이 연구되어야 하는가?
그리고 ② 이들의 표본은 얼마나 커야 하는가?

　사회·문화적 분석에서 많은 논의의 여지가 있는 주장들 중 하나
는 문장이 분석의 최상위 수준이 아니다(Lindberg, 1979)는 것이다.
문법 규칙에 대한 언어학적 분석과 설명의 대부분은 분석의 단위로
서 문장을 채택했었다. 담화구조에 대한 최근 연구는 이동, 전환, 교

환, 이야기, 대화, 그리고 말의 사태들과 같은 상이한 수준의 분석들을 제시한다. 연구를 위한 이러한 단위들의 경계는 부호 전환(code switches), 준언어 단서(paralinguistic cues), 및 어휘 표지(lexical markers)와 같은 요인들로 지적될 수 있다. 결과적으로 화용언어학(pragmalinguistics)에서 최근 경향은 이러한 언어 특질들을 체계적이면서 해석 가능하도록 확인하는 것이다.

사회적 맥락이 언어 규칙과 연관된다는 것을 지지하는 입장이 증가되고 있다(Bloom & Lahey, 1978; Ervin-Tripp, 1976; Mey, 1979; Moerk, 1977). 상황적 맥락의 주요 기능은 대화의 규칙과 본질에 대하여 해석을 제공해주는 것이다. Bloom과 Lahey(1978), 그리고 de Villiers와 de Villiers(1978)는 아동 언어는 상황적 맥락과 관계 없이는 연구되어질 수 없다고 주장한다. 사실 아동 언어는 성인 언어만큼의 세련된 수준이 아니며, 심지어 내성을 하지도 않기 때문에 자료 해석은 맥락 혹은 상황에 주로 의존한다고 주장한다(Brown, 1973). 대부분의 이론가들은 사회·문화적 연구에 있어서 상황적 맥락이 가장 중요한 것이라는 점에 동의한다.

가변성은 음운과 문법의 체계적인 한 부문이다. 앞에서 그것은 언어의 상황적 맥락 때문이라는 것을 밝혔다(Robins, 1980). 예를 들면, 대화 중에서는 '집에 갔으면 좋겠다'는 문장이 '지베 가쓰면 조케따'로 들릴 수 있다. 또 다른 예로서, 어떤 모국어 발화자는 next에서의 마지막 자음은 생략하지만 mixed에서는 생략하지 않는다. 이 유형에서 변인은 언어적 맥락과 관계될 뿐만 아니라 성, 연령 및 지위와 같은 사회적 특징과 관계된다(Hymes, 1974; Labov, 1972). 그러므로 가변성이 언어 규칙의 한 측면으로 고려되어야만 한다.

여기서 논의하는 사회·문화적 이론에 관한 마지막 언급은 언어 기능의 다양성이다. 기능의 다양성이라는 것은 자연스런 대화에서 알 수 있게 된다. 어떤 이론가들은 어떤 언어 기능들은 범세계적이라고 믿는데, 그러나 서로 다른 언어 기능에 있어 사회적 강조는 문화적으로나 연령에 따라 다양하게 나타나고 있다. Halliday(1975)는 언어습득에 있어 기능의 변화가 언어 구조의 변화를 창출한다고 제안한 바 있다. 그러므로 아동은 언어를 습득하자마자 새로운 기능에 맞추기 위해서 무의식적으로 형식을 변화시킨다. 이 무의식적인 구조 변화는 사회적으로 성숙된 화자가 언어의 기능을 수행하는 경우에도 관찰되었다.

제 2 절 언어의 요소

최근 들어서, 돌풍 같은 활동이 언어 습득 및 발달 분야에서 일어났다. 새로운 결과들이 계속적으로 발표되고 있으며, 연구자들의 관심이 한 분야의 문제에서 다른 분야로 진행되는 것 같다. 다양한 언어 요소가 그때그때에 연구자들에 의해서 주목을 받아왔다. 그 움직임은 음운론에서부터 통사론, 의미론으로, 그리고 최근에는 화용론으로 나아갔다. 최근 가장 중심이 되는 관점 중의 하나는 언어 요소의 기초, 즉 통사론, 의미론, 및 화용론에 대한 논쟁이다(Schlesinger, 1982; Slobin, 1979). 한 언어의 문법은 실제로 말해질 때와 같은 그 언어에 대한 완벽한 기술이 되고자 한다. 그러므로 문법 규칙들은 언어의 네 가지 주요 요소들(음운, 통사, 의미, 화용)을 각각 다루는 것이다. 더불어서 이 규칙들은 언어 구조와 기능의 모든 측면들을 설명하고 해석하는 복잡한 체계를 형성할 것이다. 이 언어 요소들은 다음 단락에서 간단히 서술한다.

음운론은 소리와 그것의 구조에 대한 연구이다. 음운이 기타 언어 요소의 필요조건임에 틀림없다는 데에는 대부분의 연구자들이 찬성하는데, 그러나 다른 요소의 실체와 관련된다는 것에는 찬성하지 않는다(Aaronson & Rieber, 1979; Moerk, 1977). 일반적으로 음운과 연관되는 가장 중요한 개념들은 분절적인 측면, 즉 음운적 특질 및 억양과 강세 같은 초분절적 측면이다(Cruttenden, 1979). 이 요소는 역시 변형문법으로부터 영향을 받았고, 새로 나타난 관점은 생성음운론이라고 한다(Chomsky & Halle, 1968). 최근에는 아동 언어, 특히 아동 음운은 언어 이론의 구성에 있어 잠재적인 무리수의 원천으로 수행된다고 주장되어 오고 있다(Menn, 1982). Menn은 생성음운론을 제한하기 위한 시도로서 두 가지 이론적 접근 방법을 논의하였는데, 하나는 저변 혹은 심층구조와 표면구조 현상에 대한 Chomsky의 견해들과 간격을 최소화하고자 시도하는 접근 방법이고, 다른 하나는 파생 규칙에 대한 심리학적 실체와 관련된 접근 방법이다. 이러한 개념들은 광범위하게 논의되어 오고 있지만(Diver, 1979; Fromkin & Rodman, 1978), 아직까지는 그것들이 분석되어져야 할 과제로 남아있다.

통사요소는 낱말이 문장 형식으로 결합되어지는 방식과 관련된다. 앞서 논의한 것으로서 통사구조는 변형문법론자들에게 주요 관심사였고 현재도 그러하다. Chomsky는 통사구조가 마음의 구조를 반영한다고 주장하였다. 문장 수준에서 통사구조는 세 가지 주요 측면을 가진다. 즉 구절 구조 규칙, 어휘삽입 규칙 및 변형 조작이 그것이다. 농에 관한 문헌에서 통사요소는 2차 언어발달로서 가장 광범위하게 탐구되어 왔다(Quigley, Wilbur, Power, Montanelli & Steinkamp, 1976). 지금쯤은 통사기술이 언어의 의미론적, 화용론적 기술의 부속물이 되어야만 한다는 것이 명백해졌다고 할 것이다.

의미 혹은 의미론에 대한 연구는 두 가지 수준이 있는 것으로 일컬어지고 있는데, 그것은 문장 수준과 낱말 수준이다. 앞에서 언급했듯이 이론상의 모형은 격문법을 통해서 아동 언어 연구가 가장 잘 적용되어질 수 있는 것으로 판단된다(Fillmore, 1968). 이 이론과 생성 의미론에 대한 훌륭한 논의는 Kretschmer와 Kretschmer(1978), Slobin(1979), 그리고 Schlesinger(1982)에게서 찾아볼 수 있다. 본질적으로 의미론 연구는 명제의 성질, 격관계, 관계유목들, 그리고 의미적 특징이나 성분 분석과 같은 조건과 관계되어질 수 있다.

네 번째 언어적 요소는 화용론이다. 화용론이란 언어구조들과 언어가 사용되고 있는 맥락들에 대한 연구라고 정의되고 있다(Mey, 1979; Moerk, 1977). 이 요소는 논리적 및 화용적 전제, 명제의 분석, 그리고 말 행위의 구조와 기능과 같은 주제를 다룬다. 가장 높은 수준인 화용론의 연구는 의사소통 능력, 특히 담화의 구성, 즉 대화가 개시되고 유지되고 종결되는 방식과 관련된다. 이 요소에 대한 상세한 논의는 Lucas(1980)에게서 볼 수 있다.

제 3 절 아동 언어 연구의 방법론

아동들의 언어를 기술하기 위해 자료를 얻는 방법으로 두 가지 주요 접근 방법이 있다. 한 가지는 자연적인 상호작용 혹은 상황에서 아동들의 언어행위와 비언어 행위를 관찰하고 설명하는 것이다. 두 번째는 앞서 논의된 언어요소 중 한 측면을 실험적으로 조작하고 그 행위를 기록하는 것이다(Bloom & 1978; Dale, 1976; Lindfors, 1980; Slobin, 1979). 일반적으로 두 가지 접근 방법 모두 ① 자료 수집, ② 자료 해석 및 유목화, 그리고 ③ 자료를 해석해줄 수 있는 가설 형성을 수반한다.

자료 수집

관찰은 횡적으로 혹은 종적으로 수행될 수 있다. 횡적 분석에서는 일련의 아동들이 서로 다른 연령에서 관찰된다. 종단적 연구 설계에서는 한 아동 혹은 한 집단의 아동들이 오랜 기간 동안 관찰된다. 이

유형의 설계는 발달적 변화를 관찰하는 데 유용하다. 일반적으로 대부분의 실험 연구는 횡단적 연구를 통해 아동의 이해 능력을 평가한다(Bloom & Lahey, 1978; Clark & Clark, 1977; Dale, 1976). 이런 연구는 예를 들어, 물체나 인형을 다루게 하는 가운데 아동에게 반응하도록 요구하는 방법으로 설계된다. 때때로 연구자가 아동이 말하도록 조작 혹은 유도해 낸다. 이런 설계는 아동에게 그 일을 설명하도록, 문장을 완성하도록, 혹은 연구자의 말을 모방하도록 요구할 수 있다(Bloom & Lahey, 1978; Kretschmer & Kretschmer, 1978). 자연적인 관찰은 일반적으로 자연 상태에서 종단적으로 이루어진다. 과거에는 연구자가 아동이 하는 대로 따라서 아동이 소리내는 것과 주변 상황을 그대로 적었다. 보다 최근 연구들은 이런 지필방법을 보완하기 위해 혹은 그 방법에 대체하여 녹음기와 녹화 장비를 채택한다. 아동들은 주변 상황에 대한 기록과 함께 가정에서 한정된 시간 동안 기록된다. 이 방법은 ASL이나 사인으로 된 체계에 노출된 농아동들의 발달 과정을 설명하기 위해 이용되기도 했다(Hoffmeister & Wil-bur, 1980; Schlesinger & Meadow, 1972).

요약하면, 언어 습득에 관한 문헌에서, 실험은 아동의 언어 이해력을 연구하기 위해 주로 사용되어 왔는데, 즉 아동들이 실제로 얼마나 많이 이해하는가, 그리고 어느 정도 상황적인 단서에 의존하는가를 밝히기 위해 사용되어 왔다. 몇몇 실험은 언어의 생성에 집중되었고, 몇몇 실험에서는 아동에게서 말을 하게 하는 여러 기법들이 이용되었다. 어린아이일수록 실험적인 자료를 수집하기가 더 어려웠다는 것이 기억되어야 할 것이다(Brown, 1973; de Villers & de Villiers,. 1978). 농아동과 특별하게 관련되는 부가적인 문제에 대한 논의는 Kretschmer와 Kretschmer(1978)의 연구에서 알 수 있다.

자료 해석

다음 단계는 자료의 해석인데, 즉 아동이 소리낸 것에서 일정한 규칙성을 발견하거나 밝혀내는 것을 말한다. 해석은 아동 발화 중의 낱말(혹은 사인), 구조, 길이, 혹은 기타 표면 특징들 속에서 일관성을 가진 것에 기초해야 한다(Bloom & & Lahey, 1978; Dale, 1976; Slobin, 1979).

예를 들어 실험자는 한 낱말 발어, 두 낱말 발어와 혹은 세 낱말 발어와 같은 발어 수를 따라서 아동들의 발어를 묶거나 분류할 수 있다. 또 달리 추가할 수 있는 분류는 낱말 순서의 일관성, 예를 들어 특정한 순서로 나타나는 낱말의 횟수에 기초해서 할 수 있다(Braine, 1971). 마지막으로 화용적 분석은 예를 들어 말 행위 및 전환과 연관되는 특별한 특징 또는 규칙들을 설명하는 데에 수행될 수 있다.

가설 형성

마지막 단계는 연구자들이 관찰된 행위들에 대한 정보를 형식화하는 것이다. 이것은 어려운 과제이고 또 논쟁을 불러일으킬 수 있다. 기본적으로 연구자들은 관찰된 행위를 유지하는 것으로 보이는 규칙 혹은 규칙 체계들에 대한 가설을 세운다. 행위들이 관찰되고 범주화될 수 있는 동안에만 그 규칙들이 추론되고 가정되어질 수 있다. 관찰 행동에서 규칙성을 간파하기 위해 탐구가 진행되지만, 문법이 형성되는 규칙들을 위해 탐구되지는 않는다(Chomsky, 1965). 이 일은 이론적인 조망과 얻어진 자료의 성질 간에 존재하는 밀접한 관련성에 대한 내용을 좀더 복잡하게 반영해 주는 것이다(Slobin, 1979). 아동 언어 연구에서 가장 핵심적 문제는 자료 해석과 가설 형성이다(Bloom & Lahey, 1978; Howe, 1981; Schlesinger, 1982). 예를 들자

면 변형문법과 격문법 모두가 아동 언어의 충분한 해석을 제공할 수
있다고 주장될 수 있다. 그러나 변형문법도 격문법도 성인 언어로 발
달되어 가는 아동언어의 완벽한 문법을 제공해 주지는 못한다. 아동
언어를 설명하는 데 생기는 일부 문제는 동사가 없는 문장의 생성에
있다(Bowerman, 1973). 요약하자면, 언어학자와 언어심리학자들의
주요 목표 중의 하나는 성인과 아동 언어 모두에게 꼭 들어맞는 문
법을 창출하는 것이다.

제 4 절 건청아동

큰 어려움 없이 대부분의 건청아동들은 그 사회의 언어(들)를 학습
한다. 즉, 그들은 자신들이 노출되어져 있는 언어를 배운다. 일련의
조사에서는 이 과정이 별다른 노력 없이 비교적 단순한 것으로 나타
나지만, 그러나 심층적인 분석은 그 자체의 복잡성과 난해한 성질을
밝힌다. 많은 양의 연구에도 불구하고 언어 습득 과정의 정확한 성질
은 여전히 의문이 남아 있다. 심지어 아동 언어발달에 관한 연구들이
범세계적으로 수행되어 왔음에도 불구하고 그러하다. 건청아동들의 1
차 언어발달에 대한 기술은 음성언어의 발화, 즉 그들의 언어 수행성
에 대한 분석을 기초로 해야 한다. 일련의 언어학자들이 주장하지만
이러한 분석은 충분한 언어학적인 문법을 바탕으로 하는 것이 아니
며 또한 그렇게 할 수도 없다(Chomsky, 1968; McNeill, 1973). 이들
언어학자들은 1차 언어발달의 해석은 모국어 화자의 언어능력
(competence)에 기초를 두어야 하는 것이지, 언어수행(performance)
에 두어서는 아니 된다는 것을 주요 골자로 한다(변형생성문법의 초
기 논쟁을 보라). 반대 견해를 주장하는 학자들도 있다(Bloom &
Lahey, 1978; Brown, 1973; Labov, 1972). 이들 연구자들은 밝혀지지

않은 선천적인 언어 습득 장치(LAD)보다는 아동의 언어수행으로부터 수집된 자료에 더욱 흥미를 가진다. 그들은 모국어로 말하는 성인의 능력(즉, 내성)을 분석하는 방법은 아동들의 문법을 분석하는 데 유용하지 않다고 하면서 이러한 접근 방법을 지지한다(Brown, 1973; de Villers와 de Villers, 1978).

아동들의 음성언어 발화 분석은, 더군다나 발달의 초기 단계에 아동의 언어수행을 해석해 낸다는 것은 극단적인 어려움을 가진다. 중요한 논점은 언어발달의 해석에 있어서 비언어적 자료(예를 들어 문맥적 단서)가 언어적 자료를 위한 부속물로 사용되어지고 있다는 점이다. 또 다른 난점은 이해와 표현 간의 관련성에 있다(de Villers & de Villiers, 1978; Schlesinger, 1982). 이러한 논쟁들은 다양한 언어학 용어들(예를 들어 의미론적 관계 범주들)의 심리학적 실체들이 아동 언어발달을 설명하는 데 사용되는 것에 대한 의문을 가지게 한다(Howe, 1981; Schlesinger, 1982). 이러한 논쟁들에도 불구하고 언어습득 이전기와 언어습득기의 개념적 골격 내에서 또한 앞서 논의된 언어의 네 가지 요소들로서 아동 언어발달에 대한 일반적인 설명을 제공하는 것은 가능하다.

언어습득 이전의 발달

Jakobson(1968)은 언어습득 이전기, 즉 아동의 첫 번째 단어가 출현하기 전의 기간이 언어학자들의 참여를 유인하게 된 것은 아주 최근이라는 점에 주목하였다. 보다 최근에는 이 기간이 발달심리학자들과 발달심리언어학자들의 시계 안으로 들어왔다(Lindfors, 1980; Lucas, 1980; Menyuk, 1977). 과거에는 대부분의 연구자들이 이 기간이 아동의 향후 언어발달에 중요함에도 불구하고 흥미를 갖지 않았다. 다음의 몇몇 요인들이 이러한 영역에 흥미를 집중할 수 있도록 기여하였다: ① 자료 수집에 있어서 새로운 장치의 출현; ② 후기 발

달이 초기 언어적 및 인지적 전조(前兆)에 의존된다는 생각; ③ 언어
의 구조적 측면에 대한 반발로서 언어의 기능적 측면(예를 들어, 화
용론)에 대한 최근의 초점(de Villiers & de Villiers, 1978; Menyuk,
1977). 발화의 의사소통적인 의도에 대한 강조가 증가됨과 아울러,
유아의 어음 범주에 대한 변별에 관계되는 몇몇 연구가 수행되었다.
핵심적으로 언어습득 이전기에 대한 연구들의 주된 초점은 향후의
언어와 인지 발달에 대한 언어적, 인지적 전조와 언어습득 이전기의
중요성에 대해 기술하는 것이다.

1) 음운의 전조

음운적 전조들은 말의 두 측면, 즉 분절 및 초분절과 관련지어 논
의되어질 수 있다(Cruttenden, 1979). 분절적 측면은 어음(예, 모음과
자음)을 말하는 것이고, 초분절 측면은 억양, 강세, 그리고 리듬과 같
은 요소들을 일컫는 것이다. 말의 이러한 측면들은 유아기 동안의 말
산출과 지각 능력들에 대한 결과들로써 검사될 수 있다.

(1) 분절적 측면: 산출

Kaplan과 Kaplan(1971)은 비언어적 발달의 주요 단계들을 네 가지
로 서술하였다. 단계 1에는 우는 행동이 포함되고, 단계 2에는 기타
발성 및 혀놀림 행동이며, 단계 3은 옹알이기이며. 단계 4는 옹알이
에서 한 단어들의 출현으로 전이되는 기간이다. 이러한 단계들은 뚜
렷하게 구별되거나 배타적이라기보다는 연속적인 것임을 명심해야
한다. 덧붙여서 모든 아동들이 비슷한 방식으로 또는 동일한 시기에
그 단계들을 진행시키지는 않는다. 그럼에도 불구하고 단계 3과 4는
뚜렷하게 나타날 가능성이 있다.

옹알이 단계의 시작은 생후 3, 4개월경 발생된다는 데에는 일반적
으로 동의한다(Cruttenden, 1970; Wolff, 1969). 이 단계는 다음의 두
가지 현저한 사건들로 특징지을 수 있다. ① 폐설음(pulmoniclingual

sounds)의 출현, 그리고 ② 그러한 소리들을 산출해 내는 데에 대한 유아들의 기쁨(Brown, 1958; Cruttenden, 1970; Wolff, 1969). 폐설음은 유사 모음 혹은 유성음과 함께 공기가 혀를 통과하여 산출되는 것이다. 대부분의 아동들에게 이들 음의 발달 양식과 관련되어질 수 있는 일반화는 거의 없다. 그러나 자음 산출은 혀가 구강의 뒤에서 앞으로 움직인다고 결론짓는 것이 타당하다. 또 하나 관찰된 양식은 옹알이 음절의 구조와 관련된다. 일반적으로 처음에는 유성음이 자음-모음 결합에 의해서 일어난다. 다음에 일어나는 것은 모음-자음-모음 결합이고, 다음에는 모음-자음 결합이며, 마지막으로 자음-모음 결합의 중복이 일어난다(Cruttenden, 1970; Dale, 1976; Menyuk, 1977). 또한 이 기간 동안 그러한 활동은 성인 내지는 양육자가 있건 없건 간에 일어날 수 있다. 요약하자면, 말의 분절적 측면이 산출되는 것은 아동이 그들의 혀, 입술 및 이의 협응을 시작하는 것이다.

(2) 분절적 측면

어음 범주에 대한 유아들의 변별력 연구는 얼마 되지 않는다(de Villiers & de Villiers, 1978; Menyuk, 1977의 논문들을 보라). 변별은 재인과는 달리 마음속에서 생겨나는 것이다. 이것에 대한 것은 Bruner와 Bruner(1968)에 의해 상세하게 논의되어 있다. Eimas, Siqueland, Jusczyk 및 Vigorito(1971)과 Morse(1974)의 연구들은 유아들이 1세 정도의 어린 시기에 말 자극에 반응하고 성인에 의해서 산출된 무성음 /p/와 유성음 /b/ 음소 간의 차이를 알아챌 수 있다는 것을 보여준다. 덧붙여서 7개월에서 2세 사이에 유아들은 특정음의 방향으로 그들의 머리를 돌리는 것을 보여 줌으로써, 소리에 대하여 생득적인 위치 측정 능력을 가지고 있다는 것이 관찰되어져 왔다. 또한 유아들은 3개월경 다른 성인 여성들의 목소리와 비교하여 자기 어머니의 목소리에 다르게 반응하는 것을 보인다. 일반적으로 유아의 말소리들에 대한 변별능력은 비음성적 소리를 식별하는 것보다 훨씬 앞선다. 이러한 발견은 말이나 혹은 말과 비슷한 소리에 대한 민감성이 이 기간 동안 유아에게 독특한 것일 수 있다는 것을 암시한다.

(3) 초분절적 측면: 산출과 지각

고저, 강세 및 리듬의 초분절적 전조는 언어습득 이전기 동안 관찰되어 왔는데도 이러한 것의 산출과 지각에 대하여 알려진 것은 거의 없다(de Villiers & de Villiers, 1978; Lindfors, 1980; and Menyuk, 1977의 논문을 보라). 억양 패턴은 2단계 동안에 출현하는 것으로 관찰되어 왔고, 3단계(옹알이)에 성인의 억양 패턴과 비슷해지기 시작한다. Halliday(1975)는 고저 변화의 억양이 10개월 혹은 11개월경에 생성된다고 보고하였다. 그러나 이러한 대조는 성인 말에 나타나는 것이라기보다는 아동 특유의 독특한 체제라고 본다. 여러 연구들의 분석 결과, Bloom 및 Lahey(1978)는 유아 발성의 상승-하향 형세는 훗날의 문장 형태들, 즉 진술, 의문, 설명을 위한 것이라기보다는 훗날의 낱말 산출의 보다 중요한 전조가 될 수 있다고 결론지었다. 다른 연구자들은 초기 억양 패턴들은 훗날 새로운 정보로부터 낡은 정보를 결정하고(화용적 기능), 직ㆍ간접적으로 언어 행위를 해석해 내는 과정의 전조라고 주장한다(Lucas, 1980; Searle, 1969). 요약하자면, 대다수의 연구자들은 유아들이 말의 분절적 측면 보다는 먼저 초분절적 측면에 예민함을 주장한 바 있다(Eimas, 1973; Menyuk, 1974; Morse, 1974).

(4) 지각과 산출 간의 관계

언어습득 이전기의 초기 단계와 후기 단계 동안에 말 지각과 산출 간의 관계는 명확하게 이해되지 않는다(Cruttenden, 1979; de Villiers & de Villiers, 1978; Menyuk, 1977). 한 가지 중요한 문제는 비슷한 음들의 지각과 산출 간에 나타나는 불일치를 설명하는 것이다. 또 한 가지는 훗날의 비슷한 음의 산출과 초기 산출음의 구조에 있어서 차이점을 설명하는 것이다. 예를 들어 아동은 4개월경 발성시의 음을 듣고 유성음의 유무 차이를 지각하는 것으로 이전부터 보고되어 왔다. 그러나 아동의 언어표현은 2세가 될 때까지 이 차이가 반영되지 않는다. 일반적으로 이 기간 동안 언어표현에 대한 자료는 동일하지 않은 빈도 분포로 음들을 나타내고, 또한 이러한 자료가 지각에 대한 것과 일치한다고 볼 수는 없다. 덧붙여서 옹알이와 분명한 말의 출현 간의 관계는 아직까지 잘 이해되지 않고 있다. Menyuk(1977)은 여전히 연구자들에 의해 해결되어져야 할 필요가 있는 세 가지 관점들을 다음과 같이 개괄하였다. ① 언어습득 이전기 동안 유아 말의 유일성, ② 발성의 지각내지는 산출에 있어 범인류적 발달 계열의 존재; ③ 말의 차후 발달에 있어 지각과 산출의 관계.

  (5) 변환 단계

  옹알이와 한 낱말 발화의 출현 간에는 변환기가 있다. 이 단계(대략적으로 9개월에서 13개월) 동안 아동 음의 종류에 변화가 일어나는데 이것이 옹알이편류(babbling drift)로 알려져 있다(Brown, 1958). 아동은 네 음절 이상의 발음 산출로부터 한두 음절까지 변환한다. 특수하게 이런 음절의 구조에는 낮은 모음들의 결합에서 파열음과 비음이 우세적이다(예, /b/, /d/, /g/, /m/, /n/)(Cruttenden, 1979). 이들 음절들은 앞에서 설명된 자음-모음 형태이다. 여러 연구는 옹알이의 초기 및 후기 단계는 의미와 관계없는 발성이라고 말한다. 달리 말하면 의사소통의 경향이 없는 것이고 옹알이는 단지 유아의 느낌을 반영하는 것이라는 말이다(Bloom & Lahey, 1978; de Villiers & de Villiers, 1978). 이런 관점에서 아동은 근육의 움직임에 대한 통제력을 갖기 위해서 발성 기관을 연습시킴으로써 말을 만들어 내는 것으로 보인다. 이런 발달은 또한 양육자로부터 반응에 의해 영향을 받을 수 있다. 그러나 의미와 의사소통적인 수행 능력의 전조들이 이 기간동안 역시 발달된다는 것도 주목되어져야 한다.

 3) 의미론적 전조-인지

  참조물에 대한 이후의 발달을 위해서 필요한 의미-인지의 전조들에 대한 개관이 여기에 제시되어 있다. 보다 상세한 설명은 Bloom과 Lahey(1978), Clark와 Clark(1977), Lucas(1980)의 연구를 통해서 알 수 있다. 여러 가지 방식으로 의미 발달은 인지 발달과 동일한 구조를 가진다. 하지만 인지적 범주와 의미적 범주들은 정확하게 동일한 것은 아니다. 의미론적 범주, 즉 낱말과 같은 것은 비언어적 개념 범주를 지시하는 것일 수도 있지만 비언어적 개념 범주(즉, 도식)와 같지는 않다. 그럼에도 불구하고 의미론적 발달이 다른 수준의 인지 발달과 상응하는 관찰된 행동 패턴에 병행된다고 결론짓는 것이 안전하다.

의사소통 능력과 마찬가지로 참조물에 대한 발달은 감각운동이라고 불리는 Piaget의 첫 번째 단계 동안에 출현하는 인지 과정들에 의해 좌우된다(Piaget, 1951, 1971). 대상 개념과 관계 개념에 대한 학습에 앞서, 아동은 정보를 조직할 수 있는 능력을 발달시켜야 한다. 이 과정은 대상 영속성, 즉 사람, 대상, 그리고 사건으로 가득 찬 안정된 세계와 같은 그런 특정 개념들 없이는 작동하지 않는다. 의도적이고 의미있는 의사소통의 출현에 앞서 아동은 1세경에 환경을 탐색한다. 이러한 탐색을 통해 사람, 대상, 그리고 사건이 자기 자신으로부터 분리되어 있다는 것을 깨닫게 되고, 아동은 대상과 관련 개념들을 발견하며, 자신들이 그것들에게 영향을 줄 수 있다는 것을 인식하게 된다. 언어발달에 있어 인지의 중요성에 대한 더 상세한 논의는 2장에 제시되어 있다.

4) 화용성의 전조

여러 연구자들이 말행위의 전조(Dore, 1974, 1975; Searle, 1969, 1975), 말행위의 기능(Halliday, 1975) 및 언어의 전반적인 의사소통 측면(Bates, 1976a, 1976b; Bruner, 1974, 1975) 등이 언어습득 이전기 동안에도 역시 출현된다고 하였다. Bruner(1974~1975)는 아동이 양

육자와 함께 활동하는 동안 언어의 기능, 규칙, 참조개념에 대하여 학습한다고 진술하였다. 이들 개념 및 규칙들은 아동의 의미론적 발달의 또 다른 한 부분이다. 상호작용의 규칙은, 예를 들면 아동과 양육자 상호 간에 발성과 반응 같은 것이 학습된다. 양육자는 아동의 발성을 반응으로 간주하는데, 바꾸어 말하자면 양육자로부터의 되돌아 오는 반응을 조장하는 것이다. 이런 상호작용은 의사소통 과정에서 중요한 화자와 청자의 기능들을 확립시킨다.

이들 의도적이고 합목적적인 행동들은 아동의 4개월경 운동 패턴에서 관찰되어졌다(Bates, 1976a, 1976b). 발성과 동시에 대상을 만지려 하는 아동들의 노력이 의사소통의 한 양식으로 해석되어 왔다. 본질적으로 이들 발성은 명백하게 자기 나라 말을 하는 성인의 언어학적 구조를 따르지 않고도 특정 기능을 수행할 수 있다. 특히 Halliday(1975)는 자기 아들의 초기 언어발달에 있어 몇 가지 기능들을 다음과 같이 묘사하였다: ① 수단(I want); ② 조절(do as I tell you); ③ 상호작용(me and you); ④ 개인적(here I come) 상호작용 기능은 9개월에 출현이 관찰되었으나, 빠르면 4개월경에도 관찰되었다(Bates, 1976a, 1976b). 또한 9개월에 개인적 기능이 출현된다. 10개월 반경에는 수단적이고 조절적인 기능이 출현된다. 언어습득 이전기 동안의 의사소통 초기 양식들은 울기, 웃기, 응시하기 및 발성 등으로 나타난다. 이 모든 것들이 유아가 그들의 욕구를 표현하기 위해서 사용한다.

언어적 발달

언어습득 이전의 발달은 첫 낱말(시어)의 출현으로 단순하게 끝나는 것이 아니다. 사실 이 기간의 후기 단계 발달은 언어발달의 시작 단계와 병행할 수 있다. 경우에 따라서 아동은 언어습득 이전기와 언어 습득기 양자의 초기에서 출현하는 행동들을 보여줄 수 있다. 이것은 Bloom과 Lahey(1978)의 말을 빌리자면 아동이 언어의 형식, 내용, 및 사용을 이해하는 데 있어 발전되는 것일 수 있다. 여기서 논의되는 언어발달의 단계는 다음과 같다. ① 1단계, ② 2단계 및 ③ 언어적 성숙기. 이것은 언어발달 특히 문법적인 발달의 견지에서 발성의 길이를 기준으로 세운 Bloom(1973)의 단계를 채택한 것이다. 언어습득 이전 발달과 함께 언어발달 단계가 계속된다.

아동의 시어는 일반적으로 언어발달의 시작을 표시한다. 서로 다른 연령에서의 첫 낱말들의 출현은 언어학적 규준들의 성질에 따라서 다르게 보고되어지기도 한다. Dale(1976)은 문헌상으로 보고되어 왔던 세 가지 일반적인 요구 조건들을 다음과 같이 설정하였다. ① 아동이 그 낱말을 이해하고 있음을 증명하여야만 한다; ② 아동이 대상 혹은 사건에 따라서 지속적으로, 그리고 자발적으로 그 낱말을 사용해야 한다; ③ 그 낱말이 모국어 사용 성인들의 어휘 목록에 속하는 것으로 인정될 수 있어야 한다. 첫 낱말이 출현하는 연령은 10개월에서 13개월 사이인 것으로 보고되어 오고 있다(Bloom & Lahey, 1978; de Villers & de Villiers, 1978; Schlesinger, 1982).

첫 낱말들과 이후의 발달에 대한 분석은 네 가지 언어학적 성분들의 인지적인 조망과 관련해서 수행된다. 문장 구성상의 분석들이 첫 낱말의 내용을 결정하기 위해서 이용되지 않는다고 주장되어 왔다(Bloom, 1973; Brown, 1958). 보다 구체적으로 말하자면 문장구성 전조들은 한 구절 말 단계가 끝날 무렵까지는 나타나지 않는다는 것을 시사한다(Bloom, 1973; Dore, Franklin, Miller & Ramer, 1976). 덧붙여서 언어학적 구성 요소로서 문장 구성은 2어기 중 어느 시기까지는 출현하지 않는다고 주장된다(Bloom & Lahey, 1978; Cruttenden, 1979; Kretschmer & Kretschmer, 1978). 그러므로 아동의 시어에 대한 설명은 자연적으로 음운론적, 의미론적, 화용론적인 것이 주가 된다.

음운 발달: 2세 이상

문헌을 고찰해 보면 어린 아동들의 음운 발달에 대한 설명은 일반적으로 세 가지로 결론을 내리고 있다(Cruttenden, 1970; Eimas, 1974; Kaplan & Kaplan, 1971; Menn, 1982; Menyuk, 1974; Morse, 1974). 첫 번째는 2세 이전의 초기에 나타나는 것으로 지각과 표현 발달상의 자료들은 모호하고 요령부득의 한 것이다. 두 번째는 최소한 음운론적 분석의 세 가지 단위들, 즉 음소, 음절, 낱말이 존재한다는 것이다. 세 번째는 일반적으로 아동 음운 구조 분석에는 두 가지 접근 방법이 있다는 것이다. 즉, ① 아동의 소리 체계의 발달적 계열을 성인 모델의 그것과 비교하는 것, 또는 ② 이 발달을 아동들의 특수한 전략과 관련지어 설명하는 것인데, 바꾸어 말하면 성인의 그것과 비교되어질 수 있다는 것이다.

1) 분석의 단위: 음소

1970년대 이전에는 대부분의 연구자들이 분석의 단위로 음소를 채택했고 그들의 접근 방법도 성인의 음소에 아동의 발달을 비교하는 것이었다. Jakobson(1968)은 자신이 설정한 개념에 따라 차별적인 특징을 분석하여 음소습득 순서를 체계화하려고 시도하였다. 그는 습득 순서를 기술하기 위해 몇 가지 원리를 제안하였는데 여기에서는 두 가지만 제시한다. ① 음운론적 발달에 대한 설명은 서로 구별되는 특징을 숙달하는 것과 병행되어야 하고, ② 아동의 음운적 대비 체제는 낱말들 간의 분리에 있어 성인의 것과 항상 비슷한 것일 수는 없다. 두 번째의 원리가 현재의 지배적인 접근 방법과는 간격이 있다는 것을 알 수 있을 것이다. 본질적으로 Jakobson은 모든 아동들의 음운론적 발달 패턴이 체계적이고 범세계적이라고 주장하였다. Jakobson에 의해서 제안된 범세계적 계열은 다음과 같다. ① 처음에 아동

들은 자음으로부터 모음을 구별해 낸다. ② 그리고 나서 그들은 입을
막은 채 내는 자음(폐쇄 자음)과 코로 내는 자음(비음성 자음) 간의
차이를 구별해 낸다. ③ 그 다음 그들은 입술과 혀 끝의 폐쇄를 구별
해 내며, 마침내 ④ 낮은 모음으로부터 높은 모음을 구별하게 된다.

2) 분석의 단위: 음절과 낱말

보다 최근의 연구는 분석의 단위로서 음소로부터 음절
(Moskowitz, 1973) 혹은 통째의 낱말(Ferguson & Fanwell, 1975)로
옮겨가고 있다. 이들 연구자들은 아동의 음운적 발달이 일시에 한
음을 처리하거나, 뚜렷한 특징을 성공적으로 습득함으로써 처리하
는 것이 아니라고 주장한다. 대신에 그들은 발달이 특정 전략이나
규칙에 의해서 일어난다고 제시한다. 이러한 일반전략에 대한 훌륭
한 설명은 Ingram (1976)의 책에서 찾아볼 수 있다. 덧붙여서 de
Villiers와 de Villiers (1978)은 초기의 음소적이고 구별적 특징의
분석에 대한 주요 결점을 제시하였는데, 그 실책은 아동의 말 산출
의 오류 유형을 고려하지 못한 데에 있다. 이들 연구자들은 이러한
분석들이 아동의 음운발달을 도식화하는 데에 중요하다고 주장하였
다. 나아가, 이러한 접근 방법은 지각-산출 문제에 보다 서광을 비
쳐준다. 일반적으로 지각이 산출을 낳는다. 때때로 시기적인 진행이
자의적으로 나타나며, 경우에 따라서는 산출이 지각에 앞설 수도
있다. 앞서 논의된 것과 같이 지각에 있어서의 음운적 발달 계열은
산출에 있어서의 음운적 발달 계열과 일치하지 않을 수도 있다. 마
지막으로 음운 발달의 과정과는 무관한 요인들(예, 발생 빈도)의 기
여도 연구되어야 할 필요성이 있다.

3) 음운 규칙들의 습득

일반적으로 대부분의 음운 규칙들은 6~8세경에 습득된다(Mosko-wirz, 1973; Winitz, 1961). 3세를 넘어서면서부터 아동은 명사와 동사의 다양한 어미 변화와 관련된 규칙들을 습득하고자 시도한다(Brown, 1973). 음운의 보다 일반적인 규칙들은 좀더 비일반적인 규칙들이나 특수한 규칙들의 습득보다 선행한다. 음운 발달의 초기 단계들은 음운적 대비 혹은 구별적 특징과 관련지어 설명되지 않는다. 이 발달은 아동의 어휘 목록에서 특정 수의 낱말 습득 이후에만 기록되어질 수 있다. 아동이 발달시키는 전략은 아동이 서로 모델이 되거나 혹은 성인 모델과 이러한 낱말들을 관련지을 수 있다. 마지막으로 이러한 전략들은 아동에 의해서 습득되는 최초의 특정 낱말들에 따라 좌우될 수 있다.

통사구조상의 발달: 변환기 및 2어기

여러 연구자들이 2어기 출현 이전에 통사적 전조를 확인하였다(Bloom, 1973; Dore et al., 1976). 통사나 어순에 대한 개념은 의미심장한 것이며, 연결 내지는 결합의 언어학적 단위로서 기능을 하지 않는 연속적 발성의 산출로 특징지워진다. Bloom(1973)은 예로서 16개월 된 아이가 지속적으로 특정구를 가진 한 낱말(즉, wide)을 사용하였음을 보고하였다. 그 아이에게는 이 어휘 단위가 anything과 everything을 지칭하는 것이어서 일정한 의미를 갖는 것으로 해석될 수 없었다. 통사의 전조에 대한 또 다른 특징은 ① 특정어휘와 함께 무의미 음절의 사용, ② 잘 쓰는 단일 어휘의 재반복된 산출, ③ 음운학적으로 불안정한 단일 낱말의 산출 및 ④ 일관되게 그리고 제한적으로(즉, 다른 낱말과의 결합이 없이) 결합되는 두 낱말의 산출 등이다.

문법 특히 통사는 문장에서 둘 혹은 그 이상의 낱말 결합으로 시작된다(Dale, 1976; de Villiers & de Villiers, 1978). 이 시기 동안의 통사적 활동은 아동으로 하여금 나중 언어의 중요한 변형 획득을 준비시킨다. 2어기에 있어 중요한 의문은 아동이 주어와 술어에 대한 지식을 가지고 있는지, 그리고 이 지식이 성인의 것과 비슷한지 어떤지 하는 것이다. 여러 연구자들은 주어와 술어 간의 기본 문법 관계에 대한 지식이 아동에 의해 획득되어진다고 제안한다(Bloom, Miller, & Hood, 1975; Smith, 1975a). Bloom과 Lahey(1978)는 그러나 이러한 지식은 성격상으로 통사론적인 것만이라기보다는 의미론적인 것이라고 주장한다. 그들은 두 종류의 관련성을 설명하였는데, 선형통사 관계성과 위계통사 관계성이다. 선형통사 관계성에 있어서 관련 낱말들(예를 들어 more, away)은 다른 낱말과 결합되고 관련 낱말의 의미가 낱말 조합의 의미 관계를 결정한다. 위계적 통사관계에 있어서는 이러한 낱말 조합들이 동사와 관련되어 명사와 대명사의 형태군을 가진다. 그러나 이러한 결합(예, 주부-술부 개념)들의 의미는 개별 낱말들의 의미와 동일한 것은 아니다. 이후의 조합에 있어 아동은 낱말 간의 어순 관계의 범주와 낱말 간의 의미적 관계 두 가지 모두를 알아야 한다. 이 영역에서는 연구가 좀더 이루어져야 할 필요가 있으며, 통사적 분석이 단독적으로 이루어지는 것이 이 어문 수준에서는 적절치 않다고 결론짓는 것이 안전하다.

의미적 발달: 한 낱말과 두 낱말

아동의 언어발달에 있어서 중요한 측면은 의미론적 내지 의미적 참조물의 발달이다. 이들 지시 대상은 사람, 물체, 사건 및 관계와 관련된 아동의 지식조직을 반영한다(Bloom, 1970; 1973; Brown, 1973). 이들 한 낱말과 두 낱말의 의미적 관계는 심각한 논쟁을 야기한다(Howe, 1981; Schlesinger, 1982). 본질적으로 이런 초기의 의미 관계는 주변 상황들을 분석해 보아야 한다. de Villiers와 de Villiers (1978)는 특정 낱말의 의미들이 설명되어질 수 있는 몇 가지 방법을 세웠는데, ① 대상 및 사건의 범주화, ② 자신과 타인, 대상물, 또는 사건 간의 관계의 범주화, ③ 기타의 타인들과 대상물과 사건들 간의 관계의 범주화 등이다. 의미적 관계의 심리적 실체는 관계의 범주화에 있어 방법의 한정성 때문에 의문시되어 왔다(Bowerman, 1976; Howe, 1981; Schlesinger, 1982).

Nelson(1973)은 아동들에 의해서 최초로 습득된 50개 낱말들의 성격을 연구하였다. 그는 최소한 50개 낱말이 습득된 후에야 두 낱말의 조합이 출현한다는 점에 주목하였다. Nelson은 여섯 가지 범주로 그 결과들을 보고하였다. 초기에 획득된 50개 낱말의 가장 일반적인 범주는 일반적인 명칭, 예를 들자면, 우유, 개 등과 같은 것이 51%를 차지하였다. 그 다음 14%는 특정 명사류(예, 엄마)와 동작성 낱말(즉, 주다)이었다. Nelson은 처음 학습되는 그 낱말들이 아동이 조작할 수 있는 것, 즉 이들 낱말들이 기능적인 것이라고 결론지었다.

Clark(1973)는 과잉 확장의 현상을 보고하였는데, 즉 광범위한 범주를 반영하도록 낱말이 적용되는 현상이다. 그 예로는 모든 남성을 만나서 아빠라는 낱말을 사용하는 경우이다. Clark는 과잉 확장은 여섯 개의 범주, 즉 형태, 소리, 크기, 움직임, 맛 및 질감의 지각적 성격을 기초로 할 수 있다고 주장한다.

과잉 확장과 마찬가지로 과소 확장이 Bowerman(1976)에 의해 보고되었다. 과소 확장은 협소한 범주를 나타내는 낱말 때문에 일어난다. 이 현상은 아동이 비록 제한된 방식이기는 하나, 맞는 방법으로 그 명칭을 채택하기 때문에 과소 확장이라고 결론을 내리기에는 어려움이 있다. Bowerman은 과잉 확장과 마찬가지로 과소 확장은 대상을 나타내는 지각적 성격과 관계되는 것이라고 주장한다.

Bloom(1970, 1973)은 최초의 낱말들은 관계적·범주적인 것이라고 주장한다. 이들 관계적인 낱말들(예; 이것, 저어, 그만)은 대상물의 행동을 반영하고 하나의 말 혹은 한 낱말 발언에서 두드러지게 나타난다. Bloom은 반사적인 대상 관계로서, 그 자체를 대상과의 관계라고 명명하였다. 이 의미론적 범주는 다음의 네 가지 관계를 유지한다. 즉, 존재, 비존재, 소멸, 및 재발이다. 이 다음 단계에서 아동들은 의사소통 상황의 다양한 측면에 초점을 맞추어 인과적-위치적 관계를 반영하여 낱말을 만들어 낸다.

두 낱말 단계는 한 낱말 단계에 정착된 이들 의미론적 관계를 지속한다. Smith(1976)는 이 단계의 의미론적 관계는 앞 단계에 표현된 것만 지속시킨다고 주장하였다. Bloom과 Lahey의 말을 빌리면, 이 단계의 아동들은 새로운 양식을 숙달하기 위해 기습득된 기능(즉, 관계)을 사용한다.

2어기에서 표현된 의미적 관계는 문헌상으로 엄청나게 서술되어 왔다(Bloom, 1973; Bowerman, 1973; Brown, 1973; Cruttenden, 1979). 대부분의 보편적인 관계만을 여기에서 논의한다. 일반적으로 2어기의 의미 관계는 여덟 개의 범주, 즉 명명, 속성, 재현, 소유, 환기, 감탄, 부정, 위치 및 행동으로 묶여질 수 있다. 첫 번째 다섯 개의 예는 명명-자동차; 속성-큰 자동차; 재현-더 많은 자동차; 소유-엄마의 자동차; 환기 혹은 감탄-와! 자동차이다. 부정, 위치 및 행동의 범주는 더 많은 범주로 하위 분류될 수 있다. 이 단계 동안 처음부터 넓은 범위를 포함하는 관계는 소유, 재현, 부정 및 위치지움이다.

표면 수준에서 어떤 두 낱말 발화(예, 엄마 양말)는 여러 관계 범주의 어느 하나로 분류되어질 수 있다. 이러한 의미적 관계의 해석은 아동의 의향에 근거해야만 하고, 이 의향은 상황적 맥락에 의해서 더 확연해진다. Bloom(1970)은 서로 다른 두 가지 상황 맥락을 반영해 주는 두 가지 서로 다른 의미론적 관계로 표현될 수 있는 한 가지(엄마 양말)의 예를 보고하였다. 동일한 맥락에서 이 같은 두 낱말 관계는 엄마가 자신의 양말을 신는다는 개념이기도 하고, 또 엄마가 아동에게 아동의 양말을 신겼다는 것이기도 하다.

화용적 발달: 1어기와 2어기의 기능

일반적으로 화용적 발달은 목적적이고 의도적인 행동을 취하기 위해서 필요한 의미 규칙들의 습득이 되어져야 한다(Bates, 1976a, 1976b; Bruner, 1975; Lucas, 1980). 화용론의 분석에 있어서 기본적인 단위는 말하는 행동이다(Searle, 1969, 1975). 말하는 행동은 매우 어린 아동들을 대상으로 연구되어 왔다. 예를 들어 Dore(1974, 1975)는 말하는 행동에 대한 Searle(1969)의 이론을 이용하여 언어습득 발달 단계를 설명하려고 시도하였다. 몇 가지 일차적 말하기 행위(primitive Speech Acts; PSAs)를 정하였는데, 즉 명명하기, 되풀이하기, 대답하기, 질문하기, 요청하기, 부르기, 만나기, 주장하기, 연습하기 등이다. Dore는 아동들의 한 낱말과 두 낱말의 의미론적 관계는 기능과 형식 모두를 포함하고, 아동의 사회적 상호작용의 내용을 표현한다고 주장하였다. 그러나 다른 학자들은 이들 초기 발언이 형식을 가진다는 데는 동의하지 않는다(Bloom & Lahey, 1978; Halliday, 1975). 보고된 결과 중 흥미있는 것은 아동의 PSAs 중 몇몇은 보다 성숙된 성인의 말 행동과 다르다는 것이다. 이들 차이는 아동의 의향과 목적을 해석하는 데 어려움을 준다. Dore는 그렇지만 확실한 의향과 목적의 발달이 보다 증진된 언어수행능력 습득과 병행한다고 주장한다. 그래서 아동은 결과적으로 모국어를 사용하는 성인들의 말 행동에 따라서 말을 사용하게 된다.

말 행동의 기본 맥락 내지는 더 나아가 의사소통 수행 능력은 사회적 상호작용이다. 언어 습득 이전기에 아동은 그들의 운동 패턴에 따라 목적적이고 집중적인 행동을 나타내기 시작한다. 대표적인 것으로서 울기, 소리내기, 눈 깜짝거리기, 웃기와 이들 행동들과 관련된 대상물을 잡기 위한 다양한 시도가 포함된다. 생후 2년째쯤 이동성 및 인지구조의 증가로 인해 의사소통적 제스처는 보여주기, 주기, 가리키기의 말들로 이루어지게 된다. 상호작용/지시의 하위 기능에 대한 보다 상세한 설명은 Kretschmer와 Kretschmer(1978), Lindfors (1980) 및 Lucas(1980)의 연구에서 볼 수 있다.

말하기 행위의 기능은 또한 Halliday(1975)에 의해서도 보고되어 왔다. 처음 서술된 I기에는 네 가지 기능을 포함된다. Halliday는 II 기에서 아동이 성인에 의해 사용되는 것과 비슷한 발화를 사용하여 언어 기능을 계속해서 습득해간다고 주장하였다. 덧붙여서 Halliday 는 13개월 혹은 14개월경에 출현하는 발견적(heuristic) 기능을 보고 하였다. 이 기능은 주변 환경을 탐색하고 학습하는 가운데 발화를 적 용하게 되는 것이다. 초기 발견적 시기에 아동은 물체의 이름을 묻는 데, 나중에 이 행동이 질문하는 행동으로 발전한다. Halliday는 이것 이 언어의 탐사적(mathetic) 기능과 화용적인 기능 사이의 차이를 만 들 수 있다고 주장하였다. 탐사적 기능은 환경 속에서 사람, 물체 및 사건에 대해 배울 수 있도록 언어를 사용하는 것이다. 이 기능의 전 조는 개인적 및 발견적인 기능이다. 화용적 기능은 개인적인 요구를 충족시키기 위해 다른 사람들의 행동 및 시도에 자신을 조정하는 것 을 말한다. 이 기능의 전조들은 도구적 기능과 조정적 기능이다. 상 호작용 기능은 탐사적 기능과 화용적 기능의 발달에 기여한다. 요약 하자면 Halliday는 언어의 기능이 2세 이전에 단독으로 표현된다고 주장하였다. 그러나 그 2년 동안 아동의 발화는 탐사적 기능과 화용 적 기능 모두를 포함한다.

이해 - 산출

최초 낱말들의 분석에서 중심이 되는 것이 이해-산출 문제이다. 앞에서 이것은 말소리들의 측면에서 논의되었는데, 여기에서는 최초 낱말들의 성격으로서 표현된다. 이러한 관련성은 폭넓게 조사되어 온 것은 아니다. 아동들의 산출에 대한 것은 낱말에 관한 올바른 이해력 에 대한 것보다도 더 많은 주목을 받아왔다. 연구가 소수인 것은 홍

미부족이라기보다는 아동의 이해력 측정에 어려움이 있기 때문이다. 이들 어려움에 대한 보다 상세한 설명은 Bloom과 Lahey(1978)에게서 찾아볼 수 있다. 이 문제가 해결되지는 못했지만, 몇 안 되는 시험적인 결과들을 여기 제시한다.

  아동의 한 낱말 발화는 성인의 문장과 비슷하다고 제안되고 있다 (Antinucci & Parisi, 1973; McNeill, 1970). 이 현상들은 일어문 말 (hogophrastic speech)이라고 부르는데 아동들의 말하는 것보다도 이해하는 것에 적용되는 것이다. 낱말-혹은 문장 가설은 광범위하게 논의되어 온 반면에(Antinucci & Parisi, 1973; Bloom, 1973; McNeill, 1970), 결과의 대부분은 아동들의 초기 지식의 내용이 문법적 의미, 즉 통사 내지는 낱말 간의 관계가 아니라 어휘적 의미에 한정된다는 Bloom(1973)의 주장을 지지하는 것 같다. 산출에 앞서서 이해되는지의 여부나 혹은 그 반대인지에 대한 의문은 1세 아동들 4명을 대상으로 한 Huttenlocher(1974)에 의해 연구되었다. Huttenlocher는 맥락적 단서의 영향을 최소화한 가운데 이해력을 측정할 수 있는 과정을 고안하였다. 명확한 의미, 즉 대상 아동들에게 이해될 수 있는 것으로 낱말의 목록을 구성하였다. 이것은 Chark(1973)와 Bowerman (1976)이 명확한 의미를 얻는다는 것은 이 단계의 아동들에게는 극단적으로 어렵다는 논쟁에 반대되는 것이다. 이 연구의 결과는 Bloom (1973)의 주장을 역시 지지하였다. 요컨대 Huttenlocher는 1어문 단계에 ① 아동들의 이해력은 어휘 이해력보다도 맥락적 단서에 의존하고, ② 과잉 확대의 실증은 없으며, 그러므로 어휘 요소의 이해가 산출을 선행한다고 결론지었다.

  Shipley, Smith 및 Gleitman(1969)는 두 집단의 아동들, 즉 한 집단은 단일 낱말 발화를 사용하고 다른 집단은 전보식의 2어문과 3어문 문장을 사용하는 아동들을 대상으로 이해력 문제를 연구하였다. 이들 아동들에게 ① 단일 낱말들, ② 전보식 말하기, 또는 ③ 잘 구성된 문장으로 지시 내용들이 제시되어졌다. 혼동되는 결과가 보고되

었다. 단일 낱말 집단은 한 낱말의 지식에 가장 잘 반응하였는데, 그
래서 이 단계에서는 이해력이 산출을 선행한다는 주장을 뒷받침하고
있다. 그러나 전보식 집단은 잘 구성된 문장에 가장 잘 반응하였다.
이러한 결과는 앞의 것과 같은 방식으로는 해석될 수가 없다.

요컨대, Bloom과 Lahey(1978)는 서로 다른 종류의 질문이 이해력
과 산출에 관해서 주어져야 함을 제안하였다. 하나가 다른 하나나 혹
은 둘 간의 관계를 선행하는지를 조사하는 대신 그들은 각각의 기저
에 있는 처리 과정과 언어적 발달과 인지적 발달을 처리하는 두 과
정의 관계에 대하여 연구할 것을 제안하였다. 그들은 "이해력과 말하
기 간의 발달선상의 간격은 아마도 아이들간에 또 시기에 따라 다양
하고, 그 간격은 실제보다 더욱 현저한 것일 수 있음"(p. 238)을 시
사하였다.

언어적 성숙

아동이 3어문 시기를 넘어서는 때까지는 각 언어적 성분을 따로
떼어서 상대적 기여도를 측정해내기 어렵다. 예를 들자면 Brown
(1973)이 최초 굴절 형태소의 발달계열을 보고했던 것보다 더 일찍이
언급되었다. 통사론적 및 의미론적 복합성이 발달의 좋은 지표가 될
수 있다고 판단되었기 때문에 상대적 기여도를 분리해낸다는 것에는
어려움이 있다. 그렇지만 Kretschmer와 Kretschmer(1978)는 Brown
의 자료에 대한 분석의 의미론적 복잡성이 통사론적 복잡성에 선행
하며, 또한 우세하다는 것을 주장하였다. 어떤 종류의 순서(의미론적)
가 확립된 후에 통사론적 복잡성이 작동된다. 이런 시각은 다른 연구
자들에 의해서는 뒷받침되지 않는다(de Villiers & de Villiers, 1978).
그럼에도 불구하고 언어발달에 공헌하는 것의 대부분은 통사론적인
것과 의미론적인 것에 기인한 것이다. 그러나 화용론의 영향이 주목
받기 시작하고 있다(Ervin-Tripp & Mitchell-Kernan, 1977; Lucas,

1980). 화용론의 중요성은 의문시되지 않았고 그보다도 오히려 언어 발달에 있어서 이 성분의 영향에 대한 명확한 성격을 결정짓는 것이 필요하였다(Bloom & Lahey, 1978). 3어문 단계를 넘어서면, 아동이 보다 복잡한 성격의 언어 형식과 기능들을 산출하고 이해하기 시작한다. 이제 아동은 다양한 언어 성분들에 대한 규칙들의 적용을 지배하는 일반적인 성인의 규칙을 학습한다. 아동은 그 규칙들의 적용에 관계되는 규칙성을 발견하고 가설을 형성함으로써 활동적인 역할을 수행하게 된다(Berko, 1958; Bloom & Lahey, 1978; de Villiers & de Villiers, 1978; Menyuk, 1977). 사회적 상호작용 혹은 가리킴 말(화용)을 통하여, 아동은 사람들, 대상물들 및 사건들을 위한 의미론 참조와 기능을 습득한다. 참조 형식은 음소, 음운 및 통사구조로부터 자의적으로 정의된 상징들이 결합되게 하는 것이다. 언어적 형식, 내용 및 기능의 적용은 규칙체계에 상응하는 것이다(Bloom & Lahey, 1978; Lindfors, 1980; Lucas, 1980).

  일반적으로 3어문 단계를 넘어서면 아동의 통사 발달은 언어의 주요 변형을 학습할 수 있게 된다(Dale, 1976; de Villiers & de Villiers, 1978). 처음에는 아동이 몇몇 변형, 특히 수동태 만들기에서의 문제로서 명사-동사-명사 혹은 주어-동사-목적어 어순으로 결합하게 된다(de Villiers & de Villiers, 1978). 그럼에도 불구하고 주요 변형, 예를 들자면 관계의 문형을 체계적인 방식으로 습득한다. 예를 들어서, 의문형에서 yes/no 의문은 who 의문에 앞서 나타나는데, 이런 전환은 부가 의문에 앞서 획득되는 것이다. 덧붙여서 각 집단 내에 비슷한 습득 순서가 있다. 이런 용어들과 습득 순서에 대한 논의는 Dale(1976)과 Russell 등(1976)에게서 알아 볼 수 있다. 일반적으로 많은 아동들이 4~5세에 언어의 문법 중 많은 것을 내재화하고 9~10세에 모든 문법에 거의 숙달된다.

  앞에서 설명된 바와 같이 의미론적 발달(그리고 아마도 화용론적 발달)은 인지적 발달과 동일한 구조이다(Lucas, 1980). 화용론은 의미의 규칙을 활용하는 것이다. 의미적 참조는 대상적이고 중개적인 행위, 차원 및 공간적 및 시간적인 것으로 분류될 수 있다. 사회적 상호작용 혹은 지시의 시작은 올바른 명칭을 지닌 참조물의 정의 내리는 것으로써 특징지어진다(Bruner, 1974~1975). 이 과정은 아동이 사람, 물체 및 사건에 관해서 지식을 조직하는 것을 돕는다. 어휘 및 기타 언어적 변인들의 성장은 그들의 상호작용에 의해서 영향을 받는 것으로 가정된다(Lucas, 1980). 본질적으로 의미적 참조의 많은 부분은 Piaget(1971)에 의해서 윤곽이 그려진 인지의 두 번째 단계에서 획득된다. 이것은 통사 발달과 거의 일치된다. 10세, 11세 혹은 12세의 아동은 의미적 성숙에 도달되는데, 즉 그들이 언어의 형식, 내용, 및 기능에 관하여 모국어를 말하는 성인 규칙의 제한된 체계에, 비록 전부가 아니라 하더라도 대부분을 습득하게 된다.

제5절 농아동

앞서 논의된 바와 같이, 농아동들의 1차 언어발달을 기술하는 것은 정상아동들의 1차 언어발달을 기술하는 것보다 훨씬 더 복잡하다. Quigiey와 Kretschmer(1982)는 농아동들의 언어발달에 대한 설명은 다음의 두 가지 중요한 문제를 고려해야만 한다고 진술하였다. ① 언어 투입의 성격, 즉 영어인가 혹은 미국수화언어인가, 그리고 ② 사용하는 의사소통 양식의 성격, 즉 수화인가 구화인가, 덧붙여서 이들 언어들과 의사소통 양식들이 다양하게 결합되어서 사용될 수도 있으며 기본적인 감각 양식들, 즉 청각 혹은 시각 중 어느 것이 강조되어질 수도 있다. 따라서 농아동들의 언어발달을 세 가지 범주로서 각각 설명할 수 있다. 즉 구어 영어(oral Ergilsh: OE), 수지 부호 영어(manually coded English: MCE), 미국수화(American Sign Language: ASL)이다. 이들 세 가지 범주들이 아마도 농아동들에게 유아기와 초기 아동기에 투입되는 대부분의 언어를 대표하는 것일 것이다. 가능한 한 범위에서 앞서 기술된 언어의 다양한 구성요소들(음소, 어형, 통사, 의미, 화용)과 관련하여 이들 범주들 각각에 대한 연구 결과들을 여기 기술한다. 이러한 접근 방법으로 연구한 농아동들의 1차 언어발달에 관한 개개 자료는 소량이 있을 뿐이고, 다양한 연구 설계들이 자료를 수집하는 데에 사용되었다는 것을 유념하여야 한다. 어떤 연구에서는 2차 언어 평가를 채택한 소급 연구, 즉 1차 언어발달기 동안의 이러한 접근 방법의 효과성을 검사하기 위해 읽기 및 쓰기 양식을 포함시킨다. 하지만 몇몇 연구들은 발달적인데, 즉 이들 연구들은 1차 언어발달의 측정 측면을 도식화하고자 시도하였다.

언어 및 의사소통 범주들

각기 범주에서 가장 보편적으로 사용된 접근 방법들의 윤곽을 그리기에 앞서서 몇 가지 특징들이 각 범주들의 일반적인 성질들과 관련되어져 있기 마련이다. 구어 영어(OE)와 수지 부호 영어(MCE) 접근 방법에 노출된 농아동들은 사실 표준 영어의 어떤 재현 방법에 노출되어졌다고 주장되어왔다(King, 1981). 이런 시각적 언어 투입과 건청아동들의 1차적인 청각-음성언어적 투입과의 관련성은 잘 설명되지 않는다. 그렇지만 어떤 농아동들에게 있어서 영어의 발달 비율과 정도는 건청아동들의 비율 및 정도와 비슷하다고 보고되어 왔다(Ogden, 1979). OE 및 MCE와 연관되는 교육적 접근 방법의 기본 목적은 1차 언어로서 표준 영어를 가르치기 위한 것이다. 이 견해에서는 대부분 농아동들이 유아기와 아동 초기에 어떤 형태로든 간에 영어에 노출된다(King, 1981; Luetke-Stahlman, 1982; Rawling & Jensema, 1977).

한편 미국수화(American Sign Language)는 영어와는 문법적으로 다른 언어이다(Lane & Grosjean, 1980; Liddell, 1980). ASL은 수화인 반면에 MCE의 여러 접근 방법은 사인화된 부호로 고안된 것이며, 영어 문법을 나타낼 수 있도록 설계된 것이라는 점을 기억하는 것이 중요하다. 그러므로 ASL에서의 문법적 발달에 대한 기술은 중국어가 영어와 다른 것처럼 영어의 문법적 발달과는 다르다. 그러나 다른 중요한 차이점이 있는데, 중국어와 영어가 모두 음성언어(즉, 청각-구어)인 반면에 ASL은 사인 언어(즉, 시각-몸짓)이라는 것이다. 본질상 ASL은 문법과 양식 모두에서 영어와는 다르다. 이들 차이점의 성격과 중요성, 또는 보다 상세하게 사인화된 언어와 말로 된 언어 간의 관계는 현재까지도 논쟁거리이다(Sipie, 1982). ASL에 노출된 아동들의 1차 언어발달은 건청아동들의 1차 언어발달과 평형을 이룬다고 하는 것은 가능하다(Lane & Grosjean, 1980; Siple, 1982). 그러나 또 다른 의문은 영어가 이들 아동들에게 가르쳐져야만 하는 것이라면 어떻게 가르쳐야 하는지의 방식과 관련된다. 이중 언어에 관한 측면에서 논의되듯이 영어는 ASL에 적용된 농아동들에게 2차 언어로써 가르쳐지는 것도 가능하다.

중요한 의사소통 및 언어 범주(OE, MOE, 및 ASL)와 어떤 범주 하에서 사용되는 특정 접근 방법(예를 들어 수화로 된 영어, 큐드 스피치)에 대한 정의는 1장에서 논의되었다. 정의와 범주가 대부분 평상적인 실제 상황에서 일어나는 것들에 대한 이상적 각색이라는 점은 되풀이하여 강조되어야 할 중요성을 지닌다. 예를 들어 Marmor와 Pettito(1979) 및 Reich와 Bick(1977)는 실제 상황에서 MCE 접근 방법들이 그들이 표준 영어를 쓰는 것보다는 피진 사인 영어(PSE)와 더 비슷해지는 경향이 있다는 것을 보여 주었다. 여기에서 회피할 수 없는 사실은 농아동들의 1차 언어발달에 대한 미래의 연구들은 특별하게 그 아동들이 지속적으로 노출되어질 수 있어 언어 투입의 형태를 설명해 줄 수 있는 것이어야 한다는 점이다.

[그림 1] 영문법과 접근 방법과의 관계

언 어	ASL	영 어		
범 주	ASL	MCE		OE
접근 방법	ASL	PSE SE SEE Ⅱ SEE Ⅰ F		A, AVO, CS
	영어 재현의 최소화		영어 재현의 최대화	

표준 영어의 문법에서 가장 가끔씩 표현되는 것부터 흔하게 표현
되는 것까지의 연속적인 범위로서 다양한 언어 및 의사소통 접근 방
법을 고려하는 것이 정의와 범주에 대한 다소 독단적이고 이상적인
성격을 기억하는 데에 도움이 된다(Baker & Cokely, 1980; Wilbur,
1979). 표준 영어에 접근하는 다양한 방법들의 관계들이 〈그림 1〉에
설명되었다. ASL은 영어(그리고 기타 다른 구어체 언어)의 문법과
다르며 어휘와 통사구조에서 영어와 유사성을 가장 적게 가진 사인
언어이다. 그러므로 그것은 연속선상의 한 끝에 머물러 있다. 여러
MCE 접근 방법들은 표준 영어의 어휘와 통사구조를 표현하고자 고
안되고 설계된 방법인 사인화된 부호이다. 각각의 사인화된 부호로
영어 낱말 쓰기를 표현하는 방식들이 〈그림 1〉의 연속선상에 그 위
치가 결정되어 있다. 예를 들어 낱말 아름답게(beautifully)는 (a)
PSE에서처럼 전체 낱말을 위한 한 가지 수지적 표지(사인)(Wilbur,
1979; Woodward, 1973): (b) SEE Ⅱ에서 두 가지 수지적 표지, 즉
아름다운에 대한 한 가지 방법과 ~하게에 대한 한 가지 방법(Gus-
tason, Pfetzing, & Zawolkow, 1975); 혹은 (c) 지문자로서 각 문자를
나타내는 한 가지 수지적 표지(Soouten, 1967; Quigley, 1989)로 표현
될 수 있다. (a)에서는 영어가 최소한도로 표현되어지고 (c)가 가장
많이 표현되는 것으로 생각된다(Bornstein, 1973; Wilbur, 1979). 이

같은 이유에서, 지문자는 영어의 어휘와 통사구조가 가장 많이 표현
되는 것으로 보여진다. 다음으로는 SEE I이고, 그 다음이 SEE II,
사인화된 영어, 그리고 PSE이다. 큐드 스피치에 의해 보조되는 것을
포함해서 모든 OE 접근 방법이 표준 영어를 사용하기 때문에 〈그림
1〉의 연속선상의 또 다른 끝에 머무르게 된다. 연속선상의 이런 개념
은 실제 상황에서 일어나는 것과 동일한 의사소통 및 언어접근 방법
에서의 다양한 점진적 진전을 가능하게 한다.

  농아동들의 언어발달에 사용되는 다양한 의사소통 접근 방법의 공
헌도의 비교는 논쟁으로 점철되어 왔다. 대부분의 논쟁이 그렇지만
이러한 논쟁도 기초가 되는 자료에 있다기보다는 논쟁 그 자체에 있
다. 다양한 접근 방법에 대한 광범위한 역사적 배경들이 1장에 기술
되어 있다. 그 사건들에 있어 가장 중요한 점은 이들 접근 방법들이
새로운 것이 아니라는 점이다. 실제적으로 200년 이상 지금까지 논쟁
들이 존재한다는 것은 이들 접근 방법들 중 어떤 것도 모든 농아동
들에게 적절하다고 증명되지 않았다는 것이다(Moores, 1978; Quigley
& Kretschmer, 1982). 분명한 사실은 논점들이 논쟁에 의해서 해결
되어질 수는 없다. 그것들이 과학적인 연구를 하지 못하게 할 수도
있다. 그럼에도 불구하고 과학적인 연구에 의한 접근 방법은 1차 언
어발달에 대한 교수방법과 수단으로써 이들 접근 방법을 평가하기
위한 객관적인 지식을 산출하기가 훨씬 쉽다. 체계적인 연구는 단지
최근 20년 동안에 이루어졌으며, 그래서 앞서 진술했듯이 연구의 공
헌도들은 실질적인 것이 아닐 수도 있다.

OE와 언어발달

  OE(Oral English) 접근 방법에 대한 연구는 두 가지 중요한 범주
로 제시되는데 큐드 스피치(cued speech; CS)와 전통적인 구어 영어
접근 방법이다. OE 접근 방법에 대한 자료는 극히 한정되어 있다는

것을 보여 준다. 덧붙여서 OE 접근 방법에서 흔히 사용하는 자료는
농아동 집단을 선별하는 데 있어 제한적이어야 한다는 것을 나타낸
다. 그러나 그 자료들은 이들 농자들이 교육적으로도 직업적으로도
성공적이라는 것을 지적해 주는 것 같다.

큐드 스피치(CS)

이 접근 방법의 교육적인 사용에 대해서는 극히 적은 경험적 자료
들이 있을 뿐이다. 소수의 연구들이 CS 중에서 표현 발달, 즉 말과
언어의 발달이 상응하는가를 알아내기 위해 농아동들의 CS 수용에
대한 기초적 평가가 시도되었다(Clarke & Ling, 1976; Ling &
Clarke, 1975; Nicholls, 1979). 말수용 점수는 청각, 입술읽기 및 단서
의 여러 결합을 포함하는 서로 다른 경험적 조건들 아래서 얻어졌다.
우수한 점수들은 두 가지 연구에서 입술읽기라는 부가적 단서의 조
건 아래서 얻어졌고(Clarke & Ling, 1976; Ling & Clarke, 1975); 반
면에 호주에서 수행된 더 오랜 기간 동안의 연구에서 우수한 점수는
입술읽기 부가 단서에다가 청각을 추가한 조건으로부터 얻어졌다
(Nicholls, 1979). 서로 상응하지 않은 발달이 표현 말과 언어에서 보
고되었다.
보다 최근의 연구는 농아동들의 언어발달에 있어서 큐드 스피치의
효과를 평가하기 위해 시도되었는데, 이전에 시도되었던 구어 프로그
램의 효과와 비교·평가되었다(Mohay, 1983). 이 연구에서 언어발달
은 다음과 같이 조작적으로 정의되었다. ① 단서의 산출, ② 의사소
통의 빈도, 즉 단서가 아닌 제스처와 낱말의 전체 숫자, ③ 어휘적인
발달의 범위와 깊이 및 ④ 구어 발성의 길이와 구조. 세 명의 농아동
들이 피험자로 봉사하였는데, 그 중 한 명은 이 책에서 정의한 농자
로서의 기준에 맞지 않았다(즉 HTL이 72dB이었다). 세 명의 피험자
모두 구어 프로그램에서 큐드 스피치(CS) 프로그램으로 옮겨 왔었

다. 위의 네 영역 중에서 CS의 가장 긍정적인 효과는 범주 4에서 보고되었다. 본질적으로 모든 피험자들이 CS 도입 후에 낱말 결합을 하기 시작하였다. 그렇지만 Mohay는 다른 요인들 즉 자연적 성숙, 어휘증가, 인지 발달, 혹은 이들의 결합이 작용했을 수 있음을 제안하였다. 여기에서 CS의 효과와 언어발달의 다른 측면들이 더욱 탐구되어야 할 필요가 있다고 결론지었다.

구어 영어

이 접근 방법에 대한 평가 연구들은 몇 가지 의문을 낳게 한다. 즉 ① 이들 연구에서의 아동이 어릴 때부터 농으로 판별되었는가; ② 연구 대상이 된 농아동들이 구어 접근 방법에 처음으로 노출된 것이 분명한가; 그리고 ③ 연구대상 농아동들이 고도로 구조화되고 포괄적인 구화 프로그램, 예를 들어 Central Institute for the Deaf(CID)에, 혹은 일반 교육 프로그램에 통합되어 연구된 것인가 하는 점이다. 이러한 고려점들은 다른 이들에 의해서도 상세하게 논의된 바 있다(Quigley & Kretschmer, 1982). 근본적으로 여기 보고된 연구들은 위의 고려사항들 이상으로 제한적이다. 몇몇 연구들은 이들 농아동들의 평균 수행이 정상 아동들과 비교했을 때 뒤떨어진다고 지적한다. 대부분의 농아동들이 여전히 다른 접근 방법으로 교육된 농아동들보다 우수한 성취를 보였다는 점을 주지해야 한다. 그러나 그 결과를 일반화시키는 것은 어려운데, 이 문제는 요약 부분에서 논의한다.

구어 사용 농학생들의 음운과 통사구조 발달

Mavilya와 Mignone(1977)은 Lexington 농학교에서 출생시기에서부터 5세가 될 때까지의 세 명의 농아동들의 구어 발달을 연구하였다. 언어발달단계들의 포괄적인 목록이 보고되었는데, 대부분의 농아

동은 6개월에 옹알이를 시작하였다. 이 결과는 건청아동에게 관찰된
것보다 거의 2~3개월 늦다(Cruttenden, 1979). 그러나 건청아동들과
유사하게 이들 농아동들도 24개월이 되었을 때는 1~2개의 낱말을
산출했었다. 30개월경에는 다른 농아동들에게 자신의 목소리를 사용
하기 시작하였다. 그 다음 3~4어문기는 3세경에 출현하였다. 마지막
으로 아동들의 말은 5세경에 성인의 말에 근접하기 시작하였다.

　이 연구는 적어도 몇몇 농아동들은 건청아동과 견줄 만한 비율로
말과 언어에 숙달할 수 있음을 지적하고자 하였다. 이것은 음절을 분
석 단위로서 사용한 다른 연구들에 의해 확인되었다(Ling, Leckie,
Poilaok, Simser & Smith, 1981). 또한 대부분의 교육 프로그램들이
말 의사소통 기술들을 발달시키기 위한 전망을 적절하게 나타내고
있지 않다고 주장하였다(Ling, 1976). 더구나 적절한 구어 언어발달
은 농아동들이 당연히 성취해야 할 뿐만 아니라 보편적으로 성취해
야만 하는 것이다.

　Dodd(1976)는 농아동들의 말의 음운 체계가 규칙에 의해서 관할되
는가를 밝히고자 연구를 수행하였다. 첫 번째 부문의 연구에서 11세
농아동 10명의 말을 분석하였다. 그 결과 각 피험자들은 영어 42음소
중 반 이상을 산출하였다. 덧붙여서 그 아동들의 음운 체계 중 일부
는 건청아동의 초기 단계에 사용되고 관할되는 규칙이라고 결론지었
다. 그 체계들은 단지 그들 아동들의 제한된 듣기와 말읽기 능력에서
제공된 불완전한 정보에 의해서 관할된 부분적인 규칙으로서 가정되
었다. 연구의 두 번째 부문은 첫 번째 부문의 결과로부터 도출된 아
홉 가지 음운 규칙의 존재 유무를 확인하기 위해 수행되었다. 말읽기
의 실험적 조건 아래서 아홉 가지 음운 규칙 중 여섯 개에서 유의미
한 예언값이 얻어졌다.

　Presnell(1973)은 자발적인 언어 사례와 노스웨스턴 통사구조 선별
검사(Northwestern Syntax Screening Test: NSST: Lee, 1969) 결과
의 분석을 통해 5~13세 농아동과 건청아동의 문장 능력을 연구하였

다. 이 연구에 참여하였던 몇몇 농아동들은 90dB 이하 수준의 청력손 실치를 가지고 있었지만, 이들 모두는 언어 습득기 이전에 청력이 손 실된 아동들이었다. 결과는 MCE절에 관한 연구들의 개관에서 설명 하였다. 본질적으로 농아동들의 통사발달 속도는 건청아동과 비교하 여 상대적으로 느렸다. 나이가 많은 농아동일수록 어린 농아동들보다 수행성이 나았다. 아울러 가장 급속한 언어발달속도는 5세와 9세 사 이에 일어나는 것으로 나타났다. 자발적인 언어표본들의 분석들은 연 령과 연관해서는 유의미한 증진이 없다는 것을 밝혔다. 끝으로, Presnell은 농아동들이 건청아동들에게서 보고된 연령보다 더 많은 나이에서 몇몇 통사 구성을 할 수 있게 된다고 보고하였다. 이런 차 이점은 청각장애학생들의 교육자에 의해서 가르쳐진 통사의 부자연 스런 순서에 의한 것이라는 가설을 낳게 하였다.

보다 최근의 연구(Geers & Moog, 1978)는 4세에서 15세 사이 농 아동들의 자발적 언어와 모방 언어를 분석, 평가하였다. 이들 피험자 중 여러 아동은 또한 90dB 이하의 청력손실치를 가지고 있었다. 피험 자들은 Development Sentence Analysis(DSS; Lee, 1974)와 Carrow Elicited Language Inventory(CELI; Carrow, 1974)로 검사되었다. Presnell의 결과와 비슷하게 가장 빠른 언어발달은 4세에서 9세 사이 에 일어났다. DSS에서 반 이상의 피험자 득점이 평균 3세의 건청아 동들의 득점보다 낮았다. 이와 유사하게 CELI에서 농피험자의 반 이 상이 평균 3세 건청아동들보다 더 많은 오류를 보였다. 질적으로 농 피험자들은 보다 복잡한 구조의 문장을 산출하였는데, 그렇지만 건청 아동들도 다 문법적 오류가 상당히 많은 상태였다. 그러나 이런 차이 는 연령의 차이에 의한 것일 수 있는데, 즉 농아동들은 4세부터 15세 의 연령 범위였던 반면에 건청아동들은 2세에서 6세 사이의 아동들 이었기 때문일 수도 있다.

구어사용 농아동들의 의미론적 및 화용론적 발달

구어 농아동들의 의미론적 발달과 화용론적 발달을 탐색하였던 연구는 얼마 되지 않았다. 다른 변인들과 함께, 농아동들의 발달은 건청아동들과 비교해서 비록 느리기는 하지만 비슷하다고 결론짓는다. Skarakis와 Prytting(1977)은 John Tracy 크리닉에 있는 2세 1개월에서 4세 3개월까지의 4명의 농아동들을 대상으로 초기 언어 행동들을 연구하였다. 아동들의 언어 행동들은 13개의 의미론적 기능과 8개의 의사소통적 의향(화용론적) 기능으로 나누어졌다. 이러한 기능들은 9개월에서 18개월의 건청아동들에게서 관찰된 것과 비슷한 것이다 (Halliday, 1975; Lucas, 1980). 의미론적 기능들 중 몇몇은 건청아동들을 대상으로 한 연구에서 보고된 것이기는 하지만, 농아동들을 대상으로 연구한 것에서는 나타나지 않았던 것이다. 언어 자료는 의미론적 기능의 수가 화용론적 기능의 수보다 훨씬 능가하는 것으로 나타났지만, 반면에 비언어적 자료는 화용론적 기능이 의미론적 기능을 넘어서는 것으로 보고하고 있어 흥미롭다. 본질적으로 건청아동들에 대한 Halliday의 주장과 마찬가지로 두 가지 기능 모두 농아동들의 초기 언어발달 단계에 있어서도 차이가 있는 것으로 보여지지 않는다.

언어발달이 비록 느리기는 하지만 이런 유사성은 단기적 의미론적 기능 발달을 연구한 Jarvella와 Lubinsky(1975)에 의해서도 보고 되었다. 이런 의미론적 기능은 건청아동들에게도 힘들지만 그들이 8, 9세 혹은 10세경에는 숙달된다는 것을 상기해야 될 것이다(Lucas, 1980). 스무 명의 8~11세 농아동들과 8~9세의 건청아동들이 피험자로 선정되었다. 농아동들은 오하이오의 클리블랜드에 있는 일반학교에 다니고 있었다. 몇 가지 과제가 검사되었는데, 구어 듣기 과제가 여기 속해 있었다. 두 집단의 아동들은 검사자들에 의해 말해진 문장을 듣고서 순서에 맞추어 그림들을 배열하였다. 일반적으로 농아동들은 문장에서 시제 순서가 보존되면, 즉 ~다음(after)이라는 절이 먼저 나오거나 ~이전(before)이라는 절이 다음에 나오는 경우에는 건청아동들과 비슷하게 실행하였다. 그러나 농아동들의 실행은 건청아동들보다 열등하였고 시제 순서가 역전되면 그 순서조차도 흐트러졌다.

정규 학급 내의 구어사용 농아동들

적절한 언어 기능을 가진 구어 농아동들은 건청아동들과 같이 일반 정규학습에 통합되어지기가 용이한 것으로 가정되어 왔다. 몇몇 증거는 이 같은 가설을 지지하는 것으로 밝혀졌다(Doehring, Bonnyoastle, & Ling, 1978; Geers & Moog, 1978). Geers와 Moog는 정규 학급에 통합되어 온 학생 중에서 14명의 구어 농아동들을 상대로 DSS와 CELI를 검사하였다. 상반된 결과들이 보고되었다. 통합된 학생들이 자발적인 언어(DDS)에서는 구어 중심의 농학교 학생들(즉, CID의 학생)의 능력을 능가하였다. 달리 말하자면 구어학교 농학생들은 CELI에서는 통합된 학생들보다 유의미하게 적은 오류를 나타내었다. 어떤 정보들도 통합된 학생들의 수행 능력이 그들 연령에 적합한 수준의 학년인지의 여부를 결정할 수 있게 해 주지 않는다.

Doehring 등(1978)은 또한 통합된 학생들의 읽기와 언어 기능을 평가하였다. 일반적으로 결과들은 전농학생들인 이들이 읽기 관련 검사에서 건청 학년 수준 혹은 그 이상인 것으로 나타났다. 그렇지만 이들 피험자들은 4~5개의 언어 관련 평가에서는 학년 수준 미만이었다. 요약하자면 언어 득점이 읽기 득점과 다소 상관관계를 가지는 것으로 관찰되었다.

MCE와 언어발달

지난 2세기 동안의 대부분의 교육적 활동과 연구 활동은 MCE

(menually coded English) 접근 방법에서 수행되었었다. 그럼에도 불구하고 농아동들이 영어에 대한 수행 능력을 획득할 수 있도록 돕는 데 있어서 이러한 접근 방법의 유효성이 실제적으로 입증되어오지 않았다(Baker & Cokely, 1980; Bockmiller, 1981; Erting, 1981; Wilbur, 1979). 여기 보고된 소수의 연구들은 탐구된 특정 접근 방법의 원리들에 가능한 한 근접되어 있는 것이다. 이용된 접근 방법들에게서 일관되게 제기되는 의문들은 지적되어져야 한다(Marmor & Pettito, 1979; Reich & Bick, 1977; Schlesinger & Meadow, 1972). 이 문제는 요약에서 좀더 논의된다.

피진 사인 영어(PSE)

PSE는 두 사람의 건청인들이 서로 상대방의 언어를 알지 못할 때 의사소통을 위해 혼합어(Pidgin)로 말하는 것과 같은 형태로 나타난다. 그러나 Cokely(1983)는 ASL 수화자와 영어를 말하는 수화자 간의 접촉을 설명하기 위해 이 용어를 사용하는 데 대해 의문을 제기하였다. 그는 현재 상황을 혼합어로 가는 움직임이라고 설명하는 것이 가장 옳다고 주장하였다. 그래서 Cokely는 이러한 과정을 설명하는 것에는 예를 들어서 융통성이 없는 것 같은 이중언어주의의 용어를 사용할 것을 권한다. 그럼에도 불구하고 PSE가 약간의 ASL의 문법적 측면과 약간의 고안된 사인 체제를 결합하며, 이렇게 만들어진 사인들을 영어 어순에 따라 사용하는 사인 방법이라고 결론짓는 것이 좋을 것이다(Bragg, 1973; Wilbur, 1979; Woodward, 1973). 이러한 맥락에서 몇몇 다른 용어들, 예를 들어서 Siglish, Amelish, 수지영어 및 토털 커뮤니케이션까지도 동의어이다(Marmor & Pettito, 1979; Reich & Bick, 1977). 이 범주에서 논의되는 연구들은 ① 특별한 수지 부호 체제에 대한 언급이 없는 것, 혹은 ② ASL과 비슷한 사인과 어떤 다른 활용-또 다른 전달 체계로 표시되는 것-을 사용하는 것, ③ 토털 커뮤니케이션의 사용이 각각 여기에 들어간다.

실험된 첫 번째 연구는 학교와 가정에서 사용되는 토털 커뮤니케이션과 같은 의사소통 접근 방법을 설명하는 것이다. Griswold와 Cummings(1974)는 2세부터 5세까지의 유치원 농아동 19명의 표현 어휘를 조사하였다. 연구결과는 493개의 낱말들과 표현어들의 합성어휘 목록이 만들어졌는데, 그 표현은 두 명 이상의 학생들에 의해서 사용된 것임을 지적하였다. 농아동들의 어휘구성은 다음과 같은 점에 있어서 건청아동들과 비슷하였다. ① 명사 대동사의 비율, ② 특정 전치사의 숫자와 사용, ③ 수사(낱말들)의 사용 및 ④ 특정 의문사들의 사용. 그러나 농아동들은 접속사, 관사 및 조동사의 실제적인 사용에서는 건청아동들과 달랐다. 연구자들은 유치원 활동 중에 보내는 시간의 길이와 가정 환경 내에서 토털 커뮤니케이션에 노출되는 정도와 같은 두 가지 변인들과 어휘의 양 간에는 상관 관계가 존재한다고 결론지었다.

수지 영어 형태소의 발달 순서에 관해서는 Crandall(1978)에 의해서 연구되었다. 의사소통 접근방법은 ASL의 어휘와 SEE Ⅱ (Gustason, 1975)와 수지의사소통 기초교재(O'Rourke, 1973)로부터의 형태소, 지시어, 그리고 관사들을 나타내는 사인 표지들의 사인들을 첨가한 수지영어였다. 20쌍의 건청 어머니와 그들의 어린 농아동들이 피험자가 되었다. 특히 Crandall은 농아동들에 의해 사용되는 형태소의 발달적 순서가 ① 연령과 관계되는지, ② 비교 연령의 건청아동들과 비슷한지, ③ 그들 어머니의 사용과 관계되는지에 관하여 조사하는 데에 관심을 가졌었다.

일반적으로 모두 세 가지 가설이 지지되었다. 그러나 뒤섞인 결과들이 첫 번째 가설에서 얻어졌다. 농아동들의 굴절 형태소 산출은 연령에 따라 유의미하게 증가하지 않았다. 그러나 발성당 형태소의 평균 수는 연령에 따른 증가를 보여 주었다. 발달 순서의 측면에서 농아동들에 의해서 사용된 처음 6개의 형태소는 건청아동에게서 보고

된 것과 비슷하였다(Brown, 1973). 이 결과는 다른 연구에 의한 결과
로도 지지되었다(Raffin, 1976; Raffin, Davis, & Gilman, 1978;
Schlesinger & Meadow, 1972). 마지막으로 어머니가 사용하는 형태
소는 동일 형태소에 대한 아동의 사용에 영향을 주는 것으로 보고
되었다. 이 같은 마지막 결과는 가정 환경의 중요성을 밝히는 전형적
인 것이다.

　PSE환경 내에서의 의미론적 관계의 출현은 Layton, Holmes 및
Bradley(1979)에 의해서 얻어졌다. 연령이 5와 1/2세, 6과 1/2세 및 7
세 7개월인 세 명의 농아동들이 피험자가 되었다. 그들은 연구 시작
이전에 9~15개월간 수화에 노출되어 있었다. 수화는 ASL 어휘 목
록에서 대부분 선택된 수지사인들과 동시적으로 말이 결합된 토털
커뮤니케이션 체제의 방식을 채택하였다. 접속사와 관사(한정사)를
위해 필요한 사인들은 SEE Ⅱ로부터 뽑았다(Gustason et al., 1975).
피험자들은 그들의 언어 산출 진보에 있어서 한 낱말/한 사인으로
된 사인/말 발화에 노출되었다. 예를 들어 한 낱말/한 사인 단계에서
의 피험자는 두 낱말/두 사인 계열에 노출되었다. 결과는 농피험자들
의 의미적 통사적 범주가 보다 덜 발달된 더 어린 건청아동들에게서
보고된 것과는 본질적으로 다르며, 언어적으로는 등가적인 수준인 것
으로 나타났다(Bloom et al., 1975). 예를 들면 건청아동들은 더 많은
재귀적인 낱말(더 많이)을 산출하였다. 이러한 형태의 발화는 건청아
동 발달의 나중 단계까지는 출현하지 않는 것이라는 점을 주지해야
한다. 이들 연구자들은 이러한 차이점들을 설명하려고 시도하여 다음
과 같은 의견을 개진했다. ① 농아동들이 기본 개념의 이해에 앞서서
진보된 범주에 노출되었고 ② 그 차이는 연령에 기인한 것일 수 있
는데, 즉 보다 나이 많은 농피험자들이 Bloom 등(1975)에 의해서 연
구된 어린 건청 피험자들의 인지 수준보다는 더 정규한 수준으로 발
전되어 있다는 것이다. Presnell(1973)에 의한 OE의 연구에서와 같이
여기에서도 청각장애 아동들의 지도자들이 건청아동의 보편적인 발

달 패턴을 알아야만 한다고 제안하였다.

앞에서 제시된 연구들은 DSE의 사용이 만일, ① 그것이 가정에서 사용되고, ② 전문가들이 건청아동들의 발달 패턴에 따라서 통사구조를 사용한다면, 1차 언어발달을 위해서 효과적이라는 것을 지적해 줄 수 있을 것 같다. 농아동들의 교육 수행에 있어서 이러한 접근 방법에 대한 효과가 연구되어 오고 있다(Brasel & Quigley, 1977). 연구 설계는 의사소통 형태(구어와 수화), 언어형태(ASL과 영어) 및 초기 언어 투입의 밀도에 대한 효과성연구에 한정되었다. 10세에서 19세 사이 18명의 농학생들이 네 가지 언어 집단, 즉 피진 사인 영어(PSE), ASL, 집중적인 구어, 그리고 평균적인 구어 집단에 각각 배치되었다. 집중적인 구어 집단은 학교와 부모가 모두 포함된 가운데 집중적인 구어 훈련을 받았다. 평균적인 구어 집단의 부모는 그들 아동들의 교육을 학교에 일임했다.

결과는 수지 영어 집단이 통사 능력 검사로 측정된 여섯 가지 주요 통사구조 중 다섯 개에서 구어 집단 둘 모두를 유의미하게 능가하는 것으로 나타났다(Quigley et al., 1978). 덧붙여서 수지 영어 집단이 스탠포드 성취도 검사(SAT)의 하위 검사에서 다른 모든 집단을 유의미하게 능가하였다. 문단대의 파악 하위 검사에 있어서 수지 영어 집단의 평균 득점은 가장 그 집단과 근접된 구어 위주의 집단보다도 거의 2세 정도 더 좋은 7.24세였다. SAT에서의 수지 영어 집단의 전체 평균 득점은 5.25세였다. 요약하자면 결과는 의사소통 유형과 언어 투입 유형이 농아동들의 언어발달에 있어서 본질적인 변인들이라는 점과 수지 영어(PSE)는 농학생들의 교수를 위해서 뛰어난 체제라는 점을 지적하는 것으로 해석되었다.

Signed English(SE)

농아동들의 언어발달에 있어서 SE의 효과는 Bornstein과 그의 동

료들에 의해서 연구되어 왔다(Bornstein, 1982; Bornstein & Saul-
nier, 1981; Bornstein, Saulnier & Hamilton, 1980). 어휘와 통사상의
특정 측면들, 특별히 형태론적 발달이 연구되었다. 발달은 건청아동
들과 비슷하지만 속도가 느린 것이 밝혀졌다.

Bornstein, Saulnier 및 Hamilton(1980)은 언어 습득 이전에 농이
된 4세 된 20명의 농아동들을 상대로 4년간 종단적 연구를 수행하였
다. 각 피험자들은 피바디 그림 어휘 검사, 노스웨스턴 통사 선별 검
사, 그리고 14개의 SE 굴절표지의 기능을 측정하기 위해 설계된 형
태소 검사로 매년 평가되었다. 결과는 이들 농아동들의 어휘 수준이
다른 농아동들에게서 보고된 어휘 수준과 비슷하다는 것이었다. 덧붙
여서 수용어휘의 성숙 속도는 비교 연령의 건청아동들에게서 관찰된
속도의 43%라고 보고되었다. 끝으로 가장 인상적인 결론은 굴절 표
지의 수용에 있어서 성숙 속도는 건청아동들과 비슷하다는 점이었다.

굴절 표지에 있어서 비슷한 성숙 속도가 추수 연구에서는 이들 농
학생들에게서 계속 유지되지 않았다(Bornstein & Saulnier, 1981). 이
들 연구자들에 의해서 고안된 두 가지 평정 측도는 각 피험자들의
검사 실시자에 의해서 실시되었다. 실시자들은 완벽한 표지체제의 전
면적인 사용에 따라 각 피험자들이 계속해서 사용한 사인 표지들과
변화에 대한 속도를 평정하였다. 표지들의 전체 사용에서 근소한 향
상이 관찰되었다. 일반적으로 가장 빈번하게 사용되는 것은 진행형
(~ing)과 규칙 과거 표지들이 붙는 규칙 복수형과 소유형이었다. 나
머지 열 가지 표지들은 거의 사용되지 않았다. 요약하자면, 농피험자
들이 9.5세에 14개의 표지 중 단지 절반만을 사용하였기 때문에 건청
아동들과 비교했을 때 활용들의 발달 계열에 있어 큰 간격이 있었다.

Signing exact English(SEE Ⅱ)

SEE Ⅱ가 농아동들에게 있어서 가장 광범위하게 사용되는 교육적

접근 방법이라고 보고되어 왔다(Jordan, Gustason & Rosen, 1976, 1979). 그럼에도 불구하고, 엄밀히 살펴보면 농학생들의 언어발달에 있어서 이러한 접근 방법을 평가하는 연구는 단지 한 가지밖에 없다 (Babb, 1979). Babb는 최소 10년간 SEE Ⅱ에 노출되었던 36명의 농 아동들을 연구하였다. 연구 설계는 Brasel과 Quigley(1977)에 의해 사용된 것과 비슷하였다. 피험자의 반은 학교에서만 SEE Ⅱ에 노출 되었고, 나머지 반은 학교와 가정 모두에서 SEE Ⅱ에 노출되었다. 이들 집단들은 서로 각기 비교되었으며, 또한 건청 비교집단, Brasel 과 Quigley 연구에서의 집단, 및 청각장애 학생들을 위한 스텐포드 성취도 검사에서의 청각장애 학생들의 표준 자료와 비교되었다. 학교 에서만 SEE Ⅱ를 사용한 집단은 Brasel과 Quigley 연구에서의 보통 구어집단과 다름이 없었고, SAT에서의 농학생 일반 규준보다 나은 것이 없었다. 학교에서와 같이 가정에서도 SEE Ⅱ에 노출되었던 집 단은 전체 교육 평가에서 학교에서만 SEE Ⅱ를 사용한 집단과 평균 적인 농학교 연구들에서의 결과들보다 유의미하게 나은 것으로 나타 났다. 덧붙여서 이 집단은 거의 Brasel과 Quigley 연구에서의 수지 영어 집단과 같은 평가가 나왔다. 이 연구는 학교에서 농학생들의 언 어발달에 미치는 가족 영향의 중요성을 입증하는 것이었다.

Seeing essential English(SEE Ⅰ)

Schlesinger와 Meadow(1972)는 4명의 농어린이에 대한 일차 언어 획득을 기술하였다. 그들 피험자 중 3명은 최소한 약간씩의 SEE Ⅰ 사인에 노출되었다. SEE Ⅰ에 이들 피험자가 노출되기 시작한 연령 은 15개월에서 3세 사이의 범위였다. 피험자들의 명확한 발달은 동사 와 어휘 및 Bloom에 의해 알려진 두 낱말 통사−의미 관계(1970)의 몇몇 자료들로부터 관찰되었다. 한 피험자의 자료를 Branine(1963a, 1963b)에 의해 제안된 주축문법과 Brown(1973)에 의해 주장된 주축

문법의 반대 결과 및 Bloom(1970)에 의해 제안된 관련성의 각도에서 분석되어졌다. 전체 자료는 주축문법에 반대하는 Brown의 주장을 지지하는 것으로 보고되었다. 덧붙여서 이 피험자에 의한 두 낱말/사인 발화 사용은 각 발화가 다양한 통사–의미 관계를 내포하는 경향이 있다는 Bloom의 생각을 지지하는 것 같았다. 예를 들어서 이 피험자는 아빠 신이라고 사인과 말을 하였다. 이것은 피험자가 그녀의 아버지에게 그의 신을 그녀의 모래 상자로 집어 넣어 달라고 말하고자 하는, 행위자–대상관계의 예(건청아동에게 있어서의 논의를 보라)이다. 또 다른 피험자에 관한 자료는 몇몇 영어 형태소 규칙의 습득에 초점이 주어졌다. 3세에 SEE Ⅰ 표지에 노출되었던 이 피험자는 4세에 그 표지들을 사용하기 시작하였다. 요약하자면 문법적 수행 능력에 대한 검사와 자발적인 언어 표본(Menyuk, 1963)에 기초하여 이들 농아동들이 건청아동들과 동일한 계열에서 문법적인 수행 능력을 획득하고 있기는 하지만 발달 속도가 느리다고 결론을 내렸다.

이 같은 동일한 경향은 형태론적으로 SEE Ⅰ 접근 방법을 근간으로 하는 보다 최근의 연구들에서도 관찰되어 왔다(Gilman, Davis & Raffin, 1980; Raffin, 1976; Raffin et al., 1978). 일반적으로 앞의 연구들은 보편적으로 사용되는 여덟 가지 형태소 습득에 있어서 그 체제의 효과들과 관련된 것이었다. Raffin(1976)은 이러한 연구에 사용되는 평가 도구를 개발하였다. 검사 자료는 문장, 말 및 사인으로 동시에 구성되었는데, 형태소의 올바른 사용과 잘못된 사용이 모두 나타나도록 되어 있다. 48가지 항목이 제시되었는데, 다음의 형태소마다 각각 6가지 항목으로 구성된다. 즉, 과거형 /-ed/, 3인칭 단수 현재 표시 /-s/, 현재 진행 /-ing/, 현재 완료 /-en/, 명사에 있어서 복수 /-s/, 소유격/-s/, 비교/-er/, 및 최상급 /-est/이다. 6개 항목 중 2개는 정확한 형태소를 사용한 반면 다른 4개는 부정확하게 형태소를 사용하였다. 피험자들이 SEE Ⅰ에 노출되었던 연수는 2년에서 6년 범위이다. 결과는 이들 영어 형태소들의 발달 계열이 건청아동들에게서 보고되었던 결과(Brown, 1973)와 일반적으로 비슷하다고 지적하였다. 결론은 SEE Ⅰ 사용이 영어 형태소 습득에 도움이 될 수 있다고 한 Schlesinger와 Meadow(1972)의 결론을 지지하였다. 그러나 이러한 결과에도 불구하고 건청아동들과 비교했을 때 습득에 있어서 여전히 2~6년의 지체가 있었다.

지문자

교육적인 도구로서 지문자의 효과성을 측정하고자 설계되었던 두 가지 초기 연구들은 1963년부터 1968년 사이에 수행되었다(Quigley, 1969). 한 가지는 말과 관련된 지문자 사용(로체스터법)에 대한 종단적인 조사 연구였으며, 다른 하나는 두 개의 기숙학교 유치원 농아동들을 대상으로 한 로체스터법(RM)과 구어법(즉, OE)에 대한 실험적 비교 연구였다. 종합적으로 두 가지 연구 모두에서 로체스터법에 노출된 농아동들이 언어와 교육 측정 평가에서 비교 집단보다 더 나은 수행성을 나타냈다. Quigley는 어린 농아동들의 로체스터법 사용은 교육적 도구로서 유용하지만 그것이 만병통치약은 아니라고 결론지었다.

보다 최근에는 영어의 형태론적 구조를 가르치는 데 있어서 지문자(즉, RM) 사용의 효과성에 대하여 연구되었다(Looney & Rose, 1979). 24명의 언어습득기 이전에 농이 된 8~15세 농학생들에게서 과거 시제 활용 어미를 습득하는 능력이 평가되었다. 쓰기와 지문자로 몇몇 기초 영어 핵심 패턴을 표현할 수 있는 능력을 확인한 후 이들 피험자들은 세 집단으로 무선 배치되었다. 집단 1은 로체스터법에 노출되었고, 집단 2는 활자 매개물에, 집단 3은 통제 집단이 있다. 두 개의 실험 집단들에게 선별된 형태 규칙들, 즉 과거 시제 활용 어미를 포함한 형태 규칙들이 조직적으로 4주간 가르쳐졌다. 이들 집단들에게 문법성을 인지하고 선택하고 결정하는 데 대한, 그리고 적절한 과거 시제 형태소를 산출하는 데 대한 그들의 능력을 측정하기 위해 사전·사후 검사가 실시되었다. 결과는 이러한 시제를 시연하는 데 있어서 통제 집단은 실패한 반면에 두 개의 실험 집단 간에는 유의미한 차이가 보고되지 않았다. 이것은 연구자들로 하여금 지문자가 활자 매개물만큼이나 체계적인 방식으로 가르쳐진다면 활용 어미를 표현하는 데 유용하다고 결론짓게끔 한다.

ASL과 언어발달

전통적으로 음성 언어에 대한 연구는 유행하는 언어학적 사고에 의해 이루어졌다. 그러나 사인 언어에 대한 연구가 언어 학자와 심리언어학자의 주의를 끌게 된 것은 아주 최근이다. 대부분의 연구자들은 사인 언어 중의 하나인 ASL이 좋은 언어라는 데 동의한다(Lane & Grosjean, 1980; Liddell, 1980; Siple, 1982; Wilbur, 1979). 최근의 연구는 음성 언어의 처리과정과 사인 언어의 처리과정을 비교하는 데 초점을 맞춘다(Siple, 1982). 덧붙여서 연구자들은 기능들이 사인 언어로부터 음성 언어로 전이되어질 수 있는 방법을 연구하는 것이 유용하다는 사실도 발견하고자 한다. 이런 생각은 1차 언어가 ASL인 농아동에게 표준 영어의 읽기 및 쓰기를 가르치는 데에 중요하다. 요약하자면, ASL의 연구에 있어서의 두 가지 영역이 수행될 수 있다. ① 언어의 4가지 구성 요소 안에서의 ASL 발달 계열의 설정, 그리고 ② 차후 영어 발달에 미치는 ASL 효과에 대한 기술.

ASL의 1차 발달

앞서 진술된 것처럼 ASL 문법의 몇몇 측면들이 개관된 것은 단지 최근이다(Lane & Grosjean, 1980; Kantor, 1980, 1982). ASL 문법에 대한 기술은 다른 새로운 과학적인 조사 분야(예를 들어, 연구에 있어서 새로운 용어나 방향을 수립하기 위한 시도)와 비슷하게 논쟁거리가 풍부하다. 바꾸어 말하자면, 이러한 상황은 농아동들에 의한 ASL 문법 습득에 대한 설명에 극단적인 어려움이 있다는 것이다. 예를 들어 음성 언어 분석(예, 발화의 평균 길이, 1어문 단계)을 사인 언어에 적용하는 데 있어서의 실행 가능성이 의문시된다(Siple, 1978; Wilbur, 1980). 사인의 의미는 아마도 그것의 비수지적 단서를 수반하지 않고는 설명되어질 수 없을 것이다. 하지만 그러한 설명은 단지 초기 단계에서만 가능하다(Baker & Cokely, 1980; Liddell, 1980; Wilbur, 1979). 그런 문제에도 불구하고 여전히 농아동들의 ASL 습득을 건청 또래 아동들의 언어습득 단계와 비교할 수 있을 것이라고 말할 수 있다(Bellugi & Klima, 1972; Schlesinger & Meadow, 1972).

사인 동작 발달

ASL 사인들의 구조에 대한 연구는 Stokoe(1960)가 착수하였다. 그는 Cherology라 불리는 사인 형태를 연구하고, 음성 언어의 음운 체계와 유사한 것으로 그것을 다루었다. 음성낱말들이 음소 단위로 나누어질 수 있듯이 사인들도 cheremic(손) 단위로 나누어질 수 있다. Stokoe는 사인의 세 단위들을 기술하였다. 즉, ① 손 형태, ② 몸과 관련되는 손의 위치 및 ③ 손의 움직임이다. 이것들을 그는 dez, tab 및 sig라고 명명하였다. Battison(1974)는 네 번째 단위를 주장하였는데 오리엔테이션이라 불렀고, 그것은 손바닥의 방향과 관련된다(예, 짧다와 기차 사인 간의 차이). 음성 언어가 가지는 독특한 특징은 모음들과 자음들의 결합으로 이루어진다. 비슷한 방식으로 여기 기술된 네 개 단위들이 하나의 사인을 만들어 내기 위해 결합된다.

건청아동들의 첫 낱말은 10~13개월 사이에 출현한다고 문헌상으로 보고되어 왔다(Daie, 1976; de Villiers & de Villiers, 1978). 농아동들에게 있어서 첫 번째 사인 출현에 대한 문헌의 보고들은 일정하지가 않다. 건청아동들의 첫 낱말 시기와 비슷한 연령인 것으로 보고되어 왔다(Schlesinger, 1978; Schlesinger & Meadow, 1972). 첫 번째 사인이 2~3개월 이르게 출현한다고 지적하는 다른 연구도있다(Hoffmeister & Wilbur, 1979, 1980). 사인의 출현이 더 빠른 것은 조음기관들(예, 입술, 혀, 치아)과 비교해서 손의 근육 통제가 더 이른 까닭이다.

ASL에 있어서 음운 습득에 관한 연구는 수형(手形) 습득에 초점이 주어 졌다(Hoffmeister & Wilbur, 1980). 일반적으로 건청아동들과 비슷하게 농아동들은 보다 쉬운(비표지) 요소들을 보다 어려운(표지) 요소들에 앞서서 습득한다. McIntire(1977)는 한 농아동의 수형 습득에 대해 13, 15, 18 및 21개월 되는 때에 연구하였다. 지사(指事)와 수형들이 최초로 습득되어진다(예, A, S, L, 5, C 및 "아기 0")고 보고되었다. 보다 복잡한 수형의 습득(예, H, W, 8, X)은 인지 및 육체 능력이 성숙함에 따라 나타났다. 여기에다가 부수 상황으로 유사한 사인 동작 단위들(예를 들자면 고양이를 나타내기 위해 F 수형 대신에 5 수형을 사용하는 것과 같은)이 피험자에게서 만들어졌다. 이 현상은 건청아동들의 음소 단위들의 부수 상황과 상응한다. 그러므로 농아동들의 사인 동작 발달은 건청아동들의 음소 발달과 유사한 것으로 나타난다. 즉, 둘 다 보다 쉽고 표지 요소가 적은 것으로부터 보다 어렵고 표지 요소가 많은 것으로 진행하고, 둘 다 보다 어려운 요소 대신에 보다 쉽고 유사한 요소들을 대신 사용한다.

통사 발달

Siple(1978)은 "ASL 문법은 그 자체만으로 독특한 것이라고 말하기 쉽지만 사용되는 실제 통사적 장치들을 확인하고 설명하기는 아주 어렵다"고 말하였다(p. 10). 결과적으로 연구자들은 음성 언어에

서 나타나지 않는 문장의도, 예를 들어 중복, 동사 지향성 및 조직적
인 비수지적 단서들을 알아 내고자 시도하고 있다(Kantor, 1980와
Wilbur, 1979에서 이 용어들에 대한 논의를 보라). 이들 의도에 대한
연구는 여전히 논쟁으로 둘러싸인 ASL의 낱말 순서에 대한 설명에
있어서 중요성을 갖는다(Fisoher, 1975; Friedman, 1976; Liddell,
1980, 1981). 덧붙여서, 비교적 탐구되지 않은 분야인 비수지적 단서
들, 예를 들어 부정, 의문형, 관계화 등은 언어적 구조의 산출에 있어
중요성을 지니고 있다고 생각한다(Liddell, 1980).

통사구조 발달에 대한 연구는 사인 동작 발달에 대한 연구처럼 그
수가 얼마 되지 않는다. 세 가지 중요한 언어적 구조와 관련되는 통
사구조를 여기 간단하게 기술하자면 부정, 대명사적 관계 체계, 및
분류사이다.

Hoffmeister와 Wilbur(1980, Hollmeistern, 1978에서 인용)는 ASL
의 대명사적 관계 체계 습득에 대한 연구를 기술하였다. 농부모를 가
진 농아동 한 명이 피험자로서 봉사하였다. 결과는 다섯 단계로 제시
되었다. 예를 들자면, 단계 1에서는 지사 행위는 직접적인 환경에서
볼 수 있는 대상물과 관련된다고 보고하였다. 즉 사인하는 사람, 대
상물과 같은 것들이다. 피험자가 사물을 처음에 가리키고 그 다음 자
신을 가리킴으로써 소유자-소유 관계를 나타냈다. 유사하게, Nelson
(1973)과 Bates(1976a, 1976b) 역시 어린 건청아동들에게 있어서 비
슷한 지시(가리키는 것) 제스처가 음성언어발달을 진행시키는 것을
밝혔다. 이 같은 농아동의 가리키는 행위도 다른 대명사적 개념 즉
성인들의 사인에 의해서 나중에 명확해지는 '그것' 및 '모두'의 사
용, 복수형 같은 것의 전조였다. 단계 3에서는 앞서 학습된 조작이
직접적인 환경에서가 아닌 사건 및 사물과 관련되기 시작했다. 단계
4(4세 2개월)에서 재귀화가 제대로 나타났다. 마지막으로 농피험자는
ASL 관련 체계를 단계 5(4세 5개월)에서 완수한 것으로 결론지었다.

Kantor(1980)는 농아동들에 의한 ASI 분류사들의 습득에 대해 연

구하였다. 음성 언어에서의 분류사와 유사하게 ASL 분류사는 통사 형태들의 부분(예, 동사 혹은 명사)과 그들 명사 대상물의 어떤 의미론적 자질을 반영하는 것으로 나타났다. 그는 농부모를 가진 3~11세 농아동 9명을 피험자로 했다. ASL의 습득에 대한 다른 연구와 유사하게 결과는 발달적 계열이 음성 언어를 학습하는 건청아동들에게서 확인된 것과 유사하다고 지적하였다(Menyuk, 1977). 특별히 분류사는 3세경에 출현하였고, 8세 내지 9세에 숙달되었음을 지적하였다. 분류사는 어휘적 항목으로서 습득된다기보다는 오히려 복합통사구조 처리과정으로 획득된다고 결론지었다. 요약하자면 이 연구와 기타의 연구들은 ASL과 음성언어 모두에게 규칙 습득은 비슷한 음운과 통사 환경에 의해 영향을 받는다고 하였다.

의미론적-화용론적 발달

소수의 연구들이 농아동들의 의미론적 발달과 화용론적 발달에 대해 조사하였다(Kantor, 1982; Newport & Ashbrook, 1977). 또다시 발달은 건청아동의 발달과 비슷하다고 보고되었다.

Newport와 Ashbrook(1977)은 농아동들이 1차 언어로서 ASL을 학습하는 데 있어 의미론적 관계의 출현을 건청아동이 1차 언어로서 영어를 학습하는 것(Bloom et al., 1975)에 비교하는 연구를 수행하였다. 다섯 명의 어린 농아동들이 피험자가 되었다. 종합적인 결론은 존재 관계가 상태 관계보다 선행해서 나타남을 지적했다. 덧붙여서 비처격(nonlocatives)은 처격(locatives)에 앞서 출현하였다. 이들 관계에 대한 상세한 설명은 Bloom과 Lahey(1978) 및 Lucas(1980)에게서 찾아볼 수 있다. 농아동들의 의미론적 관계 습득의 계열은 언어 양식과 통사에서의 차이에도 불구하고 건청아동들로부터 보고된 것과 비슷하다고 결론지었다.

Kantor(1982)는 2명의 농자 어머니들이 그들의 농아동들과 상호작

용하는 것에서 얻은 자료를 음운론적, 통사론적, 의미론적 및 화용론
적 분석을 하였다. 그는 ① 자신들의 아동들과 의사소통할 때 농자
어머니들의 의사소통 수정을 설명하고 ② ASL에 노출된 농아동들의
지사(가리키기) 행위들과 변화된 동사들의 발달 계열을 설명하는 데
관심이 있었다. 종합적으로 농자 어머니들은 건청 어머니들과 유사하
게 자신들의 언어를 아동들 수준에 맞출 수 있도록 수정하는데, 즉
농자 어머니들이 보다 단순하게 직접적인 구조들을 사용한다고 보고
했다. 지사 행위와 변화되는 동사의 발달 계열은 Hoffmeister와
Wilbur(1980)에 의해 본장 앞부분에서 보고된 것과 본질적으로 유사
하다. 덧붙여서 초기 단계에서의 지사는 몇몇 의미론적 관계, 예를
들자면 시연의 사용과 같은 것이라고 제안하였다. 부가적인 의미론적
및 화용론적 기능들인 처격, 대명사들 및 배경 속에서 지사 대상 존
재 찾기와 같은 것은 후기 단계에서 나타났다.

ASL과 영어의 추후 발달

몇몇 농아동들에게 있어 ASL의 발달에 대한 연구가 계속되고 있
다. 그러나 일반 교육 프로그램 내의 영어 학습에 있어 초기 아동기
에 ASL을 배운 것에 대한 효과는 상세하게 평가되지 않았다. 대부
분의 연구들은 농부모의 농아동들을 건청 부모의 농아동들과 비교하
는 패러다임을 채택했었다. 앞에서 농아동들의 농부모가 말을 수반하
지 않은 채 ASL을 사용한다고 가정했었다(Charrow & Fletcher,
1974, Meadow, 1968). 그러나 이러한 가정은 다음과 같은 이유 때문
에 의문시되어 왔다. 즉, ① 어떤 농부모들은 말을 수반한 가운데
ASL사인을 사용할 수 있고(Collins-Ahigren, 1974; Schlesinger &
Meadow, 1972), 그리고 ② 그의 사람들은 수지적 의사소통의 어떤
형식도 사용하지 않을 수 있다(Corson, 1973). 이런 경고들을 마음
속에 품은 채, 아직까지는 농부모를 가진 농아동들이 부모와의 사이

에서 사용되는 우세한 언어가 ASL인 환경에서 길러진다고 가정하는 것이 타당하다. 어느 정도는 이런 가정이 여기 인용된 연구들을 미약하게 한다. 초기 연구들의 대부분이 비슷한 결과들을 보고하였는데, 즉 농부모의 농아동들(DCDP)은 건청 부모의 농아동들(DCHP)보다 모든 교육 및 심리 검사에서 더 높은 득점을 보였다(Meadow, 1968; Quigley & Frisina, 1961; Stuckless & Birch, 1966). 예를 들어 Quigley와 Frisina는 DCDP가 어휘, 지문자 및 교육적 성취에서 유의미하게 DCHP를 능가했다고 보고하였다. Meadow(1968)는 DCDP의 자아상과 교육적 성취가 높았다고 보고하였다. 덧붙여서 그녀는 DCDP가 DCHP보다 읽기 수준이 2년 이상 높다고 보고하였다. 초기 결과들은 수지적 의사소통(아마도 ASL 양식에서)에의 조기 노출이 농아동들에게 영어발달에 이득을 주는 방법임을 밝히는 것이 있다. 이러한 가정은 여전히 의문시되고 있다(Brasel & Quigley, 1977; Corson, 1973). Quigley와 Kretschmer(1982)는 이런 생각을 상세하게 논의하고, 수지적 의사소통의 형태와 함께 농아동에 대한 부모의 수용도 또한 고려되어야 한다고 결론지었다.

제 6 절 요약 및 결론

구어 영어

큐드 스피치에 대한 연구가 소수인 까닭에 시험적인 결론조차 내리기가 불가능하다. 그러나 Mohay의 연구(1973)는 언어발달에 있어서 큐드 스피치의 다소 유리한 효과를 지적한다. 본질상으로 큐드 스피치는 더 많은 연구가 필요하다.

구어 영어(OE) 접근 방법에서 수립된 연구들은 논란의 여지없이 농학생들을 구어 프로그램이나 일반 학급 속에 통합시켜야 하는 것을 포함한다. 일반적으로 이들 학생들의 1차 언어발달은 건청아동들과 계열상으로는 비슷하지만 속도는 느린 것이 밝혀졌다. 또한 이러한 결과들은 다음과 같은 이유로 다른 농학생들에게 일반화시키기가 어렵다. 즉, ① 언어발달에 활동적이고 이해력 있는 구어 접근 방법은 단지 몇 되지 않는 교육 프로그램에서만 나타날 수 있고, ② 이런 프로그램에 속한 농아동들은 보통의 농학교집단에 있는 농아동들보다 IQ, 사회경제적 지위, 그리고 높은 교육을 받은 부모를 두었다는 것 등에서 보다 선택된 아동들이다. 선택적 특성에도 불구하고 이들 연구들은 아무 논의없이 구어 프로그램 혹은 정규 학급에 통합된 소수의 선택된 학생들이 보편적인 학교집단의 농학생들과 비교하여 우수한 언어 및 학업 기능을 발달시킨다고 지적한다. 요컨대 이들 학생들의 성공은 오로지 구어 영어에 있어 그들 자신의 발달에 기인한 것이다.

수지 부호 영어(MCE)

본장에 있는 많은 MCE 접근 방법들이 15년 이상 사용되어 왔지만 극소수의 연구만이 수행되었고 교육적 성공이 거의 보고되지 않았다. 거의 모든 연구들이 영어 문법의 어떤 측면, 예를 들어 형태소 같은 것은 특별한 접근 방법을 통해서 가르쳐질 수 있다고 지적한다. 그렇지만 많은 성공을 입증하고 있는 대부분의 연구들(예, Babb, 1979; Brasel & Quigley, 1977)은 다음과 같은 특정 조건이 이러한 성취 수준을 위해 필요하다고 지적한다. 즉, ① 가정과 학교가 포함되는 활동, ② 건청아동들의 발달 패턴에 맞춘 지도이다. 기타 부수적인 요인들은 높은 사회·경제적 수준과 높은 지능이다. OE에서와 같이 농아동들의 1차 언어발달은 비록 느리기는 하지만 건청아동들과 비슷하다. 초기에 형태론적, 빠른 통사적 발달(예, signed English 와 SEE I에서의 발달)을 보여주지만 이러한 발달이 나중에는 느려

짐을 지적한다. 덧붙여서 많은 교육 실천가들이 수지적 체제의 구성 요소에 영어 구조를 엄밀하게 맞추지 못하는 것으로 보고되어 왔기 때문에, 대표적인 접근 방법(예, SEE Ⅱ, SEE Ⅰ 및 지문자)에 대한 유용성을 평가하기란 어려울 수 있다(Marmor & Pettito, 1979; Reich & Bick, 1977; Schlesinger & Meadow, 1972).

미국수화(ASL)

ASL에 대한 논의는 다음의 두 가지 영역에서 제시된다. 즉 ① ASL을 습득하는 데 있어 농아동들의 발달 계열, ② 영어의 차후 발달에 있어 이러한 습득의 효과이다. 적지 않은 연구들이 앞의 영역에서 수행되었지만, 이러한 연구들조차도 제한적이다. ASL의 통사구조에 대한 연구는 Stokoe(1960)가 사인 요소의 윤곽을 제시한 것으로 시작되었다. 이로써 ASL이 영어의 문법과는 다른 문법을 지닌 훌륭한 언어임이 입증되었다(Lane & Grosjean, 1980; Wilbur, 1979). 심리언어학적 연구는 ASL의 습득이 음성 언어 습득과 비슷하고 상응할 수도 있다는 것을 지적하였다(Hoffmeister & Wilbur, 1980; McIntire, 1977). 예를 들어서 과잉일반화와 같은 것은 ASL과 영어 모두에서 발견되어졌다(Hoffmeister & Wilbur, 1980). 또 다른 예로는 건청아동에게서 관찰되는 특정 의미론적 관계(Newport & Ashbrook, 1977)와 화용론적 기능(Kantor, 1982)이 농아동들의 초기 사인습득 단계에서도 역시 보고되었다. 하지만 ASL에 대한 언어학적 설명은 아직까지 완전하지 않다. 통사구조 발달의 어떤 영역, 예를 들어 어순(Liddell, 1980)과 비수지적 단서들(Baker & Cokely, 1980)과 같은 것은 더 많은 연구를 필요로 한다. 요약하자면, 대부분의 결과들이 매우 적은 수의 농아동들을 대상으로 한 연구에 기초했었기 때문에 자료가 필요하다.

ASL에의 조기 노출이 영어의 차후 발달에 미치는 효과가 폭넓게

연구되었다. 농부모의 농아동을 건청 부모의 농아동과 비교하는 패러
다임을 채택한 연구들을 해석할 때는 주의가 필요하다. 농부모의 농
아동은 연구자가 정의한 바와 같이 ASL에만 노출되었다고 가정할
수 없다(Brasel & Quigley, 1977; Corson, 1973; Schlesinger &
Meadow, 1972). 덧붙여서 이들 아동들의 수행성을 평가하는 데 있어
서 언어 투입의 형태 이외에 다른 문제들이 고려되어져야만 한다는
결론에 이른다(Brasel & Quigley, 1977; Corson, 1973). 이 영역에서
중요한 문제는 어떤 기능들이 사인 언어(예, ASL)에서 음성 언어(예,
영어)로 전이되어질 수 있는지의 여부를 연구자들이 밝히는 것이다
(Siple, 1982). 영어를 읽고 쓸 수 있는 능력이 농아동 교육에 있어서
바람직한 목표라면 이러한 문제가 가장 중요한 것이다.

제 4 장 읽기

　학교에 다니는 많은 아동들이 잘 읽지 못한다. 이같이 읽기를 잘 하지
못하는 사람들은 자신에게 익숙하지 않은 낱말을 해독할 수 없기 때문에
어려움을 가진다…… (우리들의) 연구는 읽기가 열등한 사람들과 미숙하
게 읽는 사람들은 문장으로부터 정보를 통합하는 추론을 제대로 할 수 없
으며, 그들이 읽고 있는 것을 이미 알고 있는 것과 연결짓지 못하고, 자기
자신이 이해하고 있는 것을 성공적으로 점검하지 못하며, 정신적 반추와
자문자답을 좀처럼 하기 어려우며, 학습과 기억을 조직할 수 있게 해 주
는 이야기나 교재 내의 구조를 효과적으로 사용하지 못한다.(Anderson,
1981, pp. 8)

　이와 같은 진술은 학교에서의 읽기 문제 정도를 예시한 것이고, 읽
기 과정에서 발생할 수 있는 문제의 몇몇 항목들을 열거한 것이다.
비록 해독하는 과정이 어려움의 한 원인으로 명백히 밝혀져 있지만,
보다 상위의 정신 과정에 있어서의 문제들이 읽기 능력 문제에 있어
지배적인 역할을 한다. 위의 진술은 읽기에 있어서의 중요성을 다음
과 같이 강조한다: ① 주제에 대한 이전의 지식, ② 교재 자료를 추
론적 과정을 통해 이전의 지식과 관련시킬 수 있는 능력, ③ 교재의
여러 가지 등급(낱말, 구절, 문장, 문단, 전체 본문)에서 정보를 통합
할 수 있는 능력, ④ 활자화된 자료로부터 학습하고 기억할 수 있게
끔 하기 위해서 점검, 정신적 반추, 자문자답, 및 본문 구조에 대한
지식의 상위 인지적 과정을 사용할 수 있는 능력. 그래서 읽기는 상
위정신 과정에 의해 추진되는 것이거나 조절되는 것으로 보여지는
것이지, 단순히 문자나 낱말을 해독하는 일로 보여지지 않는다. 그것

은 쓰여진 자료로부터 의미를 설정하는 것과 읽는 사람이 지니고 있
는 일반적인 경험, 인지 및 의미의 언어적 축적의 측면에서 의미를
해석하는 것을 포함한다.

　　Huey(1908)의 고전적 저서 이후 읽기에 대한 막대한 양의 이론적
기초와 경험적인 연구의 정보들이 축적되어 왔다. 하지만 Huey의 연
구에서 제기된 문제들의 대부분이 미해결로 남아 있다. 즉 연속적인
것과 병행적인 것으로써 낱말을 인식하는 범위 혹은 낱말을 이루고
있는 철자들의 전일적 처리, 직접적인 접근과 음운적으로 전달된 어
휘적 접근; 상향(계별적/위계적) 대 하향(문맥 도출), 혹은 활자화된
정보에 대한 상호작용 과정 등이 포함된다(Vellutino, in Rosenberg,
1982, p. 33). 본장에서는 건청인의 읽기 과정에 관한 연구의 정보를
다음과 같이 소개한다: ① 읽기에 요구되는 필요 조건; ② 최근 세
가지 형태의 이론들(상향, 하향, 상호작용); ③ 교재, 읽는 사람, 그리
고 사회경제적인 것과 문화적 요인들의 범주 아래 조직되는 읽기 과
정의 여러 측면과 문제들에 대한 연구의 사례; 그 밖에 현재 정립된
지식에 대한 개요 등이다. 다음으로 농자들의 읽기 과정과 문제들에
대한 연구 정보를 살펴볼 수 있다. 마지막 절에서는 농아동들과 일반
아동들의 읽기에 대해 밝혀진 것을 관련지어보고, 현재 이루어지고
있는 것들과 미래의 연구에 대해 약간의 논평을 하였다.

제 1 절　읽기에 요구되는 필요조건

　　능숙하게 읽는 것에는 활자화된 낱말들을 해독하는 것과 더불어
본문으로부터 의미를 구축하는 데 있어 상위 정신 과정을 사용하는
것이 포함된다. 만일 정상적으로 초기의 발달이 이루어졌다면, 필수
적인 상위 정신 과정들이 아동이 읽기를 시작할 즈음에 적어도 부분

적으로는 발달되어 있을 것이다. 만일 그 아동이 유창하면서도 이해하기 쉬운 의사소통 체제로 부모와 다른 사람들과의 상호작용을 통해서 아동에게 의미를 부여해 주는 환경에 노출되어 왔다면, 언어를 위한 인지적 기초가 수립되어 있을 것이고, 또한 그 아동은 다양한 경험들과 경험 및 상징 체제를 다룰 수 있고 확장시킬 수 있는 학습 전략을 구조화된 양식으로 내장하고 있을 것이다(Quigley & Kretschmer, 1982). 가장 널리 통용되는 상징 체제는 물론 구어 언어이다. 이것이 대부분의 농아동들에게 적절한 것은 아니지만, 독본에서 농아동들이 가지는 어려움의 대부분은 유아기와 아동 초기에 입은 경험적, 언어적인 결손의 결과인 것 같다.

경험, 인지 및 언어 경험의 풍부한 바탕을 읽기 과제에 적용시키는 것 외에도 읽기 이전 단계의 정상적 일반 아동은 본문의 정보를 이들 경험과 연결짓는 전략들을 또한 가지고 있다. 부분적으로 이러한 아동은, 그들이 이미 습득한 경험과 정보에다가 본문의 정보를 관련지음으로써 그 내용을 이해할 수 있게 해 주는 추론과정들을 나름대로 수행하고 있다. 읽기를 시작하는 사람들을 위해 준비된 특수 자료들의 대부분은 이해를 위해 필요한 정보가 본문 속에 뚜렷하게 모두 명시되어 있는 반면에, 3학년을 넘어서면 많은 읽기 자료들이 충분한 이해를 위해서는 추론에 상당히 의존하게 된다. 농아동들에게 있어 추론에 대한 Wilson(1979)의 연구에서 다음의 간단한 사례가 이 과정을 설명해준다.

> 셔츠는 더럽다(The shirt is dirty).
> 셔츠는 침대 아래에 있다(The shirt is under the bed).
> 고양이가 그 셔츠 위에 있다(The cat is on the shirt).
> 그 고양이는 하얗다(The cat is white).

고양이는 침대 아래에 있는데, 비록 이것이 본문 내에 명백하게 진술되지 않지만 쉽게 추론될 수 있다. 추론은 농아동들에게 중요한 문제들을 야기시키는 본문 읽기의 본질적인 과정인데(Wilson, 1979), 보다 상세한 것은 나중에 논의될 것이다.

추론의 확실한 사용이 최근 연구에 의해 읽기 전 단계의 아동들에게서 증명되어 왔는데(Gelman, 1978; Trabasso, 1980), 그것은 비유 어법에 서도 마찬가지이다. Reynold와 Ortony(1980), 그리고 Winner, Engel과 Gardner(1980)는 아주 어린 건청아동들도 약간의 비유적 언어 이해력을 지니고 있음을 밝혔다. 추론과 마찬가지로 비유어는 농학생들이 표준 영어를 읽는 데에 주된 장애가 되는 것 같다(Payne, 1982; Giorcelli, 1982). 이것의 중요성은 Houghton-Mifflin, Ginn과 Scott, Foresman에 의해 출판된 읽기 시리즈(K~6)에 대해 Dixon, Pearson 그리고 Ortony(1980)가 행한 상세한 실험 결과에서도 강조되고 있다. 연구자들은 Scott, Foresman의 시리즈를 제외한 다른 자료들은 모든 수준에서 풍부한 비유(특히 은유와 직유)를 사용하고 있음을 발견했다. 단편적으로 논의되어 왔던 능력들과 과정들 모두가 읽기 과정에 중요한 것이며, 그 대부분은 인지 발달에 의해 더욱 크게 지배되는 부분으로서 읽기를 시작하는 일반적 연령이 되기 이전에 적어도 어느 정도 발달된다. 어린 시절 아동의 실제적 욕구와 발달적 흥미들이 그들의 경험들과 인지적이고 언어적인 발달을 구체화시킨다. 이들 실제적인 고려 사항들은 화용적 영역의 발달에서도 반영된다. 그것들은 화용적 구어행위들의 형식과 같은 문어적 담화의 고려 사항들이 되게 한다-말하는 사람들이나 글로 쓰는 사람들(바로 아동이나 부모)이 듣는 사람이나 읽는 사람으로 하여금 무엇을 하도록 하거나 또는 듣는 사람이나 읽는 사람으로부터 무엇인가를 얻기 위해, 아니면 무엇을 믿거나 무엇을 하기 위해 낱말들을 사용한다는 견해(Searle, 1969; Morgan & Sellner, 1980). 이 견해에서는 본문의 낱말과 문장들보다는 큰 단원들이나 또는 담화가 오히려 연구의 단위가 되어진다. 읽기 전 단계의 아동은 이와 동일한 실제적

방법으로 담화를 하고-필요성과 호기심들을 만족시키기 위한 수단
으로서-의식적으로 문장, 절, 낱말 및 음소로 분절되어 있는 것으로
서 말의 흐름을 지각하는 것은 아니다. 이 상위인지적 지식은 나중에
습득되는데 종종 읽기를 배우는 것과 관련하여 습득된다. 읽기를 시
작하는 것과 관련되어 논의된 여러 능력들과 정신 과정들-초기 경
험, 인지발달, 언어적 발달, 추론과 비유어 사용, 담화로 표현되는 실
용적 행위로서의 의사소통 행위, 해독 및 상위인지적 과정들-중에서
해독만이 읽기에 유일한 것이고, 해독과 상위인지적 과정들은 아마도
읽기를 시작할 즈음이나 읽기를 배운 이후에 습득되는 것 같다. 그래
서 "읽기의 독특하고 유일한 지식은 그 지식이 활자화된 매개물과
특별하게 관련되어지는 것"(Anderson, 1981, p. 57)처럼 여겨질 수
있을 것이다. 이것은 아마도 문자와 낱말 처리 수준에서의 어려움들
이 잘 읽는 사람과 잘못 읽는 사람들 간의 유일한 최선의 변별자로
서 변함없이 여겨져 오고 있는 이유를 설명해 주는 것일 것이다(예,
Biemiller, 1977, 1978; Graesser, Hoffman & Clark, 1980). 이들 과정
들은 활자화된 매개물에서 독특한 것들이고, 읽기를 시작하는 사람에
게는 유일무이하게 생소한 것이다(Anderson, 1980, p. 57).

제 2 절 읽기 이론들

세 가지 유형의 이론들(상향, 하향, 상호작용)이 다소 상세하게 검
토되고 몇 가지의 증거가 이 이론들을 뒷받침하기 위하여 제시된다.
상호작용 이론이 상향이론들이나 하향이론들보다 수립된 경험적 자
료가 많기 때문에 보다 나은 설명들을 제공한다. 나아가 일군의 도식
이론들로서 알려진 상호작용이론들은 현재 가장 촉망되는 것이기도
하다. 도식 이론(schema theories)은 기억과 인지에 관한 최근 연구
에 기초하여 지식을 위해 조직되는 하부 구조들로서의 도식들(또는

계획들)의 사상이 결합되는 것이다(Bobrow & Norman, 1975).

상향이론

상향(bottom-up)이론은 읽기에 있어 최초의 강조점을 전체 단위 (낱말 내지는 보고-말하기 접근법)로서나, 음가와 관련되는 문자들의 묶음들(음성 접근법)로서 낱말을 인지하는 것에 둔다. 음소 수준에서 의 읽기는 낱말들을 형성하기 위해서 작은 단위들(문자들, 문자군들) 이 서로 결합하며, 이들 낱말들은 문맥상의 의미가 생길 수 있는 구 나 문장의 보다 큰 단위들로 결합되는 것으로 이해된다. 해독 수준을 넘어서 읽기 이해력은 세부 항목들의 위치지움, 주요 개념의 인식 등 과 같은 하위 능력들의 위계이며, 그것들은 본문의 의미를 제공하기 위해 더 큰 단위들로 결합되는 것으로 생각된다(Mason, Osborn, & Rosenshine, 1977).

상향이론에서 읽기를 시작할 때의 해독위치와 형식에 대한 문제는 읽기 지도에 있어 강조를 완형-낱말 접근법에 두어야 할 것인가 또 는 철자-음 대응(음성학)에 두어야 할 것인가와 같은 오랜 논쟁거리 의 중심을 차지해 왔다(Chall, 1967; Flesch, 1955). 그것은 Vellutino (1982)에 의해 제기된 질문인 능숙하게 읽는 사람은 낱말을 어떻게 인지하는가와 같은 것으로 요약되어지는 심리학적 연구에서도 쟁점 이 되어 왔다. Vellutino는 Cattel의 1886년 연구 주제에까지 거슬러 올라가 읽기와 쓰기에서 인상적인 본문을 집중적으로 분석하기 위한 기초로서 이 같은 질문을 사용하였다. 분석 과정에서 그는 많은 의미 있는 연구문헌과 그 연구들과 관련하여 상향 읽기 이론들을 제시하 였다. 거의 1세기 동안의 연구들에 대한 Vellutino의 광범위한 분석 은 낱말 인지의 지각 단위가 관계있으며, 문법적 세부사항들의 기본 적 자각 재인과 해석이 포함되고, 읽고 있는 본문의 문맥적인 단서가 상당히 영향을 미치며, 그리고 또한 읽는 사람이 가지고 있는 지식과 능력(특히, 읽는 사람이 과제를 수행하기 위해 사용하는 언어적, 비언어적 지식과 정보처리 방략)이 많은 영향을 미친다고 결론짓는다.

하향이론

하향(top-down)이론은 Goodman(1967, 1976)과 Smith(1975b, 1978)의 저서에 가장 잘 예시되어 있다. 두 사람 모두 문자, 낱말, 철자 형식이나 보다 큰 단위들에 대한 정확하고, 자세하고, 계열적인 지각과 판별을 포함하는 명확한 처리 과정으로서 읽기를 강조하는 것에 반대하였다. Goodman(1976)에 의하면, 음소 중심 접근법들은 문자 판별의 정확성에 관심을 가진다. 낱말 중심 접근법에서는 초점을 낱말 판별에 둔다. 낱말 중심 접근법에서 Goodman은 읽기를 사고와 언어 간의 상호작용을 포함하는 "언어 심리학적 추측게임"으로 본다. 읽기에서의 기능은 큰 정밀성보다는 본문을 표집하는 기술들, 전체 언어 구조를 잘 통제하는 것, 폭넓은 경험들과 증가된 개념발달에 기초하여 본문의 숨은 의미를 보다 더 정확하게 추측해 내는 것으로 이해된다. 읽기에서 능력과 속도가 증가함으로써 문자단서의 이용이 감소된다. Smith의 견해(1978)는 Goodman과는 용어에 있어 다소 차이가 있지만 대등하다. Smith는 읽기에서의 1차적 역할을 '가설적 판단'이나 '심리학적 추측'(Goodman의 용어)이기보다는 '예언'으로 본다. 그러나 그 개념들은 유사하다. Smith는 읽기에서의 사전 지식, 맥락, 예언의 기본적 역할에 대해서 sp 가지 중요한 주창을 제시하였는데 읽기과정의 정확한 계열적/위계적 관점에 상반된 것이었다. ① 개개 낱말들이 종종 여러 의미(다중 의미를 지님)를 가지며, 의도된 의미들은 문맥에서 사전지식의 도움으로 알 수 있게 된다. ② Venezky(1976)에 따르면, 영어에서는 "철자 대 음의 대응 규칙"이 300가지 이상이고 그 규칙이 적용되는 때와 그 규칙들이 적용에서 제외되는 때를 아는 방법이 명확하지 않다. ③ 실제적인 연구에 따르면 뇌가 어느 한 순간에 처리할 수 있는 시각적 정보의 양이 4~5글자나 단위로 제한된다. ④ 단기기억(또는 작동기억)은 제한적이다; 단지 적은 수의 항목만이 저장될 수 있고 증가된 입력은 이미 저장되어 있는 항목과 바뀌게 된다.

정보 이론에서 나온 자료를 인용하면서 Smith(1978)는 영어에 있어 문자, 낱말 및 더 큰 단위들이 실제적으로 서로 의존하고 있음을 지적하였다. 대부분의 연구 자료들이 이것을 입증한다: 즉 개개 문자들은 군집 속에 있을 때에 보다 쉽게 인지되어진다(Wheeler, 1970): 심지어 문자 군집이 엉터리모조 낱말을 형성할 때에도 쉽게 인지된다(Adams, 1979); 또한 진짜 낱말일 때에도 여전히 마찬가지이다(Adams, 1979). 같은 상황이 의미 있는 구절이나 문장으로 되어 있는 문맥에서의 낱말들과 그 이상의 큰 단위들로 되어 있는 문맥 내의 구절들과 기타 다른 통사단위들에도 적용된다. 의미롭다는 것은 명백하게, 읽는 사람이나 듣는 사람들이 작동기억 속에 더욱 더 큰 덩어리로 자료를 묶을 수 있어야 하고 이해력을 보조할 수 있어야 한다. Smith(1975b)는 다음과 같이 기술한다:

> 단기기억의 제한된 수용량은 가능한 한 크고 의미있는 단위들로 항상 가득 차게 함으로써 극복된다. 관계없는 글자들로 쓸모없이 채워두는 대신에 단기기억 속에 같은 수의 낱말이나 더 나아가 여러 문장의 의미들을 넣어 둘 수 있다(p. 309).

Smith의 진술에는 아동들이 읽기를 학습하기 위해 예언을 사용할 수 있도록 하는 데 두 가지 기본 조건들을 들고 있다: ① 아동이 읽기를 배울 수 있게끔 하는 자료는 그 자료 속에 잠재적으로 유의미한 것을 지니고 있어야 하며, ② 아동들이 처음에는 정확하게 읽지 못하고 실수를 할지라도 예언하는 데에는 자유스러워야 한다. 읽기에 있어서 맥락과 사전 지식의 중요성은 이제 일반적으로 인정받는다

(Anderson, 1981). 그러나 읽기 과정에 있어서 본문의 세부 사항의 중요성은 여전히 무시될 수 없다. Goodman과 Smith에 의해 주장되는 바와 같이 하향이론들은 본문의 세부 사항(문자와 낱말)이 본문에서 표집되어져야만 한다고 주장한다. 본문의 나머지 부분은 아마 '추측'이나 '예언'되어질 수 있을 것이다. 이 본문의 표집화에 대한 개념은 능숙하게 읽는 데 있어서는 자료에 의해 뒷받침되는 것은 아니다. 컴퓨터 기술의 최근 발달은 눈 운동에 따라서 화면(브라운관)에 펼쳐진 본문을 조정할 수 있게 되었고 읽는 과정 동안 본문 안에 여러 가지 변화를 줄 수 있게 되었다. 예를 들어 한쪽 눈을 고정시킨 곳에서의 본문과 특정 문자나 낱말을 다음의 것으로 변환시키는 것이 가능하다.

  눈의 움직임에 대한 분석을 통해 읽기에 관계되는 정신과정들을 연구해 온 주요 결과들과 또 다른 최근에 개발된 기술들로부터의 자료들(McConkie, 1982)은 능숙하게 읽는 사람은 본문에서만 낱말들과 문자들을 표집한다는 하향이론가들의 주장에 대해 반박한다. 자료의 핵심 내용은 이제 능숙하게 읽는 사람에게는 단위로서 문자에 반응하는 것이고, 보다 전체적인 자극형태의 기초로써 낱말이 엄격하게 판별되는 것이 아니라는 것이 입증되었다. Rayner, McConkie 및 Zola(1980)와 Zola(1981)는 특정 문자들이 한번 주목하는 동안에 사용되어지면 다음에 주목하는 곳에서 그 낱말의 인식이 용이하도록 하는 데 사용되었음을 확인하였다. Zola(1981)는 아주 한정적으로(문맥에서 예언할 수 있는) 낱말 중간에 있는 한 문자를 시각적으로 가장 비슷한 문자로 대치하더라도 읽기 과정에 있어서 광범위하게 개개 낱말과 다른 도식적 지식과 기술들을 이용함으로써 오류없이 읽어낸다는 것을 검증하였다(Just & Carpenter, 1980; McConkie & Zola, 1981).

상호작용 이론

상호작용론(interactive theory)은 읽기 과정에서의 단일 방향성(상향과 하향)을 대신하고 있다. Anderson(1981)에 따르면 상호작용 모형은 본문이 의미하는 것의 모형을 구성하고자 하는 능동적인 정보처리자로서의 읽는 사람을 강조한다. 이 모형에서는 다음 두 측면이 기본적인 중요성을 지닌다. 즉, ① 본문으로부터 의미를 구성해 내는데에 배경 지식의 중추적 역할: ② 인쇄물의 해독에 대한 특정 측면들에서부터 자신의 정보처리를 의식적으로 감시하는 상위인지 전략들에 이르기까지의 역동적 처리전략들의 수이다. 이해력은 상향에서와 마찬가지로 하향에서도 생겨난다. 즉, 본문으로부터의 자료에 의한 것만큼이나 이미 가지고 있는 개념에서도 생기게 된다. 상향과 하향의 양자택일적인 것과는 대조적으로 Rumelhart(1977)의 상호작용 모형은 도출된 자료(상향)원과 개념적인 산출(하향)원 두 가지 모두로부터 시각적 정보와 의미에 대해서 일정하면서도 동시적인 가설을 생성시킬 것을 주장한다. 상호작용론의 도식 이론 양식은 이미 가지고 있는 지식으로 조직하는 망조직처럼 도식들의 부가적 개념으로서 Rumelhad의 것과 유사한 모형을 이용한다. Anderson(1981)은 도식을 "가설적 지식 구조이며 인간정보 처리자가 실제 세계의 경험을 속박하는 추상적 정신 본체"(p. 606)로 정의한다. 그는 도식들의 추상적 성격은 도식들이 특별나기 때문이라기보다 원형적이기 때문에 중요한 것이라고 진술하는데, 그것은 사람이 의자에 대해 도식을 가질 수는 있지만 사람이 경험하는 모든 특정 의자에 대해 도식을 가질 수 없기 때문이라는 것이다. 도식들은 개념이나 범주로 불리는 것과 동일하게 볼 수 있다. 그러나 도식들은 알파벳의 글자만큼이나 특정한 것에서부터 삶의 철학이라든지 나아가 사랑, 친절, 관용, 희망과 같은 개념들만큼이나 추상적인 것에 이르기까지의 모든 수준의 지식으로 구성될 수 있다.

그래서 도식 개념은 지식을 습득, 저장, 재생하도록 도와주는 의미 있는 단위로 조직하는 데 강력한 도구로 제공된다. 기억 기능에서 의미의 효과는 잘 증명되고 있다; 낱말들이 관계가 없는 문자들보다 회상되기 쉽고, 문장이 관계가 없는 낱말들보다도 쉬운 것 등등. 사실 계열적으로 관련이 있는 자료는 계열적으로 관련이 없는 자료에 비해 기억으로부터 회상해 내기 쉽다. 도식들은 지식이 의미 있는 단위로 조직되어진 장치이며, (본문과 같은 것으로부터) 유입된 자료를 현재 있는 도식들 속에 결합시켜 도식들을 수정하거나 새로운 도식을 만들도록 돕는다. 그리고 다양한 수준에서의 도식은 관계있는 식들이 결합하여 더욱 상위의 통상적으로 일반화된 도식을 만든다.

제3절 본문 변인

어 휘

낱말은 담화가 구성되어지는 데 있어서 기본적인 의미론적 단위이다. Anderson과 Freebody(1979)는 읽기 능력 및 읽기 수월성의 측정, 지능 측정에서 많은 어휘에 의해서 수행되는 기본적인 역할에 대해서 광범위하게 보고하였다. 그들은 아주 많은 낱말들의 의미를 알지 못하는 사람들은 대부분 읽기가 열약한 것이라고 결론지었다. Johnson, TomsBronowski, 그리고 Pittleman(1982)과 Pearson 및 Johnson(1978)은 최근 건청인의 어휘 발달 방법으로 믿어지는 모형을 제공하였다. Vellutino(1982)는 낱말 인식에 대한 1세기간의 연구 자료를 분석, 종합하고 낱말인식에 있어서 지각의 단위는 자극 낱말의 특징, 낱말이 나타나 있는 문맥 및 읽는 사람의 기능에 관계하고 의존된다고 결론지었다. 실제적인 증거(Anderson, 1981)는 문자들이 낱말인식에 의한 단위로서 각각 진행된다기보다는 좀더 보편적인 특징에 의해 낱말들이 인식되어진다는 생각을 뒷받침하는 것 같다. McConkie(1982) 및 그의 동료들에 의한 일련의 연구와 기타 많은 연구들이 능숙하게 읽는 사람은 낱말을 쓰여져 있는 것의 세부 사항으로서 처리한다는 것을 보여준다. 마지막으로 어휘적(낱말) 접근이 시각적으로 발생될 수 있다(Kleiman, 1975)는 뚜렷한 증거가 있기는 하지만, 낱말 처리에서 보다는 통사 처리에 더 많은 중요성이 주어져야 할지라도, 읽기에서는 역시 통상적으로 말로 다시 부호화한다는 실제적인 증거가 있다.

　이러한 증거들 전부가 어휘 발달이 읽기를 포함한 언어 이해와 낱말 처리에 있어서 주요 변인임을 지적하고, 읽기 발달에 있어서의 기본 능력임을 지적한다. 연구들은 계속하여 낱말 처리에 있어서의 문제들이 잘 읽는 사람과 잘 못 읽는 사람간의 가장 좋은 변별자가 된다(Biemiller, 1977)는 것과, 읽기 초심자와 잘못 읽는 사람은 낱말을 분석하는 능력이 열약한 편이라(Graesser et al., 1980)는 것, 그리고 이러한 사람은 능숙하게 해독하는 능력이 부족하기 때문에 문맥과 상위 정신 과정에 지나치게 의존하는 경향이 있다(Anderson, 1981)는 것을 보여준다. 읽기 초심자와 잘 못 읽는 사람은 낱말을 처리하는 기초 수준에 너무 많이 집중하고 작동 기억 공간을 낱말 처리의 기초 수준처리에다가 투자하게 되는데, 이것은 능숙하게 읽는 사람에게는 자동적인 것이므로 상위 수준의 처리(의미의 집산화, 예언 등)가 가능해지는 것이다. 연구 결과는 또한 비록 능숙하게 읽는 사람이 시각적으로 낱말의 의미에 신속하게 접근할 수 있을지라도 그들이 필요한 때에는 낱말 분석의 철자적, 음소적 구조를 기계적으로 사용할 수 있다는 것을 지적한다(Just & Carpenter, 1980; McConkie & Zola, 1981). 능숙하게 읽는 사람은 음성적이고 도식적인 분석을 귀납적으로 획득하는 것 같다. 그러나 이것은 잘 못 읽는 사람이나 이러한 능력의 사용법을 배워야 하는 읽기를 시작하는 사람들에게는 쉽지 않다.

통 사

언어간에 얽혀 있는 단위 정보를 통합하는 능력은 문장에서와 문장간(구, 절) 수준에서의 정보를 처리하는 데 있어 핵심적 역할을 하는 것 같다. 개개 어휘 항목으로부터의 정보는 명제에 합당한 의미적 단위를 형성하는 통사규칙에 따라 다른 어휘 항목으로부터의 정보와 통합되어져야만 하고, 명제들은 더 큰 상호관계 구조들을 형성하는 문장범위들 내와 그것을 넘어서는 문장범위로부터의 다른 명제들과 통합되어져야 한다(Andersons, 1981). 많은 이론가들이 작동기억 능력은 읽기 이해에 결정적 역할을 수행한다고 주장하였는데(Just & Capenter, 1980; Kintsch & van Dijk, 1978), 그 주된 영향은 문장과 문장 간의 처리에 있을 것이다.

정보를 처리하는 데 있어 제한된 능력과 시간의 개념은 농아동들에게 특히 치명적이다. 전형적인 중간계층의 건청아동이 잘 발달된 종합적 언어 이해능력을 지니고 기초적인 읽기에 접근하는 것과 대조적으로 전형적인 농아동은 경험의 결손, 인지의 결손, 언어의 결손으로부터 파생된 열약하게 발달된 종합적 언어 이해 능력을 지닌 채 기초적 읽기를 하게 된다. 이들 축적된 결손은 농아동이 타고난 능력의 어떤 결여라기보다는(Quigley & Kretschmer, 1982), 단지 빈약한 초기 성장 배경이 적절한 경험과 언어적 투입을 부족하게 했기 때문이다.

Daneman과 Carpenter(1980)는 작동기억의 저장 기능과 처리 기능 간에 교환-소거가 있다는 것과 잘 못 읽는 사람과 능숙하게 읽는 사람에게 있어서 정보가 덩어리화되는 방법이 영향을 준다는 것을 보여 주었다. 단 한 개의 덩어리 속에 많은 개념과 관계를 부호화하는 것은 작업 기억의 부하를 줄여주고 부수적인 처리를 위한 기능적 활동 능력을 증가시켜 주는 효과를 지닌다. Mason과 Kandall(1979)은 이러한 연구 결과들이 읽기 지도의 적용에 가능하다는 것을 보여주었다. 그들은 복합문의 단위를 나누는 것, 또는 여러 개의 짧은 문장으로 복합문을 나누는 것이 다소 숙달되지 못하게 읽는 사람들에게 읽기 이해력을 보다 좋게 한다는 것을 알아냈다. 이러한 작은 단위로의 덩이화는 다소 숙달되지 못하게 읽는 사람이 정보 저장에 쓰이는 양을 줄임으로써 본문 내에서 상위 수준 통합 처리에 더 많은 시간과 더 많은 작동 기억 능력을 쓸 수 있도록 해 주는 것 같다.

Janvella(1971, 1979) 등은 절과 문장 범위는 작동기억에서의 정보량에 영향을 줄 수 있다는 것을 보여 주었다.

담 화

지난 십 년 동안 발화의 화용적인 측면과 의사소통에 있어서의 그 사용에 대한 연구가 비상한 증가를 가져왔다. 화용론에 대한 이러한 강조는 낱말과 문장에서보다는 담화의 큰 단위에 연구가 집중되었다. 담화 분석에 관한 이러한 연구의 한 측면은 읽기 과정에서 중요한 것인데, 이야기의 문법을 통해 이야기의 구조를 분석하는 것과 같이 담화 분석에 관한 이러한 연구의 한 측면은 읽기 과정에서 중요한 것인데, 이야기의 문법을 통해 이야기의 구조를 분석하는 것과 같이 전체 본문에 내재해 있는 구조를 분석해 내는 것이다(Manoller & Johnson, 1977). 미세한 차이를 제쳐놓고, 여러 장르(소설, 교육적 자료, 시 등)의 본문 구조에 대한 모든 이론들은 그 장르에서의 사건에 내재된 표현을 설명하기 위하여, 그리고 그 본문의 표면구조에서의 사건에 대한 결과를 내재된 표현과 연결짓는 규칙이나 변형의 틀에 제공하려고 한다. 읽는 사람들, 특히 능숙하게 읽는 사람들에게 축적된 지식은 그들로 하여금 본문을 이해하는 데 도움이 되도록 읽기 과정을 처리한다. 쓰는 사람의 지식도 그들의 저서를 더욱 쉽게 이해할 수 있도록 쓰게 한다. 개요, 요약, 적요 그리고 일련의 표제와 부제는 본문 전체를 읽는 사람으로 하여금 더욱 쉽게끔 해주는 길잡이가 될 수 있다. 그래서 특정 장르 구조에서의 예상은 읽는 사람이 표면 구조를 따라서 실행하면 되는데, 물론 예외로 표면 구조의 순서가 특수목적을 위해서나 특수 효과를 위해서 예상되는 구조로부터 고의로 변환되어 있기도 하다.

비유어

2차 언어로서 영어를 공부하는 학생과 청각장애(농) 영어 학습자들은 많은 양의 비유적 표현으로 인해 상당히 어려움을 겪게 된다. 영어는 은유, 직유 및 관용어가 풍부할 뿐만 아니라 반의어, 속담, 우화, 신조어 등과 같은 보편적이지 못한 형식도 많이 있다. 그리고 읽기를 시작하는 사람이 공통적으로 사용하는 기초 읽기 시리즈의 맨 처음의 책에서조차도 많은 비유적인 언어의 사용을 접하게 될 것이다(Dixon et al., 1980). 심지어 매우 어린 아동들조차도 어느 정도의 비유어를 사용하며, 그러므로 일련의 연구들은 읽기를 시작하는 사람도 언어의 이러한 중요한 측면에 대한 어떤 지식을 가져야 한다는 것을 밝혀냈다(Reynolds & Ortony, 1980; Winner et al., 1980). 연구들은 또한 비유어의 이해와 설명은 자연증가적인 방식으로 발달된다는 것을 또한 밝혀냈다. 여러 형식의 비유어에 대한 이해 능력과 사용 능력은 영어 의사 소통에 근본적인 것이고, 농 영어 학습자에게 있어서 심각한 어려움으로 나타난다(Giorcelli, 1982).

제 4 절 독자 변인

세 가지 주요 독자 변인이 있다: 도식, 추론 및 상위인지 전략의 발달.

도 식

도식(schemata)은 인지의 축조물이며, 그리고 적절한 조기 인지 발달은 읽기를 포함한 모든 언어발달의 기초를 제공한다. 도식 이론은 지식에 관한 이론이고, 도식이란 지식의 단위들이며 지식의 사용 방법에 관한 정보의 묶음이다. 읽기의 상호작용 이론에서의 중추적인 역할은 읽는 사람이 주제나 또한 관련 주제들에다가 읽고 있는 본문을 연결시켜 주는 주제에 대한 사전지식에 의해 수행된다. 그리고 사전지식은 사람의 정보 체제 속에 의미 있는 단위로 저장되어져 있는 것으로 가정된다. 도식 이론에서 의미있는 이러한 단위들은 지식의 포괄적 개념과 지식의 사용으로 기억 속에서 표상을 하기 위한 도식적 구조이다.

본문을 읽는 것은(본문을 쓰는 것조차도) 그 본문과 관련된 독자의 레퍼토리 속의 도식을 활동적으로 만들 것이다. 그 도식 속의 상호 관련 지식들 전부가 읽는 사람에게 추론의 방법으로 본문 정보와 관련지을 수 있게끔 해 주며, 본문 속에 전개되어질 것을 예언할 수 있게끔 해 주어 본문이 들어올 때 그것의 해석을 빠르게 하도록 도울 것이다. 그러므로 도식은 하향 과정에 중요한 영향을 미쳐 읽기에서 결정적 역할을 하는 인지의 하부 구조를 구성하고 있다.

추 론

추론(inferencing)은 읽기의 어디에나 상존한다. 극히 직역적인 본문 수준을 넘어서서 본문을 이해하는 데 있어 필수 불가결한 것인데, 직역적인 본문수준은 3학년 수준 이하의 모든 자료를 의미하는 것이기는 하지만, 3학년 아래 수준에도 추론은 많을 것이다. 낱말, 문장, 어구의 의미는 그것들의 맥락에 의해, 그리고 읽고 있는 자료에 대한 사전지식에 의해 영향을 받는다. 추론은 본문의 내용이 읽는 사람의 지식 창고 속의 것과 관련을 맺는 과정이거나, 또는 본문 속에 이미 내포되어 있는 지식 정보를 공급받는 과정이다. 읽기에 있어 이러한 과정의 중요성은 읽기 과정 이전에 획득된 사전지식에 의해 결정적 역할이 수행된다는 것을 또다시 강조하게끔 한다. 읽는 사람의 기억 속의 보다 많은 주제에 보다 많은 사전지식이 있을수록 어떠한 교재라도 읽기가 더 쉽게 될 것이다.

연구들은 추론의 발달을 정의하고 추적하였다(Brewer, 1975; Omanson, Warren, & Trabasso, 1978; Spiro, 1977). Guszak(1967)은 읽기에 있어서 추론이 중요한데도 불구하고 교사들이 그들의 학급에서 추론적인 질문을 자주 사용하지 않는다는 것을 시사하였다. Hansen과 Pearson(1980), Hayes와 Tierney(1980) 및 그 밖의 연구자들에 의한 몇몇 연구들은 추론에 대한 직접 교수에 있어 엇갈린 결과를 보였다. 그러나 긍정적인 결과를 보여준 것은 추론 과정들은 훈련이 가능하다는 것이다. 추론은 물론 읽고 있는 어떤 주제에 대한 개인의 사전지식에 의해 제한되고, 사전지식의 증진은 다만 무시하지 못할 기간 동안에 지식의 점진적인 동화에 의해서만 달성될 수 있는 것 같다. 이것은 농아동의 읽기 교수에 중요하게 된다. 부모들과의 거침없는 상호 의사소통과 인지적·언어적 경험으로부터 생기는 초기 아동기의 경험과 인지적·언어적 결여 때문에 많은 농아동들은 배경 지식이 매우 제한된 채 읽기를 시작한다.

상위인지

상위인지(metacognition) 기능은 비록 읽기의 전체 단계에 유의미하지만 특히 읽기 수행에 있어, 그리고 학습하는 데에 중요하다. 이러한 기능들은 계획, 점검, 자문자답 및 요약에 의식적으로 응용되는 기법이다. Brown(1980)은 대부분 무의식적으로 획득되는 지식을 의식적으로 조절하는 것으로서 상위인지 기능을 보았다. Brown과

Day(1980)는 상위인지 기능들은 교재를 학습하는 데 있어 중요하지 않은 사항들을 간단하게 삭제하는 것에서부터 정보를 요약하고 종합하는 데 이르기까지 발달 순서를 가지는 것으로 보았다. 그들은 또한 대학 과정에 있는 학생들조차 종종 요약하고 종합하는 향상된 상위인지 기능이 숙달되지 않은 것으로 보았다. 또한 추론과 다른 상위수준의 읽기 기능들과 마찬가지로 상위인지 기능의 발달은 직접 교수에 의해 영향을 받는 것으로 보았다(Brown, Campione, & Day, 1980; Day, 1980).

사회·경제적 변인과 문화적 변인

사회·경제적 및 문화적 영향은 읽기를 학습하는 데 있어 유의미하다는 것이 거듭 밝혀져 왔으며(Labov, 1970; Troike, 1978), 다양한 요인들의 영향이 상세하게 연구되어져 왔다. 여러 연구들은 낮은 사회·경제 계층 가정의 아동들의 배경과 학교가 지향하는 중간 계층의 요구 간의 여러 불일치, 교사와 학생의 언어와 방언 간의 불일치, 아동의 배경과 교육 과정, 시험, 교과서 간의 불일치, 그리고 환경과 도식적 지식들 간의 불일치를 보고하였다.

Durkin(1966)의 연구는 특히 흥미롭다. 그녀는 학교에 다니기 이전에 읽을 수 있었던 아동들을 연구하였다. 그녀가 알아낸 것 중의 하나는 대개 낮은 사회·경제 수준이 낮은 읽기 성취 점수와 연관되어 있기는 하나 그 관계가 인과적인 것도 필연적인 것도 아니라는 것이다. 낮은 사회·경제적 지위의 가정에서 자란 어떤 아동은 매우 잘 읽을 수 있게끔 학습되는데, 거기에 의미있는 요인들은 가정의 풍부한 읽기 자료, 읽는 것을 학습하는 데 있어 부모들의 가치 부여, 그리고 읽는 데 대한 부모의 격려와 지도인 것 같다. 이러한 발견점들은 능숙하게 읽을 수 있게끔 하는 인지적이고 언어적인 기초의 발달을 위한 유아기와 어린 시절의 다양한 경험에 대한 중요성을 다시

한번 강조한다.

제 5 절   읽기의 상호작용 도식이론

다음은 Brown(1980)이 능숙하게 읽는 조건을 설명한 것을 인용한 것이다.

> 능숙하게 읽는 사람들을 생각해 보자. 그들은 게으른 처리장치를 가진 것으로 특징지을 수 있다. 도발적인 사건이 이해의 실패를 경고할 때까지 그들의 모든 하향과 상향 기능들은 즐겁게 자동적으로 조종하여 처리할 수 있을 만큼 거침 없다. 처리가 유연하게 진행되는 동안 그들의 의미 해석은 아주 빠른데, 이해의 실패를 간파하게 되면 속도를 늦추고 여분의 처리 시간을 문제거리에 할당한다. 그들은 수정 장치와 전략을 채택하여 시간과 노력을 기울인다. 보통의 자동 조종 상태와 무리한 활동의 수정 상태에서의 시간과 노력의 차이는 잠재의식과 의식 수준의 차이인 것이다 (p. 455).

이 같은 형의 상당히 능숙하게 읽는 사람과 능숙하지 못하며 읽는 데 문제가 있는 사람 간의 차이는 아마도 하향과 상향 처리가 후자 집단이 항상 거침없고 자동적이지 않다는 것이다. 이런 사람들은 보다 많이 이해를 하지 못하며 결과적으로 자동 조종 상태에서보다 수정 상태 자체에 더 많은 시간을 보낸다.

이해의 실패는 어떤 형의 독서자에게도, 읽기 처리의 어떤 단계에서도 일어날 수 있다. 즉, 낱말 인식과 처리, 통사 처리, 비유어 처리, 추론, 잘못된 도식의 활성화 등등이다. 아주 능숙하게 읽는 사람은 이해를 하지 못하는 일이 극히 드물 것이다. 아마도 그들은 문맥으로부터 해석되지 않는 알지 못하는 낱말에 접할 것이고 그것을 사전에서 찾아야 할 것이다. 아마도 그들은 법적 서류와 같은 친숙하지 않

은 문제거리와 상당히 복잡한 통사구조에 접하게 되면 사전, 다른 참
고 자료들, 혹은 문제거리에 대해 전문가들에게 의뢰하는 것과 아울
러 매우 천천히 읽어야 할 것이다. 그러나 이 모든 것들은 지식기반
중에서 비교적 드문 경우이며, 비교적 쉽게 교정된다.

능숙함이 부족한 문제를 가진 독서자들에게는 보다 심각한 결함이
지식기반에서 나타날 수도 있을 것이다. 이것은 인지적 도식이 없거
나 부적절한 도식이 활동하고 있는 것과 함께 도식 활성화에서 문제
들을 야기할 수 있다. 교재에 내포되어 있는 명백한 자료에서 추론을
통하여 사전지식으로부터 자료를 공급받기 위해서는 지식 근간으로
부터 필요한 정보를 이용할 수 있어야 한다. 기반이 작을수록 이렇게
되기가 쉽지 않으며, 읽기 이해가 힘들 것이다. 문제는 다른 처리과
정에서도 발생될 수 있다. 말하자면, 낱말처리 단계에서의 문제는 잘
읽는 사람과 잘 못 읽는 사람들 간의 명백한 변별자로서 거듭 밝혀
져 왔다. 잘 못 읽는 사람과 읽기를 시작하는 사람들은 맥락에 지나
치게 의존하고 능숙하게 읽는 사람이 가진 유창한 상향 능력을 가지
지 않았다는 것 또한 증명되어 왔다. 결국 한 주제에서 능숙하게 읽
는 사람은 읽을 때에 거의 모든 내용 낱말을 응시한다는 것과 필요
한 때는 상세한 음소와 형태 분석을 할 수 있다는 것을 보여 주었다.

여기에서 명백한 것은 존재하는 정보 처리의 모든 수준이 읽기에
중요하고 그 중 어느 것의 문제라도 읽기에 어려움을 만들어 낼 수
있다는 것이다. Brown(1980)의 인용에서 설명했듯이 능숙하게 읽는
사람에게는 대부분의 정보처리가 자동적이고 거침없다. LaBerge와
Samuels(1974), 그리고 Stanovich와 West(1979)는 어떻게 이들 처리
의 자동성이 일어날 수 있는지를 설명하였다. 대부분의 처리 과정의
진행이 자동적으로 되면, 의식적인 주의집중이 본문의 이해에 기울여
질 수 있다.

읽기에 중요한 것으로 증명되어온 이들 모든 처리(상향과 하향) 과
정들을 가지고, 상향과 하향 이론들은 경험적 자료의 단 일부분만을

따로 떼어서 설명할 수 있다. 이것이 두 가지 처리형이 생겨나고 상
호 작용하는 것을 인정하게끔 하는 상호작용 이론의 발달을 이끌었
다. 그리고 도식 개념은 (중추요소로서) 활성화된 도식들을 가지고
상호작용 이론의 특별한 양식을 발달시키기 위해 덧붙여졌다. 이 이
론에서는 읽기에 필요한 인지 혹은 지식기반이 결정적 중요성을 가
진 것으로 추정된다. 도식으로 포장된 관련지식과 활동 항목들의 단
위들이 읽고 있는 본문에 의해서 활성화된다. 그리하여 이들 도식들
은 본문으로부터 추론을 인도하고 본문을 예언할 수 있게 한다. 더
많은 정보가 본문으로부터 획득되면 도식이 수정될 수 있고 투입 정
보에 맞추어 재배열될 수 있다. 물론 이들 전부는 상황, 즉 어휘와
통사 처리의 본문 중심 기능들이 자동적 혹은 무의식적으로 처리될
것을 요구한다. 그렇게 된다면 거침없고 능숙하게 읽게 될 것이다.

제 6 절 농아동과 읽기

농아동들에게 읽기를 가르치는 교사가 당면하는 문제는 앞의 절에
설명된 바와 같은 읽기에 포함되는 여러 과정들의 전부 또는 대부분
이 읽기를 시작하는 단계의 건청아동들과 같은 단계에까지 농아동들
은 발달되지 않았다는 점이다. 이것의 대부분은 농아동에게 유아기와
초기 아동기에 적절한 환경과 발달적 진행이 결핍된 결과일 것이다.
원인이야 무엇이건 간에 농아동들은 매우 제한된 지식 기반, 불충분
하게 발달된 인지적·언어적 능력, 그리고 거의 없다시피한 영어의
비유에 대한 이해력을 지닌 채 읽기를 시작하는 것처럼 보인다. 그들
에게 내재한 언어는 영어와는 다른 형식(form)이기 쉽고 청각과는
다른 양식(mode)이기 쉽다. 이런 처리들이 해독, 추론, 예언에 문제
를 발생하게 한다. 요컨대; 농아동들은 앞 절에서 설명된 읽기 처리

의 각 측면에 문제를 가지기 쉽다. 잘 교육된 농부모를 둔 높은 지능
의 농아동들과 같이 소수의 예외도 있지만 나타난 상황은 대부분의
농아동들에게 정확한 것이다.

읽기 성취 수준

농아동들의 교육자들이 읽기 영어 교재에서 농학생들의 성취 수준
이 생활연령과 정신연령을 부합시킨 건청아동 수준보다 훨씬 아래라
는 것을 충분히 알고 있었지만, 겨우 금세기 10~20년 동안에야 처음
으로 결함의 정도와 성질에 대해 체계적으로 수집된 양적 자료를 공
문화시켰다. Pintner와 Patterson(1916)은 Woodworth와 Wells Test
에서 7세의 건청아동들이 얻을 수 있는 점수가 14~16세 농아동들의
중앙치였음을 보고하였다. 60년 이상 걸친 연구들은 계속하여 이러한
결과들을 확인하였다(Fusfeld, 1955; Goetzinger & Rousey, 1959;
Myklebust, 1960; Pugh, 1966). 농아동들의 읽기 수준 전국규준은
$10\frac{1}{2}$~$16\frac{1}{2}$세 사이의 청각장애 학생 5,307명에게 Metropolitan
Achievement Test의 초급 종합 검사를 시행한 Wrightstone,
Aronow, Moskowitz(1963)에 의해 밝혀졌다. 이 연구 자료의 상세한
분석에서 Furth(1966a)는 청각장애 학생들의 전국 표집 중 8%만이 4
학년 수준 이상인 것을 밝혀내었다. 나아가 대상아동의 읽기 학년 수
준은 10~12세 2.7학년에서 15~16세 3.5학년의 평균으로 증가되었다.
이것은 5년 동안에 한 학년 수준보다 적게 증가된 것을 나타낸다. 농
학생들의 읽기 성취 수준에 대한 가장 심도 있는 정보는 Gallaudet
대학에 있는 ODS(Office of Demographic Studies)에 의해 수행되었
던 일련의 연구에 의해 제공되었다. ODS는 미국 농학생들의 대부분
에 대해 광범위한 교육적 자료와 기타 자료들을 수집하고 보고한다.
이들 전국적 연구들은 초기 연구들이 이룬 발견점들을 확인시켜주며
확장시켜주었다. 이 중 한 연구에서 DiFrancesca(1972)는 6~12세 사

이의 17,000명의 학생들에 대해서 보고하였는데, Stanford Achieve-
ment Test의 절 의미 하위검사(Paragraph Meaning Subtest)에서의
평균 증가는 1년당 단지 0.2학년 수준이었다. 이것은 Metropolitan
Achievement Test의 Wrightstone 등(1964)의 자료에 대한 Furth
(1966a)의 보고와 거의 동일하다. 보다 최근의 ODS연구에서 Trybus
와 Karchmer(1977)은 6,871명의 농학생들을 무선 표집하여 읽기 득
점을 검사하였다. 그들은 20세 된 농학생의 읽기 수준 중앙치가 단지
4.5학년 수준이었고, 가장 잘 읽는 집단(18세)에서도 상위 10%만이 8
학년 수준이었다.

　다른 연구들도 이러한 낮은 읽기 수준과 읽기에서의 느린 진보율
이 미국의 학생들에게만 유일한 것이 아님을 보고했다. Hammer-
meister(1971)는 학교를 졸업한 지 7~13년 되는 60명의 성인 농자를
대상으로 한 Stanford Achievement Test에서 낱말 의미 하위검사
(word meaning subtest)에서는 그렇지 않았다고 보고하였다. 그녀는
이러한 결과는 피험자들의 어휘들이 학교를 떠난 후에 증가하였지만
언어를 결합시켜 읽을 수 있는 능력은 그렇지 않은 것이라고 해석하
였다. Conrad(1979)에 의해 보고된 몇몇 연구들은 농자들의 읽기 문
제는 보편적인 것이라고 주장하였다. 15~16세의 영국과 웨일즈의
468명 농학생들에게 실시한 Wild-Span Reading Test(Brimer, 1972)
에서 Conrad는 그들이 9세 건청아동 정도로 읽는 것을 밝혔다. 그는
또한 16세 가량의 농학생들의 수행이 10세 건청아동의 대표적 수준
보다 높지 않다는 것을 보고한 Sweden, Denmark 및 New Zealand
의 연구들을 인용하였다.

　Quigley와 Kretschmer(1982)는 전국 규준이 개개 학교의 성취를
애매모호하게 하고, 어떤 학교는 그러한 규준을 상당히 초과한다고
지적하였다. 예로써, Lane과 Baker(1974)는 Central Institute for the
Deaf(CID; 사립 구화학교)의 10~16세의 학생 132명의 읽기 수준을
비교하였는데, Furth(1966a)에 의해 보고된 전국 표준보다 CID 학생

들이 훨씬 높았고 또한 앞서 인용된 DiFrancesca(1972) 연구보다도
높았다. Furth와 DiFrancesca가 모두 1년에 0.2학년 수준 가량의 진
보를 보고한 반면에 Lane과 Baker는 CID 학생들은 0.6학년 수준으
로 보고하였다. Lane과 Baker는 모든 수준에서 같은 교육철학으로
같은 학교에서 교육이 지속되고, 잔존청력을 극대화하여 사용하고,
학교와 집에서 구어 의사소통을 하게 하여 CID 학생들에게 보다 급
속한 읽기 진보와 높은 성취를 가져오게 하였다고 보고하였다.
Ogden(1979)는 그 학교의 학생들을 대상으로 많은 추수 연구를 하였
는데, 역시 학생 자신과 가족들이 사회·경제적으로 엘리트 집단이었
음을 보고하였다.

읽기 성취 수준의 연구가 계속적으로 농자들의 읽기가 아주 저조
함을 보여주고는 있지만, 농자들의 읽기가 앞의 연구들이 보여준 것
보다 더욱 더 저조하다는 증거가 있다. Moores(1967)는 빈칸 메우기
기법을 사용하여 37명의 농학생들의 읽기를 37명 건청아동의 것과
비교하였다. 두 집단은 Stanford Achievement Test에서 읽기 득점을
일치시켰다. 피험자들에게 4, 6, 8학년 읽기 교재로부터 각각 선택된
250낱말로 된 글(passages)을 읽고 그 문장에서 삭제되었던 낱말들
을 끼워 맞추게 하였다. 비어 있는 낱말들을 맞추는 데에 피험자들의
어휘와 구문을 사용하는 능력을 알 수 있도록 만들어진 도구를 사용
하여 Moores는 건청 피험자와 비교해 봄으로써 농피험자들이 어휘
와 통사에서 실질적으로나 통계적으로 유의미한 결함이 있음을 알아
냈다. 두 집단은 읽기 수준을 일치시켰기 때문에 그들의 어휘와 구문
수준을 비교할 수 있으리라는 기대는 타당하였다. O'Neill(1973)은 문
법적 문장과 비문법적 문장에서 비문법적으로 맞는 것을 판단할 수
있는 능력에 있어서 건청 학생들보다 농학생들이 유의미하게 낮은
수행을 보임을 밝혔다. Moores의 연구에서처럼 O'Neill 연구도 농피
험자와 건청 피험자들의 읽기 성취 수준을 일치시켰다. 이들 두 연구
들은 농학생들의 읽기 수준들이 표준 읽기 검사에게 얻은 낮은 수준

보다도 더욱 더 낮을 것이라고 제안하였다.

인용된 연구들은 농 개개인이 표준 영어 본문을 읽을 수 있는 일반 능력 검사에서 어떠한 연령 수준에서도 잘 수행하지 못한다는 것을 지적하는 여러 많은 문헌 중의 일부일 뿐이다. 읽기 영어 교재에서 농자들이 가지는 고유한 어려움들에 대해서 탐구되어 왔는데, 여기에 건청아동들의 읽기에 대한 문헌들에서 사용되는 본문 변인, 독자 변인, 사회·경제적 및 문화적 변인에 대해 논의가 된다.

본문 변인

어 휘

정상 아동들의 읽기에 관한 절에서 진술된 바와 같이, 많은 연구들은 어휘지식들이 읽기 기능에서 우선적 역할을 담당한다는 것을 지적하였다. 이것은 농아동들에게도 역시 같은 상황인 것 같다. Stanford Achievement Test와 같은 검사들을 사용한 교육적 성취에 대한 연구에서 여러 하위검사에 대한 성취의 대표적 프로파일이 일관된 것으로 밝혀졌다. 농학생들은 보통 다른 하위검사에서는 좀 나은 성취를 보이면서 어휘와 낱말의 의미에서는 가장 낮은 성취를 보인다. 성취는 낱말의 의미, 문단의 의미 및 산수 논리와 같은 의미 있는 언어가 포함되는 하위검사에서는 낮은 경향이고, 철자, 산수 계산 및 언어(언어 하위검사는 단순히 대문자 쓰기와 구두점과 같은 언어 기제의 검사이고 의미 있는 언어 검사는 아니다)와 같이 언어가 보다 적게 포함된 하위검사에서는 높은 경향을 나타낸다. 낱말 의미에서 일관된 가장 낮은 득점은 농학생들이 영어 어휘의 이해에 쩔쩔 매고 있음을 나타내는 것이다. 문단 의미(그리고 산수적 논리)에서의 다소 높은 득점은 아마도 언어를 이해하는 데에 잘 꾸며진 글을 이용하는 효과를 반영하는 것일 것이다.

어휘 발달에 집중된 연구들은 몇몇 저자들(예, Fusaro & Slike, 1979; Griswold & Cummings, 1974; Hatcher & Robbins, 1978; Kyle, 1980; Myklebust, 1960; Schulze, 1965; 그리고 ODS의 여러 조사)에 의해서 보고되었다. 그들 모두는 전 연령 수준에서 농학생들은 전형적으로 건청아동들보다 인쇄물에서 실제적으로 더 적은 낱말을 이해하고 명사나 동사와 같은 낱말형태의 분포가 건청아동들의 것보다는 농아동들의 것이 다르다는 것을 확인한다. 어떤 연구는 농아동들의 어휘 발달에 영향을 주는 요인들을 밝혀 보려고 시도하였다. 그 예로 Hatcher와 Robbins(1978)는 그들이 연구한 농아동들은 그들의 1차적 낱말 분석 기능에 의한 지식으로부터 기대된 수준 이상으로 어휘와 읽기 기능을 발달시켰음을 발견했다.

Walter(1978)는 어순에 결함이 있다는 단순한 보고를 넘어서서 농아동들의 어휘에 대해 진단적 가치를 지닌 연구를 수행하였다. 그는 미국 학교에서 널리 사용되는 교재에 나타난 빈도에 근거하여 낱말들을 구분한 American Heritage Dictionary(Carroll, Davies & Richman, 1971)에서 낱말들의 목록을 뽑았다. 농아동들을 전국적으로 표집하여 이 낱말 목록들에 대한 점수가 얻어졌다.

이것은 어휘 결손의 실체와 정도를 단순하게 알려 주는 것을 넘어서서 중요한 교육적 가치를 가진다.

통 사

교육적 성취 검사의 하위검사 수행 유형과 교사들이 추천한 특별한 읽기 자료에 대한 조사(Hasenstab & Mckenzie, 1981)에서 어휘 능력이 농아동들의 읽기 발달에서 가장 고려되어야 할 영역일 것이라고 말한다손 치더라도, 통사 또한 언제나 교사와 연구자들에게 으뜸으로 고려되어 왔다. 이것은 프랑스, 미국 및 기타 국가들의 농학생에 대한 200년 이상의 교육 실천사에 밝혀져 왔다(Moores, 1978).

이러한 관심의 이유는 1장에 소개한 쓰기 표본과 표준영어와의 상이점에 대한 연구로부터 명백해진다. 2장 인지와 언어에서 논의된 바와 같이 단기(작동)기억과 말을 기록하는 통사와의 관계는 영어 통사의 발달이 농자들에게 특별한 문제가 나타나도록 한다는 것을 의미할 수도 있을 것이다.

농아동들이 사용하는 영어의 통사 연구는 늘 일반적인 언어 이론들에 의해 영향을 받아왔다. 최근에는 Chomsky의 변형생성문법(1957, 1965, 1968)과 생성 의미론(Chafe, 1970; Fillmore, 1968; McCawley, 1968)이 중심이 된다. 몇몇 상당수의 연구들은 이러한 이론들을 구조로 하여 농아동들 개개인의 영어 사용에 있어서의 통사 변인을 상세화 하였다. Quigley와 관련 연구자들(예, Quigley 등 1977; Quigley, Smith & Wilbur, 1974; Quigley, Wilbur & Montanelli, 1974, 1976)에 의한 일련의 출판물들은 전국 단위의 유층 무선 표집으로 10~19세 사이의 농학생들에게 여러 가지 통사 구조가 따로 표현된 문장에 대한 이해력을 검사하여 그 수행을 상세히 나타내었다.

〈표 2〉 통사구조상의 수행 및 Reading for Meaning 시리즈의 100문장당 발생 빈도의 요약

통사구조	농 학 생				건청학생	출 현 빈 도	
	전연령 평균	10세	18세	증가	전연령 평 균	처음 나타난 구조의 수준	6학년 교재에서 빈도
부정							
be	79%	60%	86%	26%	92%	첫 번째 초보독본-13	9
do	71	53	82	28	92		
have	74	57	78	21	86		
서법	76	57	83	26	90		
평균	76	57	83	26	90		

접속사							
접속사	72%	56%	86%	30%	92%	첫 번째 초보독본-11	36
삭제	74	59	86	27	94		
평균	73	57	86	29	92		
의문형							
WH-의문: 이해력	66%	44%	80%	36%	98%	두 번째 초보독본-5	6
yes/no의문: 이해력	74	48	90	42	99	첫 번째 초보독본-5	3
부가 의문	57	46	63	17	98		
평균	66	46	78	32	98		
대명사화 변형							
인칭 대명사	67%	51%	88%	37%	78%		
지시 대명사	70	49	85	36	94	4학년-1	0(4/1000)
소유 부사	65	42	82	40	98	1학년-4	27
소유 대명사	48	34	64	30	99	세 번째 초보독본-1	0(3/1000)
재귀화	50	21	73	52	80	2학년-1	2
평균	60	39	78	39	90		
동사							
조동사	54%	52%	71%	19%	81%	1학년	18
시제 계열	63	54	72	18	78		
평균	58	53	71	18	79		
보어							
부정사	55%	50%	63%	13%	88%	두 번째 초보독본-4	32
동명사							
관계화							
진행	68%	59%	76%	17%	78%	세 번째 초보독본	12
내포	53	51	59	8	84		
지시관계대명사	42	27	56	29	82		
평균	54	46	63	18	82		
분리와 대체	36%	22%	59%	37%	84%	1학년-1	7

자료: Quigley, Wilbur, Power, Montanelli 및 Steinkamp(1976).

〈표 2〉는 ① 10∼19세 사이의 농학생들이 여러 통사 구조에 따라

나타내는 어려움의 순서, ② 같은 통사 구조에서 8~10세 사이의 건청아동들이 나타내는 어려움의 순서, ③ Houghton-Mifflin(Mckee, Harrison, McCowen, Lehr & Durr, 1966)의 읽기 시리즈에서 각 구조의 출현 빈도를 나타내는 결과들을 요약한 것이다.

평균 8세 건청아동들이 여러 과제에서 평균 18세 농학생들보다 높은 득점을 보여준다는 것을 〈표 2〉를 통해 볼 수 있다. 농학생들이 단일 문장 속에 들어 있는 여러 가지 통사 구조를 이해하는 연령과 동일 구조가 읽기 시리즈에 표현되어 있을 때 이해하는 전형적인 연령 수준 사이에도 큰 격차가 있음을 또한 알 수 있다. 이것은 단지 통사 하나만을 기초로 해서 볼 때에도 나타나는 심각한 읽기 문제를 지적하는 것이라고 볼 수 있다. 그리고 농학생들의 전형적인 어휘적, 개념적, 경험적인 문제가 부가될 때에는 보편적으로 사용되는 읽기 자료들이 많은 농학생들에게는 심각한 읽기의 어려움을 주게 된다는 것을 알 수 있다.

농학생들의 쓰기물에서 일관되게 나타나는 독특한 통사 구조들의 대부분이 2차 언어로서 영어를 학습한 다양한 여러 모국어 사용자들의 말 속에서도 발견 된다는 것이 많은 연구들에서 밝혀졌다.

이들 독특한 구조들이 농자들에게만 있는 것이 아니다. 이 문제가 농자들에게 독특한 것이라면 아마도 농자들은 어떤 다른 2차 언어 사용자보다 더 여러 가지로 다른 구조를 사용한다는 점이고, 더 많이 자주 사용한다는 점이며, 그것들을 변화시키기가 훨씬 어렵다는 점일 것이다.

Quigley와 관련 연구자들의 연구는 농자들의 쓰기물 속에 일관성 있게 나타나는 독특한 통사 구조들이 쓰기 검사에서 사용될 때 문법적인 것으로 그것들이 수용된 것이라고 밝혔다. 쓰기물들에서의 이러한 구조들의 사용과 읽기에서의 그것들의 수용은 이러한 통사 구조가 농자들의 내재화된 언어 구조의 부분임을 의미하는 것이다. 농자들은 영어 통사 발달에 상당한 지체를 나타내는 것에 부가하여 표준 영어에 속하지 않는 어떤 류의 문법규칙을 가지고 있음을 보여준다.

Hatcher와 Robbins(1978)은 6명의 저학년과 6명의 중간 학년 농아동들의 읽기 기능의 발달에 관한 집중적인 연구에서 읽기를 학습하는 데 있어서 핵심적인 기능은 표준 영어 통사의 이해와 관련되어 있는 것 같다는 결론을 내렸다. 9~12세 농학생 36명에 대한 또 다른 연구에서 Robbins과 Hatcher(1981)는 동일한 결론에 도달하였다. 그들은 낱말 인식에 대한 조절과 낱말 의미에 대한 훈련이 다양한 문법 구조로 구성된 여러 단일 문장의 읽기에서 그 성취를 개선시키지 않았음을 밝혔다. 그들의 분석에는 수동태 문장이 이해하기 가장 어려우며, 관계절, 접속문, 대명사화 변형문, 간접 목적어 순으로 나타났다. 능동태 문장은 이해하기 가장 쉬웠다.

몇몇 연구들은 농학생들이 통사 구조를 이해하는 데에 있어 단일 문장보다는 연관된 담화 문장을 더 쉽게 이해하며(Gormley & McGill-Franzen, 1978), 경우에 따라서는 특정 구조의 이해가 담화의 전반적인 부분을 이해하는 데에 있어 필수적이지 않음(Ewoldt, 1981)을 밝혔다. 그러나 영어 통사가 농자에게는 읽기와 쓰기에서 모두 문제를 준다고 결론짓는 것이 타당할 것 같다.

비유어

앞서 설명한 바와 같이 농아동들에게 있어서 영어 학습의 어려움은 영어에 비유적(figurative) 표현이 풍부함으로 해서 복합적으로 일어난다. 이것은 영어의 말하기 양식에서와 마찬가지로 쓰기에도 적용된다. Dixon 등(1980)이 밝힌 바와 같이, 읽기를 시작하는 사람이 보편적으로 사용하는 읽기 시리즈의 맨 처음 책에서조차 비유적으로 사용된 언어를 많이 접할 것이다. 최근에는 상당한 연구들이 비유어가 농어린이들의 영어 읽기에도 나오는 데에 대한 문제점을 조사하였다.

Conley(1976)는 643명의 정상 학생과 137명의 농학생에게서 관용적 표현의 이해력을 비교하였다. 읽기 수준이 일치된 농학생과 건청학생의 수행에서 2.0학년에서 2.9학년까지는 유의미한 차이가 발견되지 않았지만 읽기 수준이 3.0학년이 넘으면서부터 건청 학생들이 유의미하게 좋은 것으로 밝혀졌다. 관용적 표현 검사 득점에서 대상 집단 모두 읽기와 유의미하게 그리고 정적으로 상관이 있었다. 이 연구 결과는 관용적 표현보다 다른 변수로 인해 혼동되어졌을 수도 있다. 예를 들어 어떤 관용구는 농자들의 읽기에서 이해의 곤란을 주는 것으로 공식화된 관계절, 복합문 그리고 수동태와 같은 복합 통사 구조로 만들어져 있을 것이다.

Iran-Nejad, Ortony 그리고 Rittenhouse(1981)는 여러 연령층의 농학생들의 이해력 수준(Quigley, Wilbur, Power, Montanelli & Steinkamp, 1976)에 일치하여 어휘와 구문으로 통제된 은유적인 표현들을 작성했다. 일반적으로 모든 연령 수준(9~17세)의 농피험자들은 직역적인 이해에서는 높은 득점을 보였고, 또 은유적인 과제에서도 예상외로 높은 득점을 보였다. 관련 훈련연구도 연습에 의해 은유의 이해도가 증진됨을 보여주었다. 연구자들은 농아동들이 은유적인 영어의 이해를 방해하는 어떠한 인지적 결손을 가지지 않았다는 것과 만일 문자적으로 해석하는 경향이 연습시간 중에 고쳐진다면 은유적 언어를 해석할 수 있다고 결론지었다.

이 연구는 두 가지 이유에서 중요성을 지닌다. 첫째는 은유적인 표현보다는 본문요인(예, 어휘와 통사)을 통제하고자 시도하였기 때문에 비유어가 연구의 독립변인이 되었다는 점이다. 둘째, 몇몇 연구 중의 하나는 비유어에서 농피험자들이 비교적 좋은 이해력을 보였다는 점이다. 문제는 구성에 있는데 특히 비유어가 얼마만큼이나 실제적으로 아주 낮은 수준의 어휘와 통사로써 조절되어 표현되어졌는가에 있지만, 농아동들이 비유어를 대하는 데 있어서의 난점은 인지적인 결손에 의한 것이 아니라는 결론을 주목하는 것이 중요하다. 이것은 2장 인지와 언어에서 제시된 많은 것들과 일치된다. Wilbur, Fraser 및 Fruchter(1981)에 의한 연구 역시 농피험자들은 비유어 이해력에 있어서 예상 밖의 높은 수준을 보였다. 이 경우에서는 연구된 비유어가 관용적 표현이었다. 연구자들은 적어도 어떤 관용어는 전체적으로 기억되어 있거나 학습되어 있기 때문에 어휘나 통사가 곤란한 문제를 제공하지 않았을 것이라고 추측하였다. Page(1981)와 Houck(1982)의 연구들은 농아동들이 쓰여진 자료에 문맥적인 정보가 충분할 때와 '외부적 요소들'이 통제되었을 때에는 관용어에 대한 이해가 손상되지 않는다고 결론지었다.

이미 인용된 Conley(1976)의 결론과 맥을 같이하여 결과를 도출한 비유적인 언어에 관한 최근 두 연구들은 아마도 그 사실에 대한 교사들의 자각과 비슷할 것이다. Giorcelli(1982)는 100개의 선다 항목으로 작성되어 있는 비유어 검사를 제작하였다. 그 검사는 비유어의 열 가지 측면, 즉 유추적이고 연역적인 추론, 연상적인 유창성, 언어적 문제 해결, 예외의 해석, 그리고 새롭고 관용적인 은유어의 의역이었다. 관용구, 통사 및 어휘의 선택은 세심하게 통제되었다. 검사는 나누어져 있거나 짧은 문장 또는 긴 문맥 조건들로서 사용되어졌다. 신뢰도, 타당도 및 유용성에서 높은 평가를 얻어낸 검사 도구였다.

9세 9개월부터 19세 11개월 연령 범위에 있는 농피험자들 25명씩 3집단이 검사되었고, 건청 피험자들은 8세부터 9세 9개월 연령 범위의 25명이 검사되었다. 결과는 건청집단 피험자들이 전체 검사에서 그리고 10개 중 7개의 검사에서 농피험자들보다 유의미하게 높은 득점을 보였다. 농피험자의 수행은 문맥이 첨가됨으로써 향상되었으나 건청집단의 수행보다 여전히 낮은 위치에 있었다. 18세의 농피험자들은 9세의 건청집단만큼도 수행하지 못했는데, Quigley, Wilbur, Power, Montanelli, Steinkamp(1976)에 의한 문장검사에서의 결과와 비슷하다. 또한 13~14세를 넘어선 농피험자들의 수행은 거의 향상을 보이지 않았는데, DiFrancesca(1972)와 다른 연구자들에 의해 보고된 읽기에 있어서의 최고 점수와 비슷한 것이다.

Payne(1982)은 농과 건청 피험자들이 영어의 동사-분사 결합을 이해할 수 있는 범위를 연구하였다. 이러한 구조는 영어를 확장시키는 데 있어 가장 보편적인 방법 중의 하나이다. 동사-분사 결합은 예를 들어 "언덕에 뛰어오르다(run up a hill.)"같이 문해적인 것일 수밖에 없는데, 그렇지 않으면 예를 들어 "물가가 치솟다(run up a bill)"같이 관용적으로 될 수도 있다.

Payne은 의미론적 난이도(문자적, 반관용적, 관용적)의 세 가지 수준으로 되어있는 동사-분사 결합으로 피험자들의 수행을 평가하였다. 1학년과 2학년 수준으로 통제된 어휘로 되어 있는 64항목의 쓰기 검사를 가지고 다섯 가지 종합표면 구조들을 실험하였다. 그는 건청 피험자들이 의미론적 난이도의 전 수준에서 모든 종합 구조에서 농피험자들보다 유의미하게 더 우월한 득점을 얻는다는 사실을 밝혀내었다.

대조적인 결과를 나타낼지라도 비유적인 표현이 농학생들의 읽기에서 주요문제로 나타난다는 교사들의 논쟁들을 뒷받침해 준다. 어휘와 문장에서 나타나는 문제에 이러한 것 모두의 뚜렷한 상호작용에서 나타나는 문제를 부가시켰을 때, 표준 읽기 검사에서 농학생들의 낮은 수행을 가져오게 하는 많은 본문상의 변인들이 분명해진다. 비유어에서의 대조적인 연구 결과들 중에 어떤 것은 그러한 문제가 표현된 비유적인 개념, 즉 영어의 형식에 있어 농자들의 결여 때문인가 아니면 그 자체의 근원적인 개념의 결여 때문인가 하는 의문을 제기한다. 담화에 대한 몇몇 연구는 약간의 서광을 비추어 준다.

담 화

이 본문 변인의 범주 안에서 논의된 연구의 대부분은 본문의 단일하고 통제된 측면—어휘, 문장, 비유어에 초점을 두었다. 그 목적은 본문의 이들 여러 측면들이 표준 읽기 검사에서 농학생들의 일반적인 낮은 수행에 어느 정도 기여하는가를 결정하기 위한 것이었다. 읽기 검사는 읽기 이해력의 일반적 평가만을 제공한다. 어휘, 문자와 같은 본문의 특정 측면들이 일반적인 측정과 일반적인 문제에 영향을 미친다는 것을 앎으로 해서 읽기에 대해 보다 상세한 이해를 할 수 있게 한다. 하지만 이러한 접근 방법은 전형적인 읽기 과정을 왜곡시키는 논쟁을 불러일으킬 수 있다. McGill-Franzen과 Gormley (1980)에 의한 연구와 Ewoldt(1981)에 의한 연구는 이 점을 지적하였고 낱말이나 문장보다 큰 단위의 담화를 탐구하고자 시도하였다.

McGill-Franzen과 Gormley(1980)는 문장 속에 쓰인 생략된 수동문(예, 늑대가 죽임을 당했다. The wolf was killed)과 단독으로 쓰인 생략된 수동문에 대한 농아동들의 이해력을 연구하였다. 결과는 단독으로 제시된 수동문을 이해할 수 없는 농학생들이 친숙하고 명확한 이야기의 본문 속에 포함되어있을 때는 동일한 문장을 이해할 수 있음을 지적하였다. 그것은 농아동들이 문맥 속에서 수동태를 이해할 수 있다는 것을 확인시켜 주는 것으로 해석되었다.

Ewoldt(1981) 또한 농아동들의 문맥 분석 기능을 강조하고 농아동들이 영어 통사를 무시한 채 의미에 바로 이행할 수 있다고 주장한다. Ewoldt는 6세 11개월에서 16세 11개월까지의 언어습득기 이전에 농이 된 4명의 아동에게서 읽기에 대한 집중적인 분석을 수행하였다. 아동들은 비디오 테이프에서 수화로 된 25개의 이야기를 읽고 해석하였다. 이해력은 Goodman의 오류 분석, 빈칸 메우기 절차 및 아동들에 의한 이야기의 재진술로써 평가되었다. Ewoldt는 대상자들이 그들 자신의 수화로 번역되어 있는 영어이야기를 읽고 재진술할 수 있다고 결론지었다. 그녀는 피험자들이 통사적 단서 체제와 의미적 단서 체제를 광범위하게 이용할 뿐 도형적 정보에 '과잉의존'하는 것은 아니라고 보고하였다. 이것은 읽기의 하향이론을 지지하는 것이며, 농아동들이 하향이론을 이용하는 것으로 해석되었다. 하지만 읽기의 하향적 접근은 읽기를 시작하는 초심자와 본문에 대한 상향적 과정을 자동적이고 무의식적으로 조절할 수 있는 기능이 습득되어 있지 않은 잘 읽지 못하는 사람들에게 전형적인 것이라는 논의가 생각날 것이다. 이러한 접근은 초심자와 잘 읽지 못하는 사람들이 본문에 대해 충분한 이해 없이 의미의 '일반적 견해'를 획득하기 위해 이용할 수 있다.

마지막 연구는 담화의 분석에 있어서 흥미로운 것이다. Gains, Mandler 및 Bryant(1981)는 농아동들의 읽기에서 담화 유형의 분석을 확장하였다. 그들은 건청아동과 농아동의 이야기에 대한 즉시적 재인과 지연된 재인을 비교하였다. Mandler(1978)의 세 가지 이야기는 다음과 같다. ① 첫째 이야기는 평범한 산문체로 되어 있는 것, ② 둘째 이야기는 발음상으로는 철자 오기(예: "through": "throgh")가 없는 것이 포함되어 있는 것, ③ 셋째 이야기는 혼동을 주는 지시적인 대명사가 포함되어 있는 것 등이다. 6명의 농피험자와 6명의 건청 피험자들이 읽기 연령(Gates 어휘 검사)에서 통제되었다. 농피험자들은 14세 3개월에서 15세 1개월(평균 14세 5개월) 범위의 나이이고, 읽기 연령은 11년 6개월에서 13년 9개월(평균 12세 6개월)의 범위이다. 농대상자들은 구어를 쓰는 학교에서 표집하였다. 읽기 연령이 매우 높고 재인 과제에서 농피험자들에 의해서 쓰여진 영어가 질적으로 우수하다는 것은 그들이 상위의 학생들 중에서 선택되었다는 것을 말해 준다.

그 연구의 결과들은 평범한 산문체의 이야기에서는 이야기 진술의 재인 양에 있어서 농피험자와 건청 피험자 간에 유의미한 차가 없지만, 농피험자들의 혼동스러운 두 가지 이야기에서의 재인 양이 유의미하게 높다는 것을 밝혔다. 그러나 이야기 내용의 재인에 있어서 정확성은 농 대상자들이 건청 대상자들보다 상당히 많이 변조되었다. 농피험자들의 이야기 변조의 대부분은 의미론적인 혼동이었고, 쓰여진 통사 오류수의 평균은 농피험자(5.2)와 건청 피험자(3.5) 간에 유의미한 차가 없었다.

연구자들은 농피험자들이 읽기에는 "광범위하게 개조된 '하향' 도식적인 접근법"을 사용하는 것으로 추측하였다(p. 467). 그러나 그들은 이야기의 전체적인 의미를 이해할 수 있고 건청 피험자들과 비슷하게 이야기 진술의 양을 재인할 수 있다. 그러나 그들은 건청 대상자들보다 유의미하게 보다 많은 의미적 변조를 만들어 이것은 읽기를 시작하거나 잘 읽지 못하는 건청 학생들에게서 전형적으로 예상되어지는 것이다. 말하자면, 이러한 아동들은 종종 '하향' 전략을 이용하여 전달 내용의 '일반적인 생각'을 알아낼 수 있지만, 이해가 부족하거나 중요 사항의 잘못된 해석을 얻게 될 것이다.

독자 변인

많은 연구자들은 농자의 읽기 수행을 적어도 부분적으로나마 설명하는 개인적 변인들을 정의하려고 시도해 왔다. Jensema(1975)는 어휘와 이해의 수행은 청력손실의 정도와 반비례적인 관계에 있다는 것을 발견하였는데(많은 연구자들처럼), 장애가 클수록 수행성은 낮다. 이와 유사하게 잘 알려져 있듯이 청각장애의 발생 연령이 읽기 수행성과 관계되는데-언어습득기 이전에 청각 손상을 입은 학생들은 그 이후에 손상을 입은 학생들보다 읽기를 더 잘하지 못한다. Rogers, Leslie, Clarke, Booth 및 Horvath(1978)는 캐나다의 British Columbia주의 청각장애인 집단을 대상으로 어휘와 이해력에 영향을 주는 요인들에 대해 광범위한 연구를 실시하였다. Jensema(1975)가 보고한 요인들 외에도 이들 연구자들은 구어적 의사소통을 사용하는 학생들이 수화와 구화의 동시적인(토털) 의사소통을 사용하는 학생들보다 어휘와 읽기 이해력 두 가지 모두를 더 잘 수행하고, 보청기를 착용한 학생들이 그렇지 않은 학생들보다 이해력에서 더 높은 점수를 얻는다는 것을 발견하였다. 건청인의 읽기에서 논의된 세 가지 읽기 변인은 도식들, 추론, 상위인지 전략의 발달이다. 농아동들의 도식

발달에 대한 연구는 거의 없지만, 1981년 Gaines 등에 의한 연구는 매우 교양 있는 구어를 사용하는 농자들은 "광범위하게 재구성적인 '하향'(p. 467) 도식적 접근 방법"을 읽기에 사용하고 있었음을 보고하였다. Kretschmer(1982)가 지적한 바와 같이 농학생들의 읽기의 상위인지 과정에 대한 연구는 문법적 판단에 대한 연구로 한정되어 왔다(Quigley, Wilbur, Power, Montanelli, & Steinkamp, 1976; Kretschmer, 1976). Kretschmer(1982)는 상위인지 과정－청각장애 아동들이 읽기에서 생각하는 것이 무엇인가 하는 것에서부터 기능을 가르치는 접근 방법에 이르기까지의 범위－에 있어서 농아동들의 읽기에 대한 연구는 농아동에게 생산적인 학습 기능을 가르치는 보다 좋은 방법들을 만들어 낼 수 있을 것이라고 보고했다.

추론 영역에 있어서 광범위한 연구가 농학생들에게 수행되었다. Wilson(1979)은 읽기 성취 수준에 대한 많은 연구들은 농학생들이 13~14세에 3학년 내지 4학년 수준 정도에서 고원 현상에 이르고, 그들의 득점들은 19세가 될 때까지 거의 변하지 않는 경향을 보여 준다고 지적하였다. 그는 이것은 읽기 자료의 체제와 내용에 있어서 변화, 그리고 4학년 수준의 검사 때문인 것으로 추측했다. 3학년까지의 대부분의 읽기 자료들이 낱말 분석 기능과 어휘를 강조하고 읽기 검사에 있어서도 이러한 요인들을 평가한다. 3학년을 넘어서면 자료들이 점진적으로 교과서에 명쾌하게 진술되지 않는 의미를 추론하기 위해서 사전지식의 이용을 필요로 한다. 건청아동에 대한 절에서 진술된 바와 같이 추론은 읽기 과정 어디에서나 사용되게 된다. 그리고, 그 평가도 읽기 검사 어디에나 있다. Wilson(1979)은 만일 농아동들이 추론에 문제를 가졌다면 이것은 적어도 부분적으로 읽기에 있어서 그들의 고원 현상이 3학년 수준 내지 4학년 수준에서 수행될 것이다라고 판단하였다.

Wilson(1979)은 다양한 여러 가지 통사적 환경들과 통제된 어휘로써 추론이 연구되어진 일련의 짧은 전달 내용을 작성하였다. 그 목적은 농학생들이 문자적으로 이해할 수 있는 자료를 비교함으로써, 추론이 요구되는 자료를 얼마나 잘 이해할 수 있는가를 판단하기 위한 것이다. 예를 들어 주어진 문장들은 다음과 같은 것들이다(Wilson, 1979).

> 셔츠는 더럽다.(The Shirt is dirty.)
> 셔츠는 침대 아래에 있다.(The shirt is under the bed.)
> 고양이가 그 셔츠 위에 있다.(The cat is on the shirt.)
> 고양이는 하얗다.(The cat is white.)

본문에 명백하게 진술되어 있지는 않을지라도 고양이가 침대 아래 있다는 것이 대부분의 사람들에게는 쉽사리 이해될 수 있을 것이다. 이들 기법을 사용하여 Wilson은 추론이란 것이 건청 대상자들보다도 농대상자들에게 상당히 큰 어려움으로 나타나고, 추론하는 것은 문맥적 구조의 유형과는 관계가 없다는 것을 밝혔다. 따라서 이것은 읽기에서 농학생들의 낮은 수행성을 증거하는 또 다른 중요한 측면인 것이다.

Wilson의 결과 중의 또 한 가지는 주목해야 할 만큼 중요한 것이다. 그의 이야기들은 말, 사인, 쓰기로 도움을 받았는데, 건청 피험자들은 말로 제시된 것에서 가장 높은 점수를 얻었고, 반면에 농대상자들은 글로 제시된 것에서 가장 높은 점수를 얻었다. 이것은 의사소통에서 능률과 효과에 관한 다른 연구들의 결과를 뒷받침한다. Quigley와 Frisina(1961)는 읽기가 말과 지문자의 수용보다는 농학생들을 위한 의사소통에서 보다 안정적인 수단을 제공하는 것으로 나타났다. White와 Stevenson(1975)도 수용적인 의사소통을 위해 활자화된 인쇄물을 읽는 것이 말이나 사인을 읽는 것보다 우수했다는 사실을 앞의 연구결과와 비슷하게 발견하였으며, Stuckless와 Pollard(1977)도 지문자 사용이 증진된 아동들이 지문자보다 쓰기 양식을 더 쉽게 처리한다는 것을 보여 주었다. 약간의 숙고는 이러한 결과들의 예상치 못했던 점들과 중요성을 알게 해 줄 것이다.

사회·경제적 및 문화적 변인

사회·경제적 및 문화적 영향이 건청아동들의 읽기 발달에 영향을 미친다는 것이 거듭 밝혀져 온 것과 같이, 농아동들의 읽기에도 영향을 미친다는 사실이 밝혀졌다. Brasel과 Quigley(1977), Ogden(1979), 및 기타 많은 사람들이 사회·경제적 지위, 가족 수입, 직업 및 교육 수준의 표준화 측정에서 이것들이 건청아동들과 마찬가지로 농아동들의 언어와 읽기 발달과 관련된다는 것을 보여 주었다. 농아동에 있어 이 측면에서 독특한 요인은 보편적인 문화에 속한 사람들이기보다는 실제적으로는 분리된 농자들의 문화에 속한(또는 속하도록 운명지워진) 사람들인지의 여부이다. 만일 농아동들의 어떤 중요한 부분이 분리된 문화에 속하도록 되어 있다면, 그래서 American Sign Language가 그 문화의 언어로 되어 있다면, 읽기 발달에 있어서 그 접근 방법이 상당한 영향을 미칠 수 있을 것이다.

건청인들의 경우에 읽기는 인생의 최초 몇 년간에 발달되어 1차적으로 청각을 바탕한 언어에서 전이되는 파생적 기능으로 간주되어질 수 있다. 하향적 처리에 대한 최근의 강조에도 불구하고, 좁은 의미에 있어 읽기는 활자화된 인쇄물을 해독하는 것으로 간주될 수 있다. 이것은 읽기에서만 유일한 것이다. 사전지식과 추론은 읽기를 결코 배운 적이 없을지라도 전체적으로 청각에 기초한 언어 처리과정으로 발달한다.

아마도 전부일 수도 있는 농자에 대한 읽기 지도의 방법은 건청아동의 읽기 지도와 마찬가지로 읽기 이전에 아동들에게 있는 청각에 기초한 언어의 존재를 가정한다. 이러한 청각에 기초를 둔 언어가 없는데 어떻게 읽기를 발달시킬 수 있을 것인가? 그리고 더 중요한 것은, 200년 동안의 교육적인 노력의 결과가 빈약한데도 읽기를 발달시키기 위한 이러한 모든 노력이 가치 있는 것인가?

교육변인

지도 실제

Clarke, Rogers 및 Booth(1982)의 보고에 따르면, 정상 아동들을 가르치기 위해 있는 수백 가지의 교재와는 대조적으로 농아동들에게 읽기를 가르치기 위한 것은 매우 극소수의 교재가 있을 뿐이다. 그들은 Hart(1963), Streng(1965), Clark 농학교의 읽기 교육과정 시리즈(1972), Truax(1978) 및 Blackwell 등(1978)의 주로 쓰이고 있는 몇몇 교재를 수록하고 설명하였다. 이런 교재는 그것들이 일반적으로 건청 아동들에게 쓰이는 교재를 각색하여 활용하였음을 보여준다. 이러한 접근법들도 대개는 읽기 이전의 건청아동들이 대부분의 농아동들보다 훨씬 많은 경험을 통해 기초를 이룬 내적 언어를 읽기의 시작 과정으로 전이시킨다는 것을 가정한다. 읽기 이전 농아동들의 구조화된 내적 언어의 큰 결손 때문에 읽기 과정 또한 많은 농아동들에게 이미 더 어려울 수밖에 없는 언어학습 과정이 된다.

교육적 수행에 있어서의 읽기의 중요성과 농아동들에게 읽기를 가르치는 데 있어서의 어려움이 있다면, 읽기 지도가 교사들의 준비에 따라 현저하게 달라질 수 있을 것이다. Coley와 Bockmiller(1980)는 122개의 기숙제학교에서 다음의 정보를 얻기 위해 조사를 실시하였다. ① 교사의 읽기 지도 준비의 정도, ② 농아동들에게 읽기를 가르치기 위해 사용되고 있는 현재의 방법, ③ 읽기를 가르치는 데 있어 다양한 방법을 사용할 때마다 얼마나 잘 준비하는가에 대한 교사들의 자기 평가. 질문지의 72% 가량이 사용가능한 형태로 회수되었다. 그것으로부터 교사들이 읽기를 가르치기 위한 형식적인 훈련을 거의 받지 않았다는 것을 알 수 있었다. 대략 20%의 교사들이 읽기에 대해서 전혀 배우지 않았거나 단지 하나의 전문 교육과정을 배웠고, 그 다음이 대학 과정을 배운 사람들(56.2%)이었는데, 거의 40%가 대학 과정에서 읽기에 대한 공부를 하지 않았다. 그들이 받은 교육과 관계 없이 교사들은 압도적으로 지도 시간의 많은 비율을 기초적 읽기에 사용하였다. 이러한 경향과 농학생들에게 읽기를 가르치는 데 있어서 의 중요성과 어려움을 고려해 볼 때 읽기와 읽기 지도에 있어서 더 욱 많은 연구, 개발 및 특별 훈련이 필요하다.

특수 자료

King과 Quigley는 농아동들의 특수 읽기 자료들의 발달에 대해 찬 반 논쟁을 논의하기 위해, 그리고 지난 150년 동안 개발된 몇몇 자료 들을 설명하기 위해 전념하고 있다. 그들은 농학생들을 포함하여 읽 기에 문제를 가진 사람들을 위한 지도 자료들이 대체적으로 세 가지 접근 방법 중의 한 가지를 채택한다고 진술하였다. 세 가지 접근 방 법은 ① 기초 자료들을 "보다 쉬운" 수준으로 재서술한 것, ② 기존 자료들을 사용한 교수 기법의 수정 및 ③ 특수한 학습자의 요구에 맞추어 원자료를 쓰는 것(Stowitschek, Gable & Hendrickson, 1980) 이었다. 그러나 특정 접근 방법과 무관하게 특수한 자료의 이용 및 기법은 농아동들의 교육을 포함한 특수교육의 많은 분야에서 논쟁의 여지가 있어 왔다.

농학생들을 위한 특수 읽기 자료의 사용에 있어 두 가지 기본 관 점이 있어왔다: ① 적어도 읽기 지도의 초보 단계에서는 특수 자료의 사용을 지지하는 사람들, ② 특수 읽기 자료의 사용에 대해 전혀 가 치를 인정하지 않고 심지어 해롭게 보는 사람들. 그러나 농아동들을 위한 일종의 읽기 프로그램의 주요 목표가 농아동들이 결과적으로 일반적인 이용 가능한 서적들을 읽을 수 있게 해 주는 것이어야 한 다는 점에 대해서는 전반적으로 찬동하고 있는 것 같다(Clarke 등

1982; Quigley & King, 1981). King과 Quigley는 다양한 특수 집단에 대한 연구를 채택한 광범위한 고찰과 언어와 읽기 결손을 보강시키기 위해 쓰여진 특수 자료들로부터 세 가지의 중요한 결론을 얻었다. 첫째, 몇몇 변인들이 본문의 어려움(예, 어휘, 통사, 추론)에 기여할 수 있다는 것은 밝혀졌지만, 그들 변인들 각각과 그들 변인 간의 상호작용의 신축적인 기여 정도는 아직까지 판단되어 있지 않았다. 더구나 연구자들이 읽기 이해에 있어서 변인들의 영향을 판단하기 위해 개별적으로 변인들을 조작하고자 시도하였지만 개개의 변인들이 실제적으로 본문 안에서 어떠한 경로로 증가되거나 명료함이 증진되는가를 밝히는 것은 불가능하였다(Klare, 1976). 둘째, 만일 각색의 순수한 목적이 읽기 능력 점수에 따라 측정된 만큼 난이도를 조정하기 위한 것이라면 각색이 실제적으로 원안보다도 더욱 어려워질 수 있을 뿐만 아니라 재미없게 될 수 있다. 가장 좋은 각색은 의미적으로 의사소통하고자 하는 바람과 언어의 내용과 사용에 대한 깊은 이해에 의해서 이루어지는 것이었다. 셋째, 그리고 매우 중요한 것으로 재진술에 의해 본문의 복잡성을 줄이는 것이 나이가 들고 좀 더 능숙하게 읽는 사람들의 읽기 이해력에는 효과가 거의 없을지라도(Gharrow & Charrow, 1979; Johnson, 1981; Johnson & Otto, 1982), 각색의 효과는 낮은 읽기 기능과 언어 기능들을 가진 개개인에게는 일반적으로 긍정적이었다(예, Armbruster, Echols & Brown, 1982; Beck, Omanson & McKeown, 1982; Johnson, 1981). 연구는 또한 각색되었거나 특수하게 쓰여진 자료들의 사용이 읽기 지도 수준에서 가장 이득을 주는 것이라는 점을 지적한다(Distefano & Valencia, 1980).

전형적으로 읽기 수준이 4학년 수준을 넘지 않는 대부분의 농아동들에게는 특수자료들을 사용하는 것이 도움이 된다고 보는 것이 적절하다(Anken & Holmes, 1977; Heine, 1981). Heine(1981)는 농아동들의 읽기 이해력에 있어서 상위 서열의(보다 중요한) 생각과 하위

서열의 생각의 영향력을 알아내기 위하여 Reading Milestones
(Quigley & King, Eds., 1981, 1982, 1983, 1984)의 다섯 수준의 이야
기를 몇 가지 이용하였다. Reading Milestones은 특별히 농아동들과
다른 유형의 읽기 문제를 가진 아동들을 위해 준비된 읽기 시리즈이
다. Heine는 상위와 하위 수준의 생각들 간에 기대했던 차이점은 발
견하지 못하였지만, 그러나 그는 농아동들이 각 절에서의 문자적 정
보를 건청아동들의 비교 집단들만큼 또는 그보다 더 잘 이해한다는
것을 알아내었다. 농아동들이 대체적으로 건청아동들보다 일반 자료
의 이해력이 대단히 저조하다고 본다면, 이 결과는 언어학적으로 통
제된 읽기 자료들의 사용이 농아동들의 이해력에 긍정적인 영향을
줄 수 있다는 사실을 뒷받침하게 된다.

제 7 절 요약 및 결론

건청아동의 읽기

건청아동들에 대한 연구는 도식 이론과 결합된 상호작용 이론이
읽기 과정과 문제에 있어 가장 적절함을 입증해 주고 있다. 하향이론
과 상향이론은 단지 제시된 자료에 의한 부분적인 설명만을 제공한
다. 하향적 개념들은 읽기에서 우선적으로 중요한 것이다. 이제 일반
적인 읽기는 언어 이해 과정의 부분이며, 이 둘을 분리시킬 수 없다
는 것이 보편적으로 인정된다. 그래서 유아기와 초기 아동기의 학습
경험, 초기의 도식 발달, 인지적·언어적 발달, 추론과 비유 언어 능
력, 그리고 한 가지―활자화된 낱말의 해독―를 제외하고 이러한 것
들 전부로부터 생겨나게 될 지식기반이 읽기 이전의 아동들에게 제
공된다. 그것들은 본문으로부터 의미를 구하는 전체 과정의 일부로서
읽기에 있어 예언을 위한 맥락과 사전지식을 이용할 수 있는 능력을

아동들에게 제공한다. 그러나 해독 내지 본문에서 도출된 자료인 상향과정들도 또한 중요하다. McConkie(1982), Rayner 등(1980), Zola (1981)의 연구들은 다른 많은 것 중에서도 하향론자들의 주장과 대비되는 것으로서, 능숙하게 읽는 사람들은 본문 내의 거의 모든 구성 낱말에 시선을 고정시키고 읽기에 개개 낱말과 기타 문법적(음성학적) 지식과 기능들을 광범위하게 사용한다는 점을 확인하였다. 읽기에 있어서 문자와 낱말들은 정보 처리자가 작업하는 데 있어 기본적인 자료들이다. 해독의 장소와 양식에 대한 문제는 강조점이 완형낱말(보고-말하기) 접근법에 있는지, 철자-음 상호 반응(음성학)에 있는지를 두고 읽기 지도에 있어 여러 해 동안에 걸친 논쟁의 초점이 되어왔다(Chall, 1967; Flesch, 1955). Vellutino(1982)의 낱말 인식에 포함된 지각단위에 대한 1세기 동안의 연구 자료에 대한 철저한 분석은 낱말에 대한 시각적이고 음성학적 접근이 능숙하게 읽는 사람들에 의해서 사용되어지고, 한 가지 양식의 접근 방법밖에 사용할 수 없는 사람은 흔히 읽기 문제를 가지고 있다는 결론을 내렸다. Vellutino의 결론을 뒷받침하는 것으로서 문자와 낱말 처리의 수준에서의 능력 차가 잘 읽는 사람과 못 읽는 사람 간의 변별자로서 가장 좋은 단일 척도가 된다는 것을 보여주는 광범위한 자료들도 있다 (Biemiller, 1977~1978; Graesser 등, 1980). 다른 연구자들(Adams, 1980; Stanovich, 1980; Stanovich & West, 1979)은 상향적 처리보다는 하향적 처리에 의존하는 것은 어린 아동이나 보다 잘못 읽는 사람들의 특징이라는 것을 밝혔다. 이러한 사람들은 관련 사전지식, 본문 내의 몇몇 낱말에 대한 시각적 이해, 어순 지식으로부터의 통사, 그리고 본문에 대한 '종합적 사상'을 느리게 획득하는 경향이 있다. 이것은 아마도 본문 의미에 대한 요점이나 '대략적인 사상'을 얻는 데 있어 많은 농아동들에 의해 이용되는 처리 과정과 비슷한 것이다. 이것은 능숙한 읽기가 아니다. 심지어 적절하게 읽는 것도 아니다. 상세하게 검사하거나 질문하면 읽기에서의 이러한 피상적인 양식으로부터 결과된 이해력의 결여와 잘못된 이해가 쉽사리 밝혀질 것인데, 이러한 읽기의 피상적인 방식은 적절하게 발달되는 낱말 처리 기능에 있어서의 결여 때문인 것이 명백하다.

능숙하게 읽는 사람들은 필요할 때에 자기들이 읽기에 사용할 수 있는 철자법의 잉여성과 철자 대 음의 대응에 대한 통괄적인 지식을 가지고 있다. 그러나 이러한 사람들은 통상적으로 낱말에 직접적으로 시각적인 접근법을 이용한다. Kleiman(1975)에 의하여 증명된 것으로 활자화된 낱말을 말로 바꾸는 것은 의미에 대한 접근에 있어서 필수적인 것은 아니지만, 말로 바꾸는 것은 어휘적인 접근 이후에 일어나는 것이고, 문장 이해에 있어 낱말들의 단기 저장을 용이하게 해 주는 것이다. 말로 바꾸는 것이 문장과 문장이 연합된 본문의 이해에서는 중요한 과정이라는 증거가 쌓이고 있다. 말로 바꾸는 것은 복합적인 문맥 구조와 모호하지 않는 문장들을 이해하는 데 있어 작동기억 내에 낱말들의 단기 저장을 가능하게 해 준다. 이것은 농아동들의 읽기 문제에서 결정적인 요인이 될 수 있을 것이다. 능숙하게 읽는 건청인들의 모습은 LaBerge와 Samuel(1974)에 의해 시사된 바와 같이 낱말처리(해독) 기능의 자동적이고 무의식적인 사용인데, 이것은 읽는 사람의 주의력과 본문에 대한 예측과 사전 정보에 본문 정보를 관련짓는 것(추론)이 포함되고, 상위 수준의 처리에 기울여지는 것을 허용하는 것이다. 이러한 상위 수준의 처리들 중 몇몇은 또한 자동적인 것(예를 들어, 추론, 예측)이 되며, 능숙하게 읽는 사람이 계획하기, 모니터하기, 자문자답하기, 그리고 요약하는 상위인지적 기술들을 의식적으로 끌어들일 수 있게 해 준다. 읽기에 보다 숙달되지 못하고 문제가 있는 사람들은 반대의 현상을 나타낸다. 그들의 상향적 처리와 하향적인 처리는 유창성과 자동성에서 능숙하게 읽는 사람들과 같지 않다. 그들은 또한 흔히 유창하게 읽는 데에 필요한 지식기반과 낱말 처리 기능이 부족하고 유아기와 초기 아동기 때부터 경험적 결여와 언어적인 결손을 가진다. 표준 읽기 검사와 기타 검사의 수행성

을 근거로 해서 대부분의 농아동들은 읽기에서 보다 능숙하지 못하
거나 문제를 가진 사람들의 범주에 포함되어질 수 있다.

청각장애자의 읽기

 전국적인 검사, 읽기 성취에 대한 개별적인 연구, 그리고 읽기 과
정의 특정 측면에 대한 연구들 모두는 대부분의 농아동들이 읽기에
어려움을 가지고 있음을 지적한다. 그들 중 소수만이 실제로 능숙하
게 읽는 사람이 된다. 이것은 어떤 단일 요인(물론 농 그 자체는 제
외하고) 때문인 것 같지 않으며, 읽기 처리과정에 포함되는 요인 모
두에 문제가 있는 것 같다. 전형적인 건청아동들이 부모와 의미있는
중요한 사람들과의 상호작용에 의해 습득된 구어를 통해 유아기와
아동기의 다양한 경험의 결과로 생겨나는 실제적 지식기반에다가 읽
기 과정을 연결시키는데, 이것은 초기경험의 결여 탓뿐만 아니라, 종
종 어떤 조작 가능한 부호로 이러한 경험들을 의미화하고 내재화시
키는 의사소통 체제와 유창한 언어의 결여에 기인한다. 지식기반의
결여에 덧붙여서 농아동들은 종종 건청아동들에게서 자동적으로 발
달되는 추론 능력과 비유어, 그리고 다른 언어적인 기능이 결여되어
있다. 간단히 말해서 그들은 읽기를 유창하게 학습하는 데에 필요한
경험적이고 인지적이고 언어적인 기반을 제대로 가지고 있지 않다.
읽기 학습 과정에서 농아동들이 가져오는 많은 결손의 측면에서 보
았을 때 이상한 점은 농아동들이 어쨌든 읽기를 배운다는 것이다. 심
지어 어떤 농아동들은 읽기를 매우 잘 배운다. 성공적으로 잘 읽는
농아동에 대한 연구로부터 어떤 요인이 그들의 성공을 가져오게 했
는지 판단해야 할 필요가 있다. Conrad(1979), Lichtenstein(1983), 다
른 사람들의 연구에서는 말을 부호화하고 부호화된 것을 다시 말로
만드는 능력이 읽기의 성공과 관련된다는 점을 지적한다. 그리고
Conrad(1979)는 심지어 명료하지는 않은 말을 사용할지라도 어떤 농

아동들조차도 말부호를 습득할 수 있다는 것을 보여 주었다. 이것은 성공을 설명해 주는 한 가지 요인이 될 수 있다. 말을 만드는 것이 건청아동들에게 중요한 것 같다. 구절과 문장을 이해하기 위해서 작동 기억에서 낱말의 임시 저장만큼 낱말의 의미로 접근하는 것이 그렇게 많지 않다는 점이 중요한 것 같다. 부호화와 저장의 이러한 방식이 단기-계열 기억에 포함되고, 2장의 언어와 인지에서 논의된 것으로서 이것은 농자들이 건상인들보다 더 짧은 기억시간을 가지고 있다는 것을 발견하게 해 주는 한 측면이다. 이들 두 요인, 즉 더 짧은 임시적-계열적 기억 시간과 말부호의 결여는 농아동들의 언어 습득의 일부와 읽기 문제들의 어떤 것들에 대한 설명을 가능케 할 수도 있을 것이다. 그것들은 또한 영어(아마 다른 구어에 대해서도) 통사 습득이 농자들에게 극단적인 어려움으로 나타나는 이유를 설명하는 데에 도움이 될 수 있을 것이다.

농아동들의 결함이 읽기 학습과정에 반영된다면, 건청아동들에게 사용되는 방법과 자료들은 많은, 즉 농아동들에게 적절하지 않을 수도 있는 것 같다. King과 Quigley는 농아동들에 대한 특수 자료의 제작과 사용에 관한 연구에 대해 심도 있는 분석을 하였다. 그들이 내린 결론은 특수 자료들이 농아동들을 포함해서 보다 못 읽고 읽기에 문제를 가지고 있는 사람들에게 가치롭다는 것이다. 많은 농아동들에게 필요한 것은 그들의 제한된 경험, 어휘, 통사, 비유적 표현 및 표준 언어의 기타 측면에 대한 제한된 지식에 부합되고, 점진적 속도로서 곤란성을 개선시킬 자료들을 제공하는 것이다.

농아동들에게 이용되는 읽기 지도 방법은 일반적으로 농아동들의 제한된 언어 기반에 맞추어 건청아동들들에게 사용되는 것들에 약간의 수정을 가하여 이용된다(Clarke et al., 1982). 이것은 많은 농아동들이 가지고 있지 않은 구어와 청각 언어를 기본으로 하는 방법이다. 이러한 방법들은 어떤 방식으로든 간에 말 부호를 알고 있는 농아동에게는 지도될 수 있지만(Conrad, 1979), 많은 농아동들은 이러한 부호를 알고 있지 못한다. 농아동들의 읽기 지도는 시각 언어를 근간으로 하는 특수한 방법이 필요할 것이라고 보는 것이 합당할 것이다. 그 방법은 농아동에게 읽기 시작과정에 앞서 내재화된 시각적 언어의 양식이 무엇이냐에 맞추어 수행되어야 할 것이다. 이것은 수지 부호 영어(MCE)의 양식이거나 피진 사인 영어(PSE) 양식이거나 아니면 다양한 미국수화(ASL) 양식이 될 수 있을 것이다. 이처럼 아동들에게 읽기를 가르치기 위해서 교사는 아동이 전형적으로 사용했던 언어 또는 의사소통 양식을 판단하고 읽기를 가르치기 위한 기초로서 그것을 사용할 줄 알아야 한다. 바꾸어 말하자면 이것은 읽기 교사는 미국수화와 기타 시각언어의 양식들에 능숙해야 함을 의미한다. 특수 자료의 필요성은 자신들의 자녀들과 1차 언어로서 미국수화를 사용하는 잘 교육받은 농자 부모의 농아동들에게 가장 잘 입증될 것이다. 이런 아동들은 전형적인 건청아동들이 할 수 있는 경험적, 인지적, 언어적 능력을 지니고 읽기 과정을 시작하게 되지만, 영어와는 다른 언어(ASL)이고 청각/구어 언어와는 다른 의사소통 방법(수화/시각)이다. 이것은 앞서서 논의한 집단의 특수 사례로 고려되어져야 하고, 영어를 2차 언어로서 가르쳐지는 사례로 언급되어져야 한다. 비록 읽기가 교육 체제 내의 매우 중요한 위치에 있다 할지라도 기본적으로는 정보 전달과 정보 획득의 수단이다. 이것은 다른 수단들에 의해서 달성될 수 있는 것이다. 예를 들어, 활자로 된 영어 자료는 비디오 테이프에 농자들에 의해 사용되어지는 ASL로 변환시킬 수 있다. 이것은 맹인들을 위한 '말하는 책'과 비슷하다.

영어 읽기에 문제가 있는 농자들일지라도, Quigley와 Frisina (1961), White와 Stevenson(1975), Stuckless와 Pollard(1977), Wilson (1979)의 연구는 일찍이 많은 농아동들이 말, 사인, 지문자보다도 영어를 수용하는 보다 효과적인 수단을 찾아낸다는 점을 지적하고 있다. 이 견해를 보면 Stuckless와 미국 농 기술 연구소의 많은 관계자들(예를 들어 Stuckless & Hunvitz, 1982; Stuckless & Matter,

1982)은 낱말이 말해지고 있는 동안에 말해진 낱말을 활자화된 개작물을 통해 화면과 종이에 만들어내기 위해 컴퓨터와 속기 타자수를 이용하였다. 이것은 동시적 도식 표시라고 불리고 농자들의 교육도구로서 유망한 것이다. 설비 방법들이 아직까지 충분히 발달되지는 않았지만 그것들은 실질적으로 확실히 실행 가능하도록까지 충분히 개발되었다.

이 장에서의 제한된 지면이긴 했지만, 농자들의 읽기에 관해 급속적으로 발달되는 연구의 관심거리가 명백하게 나타나고 있었다. 이 연구들은 증가할 것이고 다음 10년은 농아동들의 언어와 읽기 과정과 새로운 교수 기법, 새로운 자료, 그리고 새로운 도구의 개발을 위한 연구의 적용에 대해 더 많은 이해를 가져올 것을 약속한다. 다른 접근법, 자료들, 그리고 도구들이 상이한 농아동 집단을 위해 개발되도록 할 수 있을 것이다. 특히 말부호화의 기능을 습득한 아동들은 건청아동들을 위해 개발된 자료와 방법을 특별하게 이용해야 할 필요도 있을 것이다. 다른 청각장애 아동들은 다양한 시각/수화 영어 양식에 적용시킨 특수한 자료와 방법들과 2차 언어로서의 영어를 지도하는 기법 중 어떤 것이 사용되어야 할 필요가 있을 것이다. 그리고 다른 청각장애아동들에게는 활자화된 영어보다는 다른 어떤 시각적 양식의 정보(예를 들어 녹화된 ASL)를 수용하도록 해야 할 필요가 있을 것이다. 만일 이런 것이 개발되면 주요 연구와 교육, 프로그램은 어떤 아동들에게 어떤 접근 방법을 써야 할지 결정해 주게 될 것이며, 그 결정은 일생의 가장 초기에 되어져야만 할 필요가 있기 때문에 사실상 매우 해결하기가 어려운 문제이다. 그렇기는 하지만 무조건적 취사선택은 옳지 않다. 농아동들의 저조한 읽기 수행은 이러한 접근 방법의 다양성 결여를 증명하는 것이고, 여러 언어와 의사소통 접근 방법에 근간을 둔 읽기 기법의 더 많은 다양화를 요청하는 것이다. 그리고 활자물에 대한 읽기 지도가 어느 단계에서 실용가능할지의 여부, 혹은 전체 농아동 중 아직 판단이 되지 않은 어떤 비

율의 아동들을 위해서 시간을 생산적으로 사용할 수 있을지의 여부
가 의문이다.

제 5 장 문 어

　미국수화(American Sign Language)와 수지 부호 영어(manually coded English)에 대한 관심이 최근 들어 크게 증가하게 되면서 농아동들의 언어에 관한 많은 연구들이 문어적 표현들에 대해 주어졌었다. 이것은 기본적으로 구어가 관심의 일반적 초점이 되는 건청아동들과 선명하게 대비되는 것이다. 그 이유는 간단하다. 많은 농아동들의 구어는 극히 제한적이고 불분명해서 쉽사리 검토와 분석을 하기가 용이하지 않다는 것이다. 읽기와 문어는 농아동 교육 프로그램들의 보편 분모가 되었으며, 또한 아동들의 진보와 프로그램의 상태를 측정하는 수단이 되어 왔다. 이 즈음에 ASL과 MCE체제가 많은 어린 농아동들에 의해 사용되어지는 데에 어떤 변화가 있어 왔다. 이러한 체제들을 사용하는 아동들의 언어에 대한 분석이 시작되었는데, 이것은 3장에 보고되어 있다. 읽기와 문어가 2차적 언어 체제이긴 하나, 농아동들의 1차적 언어발달과 진보의 주요 척도로서 교육 프로그램들이 읽기와 문어를 기준으로 한다고 말해도 아마 틀림이 없을 것이다. 일반적으로 매끈한 문어의 표현은 농아동의 영어 습득수준을 가장 잘 나타내 주는 것들 중의 하나로 흔히 간주된다.

　그러나 문어 표현의 이러한 사용과 관련된 많은 문제점들이 있다.

　(1) 대개, 어떤 외부적 자극, 즉 그림, 그림 계열, 짧은 필름, 이야기나 편지를 쓰도록 하는 요구 등과 같은 것들이 문어 표본을 도출해 내도록 사용되어진다. 이러한 기술들의 타당도와 신뢰도는 잘 알려져 있지 않다. 만일 어떤 어휘 항목들, 형태구조들, 통사구조들, 혹은 다른 관심의 대상이 되는 언어학적 단위들이 도출된 문어 표본들에 나타나지 않는 경우, 이것이 농아동에 그런 구조들을 쓸 수 없어

서인지, 단지 사용된 자극이 그것들을 도출해 내지 못해서였는지를 알 길이 없다.

(2) 몇몇 언어학적 단위들(예, 부정사형 보어)이 글로 쓴 것에 나타날 수도 있지만, 그러나 연구와 분석을 가능케 할 만큼의 충분한 숫자와 다양성이 없다.

(3) 어떤 구문(예, 관계절의 어떤 유형들)은 문장 속에서 그 구문과 그 구문의 기능을 이해하기 어려운 언어환경 내에서 나타났을 수도 있다.

(4) 아마 모든 농아동들의 교사들이 아는 바와 같이, 많은 농아동들의 문어적 표현은 흔히 그것들을 구어로 표현했을 때만큼이나 불분명하다.

문어로 표현된 것을 도출해 내어서 분석하는 데 있어서의 이러한 문제점들에도 불구하고, 글로 써놓은 것들은 농아동이 인지하고 있는 영어와 그들이 사용하고 있는 내면화된 언어구조를 나타내 주는 가치 있는 척도이다. Bloom과 Lahey(1978)는 문어 표본을 분석하는 체계적인 방법을 내놓았으며, Kretschmer와 Kretschmer(1978)는 그것을 농아동들에게 적용해서 사용했다. 언어 생성물의 문어 형태는 여기에서는 비통제적 반응으로 분류되어진다.

비통제적으로 반응을 도출해 내는 것 외에도 문어는 통제적 반응법으로도 도출되어질 수 있다. Cooper와 Rosenstein(1966)에 따르면 통제적 반응 연구들은 자료를 수집함에 있어서 조사자가 어떤 언어 변인들의 불변성을 파악하여 피검자의 행동이나 정보를 통제하거나 조작하려고 하는 것이다. 단일구조에서 다르게 생성된 문장들의 짝을 제시하여 문장의 문법성에 대해 피검자가 판단하도록 요구하는 언어학적 방법이 한 예가 된다. 비통제적 반응연구들에서는 대조적으로 분석되어질 자료가 자유롭게 쓰여진 쓰기 표본들에서 얻어진다.

언어 표본들을 분석하는 데 비통제적 방법이 사용되었느냐, 통제적 방법이 사용되었느냐 하는 방법론과 아울러 자료 분석을 실시하는 데 사용되는 이론적 언어의 틀도 또한 다르다. 두 가지의 주된 틀이 여기에서는 전통이론과 생성이론으로 명명된다. 비통제적 반응 연구들과 통제적 반응 연구들, 그리고 전통 이론적 틀과 생성 이론적 틀로써 갈래를 나누는 것이 언제나 명확한 것은 아니지만, 이러한 범주들은 농아동들의 문어상의 자료를 적절히 묶음짓도록 하는 데 도움을 준다. 그래서 이러한 자료들이 여기에서는 비통제적 반응 연구와 통제적 반응 연구로 나누어 제시되어져 있다. 이러한 각 범주들 내에서 전통적 분석과 생성적 분석 방법을 사용한 연구들이 논의되어진다.

제 1 절 건청아동

이 책의 대부분의 장에서 농아동들에 관한 정보에 앞서 건청아동들에 관한 정보를 아주 광범위하게 써 놓았다. 이 장에서는 여러 이유들로 해서 그렇게 하지 못했다. 첫째, 문헌이 매우 요약된 형태라 하더라도 적절히 제시하기에는 너무 방대한 양이다. 둘째, 농아동들과 건청아동들의 문어 간에 커다란 차이는 농아동들의 교사들에게는 너무도 잘 알려져 있어 거의 반복할 필요가 없다는 것이다. 셋째, 전체적으로 제시하기보다는 농아동들에 대한 특별한 연구들과 함께 제시해야 할 필요가 있는 곳에서 건청아동들의 문어에 대한 정보를 제시하는 것이 좀더 효과적이기 때문이다. 그러나 건청아동들에 대한 다음의 몇몇 연구들은 예외적인 것이다.

건청아동들의 문어에 대한 연구가 아직 농아동들에 대해서는 탐색되지 않은 방향에서 진행되어 왔다는 사실에 주목할 만한 가치가 있다. 과거의 연구들은 쓰기의 기술과 쓰기의 문제에 관심이 기운 경향이 있었다. (그리고 많은 연구가 아직 그렇게 하고 있다.) 예를 들면 전통적 구조주의 언어학의 틀 내에서 연구를 한 Harrell(1957)은 9~

15세 건청아동들의 구어와 문어를 연구했다. 그는 문장주조의 발달 유형에 대해 폭넓은 보고를 하였다. Loban(1963)은 구조주의 언어학의 틀 내에서 연구를 하면서 동일 학생들을 유치원에서 고등학교까지 전과정을 추적하여 언어능력에 대해 언어학적 연구를 수행하였었다. 그도 역시 문장구조의 발달 유형들에 관한 폭넓은 보고를 하였다. 또 다른 연구자 집단(Hunt, 1965: O'Donnell, Griffin & Norris, 1967)은 유치원에서 12학년까지의 건청 학생들의 구어와 문어에 대한 분석의 틀로서 변형생성문법을 사용하였다. 그들은 특별한 통사구조의 발달과 문장 조합변형에 관해 광범위한 보고를 하였다.

이러한 연구들은 농아동들의 문어를 연구하는 데에 도움이 될 만한 비교 사항들을 제공하는데, 농학생들을 대상으로 한 몇몇 유사 연구들이 이 장에서 논의되어진다. 그러나 최근에 몇몇 연구자들의 관심은 쓰기의 문제점들과 언어구조를 연구하는 것에서 작문에 내포된 기본적 심리과정을 연구하는 것으로 바뀌었다. 이러한 발전이 진행되고 있는 영역의 문헌들에 대한 요약은 Black(1982)에 의해 쓰여졌다. Black에 의해 인용된 연구들(Cooper, Cherry, Gerber, Fleischer, Copley & Sartisky, 1979)은 이러한 새로운 영역에서의 흥미로운 몇몇 변인들을 보여준다. 버팔로의 뉴욕주립대학에서 1979년의 신입생 학급에서 행한 연구에서 중요한 쓰기 문제들이 드러났는데, 그러나 그것들은 문어를 쓰는 기술의 문제들이 아니었다. Black(1982)에 의해 내려진 결론들은 단어와 문장의 수준에서는 학생들이 거의 완벽하였으나, 문장과 문장의 적절한 결합과 관계지움을 요하는 문어적 배경을 구성하는 데는 큰 어려움을 가지고 있음을 지적했다. 그들은 일반화를 뒷받침하기 위한 예들, 일화들, 그리고 세부내용들을 생성해 낼 수가 없었다. "간단히 말해서 학생들은 조심스러운 편집자들이기는 했지만 불량한 작문가들이었다"(p. 200). 문어연구의 이러한 영역은 농학생들을 대상으로 해서는 크게 행해지지 않았는데 이야기를 작문하는 데 있어 문장 간의 측면들과 창의적 측면들에 대한 연구가 향후의 연구에서 많이 행해질 영역이 될 수 있을 것이다. 문장 간의 수준(이야기 분석)에서의 몇몇 초기 연구들이 이 장의 뒷부분에 제시되어 있다.

제 2 절 농아동: 비통제적 반응 연구

전형적인 비통제적 반응 연구들은 대개 그 시대에 유행하는 문법(언어학) 이론의 틀 속에서 문어 표본들은 대개 피검자들에게 그림, 연속 그림자료, 혹은 영화들과 같은 어떤 자극들에 대해 반응해서 쓰도록 요구함으로써 얻어진다. 이러한 유형의 많은 연구들은 나이가 상당히 더 어린 건청아동들과의 비교에서 농아동들이 더 낮은 성취도를 문어에서 나타내며, 농아동들의 문어생성이 표준영어와는 상당히 큰 차를 드러내고 있음을 보여 주었다(예, Heider & Heider, 1940: Ivimey & Lachterman, 1980: Powers & Wilgus, 1983: Stuckless & Marks, 1966). Cooper와 Rosenstein(1966)이 연구를 시작한 이후 이러한 연구의 몇몇 부분이 생산성(productivity), 복합성(complexity), 응용성(flexibility), 품사배열(distribution of parts of speech), 그리고 오류의 유형(types of errors)과 같은 여러 제목 하에 요약되었다. 이러한 제목들 하에서 제시되는 것들은 Quigley, Wilbur, Power, Montanelli, Steinkamp(1976) 등의 폭넓은 자료들이 들어 있다.

대부분의 절에서 한 두 개의 주요 연구들이 상세하게 논의되며, 좀 더 소규모의 연구들은 보조자료로서 인용된다.

비통제적 전통문법적 연구들

1) 생산성

Heider와 Heider(1940)의 폭넓은 분석은 농 피검아동들의 작문이 동일연령의 건청아동의 작문과 낱말들의 전체 길이에서는 차이가 없었으나, 단일 문장들의 평균 길이는 건청아동들의 것보다 현저히 짧았음을 지적했다. 농아동들은 17세가 되기까지 8세 건청아동들의 평균 문장길이에 미치지 못했다. 이러한 결과들은 Simmons(1962)와 Myklebust(1964)에 의해 확증된 바 있다.

2) 복합성

Heider와 Heider(1940)는 농 피검아동들이 그들의 작문에서 10세의 건청아동과 동일한 비율로 중문과 복문을 사용하는 것이 전형적으로 17세 전후임을 발견했다. 모든 유형의 종속절을 사용하는 것에서 비슷한 발달상의 지체를 나타냈다. 1965년에 Hunt는 그의 T-단위("한 주절과 그 주절에 부속 내지는 내포된 모든 종속절을 합한 것은 T-단위에 배속 혹은 내포되어 있다", p. 141)로써 언어의 복합성에 대한 새로운 "간편지수"를 도입했다. Taylor(1969)는 그의 주된 연구에서 농아동들의 쓰기 자료 전체에 대한 Hunt의 분석을 반복했다. 그녀는 T-단위에 기초한 Hunt의 지수들 중 여러 개가(T-단위당 평균 절수, T-단위의 평균 길이 등등) 학년마다 농아동들의 쓰기에 있어서 상당한 증가를 보여 주었으며, 그리고 이전의 "전통적 지수"의 연구 결과들 중 여러 개를 확증시켜 주었음을 보고했다. Taylor의 분석 중의 일부가 Marshall과 Quigley(1970)에 의해 다시 분석되어졌는데, 그들은 Stuckless와 Marks(1966)에 의해 수집된 쓰기 자료 전부를 재분석하였다. 농아동들이 시간이 지난 뒤에 상당한 증가를 보여

주었을 정도로 그것은 농아동들 언어표현의 성숙도에 대한 민감한 지침들로서 여러 가지 T-단위 지수들에 관한 Taylor의 결과들을 일반적으로 확증했었다. 그들은 좋은 지침이 될 보다 전통적 종속 비율(주절당 종속절의 수)을 또한 발견하였는데, 그러나 T-단위 분석이 교육적으로 훨씬 더 유용함을 깨달았다. 왜냐하면 T-단위의 내면 구조가 문장의 종속 비율의 성숙에 기여하는 요인들을 판단하기 위해 보다 더 쉽게 검사되어졌기 때문이다. 농아동들에 있어 언어 생산 현상들의 발달들을 설정하도록 구성된 가장 폭넓은 연구는 Stuckless와 Marks(1966)의 것이었다. 다중회귀법을 확립하기 위한 규준변인으로서 그림연속물들에 대해 반응하는 농아동들에 의해 쓰여진 작문의 "양호함"의 등급을 교사가 매기는 방법을 사용하였다. 이 방법은 작문의 길이, 어휘 다양도, 그리고 문법적 정확비율(아동에 의해 생산된 최초의 50낱말들 중에서 바르게 사용된 낱말들의 수에 기초하여)의 객관적 예언 척도들을 사용하였다. 문법적 정확비율의 객관성에 비례한 어떤 지정에도 불구하고, 이것은 농아동들의 문어 발달 수준에 대한 유용한 "간편지수"가 될 것이다. 하지만 저자가 지적한 바와 같이, 여러 연령에서의 측정한 표준오류들이 단지 피검자들의 대집단을 연구하는 것을 위해서만 유용하도록 되어있다. 문어 발달의 규준은 10에서 18세 사이의 아동들을 위해 만들어졌다.

3) 응용성

농자들은 문어 사용을 고착된 형태로써 매우 많은 양의 정형적인 반복활용을 하는 것으로 주장되어져 왔다. 이러한 주장은 Myklebust(1964)에 의해 입증되어졌는데, 그는 농아동들이 동일 연령의 건청아동들보다 아주 더 많은 비율로 '매개구절'(I see a ___, There is a ___, 등)들을 사용하는 것을 발견했는데, 하지만 이러한 결과는 부분적으로 Myklebust가 상이한 대상들의 수가 들어 있는 그림의 단

일 자극만을 사용한 것에 기인한다. 이러한 언어의 비응용성은 건청
아동들보다 농아동의 문어에서 상당히 더 낮은 어휘다양도(TTR,
type-token ratio)를 발견한 Simmons(1962)의 연구결과를 역시 반영
하고 있다. TTR은 언어군 내의 전체 낱말들의 수 중에서 상이한 낱
말들의 수적 비율을 말하는데, 어휘의 다양성을 나타내는 척도로서
간주된다. 베네룩스 3국과 미국의 학교들에 재학 중인 농학생들을 대
상으로 한 광범위한 종단적 연구에서, Tervoort(1967)는 TTR은 나이
에 따라 증가했으며, 이것은 점점 더 언어를 응용해서 사용함을 가리
킨다는 것을 발견했다. 이러한 향상에 기여한 대부분의 영역은 명사
들과 기능어들이었으며, 동사, 부사 그리고 형용사는 자신의 농 피검
자들이 구어적 정교함을 증가시키는 데 덜 기여하였다. Simmons는
또한 농아들이 동일 구절들을 사용하는 경향이 있음을 발견했다. 그
녀가 검사했던 52개의 짧은 수필들 중 50개에서 농아동들이 가지고
있던 아이디어의 예를 인용했다. 그녀의 피검자들은 형용사를 단지서
술부에서만 쓰는 경향이 있었는데(I see a car. The car is red.), 이
에 반해 건청아동들은 형용사를 서술어나 수식어의 둘 모두로 사용
하였다(I see a red car). 제한된 구절 수의 정형적 사용은 언어습득
그 자체에 대한 농의 어떤 영향이라기보다는 형식적인 '구성주의'
교수법들의 영향에 더 기인한다는 논쟁(van Uden, 1977: Tervoort,
1967)이 있었다.

4) 품사의 분포

품사의 전통적 분류(Myklebust, 1964)와 어류들에 기초한 Fries
(1952)의 구조주의(Simmons, 1962)는 이러한 분석의 유형을 사용하
였다. Simmons(Fries의 어류)와 Myklebust(전통적 영역들)는 둘 다
이러한 영역에서의 체계적 차이점들을 발견했다. 일반적으로, (전통
적 용어를 사용하여) 농아동들은 건청아동들보다 한정사, 명사, 동사

는 더 많이, 그리고 부사, 조동사, 접속사는 더 적게 사용한다.

5) 오류들의 종류

이 영역에서의 많은 연구들 중 대표적인 두 연구는 Perry(1968)와 Myklebust(1964)의 연구들이다. 이 두 사람은 표본이 된 농아동들에게 그림들을 제시하여 그들에게 그 그림에 대해 작문을 하도록 했다. 두 사람은 대략 동일한 분석법 하에서 이러한 작문들 속에서 야기된 오류들을 분석하였다. 그들은 농아동들이 만드는 오류가 첨가(불필요한 낱말들의), 누락(표준영어에서 문장을 바르게 하기 위해 필요한 낱말들의), 대치(틀린 낱말들의), 그리고 어순(표준영어의 어순과는 동떨어진 문장의 어순을 가진)임을 보고했다. 언어발달에 고도의 농이 영향을 크게 미친다는 것은 두 연구자의 결과상의 일치에 의해 입증되었다. 미국의 Myklebust와 호주의 Perry는 각기 농아동들에 의해 발생되는 가장 흔한 오류들은 누락이며, 대치, 첨가 그리고 어순의 오류들이 그 다음으로 많음을 발견하였다. 연구자는 여러 영역들에서의 오류의 종류를 상세히 분석하거나 통사적 구조에 대한 이러한 오류들의 의미를 제공해 주지는 않았다.

요약하면, Cooper와 Rosenstein(1966)의 결과를 실질적으로 뒷받침하는 것이 있는데, 그 주요 내용은 다음과 같다.

> [농]아동들은 그들의 성취도 검사 점수에서 현저하게 지체되는 것으로 발견되어졌다. 그들의 문어는 건청아동들과 비교해 보면 보다 더 짧고 단순한 문장들을 쓰고, 무언가 다른 품사의 분포를 보이며, 보다 더 고착되고 정형화된 것을 나타내며, 그리고 표준영어의 사용과는 동떨어진 많은 수의 오류들을 보이는 것으로 밝혀졌다.(p. 66)

비통제적 생성문법 연구

1960년대는 문장과 절 내의 현상들과 아동들이 여러 발달 수준들에서 문장을 생성해 내기 위해 사용하는 규칙들을 설명하는 데 관심이 보다 더 기울여졌던 새로운 일련의 분석들이 시작되었다. 문장 처리과정의 "생성성"의 생각은 이러한 새로운 발전들의 중심이 된다. "생성"이라는 말의 아이디어는 이론적으로 무한한 수의 문장들을 처리하기 위해(이해와 산출) 사용되는 제한된 수의 매우 추상적인 기제들(잠재의식 수준에서의)이 존재한다는 사실을 언급하는 것이다. 이러한 추상적 기제들은 문장 처리과정(산출 혹은 해석)의 "규칙들"이라는 용어로써 흔히 설명되어진다.

전통적 접근과 새로운 접근 양자 모두가 Hunt(1965)의 전통적 연구에서 발견되어지는데, 그의 연구는 이미 앞 절에서 논의되었다. Hunt는 보다 더 타당한 언어성숙에 대한 "전통적" 측정(T-단위)을 제시하는 것에만 관심이 있었던 것이 아니라, 보문화, 명사화 등과 같은 절 내의 현상들을 설명하는 데도 역시 관심을 기울였었다. 그는 나이가 많아짐에 따른 이러한 현상들의 체계적 변화들을 기술하고, 이러한 변화들 중의 주된 처리 과정을 문법적 구조들의 연합 중의 하나로 간주했다. 연합은 접속보다 더 중요한 것으로서, 보문화와 관계절 구조와 같은 과정들로써 복합문으로 발전해 나가는 수많은 단순문들의 혼합으로 구성되며, 그것은 하나 또는 둘 이상의 단순문이 다른 복합문을 만들기 위해 다른 단순문 내로 내포되어, 예를 들면, '나는 소년을 보았다'라는 문장과 '소년이 차를 훔쳤다'라는 문장에서 '나는 차를 훔친 소년을 보았다'라는 문장을 생성해 내는 복합문을 만든다.

Taylor(1969)와 Marshall과 Quigley(1970)는 일찍이 Hunt의 문장 분석 기술들의 전통문법적 측면들을 이용하여 농아동들의 언어를 분석한 바 있다. 이러한 연구들 역시 절과 T-단위 내의 발달에 관심이 있었다. 그들은 농아동들의 문어에서 매우 지나치게 시간이 걸려 변화된 언어 구조들의 내적 현상들을 밝히고자 시도했다. Marshall과 Quigley는 이떤 절 내의 현상들이 대부분 10세에서 14세까지(소유격, 인칭대명사), 14세 이후(현재분사, 계사, 형용사 절)의 사용 주기로써 증가하며, 한편 여전히 다른 것들은 10세에서 18세까지(동명사, 과거분사, 부정사)의 전 연령 범위에 걸쳐서 완만하게 증가하거나, 혹은 산만하게 변화(조동사)한다는 것을 증명했다.

앞에서의 전통적 양적 분석이 보고한 것에 따라, Taylor(1969)는 농아동들의 문어에 대해 변형생성분석이라는 새로운 분석의 한 종류를 개척했다. 해석의 편의를 위해 문법 요소들을 탐색하는 하나의 방법은 그 구절구조 규칙들, 어휘, 형태 규칙들, 그리고 변형 규칙들의 네 유형으로 문법요소들을 나누는 것이다(Russell, Quigley & Power, 1976).

구절구조 규칙들은 문장들의 심층구조를 생성해 내기 위해 기호들을 다시 쓰도록 작용한다. 즉, 대부분 비기술적 목적들을 위해, 이러한 규칙들의 생성은 영어의 "단순"문이나 "핵"문장의 어느 것 하나의 구조를 가질 때 나타날 수 있다. 이러한 규칙들은 Ran the girl home(어순 위반), The boy to the park(누락 위반), 그리고 The boy ran to home(잉여성 위반)과 같은 문장들처럼 오류를 범한다.

어휘는 화자의 무의식적 낱말들의 목록화와 어느 정도 사전과 같은 실제적 목적을 위한 낱말들의 특징들이다. 어휘에는 또한 선택적 제한들을 특징지우는 요소들이 있는데, 즉 그것은 그러한 어류들을 특징지우는 규칙들이 다른 낱말들과 어울려 발생해서 The rock sang an aria와 같은 문장들의 생성을 방지할 수 있다. 그리고 문장들 내의 낱말들의 직능을 특징지우고 낱말들의 범주들이 어떤 문장 환경들(실제로 The boy said a sad와 같은 문장에서 위배된 규칙들인데, 형용사가 명사구의 위치에 쓰여졌다)에서 상호 발생할 수 있거나, 혹은 어떤 명사들은 한정사에 의해 반드시 선행되어져야 하는지

(The man bought car에서의 위반)를 특징지우는 범주규칙들이다.

  형태규칙들은 명사, 동사 그리고 부사의 굴절과 파생을 주로 처리
한다. 굴절규칙들(낱말의 어미의 첨가, 특히 동사의 경우 문법적 관
계를 나타내기 위한 것들)은 The boy ranned home과 같은 경우에
서 위반되어지는 것이며, 파생규칙들(형용사를 부사로 바꾸는 것과
같은 어떤 어휘의 낱말을 다른 어류의 낱말로 전형적으로 바꾸는 규
칙들)은 John is a happily boy에서와 같은 잘못을 범한다.

  변형규칙들은 구절구조 규칙들을 문장의 청각적 또는 시각적 표현
인 표면구조로 생성, 조작(이동, 삭제 또는 삽입)하는 것이다. 표면에
서 이러한 것들은 두 문장이 이어지거나 다른 문장 속으로 하나 이
상의 문장이 내포됨으로써 만들어지는 단순문이거나 보다 더 복합적
인 문장일 것이다.

  이러한 네 범주들은 변형생성문법 이론을 모델로 사용했던 이러한
앞의 연구에 대한 개관에 사용되어질 것이다. 이 장에서 논의된 많은
연구들은 Taylor(1969)의 연구에서 파생되었다. Taylor는 4개의 각
학년 수준에서 35명의 농아동들이 8분짜리 이솝우화 "개미와 비둘
기"를 보고 작문을 하여 반응하도록 지시했다. Taylor는 그녀의 피
검아동들이 만들어낸 오류에 대한 분석을 제시했지만, 그러나 이전의
연구에서의 강조점과 크게 변화한 것이 있다. 그녀는 누락과 다른 오
류의 발생 빈도를 반드시 범주별로 묶지 않으며, 그러한 현상들을 어
떤 이문(異文) 혹은 비문법적 구조 산출에서 위반되는 규칙들을 설명
하는 데 사용하였다.

구절구조 규칙

1) 누 락

Taylor는 자신의 농 피검아동들의 쓰기표본에 네 가지의 주된 누

락을 발견하였다: 전치사 누락(The ant slept the bed), 한정사의 누락(The ant saw grasshopper), 직접목적어의 누락(A girl threw in the water), 그리고 동사의 누락(특히, 계사)(The bird away). 전 연령에 걸쳐 한정사의 누락 빈도가 가장 높았으며, 그 다음으로는 전치사, 직접 목적어, 그리고 동사의 순이었다. 하지만 10세에서는 동사 누락의 빈도가 두 번째로 높았다. 이러한 결과들은 Kates(1972)에 의해 분명하게 확증되어졌는데, 하지만 그는 그의 피검자들에 의해 만들어진 누락 형태에 대해 세부적인 분석은 하지 않았다. 12세경에는 동사 누락이 빈도가 가장 낮은 누락이 되었다. 이러한 형상으로 말미암아 Taylor는 어린 농아동들에 의해 완벽하게 습득되어지는 최초의 표준 영어규칙 중의 하나가 문장의 서술부가 동사를 가지고 있어야만 한다고 주장하게 되었다. 즉, S→NP+VP: 문장은 명사구와 동사구를 반드시 가지고 있어야 한다.

모든 누락의 발생빈도가 연령과 함께 감소하는 것은 농학생들이 문장생성의 이러한 측면들에 걸쳐 완전습득에 접근함을 가리키는 것이다. 이러한 경향의 한 예외는 직접목적어의 누락이었는데, 이 누락의 수가 10세에서 14세 사이에서 떨어졌지만, 그러나 14세에서 16세 사이에서 다시 현저하게 증가했다. Taylor는 직접목적어 누락 발생의 오르내림에 대한 흥미로운 분석을 제시할 수 있었다.

2) 잉여성

Taylor는 그녀의 자료에서 The ant walked to home and He thanked to the dove의 형태와 같은 잉여성의 주된 형태가 전치사에서 발생됨을 발견했다. 이러한 현상들의 발생빈도는 그녀가 연구한 연령범위에 걸쳐 거의 감소하지 않았는데, Taylor는 어린 건청아동들에게서 나타나는 언어습득의 전형적 발달의 형태를 찾아볼 수 있었다(예, Cazden, 1968: Slobin, 1966): (a) 학습되기까지 규칙 적용의 실패, (b) 규칙의 점진적 습득과 바른 사용의 점차적 증가, (c) 적용 되어서는 안 되는 환경에 규칙을 과다하게 "일반화"시킴, 그리고 (d) 지배적인 바른 사용. 이 결과들은 나이든 아동들이 사용한 보다 더 복잡한 언어 구조 내의 다른 잉여성의 유형들에서 간파되어질 수 있음을 보여준 Quigley, Wilbur, Power, Montanelli, 그리고 Steink-amp(1976)에 의해서도 확증되었다.

3) 어순

Taylor는 그녀의 표본에서 비교적 빈도가 낮은 것으로서 어순 문제를 발견했다. 그것은 주로 10세 정도의 연령에서 발생했었다. 그녀는 영어 구문의 어순은 그녀의 표본 중 가장 어린 연령을 대표하는 10세 이전에 대부분의 농아동들에 의해 습득되어진 것 같이 느꼈다. 하지만 이러한 결론은 외부자극에 대한 반응으로서 문어적 표본들의 수집물처럼 여겨진다. 다른 연구들로부터의 결과들(예, Quigley, Wilbur, Power, Montanelli & Steinkemp, 1976)은 의문문과 피동문의 통제된 검사를 가지고 그들의 성취도를 예증할 때, 어순 문제는 농아동들의 언어능력에서는 아주 흔한 것이며, 아마 Taylor의 결과들은 단지 단일 능동 평서문에만 적용될 것이다.

어 휘

1) 사전

"농아동들의 언어에 대한 사전적 연구들"은 표준화 성취도검사의 어휘 하위검사에 대한 조사로 크게 한정되어져 왔다. Taylor는 농아동들의 어휘에 대한 지식에 사뭇 다르게 접근하는 흥미로운 최초의 방법을 만들어 냈다. 그녀의 선택적 제약 오류의 분석을 따라서, 그녀는 자신의 피검자들이 판별할 수 없었던 단어들을 다른 단어로 선택한다는 것을 지적했다.

> 어떤 것은 의미적 특징들을 변별할 수 없음으로 인해 나타났고, 어떤 것은 선택한 낱말과 자극 필름에서 제시된 사건들 간에 변별이 불가능함으로부터, 그리고 어떤 것은 학생들이 영어의 관용어들에 익숙지 못함으로 인해 발생했다.(p.126)

2) 선택적 제한성

선택적 제한성에 대해 농아동들이 잘못을 범하는 것을 확인할 수 있는 정보는 거의 없다. Taylor는 자신의 자료가 이러한 영역에서의 설명을 가하기에는 매우 어렵다는 것을 발견했다. 확실히 선택적 제한성의 위반 탓으로 여겨질 수 있는 오류들은 매우 드물었다. 명백한 것으로 나타난 단지 두 영역은, "a water and the few grass의 예와 같은 특징(±수), 혹은 a scissors and a pliers의 예와 같은 특징(±복수)에 관해 상호 비교가 불가능하였던 한정사들과 명사들의 결함"이었다(p. 124). (마지막의 두 예는 어떤 표준영어 화자에게는 단수로서의 명사에 대한 재분석으로 인해 문법적임을 주의하라.) 이러한 영역에서 농아동들의 성취도에 대해 보고할 만한 향상이 Taylor에 의해 조사된 10세에서 16세 연령 범위 내에서는 찾아내어질 수 있는 것이 없다.

3) 범주규칙

Taylor가 대상으로 한 농아동들 중에는 어떤 영어의 주요 범주를 다른 것으로 대치시키는 것이 몇 개가 었으나, 그녀가 연구했던 전 연령 범위에 걸쳐서 이러한 영역에서 그들의 수행이 현저하게 향상되지는 않았다. Taylor는 그러한 현상을 내포하고 있는 문장들은 크게 다른 것이 없었으며, 그리고 독자들에 의해 쉽게 해석되어질 수 있다고 생각했다. 그녀는 Mother table the food와 같은 이문(異文)구조들은 table the motion에서의 표현과 같이 명사를 동사로 사용하는 기능적 변환과 유사한 것이라는 실험적 가설을 과감히 세웠다.

Kate(1972)는 농학생들이 그들에게 주어지는 자극들에 답하여 문장을 쓰게끔 요구되어진 연구를 보고했다(총 32단어가 주어졌다). 그는 Taylor와 같은 결과를 발견했다: "몇몇 피검자들… 인정될 수 없는 기능적 변환을 하였으며, 그것은 다른 것들의 기능을 수행하기 위해 하나의 품사를 사용하였다."(p. 45)

형태론적 규칙

Taylor는 그녀가 조사한 형태론적 규칙들의 종류들을 바르게 사용하는 농아동들의 능력이 연령에 따라서 주목할 만한 향상이 있음을 발견했다. 대부분의 난제들은 동사의 굴절에서 발생했으며, 다음으로 단·복수 굴절과 소유형 굴절의 순으로 발생했다. 동사 굴절의 문제들은 많은 어린 건청아동들에게서 발견되는 전형적 형태와 같았다 (Cazen, 1968). 가장 빈도가 높은 것은 So she fly and get a leaf의 예와 같은 굴절 어미의 누락이었으며, 바른 형태의 과다 일반화, 예를 들면 The dove was scared and flied away와 같은 것이었거나 혹은 The circle broked와 같은 바른 규칙의 오적용과 같은 순이었다. 동사의 형태론적 오류 중 가장 적게 나타난 것은 Dove saw ant can't swim의 문장과 같은 부정확한 시제표지이었다(표준영어는 couldn't라고 써야 함).

대부분의 단·복수 오류는 The sleeps went to sleep에서와 같은 복수형태소의 과다 사용의 형태로 발생했으며, 그 다음으로 Six boy went to the party와 같은 복수 형태소의 누락이었으며, 그리고 The leave was on the tree에서와 같은 혼동된 형태의 사용 순이었다.

변형 규칙

Taylor는 그녀의 연구에서 농아동들이 사용하는 변형규칙들의 세 가지 주된 유형을 살펴보았다. 다른 영역들에 비해 변형규칙의 오류는 비교적 적었다. 그러나 Taylor는 이것이 농아동들이 이 영역을 능숙하게 사용하기 때문이 아니라, 실제로는 그들이 복합적 변형규칙의 사용을 거의 시도하지 않기 때문이라고 간주했다. 학생들은 그들이 생성한 많은 수의 비표준적 변형구조들이 나이에 따라 상당한 감소를 보이지 않았지만, Taylor는 그들의 변형규칙 습득이 다소 증가함을 보였다고 느꼈는데, 이는 오류의 수가 감소하지 않는 한편, 시도된 변형의 수는 나이에 따라 현저히 증가했기 때문이었다. Taylor는 세 가지 주요 변형규칙을 살폈다.

1) 접속

접속사들(일반적으로 and)을 사용하여 둘 이상의 문장들을 함께 연결하려는 시도는 Taylor의 자료에서 보여지는 매우 흔한 변형이었다. 그녀는 농아동들이 이 영역에서 두 가지의 주된 문제를 안고 있음을 발견했다. 대등접속은 A ant see a tree a bird and Ant walk found animals와 같은 문장에서의 생략 현상이 잦았거나, 또는 The dove got out of the tree and took a leaf threw it down의 문장과 같은 오위치가 많았다. 많은 아동들이 접속사를 The ant ran to its home and get the scissors and hit a man's leg와 같이 모든 문장을 연결하는 중간에 위치시켰다.

농아동들이 가진 또 다른 문제는 접속문에서 삭제가 가능한 것이 무엇인지를 아는 것이었다. Taylor는 많은 아동들이 만일 문장의 주어가 선행문에서의 어떤 명사구와 동일한 것이라면, 그 주어는 삭제되어질 수 있으며, 그리고 그것의 서술어는 선행문의 서술어와 연합

되어질 수 있는 것으로 처리함을 알았다(p. 104). 이러한 추측적 규칙
들은 The tool hurt the hunter and yelled and The hunter scared
the dove and flew away와 같은 그러한 문장들을 설명하는 데 사용
되어졌다. 이런 현상은 Quigley, Wilbur, Power, Montanelli 그리고
Steinkamp(1976)에 의해 역시 폭넓게 발견되었으며, 그리고 이것은
목적어-주어 삭제로서 보고되었다. Quigley, Wilbur, Power, Mon-
tanelli, 그리고 Steinkamp는 '목적어-목적어 삭제'로 불리워지는 것
에 대한 증거를 또한 발견했는데, 접속문의 후행문의 목적어가 선행
문의 목적어와 동일한 것으로 처리하여 삭제되어졌다. Taylor는 이
것이 그녀의 자료 중 The ant threw a ball on the ground and put
in his room과 같은 문장들에서처럼 매우 보편적인 것임을 발견했다.
Quigley, Wilbur, Power, Montanelli 그리고 Steinkamp에 의해 보고
된 시제 계열화와 같은 부가적 현상은 Taylor의 자료에서도 역시 발
생했었다. 두 개의 접속문 중 첫 번째 서술어에만 시제 표지를 하는
것은 농작자들에게는 특히 일반적이었으며, 그래서 The ant went
off and ride the dragonfly에서처럼 서술어의 시제 표지를 하였다.

  2) 명사화

  Taylor는 농 피검자들이 이 영역에서 큰 어려움이 있음을 발견했
는데, 특히 동명사(swimming)와 부정사(to swim) 같은 동사들을 명
사 형태로 변형시켜서 바르게 사용하는 데에 특히 어려움이 있었다.
이러한 영역들의 바른 사용에 대한 혼란은 The ant like to played
with insects, The man began screamed 등과 같은 오류를 범하는
것이었다. 다른 학생들은 He can not know how to swimming and
The hunter missed to shoot the dove처럼 동명사와 부정사의 바른
상태를 혼동하는 것처럼 보였다. 동사 see는 The ant saw him what
he was doing과 같은 문장들에서 농자들에게 특별한 문제들을 야기

시켰다.

Taylor는 그녀의 자료에서 명사화에 대한 결과를 요약했는데, 많은 농학생들이 영어의 명사화 규칙들을 결코 충분히 습득하지 못했으며, 그들은 그것들의 일부조차도 습득하는 데 큰 어려움을 지니고 있고, 그리고 어떤 것을 습득했다 하더라도 그것들은 언어발달 과정에서 아주 늦게 습득되어진다고 했다. 이것은 검사도구에서 동사의 명사화에 대한 여러 검사들을 포함시킨다는 것이 불가능하다는 것을 발견했던 Quigley, Wilbur, Power, Montanelli의 경험으로써 확증되었는데, 이는 거의 대부분의 나이든 학생들조차도 검사에서 점수를 획득하기란 완전히 불가능한 것으로 나타났기 때문이었다.

3) 관계절

이 영역에서도 몇몇 문제들이 발견되고 있는데, 이것은 Taylor의 농 피검자들이 관계절 구조의 사용을 거의 시도하지 않았다는 점 때문이다. 하지만 그들이 사용했을 때는 거의 일정하게 비표준적 영어 구조를 만들어 내었다.

관계절에서 흔히 사용된 것은 세 가지 변화 구조 형태였다. 하나는 The ant held the thing look like circle과 같은 문장에서처럼 표준영어에서 꼭 있어야 하는 관계대명사의 생략이었다. Taylor에 의해 제시된 오류의 다른 예들은 Quigley, Wilbur, Power, Montanelli 그리고 Steinkamp에 의해 발견된 복사 현상과 같은 것으로 나타났다. 그것은 There was a little hole underground which a smart ant lived in it. 이것의 심층구조는 다음과 같다. 즉, There was a little hole[S a smart ant lived in the hole S]과 같은데, 여기에서 [ ]로 묶어놓은 문장이 주절에 내포되어 있다. 관계절 구성의 표준영어 규칙에서는 내포문의 the hole이 내포문의 앞으로 자리가 옮겨진다. 하지만 복사 현상에서는 그것이 대명사화해서 삭제된 상태라기보다는 내포문의 맨 앞에 단순히 삽입된 것이다. 어떤 농아동들은 the hunter man을 the oldman과 같은 구조들로 지어내었다.

Taylor의 연구에서 농아동들의 문어가 16세에 이르러서도 여전히 표준영어의 사용법과는 매우 차이가 있음을 볼 수 있다. 일반적으로 16세에 그들은 능동 평서 단순문을 구성하는데, 완전습득이 이루어진 것으로 볼 수 있다. 그것은 그들이 가끔 The boy played a happy에 서처럼 주요 범주들을 부정확하게 대치하는 오류를 범한다는 것이며, 그리고 The rock sang a song에서처럼 선택적 제한의 오류는 거의 범하지 않는다는 것이다. 하지만 이렇게 나이가 들어서조차도 그들은 특히 동사와 명사의 굴절로 간주되는 영어 형태상의 많은 문제들을 여전히 소지하고 있다. 그들은 영어의 한정사와 조동사 체제의 운용에 여전히 많은 문제점들을 가지고 있으며, 참으로 그들은 어떤 다른 영역에서보다도 이러한 영역들에서 더 많은 문제점들을 가지고 있다. 그들은 복합문의 변형을 생성하는 데에서는 실수를 비교적 적게 하지만, 그러나 이것은 단지 그들이 그러한 어려운 문장을 쓰려는 시도를 거의 하지 않기 때문이다. Taylor의 분석에서 대부분의 16세 농아동들은 영어의 관계화 규칙과 명사화 규칙들에 관해 아는 것이 거의 없으며, 그리고 그들이 그러한 구조들의 사용을 시도할 때, 상당히 잘못된 구조를 만들어 낸다. 그들은 이 연령에서 접속규칙을 올바르게 사용하기 시작하지만, 그러나 올바르게 사용한다 손치더라도 그들은 비표준적 영어방식의 접속문들을 여전히 많이 쓴다. Taylor가 그녀의 피검자들이 범한 '오류'들을 검사한 것을 설명하는 데에 전통적 용어를 사용했다고 하더라도, 그녀의 분석에서 농아동들이 영어 문장을 생성함에 있어 단순히 '오류'를 범했던 것이 아니라, 표준영어의 규칙이 아닌 규칙들로부터 '올바른'(그들 나름대로는) 문장들을 생성하였다는 것은 분명하다.

Quigley와 그 보조자들의 폭넓은 연구들은 4장 읽기에서 다루어져 논의된 바 있으며, 표 2와 3은 그 연구들의 주요 결과들의 개요를 간략하게 나타낸 것이다. 위의 연구와 O'Neill(1973), Power와 Quigley (1973), 그리고 Schmitt(1969)와 같은 이들의 연구들은 통사의 이해 (읽기)의 연구들로서도 간주되어질 수 있다. 읽기 장에서는 Quigley, Wilbur, Power, Montanelli 그리고 Steinkamp(1976)의 연구들이 논의 의 대상이 되었다. 하지만 그러한 연구들 중의 어떤 측면들은 문어의 맥락에서도 사용하여 특정 통사구조들의 이해를 검사하는 것 외에도 Qugiley, Wilbur, Power, Montanelli 그리고 Steinkamp는 전국적인 유층무선표집방법에 의한 10세에서 19세 사이의 400명이 넘는 농학 생들로부터 문어 표본들을 수집했다.

통사능력 검사(the Test of Syntatic Abilities, TSA)에 의해 나타 난 관계대명사 유형과 관계절 위치에 대한 학생들의 곤란도 순위는 문어 표본을 분석해 봄으로써 확정되어졌다. 주격 관계절은 목적격 관계절에 비해 5대 1의 비율로 수가 더 많았는데, 전체 중에서 주격 관계절이 84%였었고, 목적어 관계절은 단지 16%뿐이었다. 농학생들 중 9%는 주격 관계절을 쓴 반면, 목적격 위치의 관계절은 단지 2% 의 학생들에 의해서만 사용되어졌다. 이와 유사하게, 끝에 위치하는 관계절(68%)이 쓰여진 것이 중간에 위치하는 관계절(32%)보다 약 두 배 가량이 많이 쓰여졌는데, 농 표집대상 중의 11%가 최소한 하 나의 맨 끝에 위치하는 관계절을 사용한 반면, 중간에 위치하는 관계 절은 단지 6%에 의해서만 사용되어졌다.

문어에 있어 대등접속문들이 농아동들에 의해 쓰여진 접속구조 중 에서 가장 자주 사용되었다. 전체 접속문의 31%가 대등접속문이었는 데, 10세 학생들은 10%만 이것을 썼지만, 18세 아동들은 84%가 이 구조를 썼다. 접속동사구는 대등접속구조 발생 중의 25%였으며, 10 세 농학생들의 17%, 18세 농학생들의 68%에 의해 쓰여진 꼴로서, 일반적으로 적어도 한 학생당 2개가 쓰여진 셈이다. But에 의한 접 속구조는 472개 쓰기 표본에서 119개만이 나타났으며, and를 2,431개 사용한 것과는 대조적이었다. 10세의 경우 4%의 학생들만이 적어도

한 번 접속구조에 but을 사용했는데, 백분율은 17세에 31%로, 18세에는 22%로 점차 증가하였다. or에(즉, 대체) 의한 접속문은 훨씬 덜 자주 나타났는데, 36번만 사용했다. 10세 농학생들 중의 2%(한 학생)가 이러한 구조를 사용했고, 18세 학생에게서는 10%(5명)가 사용했다.

농학생의 문어표본의 분석에 의하면 연령에 따라 보문 사용의 전체적 증가를 나타내 보였다. 최소한 하나의 목적격 보문이 10세 농학생 중 22%에 의해 사용되어졌고, 18세 농학생 중에서는 92%로 증가한 반면에, 주격 보문은 어떤 연령의 농학생들에 의해서도 사용되지 않았다. For-to보문들은 매우 자주 사용되어졌으며, 다음으로 단지 몇 개의 POSS-ing보문이 사용되었다. 거의 모든 보문이 동작동사에 의해 나타났으며, 지각동사에 의한 것은 1% 이하, 그리고 상태동사에 의한 것은 전혀 나타나지 않았다. 부정사 보문의 10% 이하가 잘못 굴곡되었다.

작문에서의 오류에 대한 분석은 쓰기에서 적절한 대명사 형태에 대한 학생들의 실제적 사용에 관한 보충자료를 제공하였다. 문어표본에서는 부적절한 사례 사용의 실례가 거의 없었다. 그러한 오류의 수가 많지 않음은 TSA의 대명사화 검사에서 농학생들의 비교적 양호한 수행 결과를 뒷받침해주는 것이라 하겠다. 수의 오류는 훨씬 드물었는데, 10, 11 혹은 12세에서는 오류가 없었고, 그리고 14세에서는 2%만이 오류가 있었다. 비교적 인칭오류들(The family went on a picnic. They packed our lunch, rather than they packed their lunch.)은 좀더 많았는데, 약 5%가 나타났다. 이러한 오류의 백분율은 일부 농학생들이 다른 인칭대명사들이 적절히 가리켜야 할 것에 대해 확실하게 알지 못함을 지적해 준다.

Wh의문문과 yes/no 의문문을 합친 것이 단지 3%의 농학생들의 쓰기에서만 생성되었다. 이것은 아마 그림을 보고 설명을 하게 하는 과업 유형에 따른 결과이었을 것이다. Wh의문문의 경우, 14명의 학생들이 꼭 20개를 사용했었는데, 최소한 하나의 Wh의문문이 17세를 제외한 각 연령에서 사용되었으며, 한편 18세에서만 보다 많이 사용되었는데, 50명 중 4명의 학생이 6개를 사용했다. 전체 쓰기 표본 중에서 오직 하나의 부가의문문이 16세의 농학생에 의해 쓰여졌다. Wh-의문문, 주격Wh-의문사와 목적격Wh-의문사는 농학생들이 동일한 비율로 사용하였다. 주어-조동사 도치는 꼭 14명의 학생들(3%)에 의해 47번 쓰였으며, 어떤 12세 학생은 그것을 20번이나 썼고, 어떤 18세 학생은 10번을 썼다.

전체적으로, 농학생들은 그들의 쓰기에서 부정문 배치를 잘 습득한 것으로 나타났는데, 93%의 부정사가 바르게 위치해 있었고, 10세에서 18세까지의 전체 연령에서 101명의 학생들이 182개의 부정사를 바른 위치에 썼으며, 단지 3%의 학생들(13명)만이 잘못 위치한 14개의 부정사를 썼다. 농학생들 중의 10%(48명)가 not을 n't로 여러 차례 줄여 썼다. 잘못된 부정사 배치의 모든 사례들은 문장 내에 위치한 부정사를 가지고 있었는데, 농학생들은 누구도 Neg-S나 S-neg 구조를 쓰지 않았다. 또한 앞의 연구들에서 발견된 것과 같은 그러한 형태의 사용에도 불구하고, amn't나 willn't은 사용하지 않았다. 동사 구조에 대한 관련 난이도 TSA의 문법적 판정에 관해서는 문어 표본에서의 생성 자료에서와 동일한 것으로 나타났다. 즉, 현재 진행형이 가장 쉬웠으며, 다음으로 완료형이, 그리고 셋 중에서 가장 적게 사용된 것이 수동태였다. 진행 시제는 농학생들의 쓰기에서 매우 보편적이었는데, 469명의 학생 중에서 148명(32%)에 의해 407개의 사례가 쓰여졌다. 이러한 사용은 연령에 따라 증가했는데, 4명의 아동이 10세에서 진행형을 사용했고, 그리고 22명(50명 중)은 18세에서 그것들을 사용했다. 완료형은 좀처럼 사용되지 않았는데, 단지 25개만이 나타났다. 그것들은 전체 중 5%의 숫자인 단지 22명의 학생들에 의해서만 사용되었다. 10세는 1명, 17세는 6명, 18세는 3명이 각기 하나의 완료형을 썼다. 수동문들은 덜 보편적이었는데, 10명의 농학생들

(전체 중 2%)에 의해 be수동태가 11번 사용되었다. 다섯 명의 농학생(8%)은 각기 한 번의 got 수동태를 사용하였다. 14세 이전에는 어떠한 수동태의 유형도 나타나지 않았다. 조동사는 30명의 학생(6%)에 의해 43번이나 잘못 제시되었다.

제 3 절 농아동: 통제적 반응 연구

통제적 생성문법 연구들

문어에 대한 비통제적 생성문법 연구가 제공한 가치있는 통찰에도 불구하고, 이러한 접근방법에 중요한 문제들이 있다. 기본적인 문제는 자연적(비형식적 기록)인 글을 모은 것이거나 그림이나 다른 자극들에 의해 쓰여진 것들이거나 간에 아동이 언어에 대해 알고 사용할 수 있는 모든 것을 도출해낼 수 있는 것이 아니라는 것이다. 이 문제의 여러 예들은 Quigley, Wilbur, Power, Montanelli 그리고 Steinkamp에 의해 연구된 농아동들의 글모음에서 볼 수 있다. 이러한 글들은 일련의 계열화된 그림들에서 도출되었으며, 수백 개의 표본들에서 모은 것들 중에는 재귀대명사의 예는 하나도 찾아볼 수가 없었다. 정말로 농아동들이 재귀대명사를 사용할 수 없는지, 혹은 단순히 그것들이 이런 특정 자극들에 의해 도출되어질 수 없었는지는 분명하지 않다. 이와 비슷하게, 그러한 글모음들에서 인칭대명사들이 나타났다 하더라도 그것들의 발달 유형에 대한 적절한 해석을 가할 수 있는 인칭대명사의 숫자가 불충분하였다. Taylor는 그녀의 글모음에 극히 적은 수의 문장순서 문제들을 발견했는데, 아마 그녀의 자극들이 사실상 그녀의 피검자들에게 아무런 의문점들을 도출해 내지 않았기 때문이었을 것이다. 더욱이, 농아동들의 몇몇 언어 구성은 너무 일탈되어 있어서 아동이 "실제로 의미했던 것이" 무엇인지를 분명하게 밝히는 것은 매우 어려우며, 결국은 어떤 분석은 주관적으로 흐르게 되는 결과를 낳는다.

　이러한 이유들, 그리고 자극과 반응의 요구조건들의 주의깊은 조작이 언어습득, 생산, 그리고 이해의 역동성에 대해 보다 더 명확한 통찰력을 줄 수 있기 때문에, 많은 조사연구자들은 언어 변인들의 통제적 조작을 사용해왔다. 현재 변형생성문법 이론에 기초하고 통제적 자극제시를 사용한 농자들에 관한 대안적 연구들이 있다.

구절구조 규칙

1) 누락

　농아동들의 구절구조 규칙의 올바른 사용에 대한 연구에서, O'Neill(1973)은 피검자가 올바른 규칙들과 잘못된 규칙들에 의해 생성된 단순문들이 "맞는지" 혹은 "틀리는지"를 판단하도록 요구하는 수용언어능력 검사를 개발하였다. 누락 부문에서, 그녀의 피검자들(9세에서 17세까지)은 전체 항목 중 75%의 바른 판단(건청아동은 84%)을 했으며, 연령에 따라 유의한 향상을 보였다. 그녀의 모든 연주 영역에서처럼(다른 영역은 어순, 잉여성, 그리고 선택제한), 농 피검자들은 건청아동들이 '올바른' 문장들을 '맞는 것'으로 바르게 선택하는 것처럼 하였지만, 농아동들은 건청아동들이 하는 것보다 훨씬 더 많이 '틀린 문장들'을 '맞는 것'으로 가리키는 경향이 있었다. O'Neill은 농 피검자들이 명사, 동사, 그리고 형용사(내용어)가 잘못 누락된 문장들보다는 한정사, 전치사, 그리고 분사들과 같은 기능어들이 누락된 틀린 문장을 훨씬 더 많이 맞는 것으로 수용하는 경향이 있음을 발견하였다. 이 결과는 비통제적 쓰기에서의 Taylor(1969)의 연구 결과와 아주 일치한다.

2) 잉여성

이 영역이 O'Neilli의 농 피검자들(건청 피검자들의 85% 대비 전체 73%가 정반응)에게는 누락보다 약간 더 어려운 것으로 확인되었다. 누락과 비슷한 결과의 유형들은 잉여되는 내용어를 가진 문장들보다 잉여되는 한정사, 전치사, 그리고 분사를 가진 문장들을 판단하는 것이 더 어려운 것으로 밝혀졌다. 또한 농 피검자들은 잉여된 동사를 가진 문장들을 받아들이는 경향이 있었음이 주목되어졌다(The children went walked to the park와 같은 문장들).

3) 어순

이 영역은 O'Neill의 피검자들에게서는 가장 쉬운 것으로 확인되었다(90%의 정반응, 건청 피검자들의 86% 정반응 대비). O'Neill은 "어순 영역에서 단지 문법적으로 잘못된 두 문장만이 '맞는' 문장으로 농 피검자들에 의해 판단되었는데, 그것은 적어도 이러한 문장들 내에서 통사적 어순이 농 피검자들에 있어서 큰 문제가 되지 않았음을 시사하는 것이다."라고 주석을 달았다(p. 92).

O'Neill의 가장 어린 피검자들은 읽기 연령이 적어도 2학년이 되는 9세의 아동들이었다. 농아동들에게 단순문의 의미가 가리키는 장난감들을 옮기도록 요구하는 검사를 사용하여, Power와 Quigley(1973)는 많은 농아동들이 영어 단순문들의 어순이 가지는 숨은 뜻에 대해 습득이 잘 되어 있지 않음을 발견했다. 농 피검자들 중 많은 수가 장난감에 대해 주어와 목적어 위치를 특이하게 배치하는 것이 나타났다. 예를 들면, The car pushed the tractor와 같은 문장들을 주고 장남감을 가지고 실제로 해 보라고 했을 때, 동일 아동이 때때로 어떤 때는 차로 트랙터를 밀고, 다른 때는 트랙터로 차를 밀었다. Power와 Quigley는 The horse kicked the box와 같은 문장들 내의 비전환성

이 농 피검자들로 하여금 가장 어린 연령에서부터 문장들을 바르게 해석하도록 도움을 주었다는 것도 보고하였다. 이 지적은 농아동들이 문장해석을 위한 기능이나 어순에 있어 기능이나 어순의 역할에 대한 이해가 없이 내용어들 간의 찰나적(그리고 아마 특이한) 관계에 기초한 어의적 혹은 통사적 단계를 경험한다는 것이었다. 이것은 뒤에 더 자세히 논의될 Schmitt(1969)의 연구결과를 확증지워 주는 것이다.

어휘

1) 선택적 제한

O'Neill(1973)은 이 영역을 가지고 하위검사를 실시했는데, 농 피검자와 건청 피검자 모두에게 가장 어려운 하위검사인 것으로 판명되었다(건청 피검자-82% 정답, 농 피검자-69% 정답). 그녀는 피검자들이 ±생물, ±수량, ±남성, ±인칭, ±일반, ±구체상의 특징들을 가진 명사와 대명사상의 선택적 제한을 어기는 광범위한 문장들을 옳은 문장으로 받아들이는 것을 발견했다.

2) 형태 규칙

농아동들의 형태 규칙에 대한 주요 연구가 Cooper(1967)에 의해 보고되었다. 그가 지적한 바와 같이 한 학교만을 대상으로 피검자를 표집했기 때문에 결과의 일반화가 의심스러운 면도 있겠으나, Cooper의 결과는 이 영역에서 농아동들의 수행에 대한 거의 정확한 지표로서 여겨질 수 있을 것이다. Cooper는 무의미 그림들("This is a wug. Here is another wug. Now there are two ___")과 문장 속의 무의미 낱말들("Mary knows how to zugg She zuggs every day. She knows a lot about ___. zuggy, zugged, zuggness, zugging 중 하나를 고르시오")을 사용하는 Berko(1958)의 기법을 사용했다. 형태의 수용지식과 생성지식이 모두 검사되었다.

일반적으로, 농 피검자들은 Cooper의 검사에서 불량한 수행 성취를 보였다. 그들은 최고점 48점에서 단지 25.3점의 전체 평균만을 나타내었으며, 나이가 가장 많은 아동들(19세)조차 단지 29.2점의 평균을 나타냈다. 연령에 따라 점수가 다소의 향상을 보였다. 형태에 대한 수용지식은 모든 사례에서 표현지식보다 우월했다.

Cooper는 농아동들의 굴절형태소(기본 형태소가 어떤 문법적 관계를 표현하기 위해 첨가되어질 때의 어미들. 예를 들면, 동사와 명사의 단-복수표지들: 진행상태 표지: 형용사의 최상급 표지: 소유 표지)에 대한 지식이 파생 표지(대개 기존의 단어로부터 문법적으로 다른 군의 새로운 단어를 만드는 어미 즉, -ly부사형 어미: -able 형용사형 어미: -ness와 -ing명사형 어미)에 대한 지식보다 우월한 것을 발견했다. 이것은 농아동들이 여러 유형의 파생 명사들에서 가지는 어려움들과 일치한다. Cooper의 자료는 Taylor(1969)가 비통제적 자료수집 상황에서 발견했던 것들을 종합적으로 확증지우고 그 범위를 결정해준다.

변형 규칙

Taylor(1969)는 접속, 명사화 그리고 관계화의 세 가지 주요 통사구조에서 농아동들이 문제를 가졌음을 주시했다. 이러한 구조들과 또 다른 구조들에 대해 Quigley, Wilbur, Power, Montanelli 그리고 Steinkamp(1976)에 의해 폭넓게 통제된 연구들은 뒤에 논의될 것이다. 특별한 구조들에 대한 몇몇 다른 연구들이 소개된다.

1) 부정

광범위한 연구의 부분으로서, Schmitt(1969)는 제시된 문장을 네 개의 그림 중에서 하나와 바르게 짝지우는 이해와 산출의 과제를 실시했다. 그의 8세, 11세, 14세 그리고 17세의 농 피검자들이 이 과업을 썩 잘 수행했는데, 영어 문장들 속에서 부정표지 not의 의미를 대부분의 농아동들이 이해하고 있음을 나타내는 것이었다. 예외적인 것이 하나 있었는데, 어린 농아동들이 'not' 표지에 대한 무시와 긍정문과 상응하는 것으로서 부정문을 취급하는 특징을 나타내는 no부정규칙이라고 Schmitt가 불렀던 것을 어린 피검자들이 잘 처리하였다는 가설을 설정하기에 충분했었던 과업에서 많은 수의 어린(8세) 피검자들이 계속해서 실패를 한 것이었다(p. 124). 그러한 반응은 Schmitt가 검사했던 아동들보다 더 어린 농아동들의 수행에서는 훨씬 더 전형적이었을 것이다.

2) 피동태

영어에서 단순 능동문의 의미는 주어-서술어-목적어 순으로 제시된다. The boy was pushed by the girl과 같은 수동 문장은 the girl pushed the boy를 의미한다. 피동문은 반전 가능한 것(만일 주어와 목적어의 상호 변환이 문법적이고, 의미가 있는 문장을 만들어 낸다면, 예, The boy was pushed by the girl)으로나, 또는 반전 불가능한 것(The car was washed by the boy-대조적으로 The boy was washed by the car)과 같은 것으로 설명된다. 흔히, 행위자 by구는 동작의 행위자가 알려져 있지 않거나, 또는 명백하기 때문에(The man was killed) 생략되어진다.

건청아동에게 있어서 반전된 어순의 이해는 비교적 늦게 나타나며, 그리고 8~9세가 되기까지 충분히 습득되어지지 않을 수도 있다. 이

러한 시기까지 어떤 건청아동들은 마치 능동문처럼 피동문을 해석한
다. 즉, 예를 들면, 소녀에 의해 소년이 떠밀렸다(The boy was
pushed by the girl)가 민 사람이 소년인 것으로 의미를 부여한다.

많은 농아동들이 이러한 잘못된 피동문의 해석을 나이를 상당히
먹을 때까지도 계속하는 것처럼 보인다. 앞에서 살펴본 연구에서
Schmitt(1969)는 반전이 가능한 피동문들의 행동을 바르게 설명해 주
는 것을 네 장의 그림 중에서 한 장을 고르도록 8세에서 17세까지의
농아동들에게 시켜놓았다. 또한 그는 그림들을 설명하는 피동문을 올
바르게 완성시키도록 "빈 곳 메우기"를 자신의 피검아들에게 시켰다.

Schmitt의 연구는 언어습득기 이전의 농아동들에 의해 사용되는
피동태의 습득을 조사하기 위해 세 가지 과제를 사용한 Power와
Quigley(1973)에 의해 확대되어졌다. 과제들에서 아동들에게 피동문
의 동작을 나타내도록 장난감을 이동시키게끔 했다. 피동문의 세 형
태는 완전히 순서를 반전시킬 수 있는 것, 완전히 순서를 반전시킬
수 없는 것, 그리고 행위자가 생략되는 것(이것은 반전시킬 수도 있
고 반전시키지 못할 수도 있다)는 것을 사용했다. 행위자 생략문을
가지고 문장의 동작을 나타내는 두 그림 중의 하나에 대한 강요된
(무리한) 선택은 장난감 이동 과제 대신에 사용되어졌다.

Power와 Quigley는 심지어 17~18세의 대부분의 농아동들이 by에
의해서만 문장의 의미가 표시되어지는 그러한 문장들을 처리하는
"주어-목적어 어순의 피동태 반전"인 피동문들을 처리하는 잘못된
규칙을 지니고 있으며, 시제 표지는 변화에 개의치 않고 쓴다는 결론
을 내렸다. 많은 농아동들은 영어 단순문의 표준 어순인 주어-동사
-목적어의 표현으로 모든 문장들을 해석하는 것에 매우 강하게 고착
되어져 있는 것처럼 보이며, 나이가 들어서조차도 그런 현상이 계속
된다.

어떤 연구들(Ewolt, 1981: McGill-Franzen & Gormley, 1980)은 농
학생들의 특정 동사구조들의 이해에 대한 통제적 반응 연구들의 결

과를 논박하였다. 그 다음에는 그 연구들이 다른 연구들(Zsraelite, 1981: Robbins & Hatcher, 1981)로부터 도전을 받았다.

생성문법 연구들은 학교에서 표준영어 문법규칙 중의 '가장 간단한' 것들을 사용하는 방법을 습득하는 것조차도 농학생들이 거의 진보를 보이지 못하는 것으로 보았다. 그들은 구절구조 규칙의 사용을 반영하는 단순문들의 구조와 문장 내의 어떤 구성요소의 적절한 위치를 완전히 습득하는 데는 다소의 성공을 했으나, 그들은 여전히 문장 구성요소들의 어떤 범주들을 과다하게 사용하는 경향이 있으며, 이런 경향은 나이가 더 든 다음에도 나타난다. 학교를 떠날 연령에서 조차도 많은 농학생들은 영어의 선택적 제한 규칙들을 올바르게 사용하는 데에 문제들을 가지고 있다. 또한 형태론적 규칙들의 올바른 사용에도 어려움이 있는 것으로 나타나며, 이것은 나이가 많은 농아동들도 마찬가지이다. 많은 농학생들이 단지 가장 단순한 영어의 변형들(부정, and를 사용하는 접속)만을 양호하게 사용하는 것을 습득하는 것 같다. 영어 복합문의 내포변형과 문장생략 변형은 그들의 문어를 쓰는 것에서 거의 나타나지 않으며, 그리고 그것들이 쓰여질 때 많은 오류가 발생되어진다.

Quigley 등(1978)은 농자들의 통사문제들의 보편성과 다른 집단 내에서의 그러한 문제들의 유사성에 관한 자료들을 제공했다. 〈그림 2〉는 미국, 캐나다, 그리고 호주의 농학생들: 미국의 정상적인 건청학생들: 그리고 영어를 2차 언어로 학습한 여러 나라의 건청 대학생들에 관한 자료들을 나타낸 것이다. 모든 집단에서 종단면도의 유사성들은 연구된 통사구조들의 난이도 순서들이 모든 표본들에 있어서 거의 동일했었다는 것을 가리키고 있다. 농학생들에게 난이도가 가장 높았던 것은 없었다. ESL학생들이 대부분의 농학생들보다 모든 구조들에 있어서 더 큰 어려움을 가지고 있음을 그림 2에서 볼 수 있다. 농학생들의 통사적 문제들은 독특하지 않다는 것을 이러한 자료를 통해 나타난 것이며, 그러한 통사적 문제들은 많은 다른 집단들에게서도 마찬가지로 나타나는 문제이다.

Quigley와 King(1982)의 연구에서 인용된 것처럼, King(1981)은 농학생들에게서 나타난 언어의 이해와 표현에서 발견된 구조들은 농자들의 독특한 문장구조가 아니라는 사실을 역시 보여 주었다. 농자들의 언어이해와 표현에서 발견된 거의 모든 문제들은 다른 집단들에서도 발견되었다. 이것은 농자들의 통사적 문제들이 독특한 것이 아님을 알려준다.

담화 분석

앞에서 언급한 것처럼 청각장애인들에 대한 언어연구는 문장과 문자의 내적 문제(단어, 구, 절)에서 문장 간의 분석으로 옮겨졌으며, 그리고 언어기재로부터 언어구성(작문)으로 옮겨져 왔다.

Blank(1982)과 Freedle 및 Fine(1982)은 청각장애 집단에 대한 이러한 영역에서의 연구들을 잘 요약하여 주었다. Freedle과 Fine이 지적하는 바와 같이 담화이론은 초기 단계에 와 있으며, 연구되어지고 있는 많은 문제들(상이한 수준의 본문에서의 구조들과 같은)은 범주를 나누고 있는 정도의 매우 기초 단계에 와있다. 이 영역에 있어서의 연구는 4장 읽기에서 논의된 바 있는 도식 이론에 크게 영향을 입었다.

농자들에 대해 담화분석을 한 연구는 아직 아주 한정되어 있지만, 그러나 향후 10년 내에는 급속하게 증가할 것이 분명하며, 그리고 농자들의 언어 처리과정과 문제들에 대한 추가 정보와 통찰을 제공하게 될 것이다. Wilbur(1977)는 Quigley, Wilbur, Montanelli 그리고 Steinkamp(1976)가 관사, 대명사 그리고 동사 시제의 적절한 사용이 어떻게 문장들이 본문 내에서 관련되어지느냐를 보여주는지에 대해 연구한 것들로부터 보고하였다. Wilbur는 그녀의 자료에서 농학생들의 여러 구조들의 이해와 사용이 문장수준을 넘어선 분석에 의해서

만 이해되어질 수 있다고 주장한다. McGill-Franzen과 Gormley
(1980), 그리고 Ewoldt(1981)는 문장 간의 고찰과 분석의 중요성에
대한 추가적 증거를 제시하였다. 농아동들에 대한 대부분의 자료분석
의 이러한 형태는 쓰기보다는 읽기에 더 관심이 있었으며, 이러한 형
태들은 4장에서 논의된 바 있다.

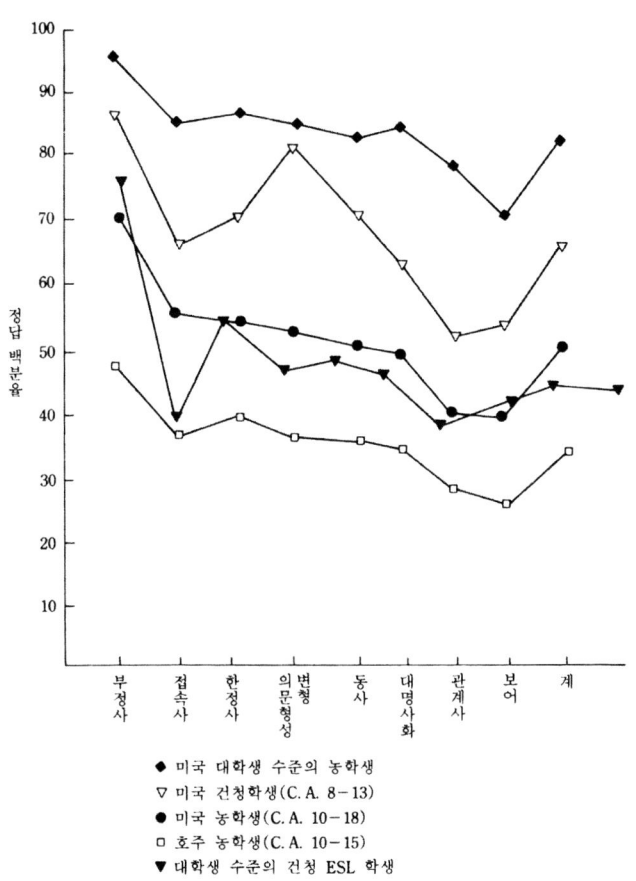

〈그림 2〉 다섯 집단 학생들의 TSA진단검사 도구상의 평균점 비교

제 4 절 요약 및 결론

　각 시대는 어떤 새로운 이론적 언어계통의 결과를 낳게 하는 언어의 이해 혹은 지각에서의 변화가 있었으며, 농아동들의 언어에 대한 재검토와 재분석이 특히 문어에서 일어났다. 그러한 변화가 외견상 있는 듯하나 계속적으로 재창된 것은 아니다. 변화하는 이론들(전통문법, 구조주의문법, 화용이론)은 자주 지식과 이해를 증가시켜 농아동들의 언어처리 과정과 문제들에 대한 새로운 통찰을 제공해 주고, 농아동들의 언어를 검사하고 분석하는 새로운 방법들을 제공한다. 50년 전보다 그러한 처리과정과 문제들에 대한 상당한 양의 지식들과 더 나은 보고물들이 있다고 말하는 것은 일리가 있다. 하지만 이것이 농학생들에게 영어를 더 많이 습득하게 했다고 말하기에는 무리가 있다.

　농아동 800명으로부터 16,000개의 언어 표본을 광범위하게 분석한 Thompson(1936)의 연구는 농학생들의 문어에서 나타나는 '오류'(일탈)의 수와 유형들에 관한 상세한 정보를 제공했는데, 현재도 통용되고 있다. Thompson은 또한 교사들이 체계적인 문법을 다루기보다는 낱말들의 바른 사용에 더 많은 시간과 노력을 기울인다고 말함으로써 언어발달에 있어 자연법들과 분석법들 간의 논쟁을 지적했다. 어휘 사용에 관한 교사들의 관심은 Hasentab와 McKemzie(1981)에 의해 오늘날 또한 증명되어졌다. 언어접근법들(자연적인 것과 분석적인 것)과 의사소통 형태들(OE, MCE, ASL)에 관하여 이것이나 저것(eitheror)이라는 방식으로 생각하는 불행스런 경향이 Thompson의 진술에 나타난다. 개개의 언어접근법과 의사소통 형태는 아마 농아동들의 교육에서 어떤 위치를 가지며, 그리고 교사들과 치료사들의 선택성향은 대개 다양한 접근법들의 요소들을 기꺼이 수용한다. 이것은 King의 최근 조사(1983)에 의해 증명되었다.

Thompson(1936)의 대규모 연구가 817명의 건청 학생들과 301명의 농학생들이 쓴 1,118개의 작문들을 연구한 Heider와 Heider(1940)에 의해 수행된 대규모의 연구에 의해 강화되어졌다. 이 두 연구들은 전통문법의 틀 속에서 분석된 농아동들의 문어에 관한 훌륭한 정보를 학생들과 교사들과 치료사들에게 제공한다. 이러한 전통적 모형의 폭넓은 초기 연구들은 Myklebust(1964), Perry(1968) 그리고 Stuckless 와 Marks(1966)에 의해 보다 최근에 수행된 전통적 분석들에 의해 지지되어진다. Stuckless와 Marks(1966)의 연구는 변인들의 유형들과 숫자들을 보고하는 것을 넘어서서 작문의 길이, 유형-빈도수, 그리고 문법적 정확비율의 측정을 포함하는 등식으로서 문어작문의 질에 대해 유용하게 요약된 지표를 제공한다.

Marshall과 Quigley(1970)와 Simmons(1962)는 전통문법적 언어분석과 변형생성문법적 언어분석 사이에 전이를 이룬 구조주의자와 구조주의자의 생성문법 중심 연구들의 예가 된다. 이것들은 형태류(Fries, 1952)와 절과 문장의 연합 변형들(Hunt, 1965)에 관한 농아동들의 문어에 있어 상이함에 대한 정보를 제공한다. 이것의 후속으로 비통제적 반응에 의한 Taylor(1969)의 연구와 통제적 반응에 의한 Quigley, Wilbur, Power, Montanelli, 그리고 Steinkamp(1976)의 연구로 폭넓은 변형문법적 분석들이 이루어졌다. 이러한 연구들은 농학생들 영어의 통사구조에 대한 폭넓은 정보를 제공한다. 다른 연구들은 Taylor의 결과들과 Quigley, Wilbur, Power, Montanelli 그리고 Steinkamp의 결과들을 뒷받침하는 경향이 있었다(예, Iviney & Lachterman, 1980: Power & Wilbur, 1983).

주요 연구들이 화용 이론의 틀 속에서 농아동들에 대해 아직 보고된 바는 없으나, 앞으로 10년 동안에 보고가 되어질 것이다. Ewoldt (1981), McGill-Franzen과 Gormley(1980), 그리고 Wilbur(1977)가 행한 특정 연구들은 나타난 언어의 형태를 지적하는 것이기는 하나 문어에 관한 자료보다는 읽기에 관한 자료들에 더 많이 기초하고 있다.

이런 연구자들은 전체로서의 언어가 언어의 부분들을 합친 것보다 더 중요하다는 사실을 결정적으로 보고하였다. 즉, 최소한 농아동들이 여러 언어의 부분들에서 가지고 있는 문제들 중 어떤 것이 읽기의 전체에 대해 농아동들이 이해하는 것을 방해하지는 않는다는 것이다. 이것은 어느 정도 일리가 있다. 그러나 어떤 지식의 영역에서 전체에 대한 완벽한 이해는 보통 그것의 부분들에 대한 충분한 이해를 필요로 한다. 그리고 이 책에서 전반적으로 입증되어지는 표준영어의 여러 측면들(어휘, 통사론, 상징어 등)에 대해 농아동들이 가진 상당한 문제들이 농아동들에게 거의 중요한 것이 되지 못하며, 표준영어의 여러 측면들에 대한 상세한 지식들이 교사와 치료사들에게 별 가치가 없다고 하는 것은 수용하기가 곤란하다.

읽기에 관해서는 60년 이상(Pintner & Patterson, 1910에서 Try-bus & Karchmer, 1977까지) 수집되어진 자료들을 볼 수 있는데, 읽기 검사상의 득점에 있어 농아동들이 상당한 진보를 나타내었음을 보여 준 것은 없다. 문어에서도 아주 많은 지식과 이해가 있음에도 불구하고 Thompson(1936)으로부터 Quigley, Wilbur, Power, Mon-tanelli, 그리고 Steinkamp(1976)에 이르는 연구들에서 보고된 양적 자료의 고찰은 문어에서 일반적인 향상이 없었음을 지적한다. 이것은 오늘날 농아동들의 교육에 헌신했던 자원들의 증가세를 위축시키고 있다.

과거20년간의 언어이론들, 특히 구조주의 언어학자와 변형생성문법들은 농학생들을 가르치고 그들의 언어를 발달시키는 데에 문법을 적용하게끔 했다. 구조주의 문법에 기초한 The Apple Tree Program(Anderson 등, 1980)은 교육프로그램들에서 폭넓게 사용되고 있다. Sentences and other Systems(Blackwell 등, 1978)는 변형생성문법을 기초로 하였는데, 이것 역시 많은 프로그램들에서 사용되고 있다. The TSA Syntax Program(Quigley & Power, 1979)은 TSA (the Test of Syntactic Abilities)의 체계적이고 치료적인 교수의 필수서로 구성되어 Quigley, Wilbur, Power, Montanelli, 그리고 Steinkamp(1976)의 연구에 기초가 되었다. 이러한 여러 기술들과 자료들이 농학생들의 읽기와 쓰기 언어(물론, 이 둘 모두는 내면화된 언어의 반영물들이다)에 중대한 영향을 미치게 될 것인지에 대해 말하기란 너무 이르다.

제6장 한국 농아동의 문해능력*

제1절 읽 기

서 론

이 연구는 독해 측면에서 청각장애 학생들의 읽기 능력을 밝힘으로써 청각장애 학생들의 읽기 지도 및 교재 제작의 근거를 제시하고자 한다. 그러나 독해란 1차 언어발달의 기초 위에 가능한 것이기에 일반아동의 통사론적 언어발달에 관심을 가질 필요가 있다. 언어학자들에 의한 우리나라 일반아동들의 언어발달에 관한 연구가 이남덕 (1953) 이후 여러 측면에서 행하여져 왔으며, 특히 통사론적 언어발달 연구는 이인섭(1973, 1974), 조명한(1973, 1982), 조명한·정복선 (1975) 등에 의해 많은 진전을 보았으나 초기 언어 습득이 주를 이루어, 청각장애 아동들의 언어 지도모델로 채택할 만한 단계적 발달 과정을 설정하기에는 미흡하다.

더구나 초등학교 아동의 언어를 대상으로 행한 연구(이인섭, 1977)는 몇몇 되지 않아 언어발달의 후기과정은 거의 정립되어 있지 않다고 볼 수 있다.

---

* 6장의 1절은 최영주의 "청각장애 학생의 독해력 분석", 한국재활과학회, **난청과 언어장애**, 1990. 제13권 제2호에 게재된 논문을 요약한 것이고, 2절은 강창욱의 "농학생 문장의 문법적 특징연구", 한국재활과학회, **난청과 언어장애**, 1991, 제14권 제1호에 게재된 논문과 강창욱의 "농학생 복합문의 통사·의미론적 특징분석", 대한특수교육학회, **특수교육학회지**, 1992, 제13집 1호에 게재된 논문을 요약 정리한 것이다.

아동 후기의 언어발달 정도와 청각장애 학생들의 언어발달을 비교할 만한 검사 도구는 한국교육개발원에서 제작한 기초 학습 기능 검사(1987)의 언어 기능 부분인데, 이 역시 단계별 위상 정립이 되어 있지는 않지만 학년별, 연령별 규준이 밝혀져 있어 일반 아동들과의 읽기 능력 차이는 비교할 수 있다고 본다.

본 연구에서 알아보고자 하는 연구 문제는 다음과 같다.

첫째, 청각장애 학생들의 읽기 기능은 정상 아동의 어느 수준에 있는가?

둘째, 청각장애 학생들에게 독해가 용이한 문장과 독해가 곤란한 문장은 어떤 것들이며 그 특징은 무엇인가?

방 법

1) 대 상

본 연구의 읽기 검사에 참여한 학생들은 부산과 대구 지역 청각장애학교 중등부와 고등부 1~3학년 재학생들로서, 청각장애 이외의 중복장애를 지닌 학생은 검사에서 제외시켰다.

검사에 참여한 학생들의 학년별·성별 분포는 〈표 1〉과 같다.

〈표 1〉 검사 대상 청각장애 학생의 분포

집단 학년	중 등 부			고 등 부		
	남	여	계	남	여	계
1학년	22	14	36	34	20	54
2학년	36	20	56	37	24	61
3학년	28	23	51	25	21	46
계	143			161		
전 체	304					

2) 도구 및 절차

본 연구의 검사 도구는 한국교육개발원에서 표준화한 기초 학습 기능 검사 중 언어기능의 읽기 Ⅱ(독해력)이다.

기초 학습 기능 검사는 학년, 성, 지역 등이 고려된 체계적 유층 표집 방법에 의해 유치원부터 초등학교 6학년까지의 1,289명의 일반 아동들을 대상으로 실시하여 표준화한 것으로서, 기초 학습 기능 혹은 기초능력을 평가하여 학생의 학습 수준이 정상과 어느 정도 떨어지는가를 알아보거나 학습 진단 배치의 결정, 선수 학습 능력 또는 학습 결손 상황의 파악, 개별화 프로그램의 작성에 도움을 주기 위하여 마련된 것이다. 이 검사는 정보처리 기능, 언어기능, 수기능 3개 영역을 5개 소검사로 나누어 평가하는 개별화 검사인데 언어 기능 부분 중에 읽기 Ⅰ(문자와 낱말의 재인), 읽기 Ⅱ(독해력), 쓰기의 소검사가 포함된다. 독해력 검사는 전체 50개 문항으로 구성되어 있고, 독해력 문항의 기본 요인을 문의 구조 파악, 문의 접속과 내포, 어휘의 의미파악으로 선정하여, 생활 경험의 차이로 수행 결과에 차이를 줄 수 있는 내용을 제의하고, 문장 속의 주된 단어 배치, 장면화시킬 수 있는 구체적인 내용의 문장 선정, 주제의 적절한 분산, 어휘 선정의 계열적 배열, 관용적·비유적 용법의 포함 등을 출제의 기준으로 설정하여 예비검사를 거쳐 채택된 것이다. 읽기 Ⅱ의 학년별 평균, 표준편차 및 범위는 〈표 2〉와 같다.

〈표 2〉 일반아동의 기초 통계

통계 \ 학년	유치원	초 등 학 교					
		1학년	2학년	3학년	4학년	5학년	6학년
평 균	7.0	22.0	30.0	35.6	38.4	40.0	41.5
표준편차	14.2	11.8	9.8	8.6	7.7	7.7	7.0
범 위	0−48	0−46	0−47	0−48	0−50	0−50	0−50

각 문항의 답지는 각각 네 개의 그림으로 구성되어 있으며 피검자는 하나의 문장을 묵독한 후, 그 다음 장에 제시되어 있는 네 개의 그림 중에서 피검사자가 바로 앞서 읽었던 문항의 내용을 의미하는 그림과 가장 일치하는 그림의 번호를 선택하여 연구자가 본 연구를 위하여 마련한 답안지에 번호를 적는 방법으로 실시되었다.

원검사의 경우 훈련된 검사원에 의해 개별적으로 실시되었으나 본 연구에서는 당해 학교의 국어과 담당 교사의 지도 아래 실시 방법을 익힌 후 피검자 스스로 검사지를 넘겨가며 답안지에 문항의 답을 기록토록 하였으며, 제한 시간은 주어지지 않았다.

3) 자료 처리

독해력 평정을 위해서 문항별로 정답 반응률(성취율)에 따라 5단계로 평정하였으며, 성취율 81% 이상의 문항과 성취율 20% 이하의 문항을 분석, 그 특징을 살펴보았다.

결과 및 해석

본 연구는 청각장애 학생들의 독해기능을 다음과 같이 분석한다.
첫째, 청각장애 학생들의 읽기 기능과 표준 학년 규준 비교
둘째, 문항별 정답 반응 평정
셋째, 청각장애 학생들의 독해 용이 문항과 독해 곤란 문항의 분석

1) 청각장애 학생들의 읽기 기능과 표준 학년 규준 비교

청각장애 학생들의 읽기 기능 검사를 통해 얻은 득점의 분포 상황은 〈표 1〉과 같다.
중등부에서 비교적 많은 학생이 얻은 점수는 23점(9명), 30점(10

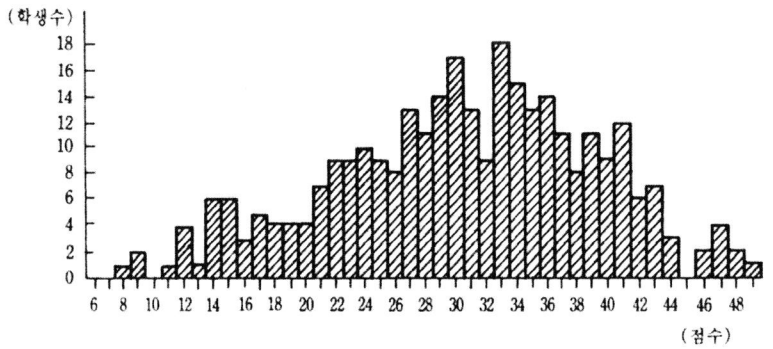

〈그림 1〉 득점별 학생 수 분포

명), 33점(10명)이며, 고등부에서 많은 학생이 얻은 점수는 31점(9명), 39점(9명), 41점(9명)이다. 중·고등부 전체로 볼 때, 최빈치에 해당되는 득점은 33점(18명)이며, 그 다음은 30점(17명)이다.

학년별 읽기 기능 검사는 득점의 평균, 표준편차 및 득점 범위는 〈표 3〉과 같다.

〈표 3〉 청각장애 학생들의 읽기기능 득점

구분	중등부				고등부			
통계	1학년	2학년	3학년	전체	1학년	2학년	3학년	전체
평균	26.61	26.95	30.82	29.24	31.13	32.84	31.96	32.15
표준편차	7.70	8.04	8.15	8.23	7.97	9.09	7.34	8.30
범위	11−42	8−42	12−49	8−49	12−43	9−47	16−47	9−47

중등부 전체 평균(28.24점)과 고등부 전체 평균(32.15점)의 차이는 3.91로 표 2의 일반아동 초등학교 1학년 평균(22.0점)과 초등학교 2학년 평균(30.0점)의 차이 8점이나, 초등학교 2학년과 3학년(평균 35.6점)의 평균 득점차 5.6보다 적은 것을 알 수 있다. 또한 중등부 1학년(평균 26.61점)부터 고등부 3학년(평균 31.96점)까지의 차이도 5.35

에 불과해, 5년간 평균 한 학년 정도의 읽기 기능 향상을 보고한 미
국에 비해 다소 뒤떨어진다고 볼 수 있다.

〈표 2〉와 〈표 3〉에서 알 수 있는 바와 같이 중등부와 고등부 1학
년은 일반아동 초등학교 1학년 수준에 머무르고 있으며, 고등부 2학
년부터 초등학교 2학년 수준에 읽기 기능이 수행되고 있음은 심각한
현실이 아닐 수 없다. 이는 중등부의 경우 재학생의 절반 정도는 초
등학교 1학년 교과서를 읽고도 정확히 이해하지 못하며, 나머지 절반
의 학생들만이 초등학교 1학년 교과서를 읽어서 이해할 수 있다는
해석이 될 수 있다.

읽기 기능의 향상 정도를 일반 아동과 비교해서 나타낸 〈그림 2〉
에서 보듯이 청각장애 학생들의 읽기 기능의 향상은 거의 눈에 띄지
않는다. 일반아동의 경우에는 유치원에서 초등학교 1학년 사이에, 그
리고 초등학교 1학년에서 2학년 사이에 읽기 기능이 현저하게 발달
하는데, 이는 언어발달의 기초 위에서 문자 습득에 의해 읽기가 진행
되기 때문이다.

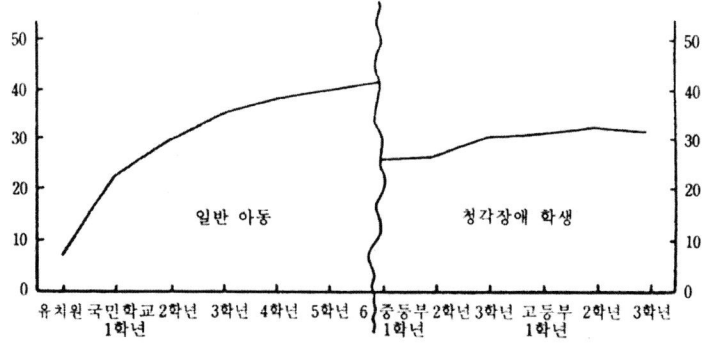

〈그림 2〉 청각장애 학생과 일반아동의 읽기기능 발달 비교

그러나 청각장애 학생들은 언어발달이 지체된 가운데 읽기를 수행
하기 때문에 중등부와 고등부 청각장애 학생들의 읽기 기능 발달이

일반아동의 초등학교 2학년 수준을 넘지 못한 채 머물러 있는 것으로 생각된다.

중등부 1학년 상위 10%의 학생은 일반아동 초등학교 2.5학년 이상의 읽기 기능을 보이며, 중등 2학년의 상위 10%의 학생은 일반 초등학교 4.8학년 이상의 수준으로, 중등 3학년은 4.5학년 이상의 수준으로 읽기 기능을 수행한다. 고등부의 경우 1학년이 중등부 3학년보다 다소 낮게 나타났고, 3학년이 2학년보다 낮게 나타났다. 고등부의 1학년 상위 10%의 학생들은 일반 초등학교 4학년 수준을 넘어서고, 고등부 2학년은 초등학교 6학년 수준 이상으로 나타났으며, 고등부 3학년은 초등학교 4·5학년 수준 이상으로 나타났다.

각 학년별 상위 20%의 학생들의 수준을 갖춘 학년 규준에 비교해 보면, 중등부 1학년-2.3학년, 3학년-2.7학년이며, 고등부 1학년-3.5학년, 2학년-4.5학년, 3학년-3.0학년으로 나타났다.

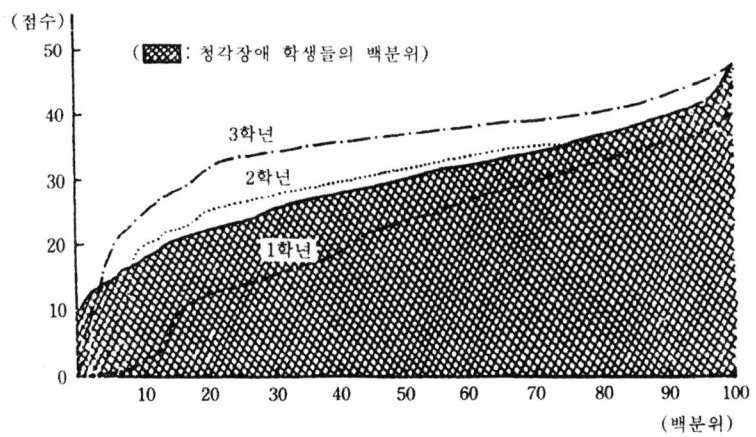

〈그림 3〉 청각장애 학생들의 백분위 분포와 일반 아동들의 백분위 분포 비교

Furth의 보고(1966)에서 10 1/2세~16 1/2세까지의 5,307명의 미국 청각장애 학생들 중에서 8%만이 4학년 수준을 넘어선 데 비하면, 우

리나라 청각장애 학생들의 해당 연령인 중등부 청각장애 학생들의
경우 4학년 수준을 넘어선 학생 수는 143명의 검사자 중 12명으로
전체의 8.39%를 차지하고 있어, 미국의 경우와 거의 비슷함을 알 수
있다.

그러나 미국의 15~16세 청각장애 학생들의 읽기 수준은 3.5학년인
데 반하여, 우리 청각장애 학생들의 해당 연령인 중등부 3학년~고등
부 1학년의 평균 득점은 31.75~31.25로서 표준학년 규준 1.9학년인
것으로 보아 전체적으로 상당히 뒤떨어져 있음을 알 수 있다. 그러나
이것은 우리나라 특정지역 농학교 학생들을 대상으로 한 것이기 때
문에 일반화하여 단정하기는 어렵다. 가령 조기교육을 철저히 받은
서울 A학교 학생들의 경우 읽기 검사 점수는 중·고등부 학생의 평
균학년이 3.75학년으로 본 연구의 결과보다 높게 나타났다.

중·고등부 청각장애 학생들 전체의 백분위 분포를 일반아동 초등
학교 1, 2, 3학년의 백분위 분포와 비교해 보기 위해 도표로 나타낸
것이 〈그림 3〉이다. 검게 나타낸 부분이 청각장애 학생들의 백분위
분포인데, 그림에서 보듯이 청각장애 학생들 중에서 하위 집단과 상
위 집단을 제외한 대부분의 학생들은 일반 초등학교 2학년 수준을
넘지 못하고 있다.

2) 청각장애 학생들의 독해 용이 문항과 독해 곤란 문항의 분석

청각장애 학생들의 독해 용이 문항과 독해 곤란 문항을 변별하기
위해 먼저 전체 50문항을 읽기 기능의 평정 점수 순위에 따라서 재
배열하였다.

독해 용이와 독해 곤란으로 나누는 데 있어서 그 기준을 연구자는
평정점수 4.01(성취율 81%) 이상의 문항을 독해 용이로, 평정 점수
1.00(성취율 20%) 이하의 문항을 독해 곤란으로 설정하였다. 〈표 4〉는
청각장애 학생들의 독해 용이 문장이고, 〈표 5〉는 독해 곤란 문장이다.

〈표 4〉 청각장애 학생들의 독해 용이 문장

전체 순위	중등부 평 점	고등부 평 점	문 장 내 용
1	4.34	4.78	남매가 손을 잡고 걸어갑니다.
2	4.48	4.47	개미가 나무잎을 타고 물 위를 떠내려갑니다.
3	4.44	4.38	동생이 편지를 할머니께 가져다 드렸습니다.
4	4.20	4.57	달리던 자동차가 길가의 가로수를 들이받아 자동차는 찌그러지고 나무는 부러졌습니다.
5	4.16	4.53	소녀가 유리창을 닦고 있습니다.
6	4.02	4.29	모자를 쓴 아이가 긴 톱으로 나무를 자르고 있습니다.
	4.06	4025	두 자매가 소꿉놀이를 하다가 심술이 난 언니가 동생을 울렸습니다.
8	4.02	4.25	아이들이 횡단보도로 손을 들고 건넙니다.
9		4.13	소년은 연필로 도화지 위에 안경 쓴 아버지의 얼굴을 그리고 있습니다.
11		4.13	엽서를 읽으시던 아버지께서 굵은 색연필로 달력 위에 동그라미를 그리셨습니다.
13		4.16	그는 책상 위에 편지 한 통을 남기고 방문을 나섰습니다.
14		4.01	청개구리는 장난을 치고 싶어서 풀 숲에 숨었어요.
15		4.07	오는 길에 보니 논에서 아이들이 방울 달린 줄을 딸랑딸랑 흔들면서 새를 쫓고 있었습니다.

〈표 5〉 청각장애 학생들의 독해 곤란 문장

전 체 순 위	중등부 평 점	고등부 평 점	문 장 내 용
47	0.70		하루종일 걸어왔기 때문에, 병영에 이르렀을 때 그 군인은 파김치가 되어 있었다.
48	0.80	0.25	고슴도치도 제 새끼는 함함한다고 한다.
49	0.35	0.40	할머니는 치아가 몇 개 없으시다.
50	0.28	0.25	마파람에 게눈 감추듯 한다.

각 문장 분석에 있어서 기본 구문에 의한 분석과 통사론적 방법으로서 조사, 부정법, 피동과 사동, 복합문 구성, 존대법, 비유와 관용구로 구분하여 살펴본다.

기본 구문에 의한 분석과 조사, 부정법은 남기심·고영근의 표준국어문법론에 따라, 피동과 사동, 존대법은 이익섭·임홍빈의 국어문법론에 따라, 복합문 구성은 권재일의 복합문 구성 연구에 따라 분석한다.

(1) 기본 구문에 의한 분석

국어의 기본 구문은 S+P, S+O+P, S+C+P, S+O+C+P로 나누어지는데 이인섭(1977)에 의하면 이러한 기본 구문이 일반아동 2세부터 5세 사이에 모두 나타나기는 하지만, 기본 구문을 발화할 수 있는 능력과 구문상의 차이를 변별할 수 있는 능력과는 차이가 있으며, 일반아동의 경우 학년별 언어 훈련 과정의 각 구문 구성 요소에 대한 직관과 변별 훈련을 거쳐서 후자의 능력이 발달한다고 서술한다.

기본 구문을 구성하는 주어(임자말), 서술어(풀이말), 목적어(부림말), 보어(기움말)의 주성분 이외에도 관형어(매김말), 부사어(어찌말)의 부속성분과 독립어(홀로말)로서 독립성분이 있다.

중등부 청각장애 학생들의 독해 용이한 문장들은 보어와 독립어가 제외되어 있으며, S+P와 S+O+P 문형들로서, 의미를 보다 자세히 더해주는 부사어와 관형어가 첨가되어 있는 문형들로 되어 있다. 고등부 독해 용이 문장들 역시 같은 현상을 볼 수 있다. 전체 50개 문항 중에서 보어가 들어 있는 문항은 '하루종일 걸어왔기 때문에, 병영에 이르렀을 때 그 군인은 파김치가 되어 있었다'라는 문장뿐인데 중등부는 평점 0.70을 고등부는 평점 1.83을 보여준다.

청각장애 학생들의 독해 곤란 문장들은 기본 구문형태로 보아, S+P와 S가 생략된 P의 단형문이다. 중등부의 독해 곤란에 S+C+P 구문이 포함되어 있다.

(2) 조사에 따른 분석

조사는 주격, 서술격, 목적격, 보격, 관형격, 부사격, 호격의 격조사와 접속조사, 보조사(혹은 특수조사)로 나누어진다.

주격조사 '가'가 전체 문항에서 23회 쓰였는데, 독해 용이 문장 속에는 중등부, 고등부 각각 7회(30%) 나타난다. 주격조사 '이'는 전체 문항에서 15회 쓰였으나, 독해 용이 문장 속에 중등부 2회(13%), 고등부 3회(20%) 나타나고, 주격조사 '은/는'은 전체 문항에서 27회 쓰였으나 중등부 3회(11%), 고등부 6회(22%)로 나타나 주격조사의 '이'와 '은/는'의 이해가 고등부에서 향상됨을 알 수 있다.

성취 순위로 보아 '가'는 중등부에서 '은/는'은 고등부에서 습득되어진다고 볼 수 있다. 이는 일반아동의 초기 언어발달에서 주격조사 '가'가 '는'보다 먼저 획득되는 사실과 일치하여 흥미롭다.

목적격조사 '을/를'의 경우 전체 문항에 56회 쓰였고 독해 용이 문항에는 중등부 11회(20%), 고등부 18회(32%) 나타난다.

관형격조사 '의'는 전체 문항에 8회 쓰였는데 독해 용이 문항에는 중등부 1회(13%), 고등부 2회(25%) 나타났다.

부사격조사는 그 쓰임에 따라 처소(낙착점, 출발점, 지향점), 도구, 비교, 동반, 변성, 인용으로 나누어지지만, 청각장애 독해 용이 문항에서 도구를 나타내는 '로/으로'가 중등부 2회(40%), 고등부 4회(80%) 나타나며, 처소를 나타내는 '에/에서'는 중등부에서는 나타나지 않지만 고등부에서 6회(18%) 나타나 부사격 조사의 향상이 두드러졌다.

그 밖의 보격조사 '이/가', 접속조사 '와/과', 보조사 '는', '도'가 쓰였으나 청각장애 학생들의 독해 용이 문항에는 전혀 나타나지 않아 이들 조사의 이해가 부족됨을 알 수 있다.

(3) 부정법

부정법의 뜻을 나타내는 부사나 서술어에 대한 구별로서 '안'부정문, '못' 부정문, '말다' 부정문으로 나누어지는데 본 검사의 전 문항을 통해서 부정문의 표현은 1회도 없었다. 그러나 형용사 '없다'를 사용한 문항을 부정표현으로 분석하면 중등부에서 평점 0.28, 고등부에서 평점 0.65를 나타난다. 하지만 부정 표현으로부터 분류한 문장 '할머니는 치아가 몇 개 없으시다'의 내용에서 '치아'의 어휘가 독해를 곤란하게 했을 것이며 부정사 '몇'의 사용이 부분 부정을 만듦으로 해서 더욱 곤란을 더해 준 것이라 보여져, 위 문장으로 부정법을 분석하는 것은 온당치 않다고 본다.

(4) 피동과 사동

어떤 행위나 동작이 주어로 나타내어진 인물이나 사물이 제 힘으로 행하는 것이 아니라 남의 행동에 의해서 되는 행위를 피동이라 하고, 남으로 하여금 어떤 동작을 하게 하는 동작을 사동이라 한다.

전체 문항에서 피동은 11회, 사동은 4회 쓰였지만 독해 용이 문장인 '달리던 자동차가 길가의 가로수를 들이받아 자동차는 찌그러지고 나무는 부러졌습니다'에서 피동이 2회, '두 자매가 소꿉놀이를 하다가 심술이 난 언니가 동생을 울렸습니다'에서 사동이 1회 나타나며, 독해 곤란 문항에서는 피동, 사동이 보이지 않는다.

(5) 복합문 구성

복합문은 1번 문항 '순경이 도둑을 잡았습니다'를 제외한 전 문항에 걸쳐서 문항당 1~4회 포함되어 있어 국어 체계가 어떤 형태로든 복합문으로 구성되어 있음을 시사한다.

조명한(1982)에 의하면 복합문의 표면 구조는 완전한 문장 형식의 심층구조에서 삭제변형을 통해 유도되며, 일반아동의 경우 이미 기본 2어 관계에서 독립된 의미 관계를 나란히 배치함으로써 접속을 형성 표현한다고 밝힌다.

청각장애 학생의 독해 용이 문항에서 중등부의 경우는 연결관계의 대등 접속문과 동사구 내포문으로 구성된 '개미가 나뭇잎을 타고 물 위를 떠내려갑니다.'가 가장 성취율이 높고 다음으로 동사구 내포문이 뒤를 잇고 있다. 고등부의 경우는 '남매가 손을 잡고 걸어갑니다'의 동사구 내포문이 가장 성취율이 높고, 관형화 명사구 내포문과 인과관계 종속접속문과 연결관계 대등 접속문이 함께 구성되어 있는 '달리던 자동차가 길가의 가로수를 들이받아 자동차는 찌그러지고 나무는 부러졌습니다' 문항이 뒤를 잇고 있다. 독해 용이 문항에 불구동사 내포가 전체적으로 분포되어 있으며, 명사구 내포는 관형화가 6회 나타나고 접속문 중에서는 연결관계의 대등 접속문이 4회, 인과관계의 종속 접속문이 1회 나타나 있다. 그 밖의 완형동사구 내포문의 경우는 독해 곤란의 문항에, 명사화 내포문의 경우는 독해 곤란 문항과 평점 2.34(중등부), 2.33(고등부) 문항에 나타나며, 상대관계 대등 접속문의 경우는 중등부에서 평점 1.47, 고등부에서 평점 2.11 문항에 나타난다. 목적관계, 평가관계, 결과관계는 전 문항에 나와 있지 않아 살필 수 없었다.

(6) 존대법

존대법은 한 문장의 주어를 존대하는가 안하는가에 따른 주체존대와 한 문장의 주어 행위가 미치는 대상, 즉 객체를 존대하여 표현하는가에 의한 객체존대, 그리고 화자(본 연구에서는 문장)가 청자(읽는 사람)에 대한 대접에 따른 상대존대가 있다(이익섭·임홍빈, 1983).

전체 50문항 중에서 주체존대의 표현은 4개 문항에 쓰였으나 가장 높은 성취율을 보여준 주체존대 문장은 '엽서를 읽으시던 아버지께서 굵은 색연필로 달력 위에 동그라미를 그리셨습니다'의 문항으로 중등부 평점 3.64, 고등부 평점 4.13이다. 가장 낮은 성취율을 보여주는 주체존대 문장은 '할머니는 치아가 몇 개 없으시다'로 중등부 평점 0.35, 고등부 평점 0.40이다.

객체존대는 2회 쓰였는데, 중등부에서는 평점 4.44와 2.45이고 고등부에서는 평점 4.38과 3.14로 나타났다.

존대법의 분석에서 특이하게 나타난 것은 상대존대의 경우로, 독해
용이 문장 전부가 상대존대에서 청자를 가장 높이는 '합쇼체'와 '해
요체' 표현이고, 독해 곤란 문항의 전부가 청자를 가장 낮추는 '해라
체' 표현인 것이다. 보통 일반 독자를 대상으로 하는 글은 거의가
'해라체'로 쓰이고, 일기나 글짓기 또는 초등학교 저학년 교재에서
만 '합쇼체'가 쓰인다는 점에서 청각장애 학생들이 '읽기'보다는
'쓰기'에 더 익숙해 있지 않는가 하는 가설을 낳게 한다.

(7) 비유와 관용적 표현

비유와 관용적 표현은 초등학교 저학년 교과서를 비롯하여 일상
언어생활에서 빈번히 접할 수 있으나 본 연구에서는 청각장애 학생
들의 독해 곤란 문항에 집중되어 있음을 볼 수 있다.

미국의 경우도 이와 다르지 않는데 Conley(1976)는 이를 관용구
자체보다는 관용구를 형성하고 있는 구문 구조 변인에 상당히 영향
을 받는다고 논한다. 본 연구에서는 구문 구조 변인뿐만이 아니라,
은유어로 쓰인 '파김치'와 관용구에 쓰인 '고슴도치', '새끼', '함함
하다', '마파람' 및 '게눈'과 같은 어휘에서도 많은 영향이 미쳤을
것으로 보여져, 청각장애 학생들에게 보다 활용적인 어휘로 이루어져
있는 관용구와 비유 문장을 통한 연구가 필요하다고 생각된다.

결론 및 제언

본 연구는 기초학습 기능 검사 중 독해력의 소검사를 중·고등부
청각장애 학생 304명에게 실시하여 청각장애 학생들의 읽기 기능과
표준학년 규준을 비교하고, 독해 용이 문항(성취율 81% 이상)과 독
해 곤란 문항(성취율 20% 이하)의 문장들을 분석해 보았다.

본 연구의 결과 분석을 통하여 얻은 결론은 다음과 같이 요약될

수 있다. 첫째, 평균적으로 중등부 전체와 고등부 1학년 청각장애 학생들은 일반아동 초등학교 1학년 수준에서 읽기 기능을 수행하며, 고등부 2학년 이상의 청각장애 학생들은 초등학교 2학년 수준에서 읽기 기능을 수행하는 것으로 나타났다. 그러나 특정 농학교 경우 중·고등부 농학생들의 읽기 능력이 일반학생들의 3.75학년으로서, 거의 4학년 수준에 접근하고 있음도 볼 수 있다.

둘째, 중등부 3학년 청각장애 학생들의 상위 10% 집단은 일반아동 초등학교 4·5학년 수준으로, 고등부 2학년 상위 10% 청각장애 학생 집단은 일반아동 초등학교 6학년 수준으로 읽기 기능이 수행되고 있어, 독해력이 가장 우수한 청각장애 학생조차도 동 연령의 일반 학생에 비해 크게 뒤지고 있다.

셋째, 청각장애 학생들의 읽기 기능을 국어 문법적 측면에서 분석한 결과, ① 기본 구문 구조에서 주어+서술어, 주어+목적어+서술어 문형에는 크게 어려움을 보이지 않으나, 주어+보어+서술어 구문과 주어가 생략된 서술어 구문에서는 독해가 곤란한 것으로 나타났으며, ② 조사에서는 주격조사 '가'를 중등부에서, 주격조사 '은/는'을 고등부에서 습득하는 것으로 보여주고 있어 일반아동의 초기 언어 습득 순서와 일치함을 알 수 있고, ③ 복합문에 있어서는 청각장애 학생들은 내포문 중에서는 관형화 내포문을, 접속문 중에서는 연결관계 대등 접속문과 인과관계, 첨의관계 종속 접속문을 다른 복합문 구성 문장보다 이해하기 쉬운 것으로 나타났고, ④ 존대법에서 주체존대와 객체존대보다도 상대존대의 이해에서 뚜렷한 차이를 보여주는데, '해라체'의 경우보다 '합쇼체'의 읽기 기능이 우수한 것으로 나타났다.

이상에서 보는 바와 같이 청각장애 학생들의 읽기 기능은 매우 느리지만 발달적이므로, 정상적인 언어발달이 3~10년간의 재조정 과정을 거쳐 확립됨과 같이 청각장애 학생들의 언어발달을 위해서는 오랜 기간 많은 언어활동이 지속적으로 이루어져야 하며, 보다 많은 읽

기 교재에 접할 수 있어야 할 것이다. 청각장애 학생들의 읽기 교재
는 그들의 독해능력에 상응하여 제작되어야 할 것이며, 읽기 지도에
있어서는 청각장애 학생들이 전 학령기를 거쳐 국어의 모든 구문구
조를 접하고 습득할 수 있게끔, 언어발달 단계별로 체계적인 언어지
도 모형이 개발, 운영되어야 할 것으로 본다.

제 2 절 쓰 기

서 론

본 연구는 어떻게 하면 한국어의 특징에 맞는 효율적인 언어 지도
를 할 수 있을 것인가 하는 문제 의식에서 시작되었다. 이 같은 문제
점을 확인하기 위한 첫 번째 단계는 현재 농자가 사용하고 있는 언
어의 특징을 정밀하게 밝혀 내는 일이고, 그 다음 이것을 토대로 적
절한 문제 해결 방법을 적용시켜서, 올바른 문장 지도를 통한 언어
학습을 하여야 할 것이다.

국어의 문장에서 가장 중심적인 기능은 서술어가 맡고 있다. 담화
가운데 전제된 상황일 경우에는 서술어가 생략되기도 하지만, 정상적
인 문장에서 서술어는 생략되지 않는다. 그리고 국어는 서술어의 활
용어미가 다양하게 실현되는 것이 큰 특징이다.

따라서 본 연구의 기본 가정은

첫째, 농자는 일차적으로 한국어를 바르게 사용해야 한다는 점과

둘째, 국어는 교착어라는 점과

셋째, 농학생은 단순문에서 복합문으로 문장 형태가 진행되면 급격
한 혼란을 일으킨다는 점이다.

본 연구는 이 같은 가정에서 교착어인 국어의 특성을 고려한 어미
체계에 바탕을 둔 문법연구 방법론을 통해 농학생의 문장에 나타난

문법적 특징을 밝히고자 하는 데 의의가 있으며, 분석은 복합문을 중심으로 하였고, 분석 항목의 특징에 따라서는 단순문에 대한 분석도 가해졌다.

농학생의 문장 분석을 통해 중점적으로 밝히고자 하는 본 연구의 문제는 다음과 같다.

첫째, 농학생의 문장 구성상의 특징은 어떠한가?

둘째, 농학생의 문장에 나타나는 문법 요소의 통사적 특징은 어떠한가?

셋째, 농학생의 문장에 나타나는 조사 오용의 특징은 어떠한가?

연구방법

1) 대상

본 연구의 대상은 일상 생활이나 학습 장면에서 수화를 커뮤니케이션 도구로 사용하는 대구 지역 농학교 고등부 1학년~3학년으로 하였다.

연구 대상 중 다음 조건에 해당하는 학생은 제외시켰다.

① 언어 습득기 이후에 농이 된 학생

② 수화가 습득되지 않았다고 평소 인정된 학생

③ 생활문을 다른 사람이 써준 것이 확실한 학생

〈표 1〉 연구 대상 학생

학생 수 및 평균연령 \ 학년 성별	고1		고2		고3		계	
	남	여	남	여	남	여	남	여
학 생 수	9	8	7	5	5	7	21	20
평균연령	17.0	17.1	17.9	18.5	19.2	18.8	18.0	18.1

본 연구에서는 이러한 제외 기준 외에 지능, 청력손실시기, 가정환경 등은 통제되지 않았다. 인간의 지능이나 가정환경, 청력손실치 등에 의해 언어능력 자체를 상실하는 것은 아니며, 언어 능력을 상실하지 않은 인간은 자기가 커뮤니케이션 양식으로 사용하는 종류의 언어로써 언어 수행(linguistic performance)을 행하기 때문에 지능이나 청력손실치 등이 본 연구를 위해 주요한 조건 통제의 변인이 될 수는 없다고 본다.

2) 분석자료

본 연구에서는 대구 지역 농학교의 고등부 재학생의 열흘분(1986. 3. 15~3. 24) 생활문을 분석 자료로 삼았다. 이것은 생활문이 문장의 인위적으로 또는 의식적으로 조작하지 않고 가장 자연스럽게 심층의 문법적 형태를 잘 드러낼 것이라는 기본 가정에서이다. 학년별 학생 수와 문장 수는 다음과 같다.

〈표 2〉 학년별 학생 수와 문장 수

학생 수 \ 학년 \ 문장 수	고1	고2	고3	계
학 생 수	17	12	12	41
문 장 수	1,467	1,021	716	3,204

3) 자료 정리 및 분석

본 연구의 자료 정리와 분석은 다음과 같은 절차와 방법을 따라 실시되었다. ① 자료를 학년별로 묶어서 ② 위에 제시된 제외 기준에 따라 해당 학생을 가려내고 ③ 문장 카드를 제작하여 ④ 연구 목적에 따라 하위 분류하고 ⑤ 분류된 문장 카드의 문장을 분석 기준표 문장란에 써 넣어 ⑥ 분석 기준표에 의해 문장 분석을 하였다.

위의 분석 결과의 처리에 있어서 수량화 할 수 있는 것은 백분율로써 나타내었다.

결과 및 고찰

1) 문장의 구성

(1) 문장의 짜임새
a. 농학생의 문장 형태의 분포

문장 형태를 나눔에 있어 내포문과 접속문은 동일기저 구조를 가졌으므로 나누지 않고 함께 처리했다. 학년별, 문장 형태별 분포는 〈표 3〉과 같다.

복합문이 〈표 3〉과 같이 단순문의 거의 3배 정도 많이 나타나고 있다. 이것은 농학생들이 문장 종결 능력이 부족하고, 심층 구조에서 사물이나 상황의 변화를 계속적으로 연결지우고 있다는 것을 시사한다. 학년별로도 비슷한 양상을 나타낸다.

b. 농학생의 어미 사용분포

본 연구에서 나타난 어미는 34종이었다. 대개 국어의 어미 수가 100개에 가깝다고 본다면 크게 다양하지는 않는 바, 이것은 어미 활용이 잘 이루어지지 않는 수화를 언어 양식으로 사용하고 있는 것에 주로 기인하는 것으로 볼 수 있을 것 같다.

〈표 3〉 학년별 문장 형태 분포

%(실수)
(총 문장수=3,204)

문 형태 ＼ 학년	고1	고2	고3	계
단순문	17.45(256)	40.06(409)	22.63(162)	25.81(827)
복합문	82.55(1211)	59.94(612)	77.37(554)	74.19(2,377)
계	100(1467)	100(1021)	100(716)	100(3,204)

〈표 4〉어미 출현 분포

% (실수)

(총 어미수=4,256)

순위	어미	형태	고1	고2	고3	계
1	~고	연결	20.39(868)	9.23(393)	6.67(284)	36.30(1545)
2	~어서	인과	12.08(514)	3.85(164)	4.77(203)	20.70(881)
3	~게	불동*	2.28(97)	1.10(47)	1.57(67)	8.41(211)
4	~고	완동*	1.27(54)	1.08(46)	1.86(79)	4.96(179)
5	~고	불동	1.39(59)	1.32(56)	1.10(47)	3.81(162)
6	~은	관내*	1.06(45)	1.17(50)	1.48(63)	3.71(158)
7	~지	불동	1.57(67)	1.03(44)	0.80(34)	3.41(145)
8	~면	조건	1.36(58)	0.66(28)	0.82(35)	2.84(121)
9	~을	관내	0.75(32)	0.82(35)	1.08(46)	2.66(113)
10	~는	관내	1.34(57)	0.49(21)	0.68(29)	2.51(107)
11	~이	불동	1.10(47)	0.80(34)	0.49(21)	2.40(102)
12	~어	불동	0.47(20)	0.68(29)	0.54(23)	1.69(72)
13	~는데	연결	0.21(9)	0.52(22)	0.94(40)	1.67(71)
14	~기	명내	0.61(26)	0.07(3)	0.82(35)	1.50(64)
15	~으니까	인과	0.45(19)	0.31(13)	0.63(27)	1.39(59)
16	~으면서	연결	0.42(18)	0.26(11)	0.47(20)	1.15(49)
17	~지만	상대	0.28(12)	0.16(7)	0.33(14)	0.78(33)
18	~다가	첨의	0.33(14)	0.12(5)	0.23(10)	0.68(29)
19	~어야	불동	0.35(15)	0.21(9)	0.07(3)	0.63(27)
20	~으며	연결	0.28(12)	0.16(7)	0.16(7)	0.61(26)
21	~으려고	목적	0.09(4)	0.19(8)	0.28(12)	0.56(24)
22	~으니	인과	0.26(11)	0.07(3)	0.23(10)	0.56(24)
23	~으러	목적	0.21(9)	0	0.16(7)	0.38(16)
24	~으므로	인과	0.09(4)	0	0.07(3)	0.16(7)
25	~으나	상대	0.05(2)	0	0.12(5)	0.16(7)
26	~도록	불동	0.12(5)	0	0.02(1)	0.14(6)
27	~자	첨의	0	0	0.09(4)	0.09(4)
28	~음	명내	00.02(1)	0.05(2)	0	0.07(3)
29	~어야	조건	0	0.07(3)	0	0.07(3)
30	~어도	상대	0	0.05(2)	0.02(1)	0.07(3)
31	~거나	선택	0	0.02(1)	0.02(1)	0.05(2)
32	~느라고	인과	0	0.02(1)	0	0.02(1)
33	~든지	선택	0.02(1)	0	0	0.02(1)
34	~데도	상대	0.02(1)	0	0	0.02(1)

* 불동: 불구-동사구 내포문 명내: 명사화 내포문

완동: 완형-동사구 내포문 관내: 관형화 내포문

34종의 어미를 사용하지만, 그러나 〈표 4〉에서 보는 바와 같이 어미 분포가 특정 어미에 집중되어 있으며, 어떤 어미들은 몇몇 학생들에 의해서만 사용되었을 뿐이다. 어미 출현 분포는 〈표 4〉와 같다.

농학생의 문장에 나타난 어미의 총수는 4,256개였다. 그 중 연결의 '~고'가 36.30%(1,544개)로 단연 압도적으로 많이 나타나고, 그 다음 '~어서'가 20.70%(881개)로 두 번째로 많이 나타났다. 따라서 전체 34종의 어미 중에서 연결 '~고'와 인과의 '~어서'의 빈도가 반 이상(57%)이나 차지하고 있다.

통사·의미론적 측면과 화용론적 측면에서 '~고'와 '~어서'를 통해 농학생 문장에 '~고'와 '~어서'가 대량으로 나타난 이유와 그 기능을 다음과 같은 몇 가지로 살펴볼 수 있다.

첫째, '~고'는 모든 복합문 구성에 관여하여 의미기능을 다양하게 만든다.

둘째, '~고'는 인과론적 전제 없이 다만 두 사건을 연결하는 역할만을 한다.

〈예 문〉

① 오늘은 배미희는 결석을 하고 선생님과 우리 학생이 걱정을 하고 기도를 도와주었습니다.
② 강창욱 선생님께서 학생들이 서로 사랑하고 친절과 미소를 하셨습니다.
③ 학생들 농구를 하고 운동 많이 해 춥고 없이 덮다.
④ 버스를 타고 내렸고 아파트에 갔다.
⑤ 선배 학생은 청소를 하고 농구는 놀고 고2~고3 농구선수는 하고 고3이 이겼읍니다.
⑥ 학교에서 우리는 축구를 재미있게 놀았다고 그리고 학생 선수를 다리가 달렸다.

셋째, '~어서'는 계기성(Sequence)을 가지고 사건과 생각의 선후 관계를 이어 나간다.

〈예 문〉

　　⑦ 언이 나는 같은 가서 우산을 사다는 언니는 잘 회사 간다.
　　⑧ 집에서 빨리 가서 오빠 만나서 반갑습니다.

넷째, 통사·의미론적 특징과 화용론적 특징은 명사(형)의 나열과 막연하고 비조직적인 한국 수화의 어미를 사용하는 농학생들의 문장을 '~고' 또는 '~어서'로 연결토록 한다.

〈예 문〉

　　⑨ 햇빛에 가서 앉은 평안하고 시원하다.
　　⑩ 어린이네 보내고 산수책을 못하고 열심히 생활 있는 것 같은 열심히 잘 지내고 있습니다.

다섯째, 어미 선택에 있어서 애매하고 불확실할 때는 '~고'와 또는 '~어서'를 선택하는 경향이 크다.

　c. 농학생의 어미 중화 현상

　위에서 어미 사용 분포를 살폈는데, 연결의 '~고'와 인과의 '~어서'가 가장 많이 나타난 것을 보았다. 여기서는 이 둘을 중심으로 중화 현상을 살핀다.

　① '~고'[연결]의 중화

　연결의 '~고'를 사용하여 단순히 문장을 연결하는 농학생의 문장은 다음과 같은 중화의 특징을 보인다.

　앞의 표 5, 6, 7은 '~고'[연결]가 무슨 어미로부터 중화작용을 일으켰는지를 빈도 순으로 나타낸 것이다. 연결의 '~고'는 313개의 어미로부터 중화 현상을 일으켰다(20.26%, N=1,545). 고1, 2, 3공히 가장 중화를 많이 일으키는 것은 '~어서'와 '~으니'인데 이러한 현상은 앞에서 언급한 것처럼 '~고', '~어서', '~으니'가 계기성(sequence)를 가지는 특징을 단어 나열식 수화 사용에 익숙한 농학생들에게 그대로 나타나는 현상으로 보인다. 전체적으로 '~고'[연결]의 중화 현상 중 빈도가 높은 일곱 개를 뽑아보면 다음과 같다.

〈표 8〉 연결의 '~고' 중화 현상

%(실수)

어미	~어서 (인과)	~으니 (인과)	~다 (종결)	~는데 (연결)	~는 (관내)	~게 (불동)	~으면서 (연결)	계
빈도	38.66 (121)	10.86 (34)	6.07 (19)	4.79 (15)	4.79 (15)	4.15 (13)	3.83 (12)	73.16 (229)

② '~어서'는 '~고' 다음으로 많이 나타나서 여러 어미가 중화되는 현상을 나타낸다. '~어서'로 중화된 현상은 표 9, 10, 11과 같다.

〈표 9〉 고1의 '~어서'[인과]의 중화

%(실수)

어미	~다가	~고 (연결)	~는데	~다	~으니	~고 (불동)	~으면서	~게 (불동)	~으면	~자	~기	~을	~으니	~지만	~는	계
빈도	20.1 (9)	11.33 (5)	11.11 (5)	8.89 (4)	8.89 (4)	6.67 (3)	6.67 (3)	4.44 (2)	4.44 (2)	4.44 (2)	2.22 (1)	2.22 (1)	2.22 (1)	2.22 (1)	2.22 (1)	100 (45)

〈표 10〉 고2의 '~어서'[인과]의 중화

%(실수)

어미	~지만	~지	~는데	~게 (불동)	~고서	~는	~으나	계
빈도	25.0 (3)	16.67 (2)	16.67 (2)	16.67 (2)	8.33 (1)	8.33 (1)	8.33 (1)	100 (12)

〈표 11〉 고3의 '~어서'[인과]의 중화

%(실수)

어미	~는데	~으려고	~기	~어	~으면서	~고 (연결)	~게 (불동)	~지만	~으니	~다가	~어도	계
빈도	26.67 (4)	13.33 (2)	6.67 (1)	6.67 (1)	6.67 (1)	6.67 (1)	6.67 (1)	6.67 (1)	6.67 (1)	6.67 (1)	6.67 (1)	100 (15)

〈표 12〉 중화되어 없어진 '~어서'

% (실수)
(N=721)

학 년	고1(n=280)	고2(n=231)	고3(n=210)	계
빈 도	29.64(83)	36.80(85)	27.14(57)	31.21(225)

이상의 표 9, 10, 11에서 보는 바와 같이 '~어서'도 상당히 여러 종류의 어미가 중화되어 나타난 것을 볼 수 있다. 그런데 표면에 나타난 '~어서'보다 중화되어져 표면으로 나타나지 못한 '~어서'를 눈여겨 보아야 한다. 중화되어져 없어진 '~어서'를 보면 표 5, 6, 7의 '~고' 중화에서 모두 평균 38.7%나 되었으며, 본 연구 작성을 위해 분석한 어미 중에 거의 모든 종류의 어미에서 중화되어진 것을 볼 수 있었다. 중화되어 없어진 어미, 총 721개 중 '~어서'는 표 12와 같다.

표 9, 10, 11과 표 12를 대조해 보면 문장 속에 '~어서'를 많이 쓰기도 하면서 동시에 많이 중화되어 없어진다는 것을 알 수 있다. 그리고 '~어서'로 특별히 많이 중화되어 나타나는 특징 어미는 없다.

(2) 어순
a. 주성분의 어순

〈예 문〉
① 오늘은 개교의 기념날입니다.
② 오늘은 공부시간을 마쳤다.
③ 나는 숙제를 아직을 벌을 받았습니다.
④ 나는 학교 속에서 축구를 하여서 땀을 흘리며 식당에게 가면 코가-콜라를 한병가 주세요.
⑤ 학생들은 운동장에서 배구 시합을 서 재미가 없고……
⑥ 아빠가 술에 냄새 많이 서 어머니께서 걱정 많이 울었습니다.

⑦ 오늘 아침 시간에 목 일찍하고 버스를 타고 갔습니다.

⑧ 나는 깨어서 서서 하품을 행동을 혼자 옷을 빨래를 깨끗이 씻었습니다.

⑨ 숙제를 일기장을 하려 했습니다.

위의 ①~⑨의 예문을 보면 단순문과 복합문을 막론하고 주성분의 S.O.V의 형태는 지켜가고 있는 것으로 보인다. 물론, 이 예문들은 비문이고 또 농학생 문장에 익숙지 못한 사람이 보면 뜻을 이해하기조차 어렵다. 이것은 기능어 사용상의 문제에 기인한 것이지 어순 자체에는 별 문제가 없다고 보인다. 농학생의 문장에는 ⑤, ⑥과 같이 서술어가 생략되는 문장이 많이 나타나는데, 이것은 ⑤의 '시합' ⑥의 '많다'는 수화 사인으로 '시합하다'란 명사와 동사의 기능을 모두 하기 때문이다. 그리고 얼굴 표정으로 '했다'는 사실을 보충해 준다. 그리고 ⑧, ⑨는 목적어를 중첩하고 있는데 전제와 함의의 언어적 개념이 불충분한 농자에게 흔히 나타나는 현상 중의 하나이다.

b. 부속 성분의 어순

〈예 문〉

⑩ 김선생님께 고1들과 창고에 책상 난로 등에 마련하다.

⑪ 오늘 나도 아침에 일어나지 않고 늦게 일어나는 머리와 몸이 몹시 아프는 운동을 할 수 없는 어머니께서 너는 왜 아픕니까?

⑫ 수업을 배우고 마쳐 점심 시간이 시작되어 밖에 있다.

부속 성분도 성분 그 자체의 배열에는 큰 혼란이 없는 것으로 보인다. 그러나 서술어 사용에 있어 이중서술 형태가 많이 나타났다. 이것은 농자 특유의 서술어에서 다시 논의하기로 한다.

주성분과 부속 성분은 중심으로 어순을 보면 어순 자체에서는 크게 문제시되는 것은 없다고 하겠으나, 용언의 활용이 농학생 문장을 비문화 하는 데 큰 작용을 한다고 생각된다. 어순에 대해서는 차후 별도의 연구가 이루어져야 할 것이다.

2) 문법 요소의 통사적 기능과 의미

(1) 부정법

a. 농학생 문장에 나타난 '안'부정문

> ① 농아는 정상인들과 같이 활동성이 많고 <u>안들린다는</u> 불편 외 아무것도 불편이 없는 것 같다.
> ② 대화를 나누어 <u>안 하고</u> 미소를 <u>안 웃었다.</u>
> ③ 어머니께서 남동생과 <u>함께 아니라</u> 적은 하였다.
> ④ 나는 동생과 공부를 열심히 <u>많은 아니라</u> 적은 하였다.
> ⑤ 학생들은 재빨리 집에 <u>가지 않고</u> 놀았다.
> ⑥ 유도 학원을 가고 싶고 아빠가 유도관이 <u>가지 않고 안돼</u>

위의 예문 중 ①, ②는 서술어가 동사인 '안'부정문으로서 ①은 정문이며, ②는 단순히 내용을 부정하기 위하여 사용된 짧은 형태의 부정문이다. ③, ④는 '체언+이다'에서 '이다' 대신에 '아니다'가 쓰인 부정문 형태인데 ④에서 체언 뒤에 붙은 것이 아니라, '공부를 열심히 한' 여부의 부정을 나타내고 있다. ⑤, ⑥에서 ⑤는 정문이나 ⑥은 부모의 허락이 나지 않은 사실을 단순하게 나타내고 있다.
'안'부정문의 형태 비율은 〈표 13〉과 같다.

〈표 13〉 '안'부정문의 형태 분포

%(실수)
N=211

학 년 형 태	고1(n=104)	고2(n=51)	고3(n=56)	계
짧은 부정문	17.31(18)	9.80(5)	39.29(22)	21.33(45)
긴 부정문	82.69(86)	90.20(46)	60.71(34)	78.67(166)

〈표 13〉에서 고1, 2, 3 공히 긴 부정문 형태가 많이 나타나며 전체적으로는 거의 4배에 가깝게 나타났다. 이 같은 현상을 보이는 주된 이유의 하나는 한국 수화의 부정법 체계에 기인한 것이라고 하겠다.

b. 농학생의 문장에 나타난 '못'부정문

〈예 문〉

⑦ 나는 <u>못하고 합니다.</u>
⑧ 더욱 더 말 <u>못하고</u> 부끄럽게만 생각했다.
⑨ 입술로 미안합니다고만 소리로 <u>나오지 못했습니다.</u>
⑩ 나는 우산을 <u>쓰지 못하고</u> 학교에 왔습니다.
⑪ 영어 숙제를 <u>쓰지 못했다.</u>

예문 ⑦, ⑧은 짧은 형태의 '못'부정문으로서 ⑦은 '나는 못했다'의 서술어를 이중으로 '못하고'와 '하다'로 표현하고 있다. ⑨~⑪은 긴 형태의 '못'부정이다. 자료에 나타난 농학생들의 '못'부정문은 대부분 제약에 맞게 사용되고 있었다. '못'부정문의 형태 비율은 〈표 14〉와 같다.

〈표 14〉'못'부정문의 형태 분포

%(실수)
N = 65

형태＼학년	고1(n=28)	고2(n=10)	고3(n=27)	계
짧은 부정문	28.57(8)	70.0(7)	25.93(7)	33.85(22)
긴 부정문	71.43(20)	30.0(3)	74.07(20)	66.15(43)

c. 농학생의 문장에 나타난 '말다'부정문

〈예 문〉

⑫ 사모님께서 나에게 집에 <u>가지 말라고</u> 말씀하셨습니다.
⑬ 아버지께서 T. V를 <u>보지 말고</u> 복습을 열심히 해라.

⑭ 나는 게으른 잠이 말고 부탁해서……

농학생의 '말다' 부정문을 보면 [명령]이나 [청유]에 쓰여지고 있어 그 사용 범위는 알고 있는 것으로 보이지만, 가끔 ⑭와 같이 '말다'의 [명령]만을 단순히 나타내어 '모두 아침 늦어 말고'와 같은 문장에서 볼 수 있는 것처럼 '~지+말다'에서 '~지'가 생략되어 나타나는 경우가 있다. '말다' 부정문은 전체 344개 부정문 중에서 4.9%(17개)가 나타났다.

d. 농학생의 문장에 나타난 '없다' 부정문

농학생 문장의 '없다' 부정문은 존재 부정소 '없'을 사용한 부정문이 아니라 농학생에게서 독특하게 나타나고 있는 부정문의 한 형태를 말하는 것이다.

〈예 문〉

⑮ 교실에서 따뜻한 없고 차게 느낌을 참고 공부를 하였다.

⑯ 언이와 화를 없고 빨래를 하였다.

⑰ 앞으로 일기장을 그날 그날 없으면 어렵다고…

⑱ 스스로 공부를 없고 나는 생각을 일기장을 썼습니다.

⑲ 나에게 도시락을 먹지 않고 맛이 없는 것 같이 즐거움 없었다.

⑳ 사랑해야 하므로 다음에 다투고 없겠다.

㉑ 오후에서 공부 시간에 하는 모든 교실에 청소하고 없고 대화를 나누어 없었다.

위의 예문 ⑮는 '형용사+없다', ⑯~⑱은 '명사+없다'는, ⑲는 '명사형+없다', ⑳~㉑은 '동사+없다'의 부정형을 취하고 있는 것으로 보아 '없다' 부정문은 부정서술어의 품사에 관계없이 나타난 것으로, '없다' 부정문은 '안' 부정문의 긴 형태인 '~지+않다'의 특이한 변형이다. 이것은 수화의 영향에 의한 것임을 알 수 있다. 이러한 '없다'부정문은 '말다'부정문보다 3배나 더 많이 나타난다. 네 가지 부정문의 분포는 〈표 15〉와 같다.

〈표 15〉 네 가지 부정문의 분포

%(실수)
N=344

유 형 \ 학 년	고1(n=168)	고2(n=77)	고3(n=99)	계
'안'부정문	30.23(104)	14.83(51)	16.28(56)	61.34(211)
'못'부정문	8.14(28)	2.91(10)	7.85(27)	18.90(65)
'말다'부정문	1.16(4)	1.74(6)	2.03(7)	4.94(17)
'없다'부정문	9.30(32)	2.91(10)	2.62(9)	14.83(51)

앞에서 농학생의 네 가지 부정문에 대해 살펴보았다. 그 중 '안' '못'부정문이 80.2%(276개)로 가장 많이 나타난 한국어의 부정문은 '아니(다)'와 '하'동사의 연결되어 이루어지는 {(아니(못)}이 대부분을 차지한다는 것과 일치한다. 그리고, '안' '못'부정문에서 짧은 부정문과 긴 부정문의 비율을 보면 '안'부정문이 21.3%: 78.7%, '못'부정문이 33.8%: 66.2%로 긴 부정문이 약 3배 정도로 많이 나타나는데, 이것은 수화의 어순이 짧은 부정문은 생성해 내지 않는 데 기인한 것이라 하겠다. 예를 들어 '집에 안 간다'라는 문장을「집」+「안(아니)」+「가다」로 나타낼 수는 없다. 만일 이런 순서로 수화를 하면 '간다'는 사실을 부정하는 것이 아니고「집」을 부정하게 되어 의미 전달에 어려움이 있다. 그리고 '없다'부정문도 수화의 영향으로 나타난 것이라고 할 때, 농자의 언어 체계 형성에 수화의 영향이 적지 않음을 알 수 있다.

2) 종결법

본 연구에서 분석 자료로 삼은 문장은 총 3,204문장이었는데 분석 자료 자체의 성격으로 인해 의문문 62, 명령문 14, 청유문 17, 총 93

문장을 뺀 나머지 3,111문장이 모두 서술문이었던 연고로 해서 본 연구에서 간략하게 농학생들이 사용하고 있는 의향 어미의 종류를 살펴보기만 하고, 더 상세한 연구는 뒤로 미룬다.

농학생의 의향 어미 사용은 매우 한정적이다. 본 자료에서는 13종이 나왔으나 '~니'와 같이 하나밖에 없는 것도 있다. 나머지는 '~습니다' 또는 '~다'가 거의 대부분을 차지한다.

〈예 문〉

① 8시 30분에 오빠가 언니가 왔어요.
② 5시에 와서 교회에 가서 만나 재미있게 웃는다.
③ 그래서 나는 숙제하면서 못살아.
④ 친구들은 오후에서 운동장을 가지 않고 남에게 만나서 이야기를 하였데군요.
⑤ 이유를 몰랐느냐?
⑥ 그리고 엄마는 집에 오지 않으면 나와 무엇일까?
⑦ 나와 우울을 하여 울고 엄마가 나와 무엇일까?
⑧ 처음에는 주인 아줌마라도 보면 얼마나 창피할까?
⑨ 장난을 하지 말고 조용히 해라.
⑩ 형님은 일을 하자.
⑪ 선생님께서는 구경을 좀 합시다.
⑫ 우리는 학교에 와서 교실 청소를 하였다.
⑬ 길거리에서 선생님을 만나 인사를 하였습니다.

이상의 예문에서 의향 어미를 정리하면 다음과 같다.
1)~옵니다. 2)~다 3)~어요 4)~는다 5)~어/아 6)~군요 7)~습니까? 9)~느냐? 10)~인가? 11)~어라 12)~읍시다. 13)~자.

3) 존대말

존대말이 없는 수화를 주된 커뮤니케이션 수단으로 사용하는 농학생들이 완벽한 존대법의 규칙을 지키기는 힘들지만 학습에 의해 기계적으로 존대법이 쓰이고 있는 것을 볼 수 있다.

〈예 문〉

① 무용실에서 학생들과 선생님께서 다같이 수화 합창단을 연습 많이 하셨습니다.
② 선생님께서 알고 있는 계셨다.
③ 우리 집에서 할머니와 막내 동생은 계시고 있어 점심 식사를 준비해야지 하였습니다.
④ 어머니께서 보고 좋아 하였습니다.
⑤ 곧 엄마가 오셔서 우리를 위로 받았습니다.
⑥ 선생님은 오셔서 인사를 잘 합니다.
⑦ 지금 방에 오빠와 집으로 와서 만나서 어머니와 이야기를 말씀을 하였다.
⑧ 그 대신 외할아버지 댁에 놀렀다.

문장 ①~⑧에서 존대의 대상에 '께서'를 철저하게 쓰는 것을 볼 수 있는데, 이것은 '께서'의 의도적 학습결과로 보인다. 그리고 이 '께서'와 '께'는 서로 대치되어 사용된 예가 많이 나타나 존대를 위해 '께서'를 사용하면서도 서술어에서 '~(으)시~'를 생략하는 현상도 있다.

③의 '할머니와 막내 동생은 계시고 있어'에서 대상이 둘 이상이고 그 대상의 존귀가 서로 다를 때, 그 대상의 존대를 분리해서 서술어에서 존대를 나타내는 것이다. ⑧에서 보는 바와 같이 어휘에 의한 존대도 나타나고 있다.

이러한 농학생의 존대법 등급은 아주 높임과 아주 낮춤이 거의 대부분을 차지한다.

4) 농자 특유의 서술어

여기서는 서술어의 주종을 이루는 동사의 서술적 제약을 분석한다기보다는 농자의 독특한 서술어 형태와 체계를 밝히고자 한다. 다음의 일곱 가지 서술어 형태는 순수 수화식 형태와 수화와 국어 학습이 상호 간섭된 형태로 대별된다.

a. 주다/받다 문

〈예 문〉
　　① 남동생과 나도 함께 싸움을 없고 <u>사랑하는 받았다.</u>
　　② 선생님께 나는 만나고 이야기를 하고 <u>믿는 받습니다.</u>
　　③ 익수는 교실에 속에서 장난을 치고 남에게 공부를 읽고 보고 맞게 공부를 방해하는 <u>꾸중하는 주었다.</u>
　　④ 어머니께서 오빠가 함께 <u>말씀을 주었다.</u>
　　⑤ 선배와 후배를 <u>이야기를 주고</u> 착한 바르고 되어 잘 하였다.
　　⑥ 설명을 잘 듣고 <u>감동을 얻는다.</u>
　　⑦ 점심 때 직업 중에 만형과 나는 환경 구성을 <u>서로 도움을 주고</u> 꾸미는 책임하였습니다.
　　⑧ 나는 생활 계획에 세우지 않고 <u>반성을 받았습니다.</u>
　　⑨ 나는 동생 영수에게 <u>꾸중을 받았습니다.</u>
　　⑩ 처음으로 순서 차례로 보면 그 중에서 <u>감탄을 받았습니다.</u>

예문 ①～③은 '관형형+주다/받다'의 형태를 취하고 있는데, 이것들은 수화와 국어 학습의 상호 간섭에 의해 나타난 문장 서술 형태이다. '사랑+하는'에 수화식 '「사랑」+「받다/주다」'가 간섭된 것으로 볼 수 있다. 예문 ④～⑩은 '「목적어」+「주다/받다」'형으로 전형적인 수화식 서술형이다.

b. '있다'문

〈예 문〉

⑪ 나는 조금 쉬었 소설책을 읽으면 매우 좋아서 <u>느끼는 있었다.</u>

⑫ T.V를 보고 하면서 뉴스에서 <u>이야기 있었습니다.</u>

⑬ 왜 오늘은 어머니 막내 동생은 아버지의 학교에 가기 때문에 우리 집에 <u>지키는 있되</u> 그래서 가지 못해서 미안해

⑭ 밤에는 TV를 보니 "첫사랑"으로 보고 <u>느낌을 있도록</u> 그래서 "첫사랑"로 느낌 많이 받았습니다.

⑮ 우리가 학생들이 반에서 너무 놀라서 <u>어쩔 줄 있었습니다.</u>

⑯ 공부 시작할 때 정회가 <u>울음 있다고</u>……

⑰ 지금 공부를 마치고 또 다른 <u>공부 시작을 있다.</u>

⑱ 시험을 마치고 친구와 함께 모든 <u>영화를 있습니다.</u>

⑲ 지금 학교에 와서 다른 사람은 친구들은 만나서 보고 그동안 만나서 <u>즐겁게 있습니다.</u>

⑳ 학생은 선도에 검사하고 우리 학생들 <u>늦어 많이 있었다.</u>

㉑ 우리는 교실에 앉아 나는 <u>춥고 있었다.</u>

'있다'문은 수화가 문장의 서술어에 나타난 대표적인 경우라고 할 수 있다. 일반적인 존재 형용사의 범위를 훨씬 넘어 사용되고 있다. 문장 ⑪, ⑬, ⑮, ⑭ 등에 나오는 '~는', '~을', '~고'등의 어미는 특별한 문법적 제약을 가지는 것이 아니라 무의미하게 사용되고 있을 뿐이다.

c. '좋다'문

〈예 문〉

㉒ 아침에 일찍 동신국교에서 어머니와 함께 배드민턴에 좋았습니다.

㉓ 마치고 재미있게 좋다.

㉔ 후배들게 인사를 잘 해서 인도 따라 모범 어린이가 좋았습니다.

㉕ 나는 T.V이가 보고 나누를 행동에 서부를 모습 좋겠다.

㉖ 교장 선생님께 인사를 잘 좋은 되고……

'좋다'문은 일이나 사물의 결과, 느낌 그리고 판단을 나타내는 것으로서 이것 또한 어미 제약이 없다. 단어 나열의 수화적 특징이 나타나는 것은 '있다'문과 같으나, 예문 ②, ③에서의 '재미없다'와 '모범 어린이' 속에 있는 전제와 함의가 있음을 농학생들은 잘 모르고 있는 것으로 보인다.

d. '마치다'문

〈예 문〉

㉗ 도시락을 학생을 먹고 마쳤으면서 꽃 밭에 일이다.
㉘ 친구와 모든 같이 그림을 마치고 1시까지 오셨다.
㉙ 숙제를 마치고 일기를 마쳤습니다.
㉚ 아침에서 일어나 일찍 세수하고 밥을 맛있게 마친 후에 옷이 바꾸었다고 학교에서 일찍 왔습니다.
㉛ 그래서 병원에 마치고 후에 집에 돌아간다.

'마치다'는 [완료]의 마치다라고 하겠다. '~었'을 「마치다」로서 그 행위가 완료되었음을 나타내는 순수 수화식 서술 형태이다. 여기에 체언이나 용언의 제약이 없다.

e. '되다'문

〈예 문〉

㉜ 또 밤에는 공부를 하고 외우기는 되었다.
㉝ 청소를 도와 되었다.
㉞ 나는 친구들을 작업을 보고 배우이 잘 열심히 많이 된다.
㉟ 집안에 시원으로 깨우서 반찬이 만들어 되었다.
㊱ 공부를 할 수 없고 좀 더 참고 되었다.

'되다'문은 어떤 상태의 변화를 나타낸 것으로 보인다. 그러나 이러한 상태 변화는 일반적인 '되다'와는 조금 다르다. 농자 서술어의 '되다'는 무조건적으로 어떤 상태가 새로운 상태로 변하면 나타난다.

f. '많다'문

〈예 문〉

㊲ 교회에 가서 예배 준비 잘을 하나님 말씀을 <u>배움고 많았읍니다.</u>
㊳ 공부 시간에 우리는 학생들과 자신은 <u>공부를 대단히 많았습니다.</u>
㊴ 나는 선도하고 여·남학생들과 늦게 <u>많이 나쁜</u> 하였읍니다.
㊵ 우리들은 학생들과 같은 <u>도와서 많습니다.</u>
㊶ 나는 조용히 공부하고 그리고 다른 사람이 <u>장난치를 많습니다.</u>

'많다'문도 어떤 특징 어미가 문법 체계를 가진 것처럼 생성되어 나오는 것이 아니라, '많다'라는 서술어 앞에 있는 '배움', '공부하다', '늦다', '도우다', '장난치다'와 같은 하나의 개념을 단순히「많다」라는 수화식 사인처럼 양적으로 많음을 표현하고 있을 뿐이다.

g. '하다'문

〈예 문〉

㊷ 책상을 모아서 과자를 <u>먹기를 했다.</u>
㊸ 내 곧 잠을 <u>자고 한다.</u>
㊹ 아침에 누구에게 심부름을 국수를 <u>만들고 하였다.</u>
㊺ 나는 기계 자수계를 <u>배우고 하였다.</u>
㊻ 나는 수화 노래에 <u>외우고 생각하였다.</u>
㊼ 음악, 감상을 들으면 고민 없고 마음 속에 기분이 <u>좋고 평화하다.</u>
㊽ <u>일기장을 하고</u> 텔레비전을 보고 잠을 잤습니다.
㊾ 동생과 같이 <u>놀러 하고</u> 저녁 밥을 먹고 쉬운 곳에서 갔습니다.

(50) 내일부터 계획표하고 결심이다.
(51) 나는 조용히 하고 장난이 없음을 하였다.

문장 ㊷~㊼은 하나의 서술어(어간+어미 형태)로 나타내어야 할 것을 이중 형태의 서술어로 만들었다. 문장 ㊷의 '먹기를+했다'는 '먹었다'에서, 문장 ㊸의 '자고+한다'는 '잔다' 또는 '잤다'라는 서술어가 이중형태를 취하고 있는 것이다. '하다'는 행위의 '하다'로서 움직임이 발생하면 해당 서술어에다가 '하다'를 덧붙인다.

이상의 '농자 특유의 서술어'를 종합하면, 어떤 통사적 규칙 없이 농학생들은 '주다/받다'문, '있다'문, '좋다'문, '마치다'문, '되다'문, '많다'문, '하다'문과 같은 수화의 영향이 문장의 서술어에 깊이 영향을 미친 서술어 형태를 나타내고 있다. 이러한 문제들은 '통사적'어미의 지도와 '서술어개념'확충으로 해결점을 모색해야 할 것이다.

5) 조사

본 연구에서는 원래 복합문 어미와 조사와의 결합 특성을 보려고 했으나, 자료에서 이러한 특징을 보여주는 사례가 몇 개에 불과하여 조사의 오용 현상만을 격조사를 중심으로 살펴보기로 한다.

a. 조사의 오용 경향과 내용

조사의 오용 경향과 내용은 〈표 16〉에 상세하게 나타나 있다.

〈표 16〉에서 조사의 오용 경향과 내용을 보면 다음과 같다.

① 부사격조사: 34.54%(363개)
② 주격조사: 33.59%(353개)
③ 목적격조사: 28.64%(301개)
④ 관형격조사: 3.14%(33개)

⑤ 보격조사: 0.10%(1개)

이상의 서열은 기능에 따라 크게 분류했기 때문이며, 조사의 낱낱의 형태에 따라 서열을 정하면 목적격조사 '을/를' 둘만의 형태가 28.64%를 나타내 가장 심한 오용 현상을 보인다고 할 수 있다. 다음은 주격조사로서, 각 형태에 따라 많은 오용 현상을 나타낸다.

b. 주격조사의 오용 경향과 내용

주격조사의 형태별 종류는 〈표 16〉에서 빈도가 높은 것만 여섯 종류를 보면 다음과 같다.

※ 주격조사 오용 353개
① 이→목적격조사 '을/를'로: 12.18%(43개)
② 는→목적격조사 '을/를'로: 6.23%(22개)
③ 이→누락: 5.95%(21개)
④ 께서→여격조사 '께'로: 5.95%(21개)
⑤ 이→첨가: 5.38%(19개)
⑥ 가→목적격조사 '을/를'로: 5.38%(19개)

첫째, 주격조사가 목적격조사로 오용된 것이 23.80%(84개)로서 목적격조사의 기능을 확실히 알지 못한 채, 무조건적으로 사용하고 있으며,

둘째, '께서→께로' 나타난 것이 5.9%(21개)가 된다. 〈표 16〉의 여격 조사 '께'를 보아도 주격조사 '께서'로 나타난 것이 여격조사 66개 중 66.67%(44개)나 많이 나타났다. 이 둘을 합치면 6.18%(65개)가 문장 중에서 바꾸어 사용된다.

c. 목적격조사 오용 경향과 내용

평소 학생들에게 "목적격조사에는 무엇 있느냐?"고 질문하면 '을/를'이 있다고 대답을 잘 한다. 그러나, 본 연구의 결과는 목적격조사에는 '을/를'이 있다는 것은 알지만, 실제 사용하는 기능상의 능력은

크게 떨어지는 것으로 나타났다. 대표적인 오용 현상 여섯을 보면 다음과 같다.

> ※ 목적격조사 301개 중
> ① 을/를→주격조사 '이'로: 24.58%(74개)
> ② 을/를→누락: 16.61%(50개)
> ③ 을/를→첨가: 16.61%(50개)
> ④ 을/를→처소격조사 '에'로: 10.96%(33개)
> ⑤ 을/를→주격조사 '가'로: 10.63%(32개)
> ⑥ 을/를→주격조사 '는'으로: 4.65%(14개)

농학생들은 문장의 임자말과 부림말의 구별이 확실치 못한 것으로 보인다. 그리고 누락과 첨가 현상이 많은 것도 특이하다.

d. 처소격조사 오용 경향과 내용

처소격 조사도 농학생들에게 많이 나타나는 조사 오용의 한 종류이다. 농학생들의 문장을 보면 "방에 난로를 피웠더니 방에 따뜻하다"와 같이 장소만 나오면 '에' 또는 '에서'를 사용하는 경향이 있다. 이것은 국어 문법을 기계적으로 암기 학습한 결과로 여겨진다.

> ※ 처소격조사 288개 중
> ① 에서→처소격조사 '에'로: 21.93%(50개)
> ② 에→목적격조사 '을/를'로: 17.98%(41개)
> ③ 에→처소격조사 '에서'로: 17.11%(39개)
> ④ 에→첨가: 11.40%(26개)
> ⑤ 에→누락: 7.86%(18개)
> ⑥ 에→주격조사 '이'로: 5.70%(13개)

여기서는 '에'와 '에서'가 서로 바꾸어 사용된 것에 주의하여야 한다. 앞의 주격조사에서도 '께서'와 '께'가 서로 바뀐 것처럼 '에'와 '에서'가 서로 바뀐 것은 39.04%(89개)나 되었다. 이러한 현상은 李春燮(1978)의 연구에서도 비슷한 양상을 볼 수 있다.

('에'→'에서': 12.3%, '에서'→'에': 1 0.5% 합 22.8%) 국어지도에 형태론적인 정밀 분석 결과를 토대로 조사 지도가 이루어져야 하겠다.

요약 및 제언

본 연구는 어미 체계에 바탕을 둔 문법 연구 방법론을 농학생의 문장을 분석하는 데 적용하여, 문장 구성론적 측면과 문장 요소의 통사적 기능 및 의미의 측면에서 농학생 문장의 문법적 특징을 분석해 보았다.

일반적으로 농학생들은 초등부 때까지는 문장을 잘 쓰다가도 중·고등부를 다니면서 문장력이 떨어지는 것 같은 현상을 보인다. 이것은 문장력 자체가 떨어졌다기보다는, 사고 개념은 팽창하고 표출되는 언어 통로의 크기는 그대로 유지됨으로 해서, 단순문으로 표현할 수 없는 여러 의미들이 엉뚱하거나 알아 볼 수 없게 찌그러진 복합문 형태로 나타나게 되는 것으로 생각된다. 이러한 문제의 해결을 위해 보다 효율적인 언어지도의 기본 단계로서 농학생의 문장에 나타나는 문법적 특징을 밝히는 것은 의의 있는 일이라 하겠다.

본 연구를 통해서 얻어진 주요 결과와 고찰을 요약하면 다음과 같다.

첫째, 문장의 짜임새에 있어, 농학생의 문장형태는 복합문이 단순문보다 3배 가량 많이 나타났다.

복합문에 사용된 어미 가운데 연결의 '~고'가 36.30%, 인과의 '~어서'가 20.70%로서 전체 34종의 어미 중 57%를 차지하여 다른 어미의 빈도와는 비교가 안 될 만큼 많이 나타났다. 이것은

① '~고'는 모든 복합문 구성에 관여하는 다양한 의미 기능을 하며,

② 연결의 '~고'는 인과론적 관계 없이 두 사건을 단순하게 연결하고,

③ '~어서'는 생각과 시간의 전·후관계를 계기성(sequence)을 가지고 이어 나가며,

④ 위의 통사·의미론적 특징과 화용론적 특징은 명사(형)의 나열과 막연하고 비조직적인 수화의 의미를 사용하는 농학생의 쓰기 체계와 연결되어 있는 듯하고,

⑤ 어미 선택 시 애매하고 불확실한 때는 무조건 '고' 또는 '~어서'를 선택하는 경향이 크기 때문인 것으로 보여진다.

중화 현상을 보면 연결의 '~고'로 중화된 것이 43.41%, 중화되어 없어진 것은 '~어서'가 31.20%로서 가장 많았다.

둘째, 어순에 있어 주성분과 부속성분을 나누어 살펴보면 국어의 주어+목적어+서술어 등의 어순을 대체로 지키고 있는 편이며, 부속성분들도 대체로 어순을 지키려는 경향이 있었다.

셋째, 부정법에 있어, 농학생은 '안', '못', '말다'의 세 부정문 외에 '없다' 부정문이 수화적 형태를 띠고 생성된다.

'안', '못' 부정문에서 긴 형태 부정문이 짧은 형태 부정문보다 약 3배(각 21.33%: 78.67%, 33.85%: 15%) 정도가 많이 나타났다. 이는 수화의 어법체계의 영향으로 본다.

그리고 농학생들은 각 부정문의 사용 범위는 알고 있는 것 같다.

넷째, 종결법에 있어, 농학생의 문장에 나타난 의향어미는 다양하지 않으며, 본 연구에서는 다음과 같이 13종이 나타났으나 그 중 특정 학생에 의해 1~2개만 나타난 것도 있다. 1) ~읍니다 2) ~다 3) ~어요 4) ~는다 5) ~어/아 6) ~군요 7) ~읍니까 8) ~을까 9) ~느냐 10) ~인가? 11) ~어라 12) 읍시다 13) ~자

다섯째, 존대법에 있어, 존댓말이 없는 농학생들은 의도적 국어 학습에 의해 존대법 체계를 사용하고는 있으나, 주격조사 '이', '가'를 맹목적으로 '께서'나 '께'로 바꾸어 사용하는 경향이 있었다. 그리

고 특이한 현상 중의 하나는 문장의 대상이 둘 이상이고, 그 대상의 존귀가 다를 경우 대상을 분리해서 이중의 서술어로써 존대를 나타낸다.

여섯째, 농자의 서술어에 있어, 농학생들은 특유의 문장의 서술어 형태를 취하는 것이 있다. ① '주다/받다'문 ② '있다'문 ③ '좋다'문 ④ '마치다'문 ⑤ '되다'문 ⑥ '많다'문 ⑦ '하다'문에서 볼 수 있는 바와 같이 이러한 것들은 특별한 통사 규칙이 있다기 보다는 수화의 영향을 받아 수화적 형태로 사용되고 있을 뿐이다.

일곱째, 조사에 있어, 자료의 제한성으로 격조사만을 중심으로 오용 현상을 보았는데, ① 부사격조사 34.54% ② 주격조사 33.59% ③ 목적격조사 28.64% ④ 관형격조사 3.14% ⑤ 보격조사 0.10%순으로 오용이 되어졌다. 조사의 구체적 사례로 보면 목적격조사 '을/를'이 28.64%로 가장 많았다. 그리고 목적격 조사는 누락과 첨가도 각 16.6%로 많이 나타났다.

따라서 조사 지도시 각 조사의 형태론적, 통사론적 기능을 체계적으로 분석할 지도가 요망된다.

말이란 문장의 차원에까지 도달해야 말의 효용 가치가 있으므로 통사 중심의 언어 지도가 행해져야 하겠다. 통사중심의 언어 지도를 위해서는 각 학생의 통사적 특징을 개별적으로 파악하고, 어미 체계를 바탕으로 낱낱의 단어만이 아닌 문장 자체를 가르쳐야 할 것이다.

제7장 언어능력과 교육과정*

제1절 농교육의 실패

　오늘날 농교육은 제자리를 찾지 못하고 있다. 모든 학업 수행능력
에 관한 측정에서 농아동이 일반아동보다 그 능력이 실질적으로 크
게 뒤떨어진다는 사실이 증명되고 있다. Gentile(1972)은 스탠포드 표
준학력검사(Stanford Achievement Test: SAT) 중의 철자, 단락이해,
어휘, 수학적 계산, 수학적 개념, 사회과, 과학과 등에서 농아동이 현
저히 뒤떨어진다는 사실을 발견했다. Allen(1986)은 이런 현상이 최
근까지 여전히 계속되고 있으며, 읽기 및 수학의 성취도에서는 농아
동이 훨씬 더 뒤떨어진다고 했다. 미국 농교육의 현 실정을 알아보기
위해 1987년에 농교육 집행위원회가 소집되었는데, 이 위원회는 농교
육의 결과가 우리의 투자와 기대에 미치지 못하고 있다는 결론을 재
차 확인시켜 주었다. 필자들은 농교육을 수행하고 있는 기존 체제의
실패로 인해 이런 결과가 생겼다고 보아, 이하에 제시되는 새로운 체
제에서는 초기의 자연적인 언어능력 획득과 교육과정 자료를 수용할
수 있는 의사소통 수단에 대한 농아동의 요구를 중시하고자 한다. 물
론 이런 변화가 농교육의 문제점을 간단하게 혹은 신속하게 해결하
기는 어렵겠지만, 좀더 성공률이 높은 체제로 진전될 수 있는 하나의
대안은 될 수 있을 것이다.

---

　* 이 장은 Robert E. Johnson, Scott K. Liddell, and Carol J. Erting(1989),
　　Unlocking the Curriculum: Principles for Achieving Access in Deaf
　　Education. Gallaudet Research Institute Working Paper를 번역한 것이다.

농교육이 직면하고 있는 어려움을 이해하기 위해서는 먼저 교육을 받고 있는 농아동에 대한 실태 조사를 시작해야만 한다. 언어를 획득하기 이전에 청각 장애아가 된 아동 가운데 10% 이하가 농자 인척이 있는 가족에게서 나타난다(Meadow, 1972: Rawllings, 1973: Trybus and Jensema, 1978: Karchmer, Trybus and Paquin, 1978). 많은 농아동은 주변의 성인 농자를 통해 언어(ASL의 형태)를 습득하게 되며, 정상적인 사회·정서적 발달을 위해 결정적으로 중요한 정보를 그러한 가족 상호관계를 통해 접할 수 있게 된다. 그러나 나머지 90% 이상이나 되는 농아동들은 그 상황이 상당히 다르다. 농아동들을 가지게 됨으로써 그 가족들은 처음으로 청각장애인을 대하게 된다. 일반 부모들의 경우 농아동을 가지게 된다는 것은 전혀 기대치 못한 일이며, 충격적이라는 것이 일반적이다. 더욱이, 그 부모들은 주로 소아과의사나 청능 전문가(audiologist)로부터 처음으로 조언을 듣게 된다. 그러므로 초기의 수화를 습득해야 하는 중요성을 이해하지 못하는 부모가 많다. 그래서 농아동의 부모와 형제들은 일반아동에게서 유용한 자연적 언어나 문화적 이해와 경험의 습득을 위해 이용 가능한 배경을 농아동들에게 제공하는 데 요구되어지는 의사소통기능이나 지식 및 경험을 거의 가지지 못한다.

따라서 건청 부모를 가진 농아동이 초등학교에 들어 갔을 때, 그 아동은 언어의 숙달(그것이 음성언어이든 사인영어이든 간에), 세상에 대한 실제적인 지식, 사회 적응과 같은 중요한 영역에서 이미 일반아동보다 상당히 뒤떨어져 있는 상태이다.

계속해서 농아동 교육에 많은 돈을 써오고 있다. 농아동 교육을 위한 교사의 특수훈련, 청능학적 서비스, 청력을 보조하기 위한 기술적 장치, 언어교사, 최근에는 컴퓨터 하드웨어와 소프트웨어 등을 위해 투자하고 있다. 이러한 노력들은 아동들에게 음의 산출과 이해를 통해 언어를 습득하도록 돕고자 계획된 것이다.

이러한 투자에도 불구하고, 농아동의 성취 수준이 동일 연령의 일

반아동들보다 뒤떨어지는 비율이 해를 더할수록 증가하고 있다. 농아
동들은 고등학교를 졸업할 때가 되면, 대부분의 교과목에서 그 성취
가 크게 지체된 채로 성인이 되는 것이다.

Gallaudet 대학교의 평가와 인구통계 연구센터에서 정기적으로 실
시한 조사자료에 의하면, 고등학교를 졸업하는 농아동의 평균 수행능
력은 특히 구어영어와 교재의 이해를 위한 기초가 되는 영역에서 일
반 고등학교 졸업생들보다 훨씬 뒤떨어지고 있음이 밝혀지고 있다.

이런 상황을 개선시키기 위해 수십년 동안 집중적으로 쏟은 숱한
노력에도 불구하고, 고등학교를 졸업하게 되는 농학생의 읽기 평균
수준은 대개 초등학교 4학년 수준에 머무르게 되고, 산수 계산의 평
균 수행능력은 7학년 수준 이하이다(Allen, 1986: 164, 5). Paul(1988:
3)은 최근에 이러한 문제에 대한 농교육자들의 관심을 환기시키고
있다.

> 1970년 이래로 대부분의 농학생은 토털 커뮤니케이션 프로그램으로 교
> 육을 받고 있는데, 이 프로그램의 의사소통과 교수를 위해 손짓언어의 어
> 떤 형태와 음성언어를 동시에 사용하는 것이다. 검사도구의 개발, 조기의
> 증폭기 사용, 조기의 중재나 취학전 교육 프로그램의 실시 등의 향상에도
> 불구하고, 대부분의 농아동은 고등학교를 졸업할 때까지도 읽고, 쓰는 기
> 능적인 능력이 결여되어 있다.

이러한 논평들에서 반영되는 가식없는 성취의 평균들은 현 체제가
지닌 심각한 문제를 지적해 준다. 그러나 더 문제가 되는 것은 성취
점수 범위의 폭이 너무 좁다는 것이다.

심지어는 고등학교를 졸업한 최상의 수준에 있는 농학생(심한 농
이 아닌 가벼운 난청 학생을 포함하여)조차도 일반의 또래 학생과
비교해 보면 학력성취 점수가 여전히 낮게 나타난다. Gallaudet 대학
교에 입학한 신입생의 학력성취에 대한 1988년의 조사에서도 이와
같은 사실이 드러났다. 특별히 농학생을 대상으로 교육하고 있는 이

대학교는 미국에서 자질을 가장 잘 갖춘 농학생들만을 받아들이려고 노력하고 있다. 1988년 신입생의 학업성취 점수에 대한 개요를 보면, 읽기에서 10.4학년 수준에 있는 학생은 미국 전체 농학생의 2%수준에 해당되며, 마찬가지로 '언어'(영어 문법)에서 7, 8학년의 수준에 있는 학생은 7% 수준에 해당된다(Goodstein, 1988). 이처럼 농학생 중에서 최상급 수준에 있는 학생일지라도 일반학생의 기준수준에 비해 크게 뒤지고 있다.

이러한 결과가 미국에서 현재 실시되고 있는 농교육 방법 중에서 어떤 특정방법으로 교육받은 아동들에게 한하는 것이 아님을 나타낸다. 각 방법들은 교사와 학생들이 어떻게 상호작용하며, 의사소통을 서로 해야 하는가에 대한 방침으로서 훨씬 더 정확하게 설명될 수 있다. 의사소통의 이러한 방법으로는 구화주의, 토털 커뮤니케이션, 동시 커뮤니케이션과 영어를 부호화하기 위해 인위적으로 개발된 체제, 큐드 스피치(Cued Speech) 등이 포함된다. 결국, 부모나 교육가에 의해 선택되는 특정 방법에 상관 없이, 결과적으로 나타난 사실은 모두가 적합성이 부족하다는 것이다.

이런 결론은 농교육에 대해 조사한 외부의 비전문가에 의해 더 분명해진다. The MacNeil-Leher News Hour(1988)는 최근의 한 논문에서 다음과 같은 결론을 내렸다. 즉, 미국 농교육의 주된 접근법(사립의 구어 프로그램, 기숙제의 토털 커뮤니케이션 프로그램, 공립 통합 프로그램)은 모두 "심각한 결점이 있다"는 것이었다. 농아동의 학급이 건청의 또래 아동의 학급에 비해 그 규모에 있어 더 작음에도 불구하고, 문제점들이 지속되고 있음이 관찰되어지고 있다. 농아동을 위한 전형적 학급의 크기는 학급당 8명 내지 10명이다. 더군다나 농아동의 교사는 상당한 훈련을 받았으며, 농교육에 대한 전문적인 훈련이 제공되는 프로그램에서 석사학위를 취득한 사람이다. 그리고 또한 공립학교의 일반아동을 교육하는 데 드는 비용에 비해 농아동을 위한 교육 프로그램에 드는 비용이 훨씬 더 많다. 그렇게 잘 개발되고, 비용도 많이 들고, 심혈을 기울여 계획한 체제가 실패를 보고 있다는 것이 어떻게 가능한 것일까?

제 2 절   실패의 이유

농교육 실패의 이유는 첫 번째, 학년 수준에 맞는 교과 내용의 수용이 농아동의 경우에는 근본적으로 결여되어 있다는 것이며, 두 번째, 농아동의 경우 학년수준에서의 수행능력이 떨어질 것이라는 일반인들의 고정된 관념 때문이라고 보는 것이 우리의 입장이다. 문제점 중에서 첫 번째 것－수용(access)－은 주로 언어에 관련된 문제이다. 그리고 두 번째 것－낮은 기대감(lowexpectation)－은 농교육을 담당하고 있는 사람들의 태도 및 관점에 관한 문제이다.

교육과정 내용에 대한 언어적 수용

1870년 이래로 농교육 방법에 대한 모든 논의의 핵심은 교육과정 자료에 대한 언어적 수용이 문제가 되어 오고 있다. 어떤 하나의 방법이나 다른 방법을 주장하는 대부분의 학자들은 각자의 주장을 정당화하기 위한 기초로 교육적 및 사회적인 이점을 내세우고 있다. 농교육에서 대부분의 논쟁은 어떤 의사소통 수단이 적용되어야 하는가 혹은 일반아동의 규준적 언어 및 행동기대에 더욱 밀착되도록 하기 위하여 농아동이 어떻게 고무되어야 하는가에 초점이 모아지고 있다.

그러나 농아동의 발달사는 그들 또래의 일반아동들의 발달 경로와 언어학적으로 같은 것이 아니다. 일반아동들의 경우 4~5세가 되어서도 모국어의 기초원리가 획득되지 않는 것은 드문 일이다. 심지어 중중 정신지체아조차도 어린 시기에 다소 세련된 언어수행 능력을 획득하게 된다. 이에 비하여 농아동은 학령기에 달하게 되면 건청 또래

아이들에 비해 상당히 뒤지게 되는데, 건청 부모를 가진 농아동들은
흔히 유치원에 갈 무렵이 되어서도 모국어 형태(수화적이든 구어적
이든)의 세련된 언어 수행 능력을 획득하지 못하는 것이 상례이다.
대부분의 농아동은 건청 가족 내에서 태어나게 되고, 또한 그 가족들
은 구어 영어만을 사용하게 되는데, 이 구어 영어는 농아동들이 거의
수용할 수 없는 언어이자 양식인 것이다. 결과적으로, 농아동들은 학
교에 들어갈 무렵에 이미 건청 또래 아동들에 비해 상당히 뒤떨어지
게 되는데, 이는 언어발달과 인지 및 사회성 발달은 자연적인 1차적
언어를 사용하는 또래 및 부모와의 상호작용으로부터 생기는 것이기
때문이다. 그러므로 그런 아동들은 그 연령에서 기대되는 정보와 지
식의 습득에서 건청아동에 비해 확실히 뒤떨어지게 된다.

이런 모든 점으로 미루어볼 때, 구어 영어가 주로 도입되어 온 농
아동은 자연스럽게 ASL을 습득한 농아동보다 전형적으로 뒤떨어지
게 될 것이다. 일반적으로 농부모나 혹은 손위 농자 형제를 가진 농
아동의 경우에는 자연적으로 ASL을 배우게 되며, 그들은 전형적으
로 자연수화로 모국어 수행능력을 획득하게 되고, 성인 및 또래와 세
상일에 대해 대화하는 경험을 수년에 걸쳐 가지게 된다.

미국에서 농아동용 교육 프로그램은 이상의 농아동 어느 집단에
대해서도 그들에게 맞는 언어적 요구를 수용하지 못하고 있다. 필자
들이 알기에는 미국의 모든 프로그램은 이런 범주에 속하는 어떠한
농아동에게도 수용될 수 없는 형식으로 교육과정 자료를 계속 제시
하고 있다. 구어 영어로 제시된 학습자료는 청력손실이 심하지 않은
아동을 포함해서 어떤 농아동에게도 수용되기 어렵다. 농아동이 구어
영어를 용이하게 사용할 수 있다면, 특수한 교육적 조치를 할 필요가
없다. 말하자면, 구어 영어만을 활용한 경우 다수의 농아동들이 실패
하기 때문에 미국은 특수한 프로그램을 개발해야 할 필요를 진작부
터 인식해 오고 있다. 이러한 이유들로 인해서 사인영어(Signed
English)로 제시되는 교재는 일상적으로 여전히 수용이 불가능한지

의 여부를 아래에서 논의하게 될 것이다.

　구어 프로그램은 교수의 유일한 양식으로서 구어 영어를 활용하는 것이다. 기숙제 구화 학교들이 수적으로 크게 감소하고 있기는 하나, 농교육을 위한 공립 구화 통학제 학교는 여전히 많이 있다. 그러한 프로그램에 깔려 있는 가정은 청각장애 아동들이 보고 들음으로써 구어 영어를 습득할 수 있으며, 이러한 언어습득은 "청각의 세계"에 더욱더 완전한 통합의 결과를 가져 올 것이라는 점이다(van Uden, 1968: Miller, 1970: Northcott, 1981). 농아동들은 들을 수 없으며, 그리고 구어영어 신호(signal)의 단지 일부분만을 시각적으로 이해할 수 있기 때문에, 그러한 프로그램들은 전통적으로 실패해 왔다. 말읽기를 잘 한다는 것은 언어에 대해 이미 축적해 놓은 사전지식이 요구되며, 또 지나쳐버린 정보를 보충하기 위해서도 사전지식을 활용할 수 있어야 한다. 그래서 잔존 청력을 가진 아동들과 구어 영어를 습득한 후에 농이 된 아동들이 구어 프로그램에서 훨씬 더 성공을 거두고 있다. 그러한 이점을 가지고 아동이 말읽기와 말하기에서의 신뢰할 만한 기능을 개발하도록 프로그램을 수년간 실시했을 때조차도 정규 교육과정 내용의 본질적인 부분을 거의 놓치게 된다.

　언어에 관한 사전 경험이 거의 없거나 전혀 없는 심한 농아동과 언어습득기 이전에 농이 된 아동에게도 구화교육은 말하기와 말읽기를 가르칠 수 있을 뿐만 아니라, 영어 습득을 위한 기본 모델을 제공해 줄 수 있다고 기대한다. 이 경우에 아동들은 구어 영어를 획득하고, 이해하고, 활용하는 것을 동시에 할 수 있도록 기대되어진다.

　교육과정 운영에서 더욱 더 비평의 여지가 있는 것은 교사가 말하는 구어 영어를 통해 모든 교과 내용을 농아동들이 처음부터 똑같이 받아들이고 학습할 것으로 기대되어진다는 점이다. 이런 환경에서 대부분의 농아동들이 잘 해내지 못하고 있다는 사실은 놀라운 일이 아니다. 그 언어를 잘 모르는 사람과 또 주어지는 형식으로 그 언어를 수용할 수 없는 사람이 그 언어로 의사소통을 하려고 하는 어떤 사람(건청인)으로부터 많은 것을 배울 수 있다고 생각하는 것은 아주 비현실적인 일이다.

더욱이 구어 프로그램은 수화를 못하게 하기 때문에 학생들을 위한 사회적인 환경이 부적절하다. 구화 학교에 다니는 아동들도 개인적으로는 그들 나름대로의 수화(signs)를 만들어 사용하고 있는데, 이런 수화 체계는 상당히 제한된 것이며, 또 표준적인 ASL과도 두드러지게 다른 것이다. 그런 학생들은 그들 자신들 간에도 의사소통이 쉽게 이루어지지 않으며, 교실이나 혹은 다른 공식적인 환경에 있는 성인 농자들과도 의사소통이 어렵다. 농아동들은 일반아동들처럼 다른 사람의 대화를 "귓결에 흘려 들을 수"도 없다. 이런 방식으로 구화체제는 일반적인 문화지식, 사회·정서적 경험, 그리고 인지발달에 영향을 미칠 수 있는 여러 상호작용들에 대한 아동의 수용을 제한한다. 그러므로 많은 대부분의 중증 농아동의 경우 청력과 말읽기에만 전적으로 의존하게 되는 것은 합당하지 않은 일인 것이다.

토털 커뮤니케이션은 1970년대 초반 무렵에 농교육의 '철학'으로서 확립되었는데, 이는 동시법(simultaneous communication)의 가장 일반적인 변형으로 알려져 미국에서는 그 이후부터 주된 방법으로 적용되어 오고 있다. 이 방법은 교실에서 교사들이 수화를 사용하도록 요구하기 때문에, 구화주의에 대한 반동의 상징으로 입지를 굳히고 있으며, 성인 농자들로부터 실질적인 지지를 받고 있다.

토털 커뮤니케이션 프로그램이 교실에서 수화를 재도입하는 것은 사실이지만, 상술한 범주의 어느 쪽 농아동들(선천성 농/후천성 농, 잔존 청력이 있는 경우/잔존 청력이 없는 경우)에게도 수용할 만한 교육과정 자료가 마련되어 있는 것은 아니다. 모든 토털 커뮤니케이션 프로그램에서 실질적으로 요구하게 되는 의사소통 '양식(mode)'은 사인(signs)이 동시적으로 보조하게 되는 구어 영어이다. 우리는 사인하기와 말하기의 복합체 내에서 기본적 신호로서 말이 보여진다는 가정에 초점을 맞추기 위해 그러한 사인하기를 말보조 사인

(signsupportded speech: SSS)이라고 말한다(John and Erting, 출간 중). SSS에서 사용되는 사인의 대부분은 구어 영어와 함께 사용하기 위해 개발된 특별한 사인이다. 그렇게 사인을 사용하는 목적은 사인과 구어표현을 동시에 발화해 나타내자는 것이며, 이 둘 모두는 영어를 완벽하게 재현하도록 하는 데 있다. 이 모델에 의하면, 이런 식으로 영어를 재현하는 것이 자연적인 언어 습득을 위한 투입과 교육과정의 전달을 위한 매체로서 결국 도움이 된다는 것이다.

구어 영어를 보조하기 위해 사인을 활용하는 것을 종종 '수화'로 간주하는데 사실 그것은 수화가 아니다. 수화는 음성언어와 독립된 문법을 가진 자연적 언어이다. Stokoe(1960)로부터 시작된 수십 명의 연구자들이 이 점을 입증했다. 이 연구는 ASL과 같은 수화가 자연적인 언어라는 사실을 보여주고 있는데, 이유는 다음과 같다. ① 그 언어를 사용하는 자들의 집단 내에서 시간이 흐름에 따라 자연적으로 개발된다. ② 그 언어에 노출된 아동들은 일반적인 언어 습득 과정을 거치게 된다. 각기 수화의 독특성을 형성하는 독립적 구성 형태를 나타내는 것 외에는 모든 다른 인간의 언어들에서 발견된 원리들에 따라 문법적으로 구성된다.

한편, 인위적으로 개발된 체제인 SSS는 이러한 세 가지 특성 중 어느 것도 가지지 않는다. SSS는 농집단의 일상적인 사용을 통해서가 아니라, 특정위원회에 의해 인위적으로 개발된 것이 대부분이다. 즉, 그것은 획득되는 것이라기보다는 지도되어지는 경향이 있다. 그리고 SSS가 가지고 있는 문법체제는 순전히 다른 언어로부터 나온 것이다. 그러므로 SSS를 사용하는 사람들은 손을 움직이고 있긴 하지만 수화를 사용하고 있는 것은 아니다.

이러한 이유로 해서 SSS 발화 중의 사인화된 부분은 ASL의 문법적, 형태론적, 음운론적 혹은 어휘적 구조를 가지고 있지 않다. 실제로 ASL은 구조면에서 영어와 너무 다르기 때문에 전체 문장을 영어로 말하면서 완벽한 ASL문장을 동시에 표현하는 것은 불가능할 것이다. 오히려 SSS의 표현은 일련의 ASL사인이면서 영어 말하기를 단지 재현할 의향으로 영어 어순에 따라 사인들을 개작해 놓은 것에 불과하다.

토털 커뮤니케이션이 실시된 초기부터 SSS표현 방식의 양 부분에서 신호(signal)에 결함이 있다는 것이 알려지고 있다(Crandall 1974, 1978: Baker 1978: Marmor and Petitto 1979: Kluwin 1981a, 1981bb). 건청자들이 말하면서 동시에 사인을 사용하려고 시도한다는 것은 심리적으로나 육체적으로 너무나 과중한 과제이다. 그렇게 어려운 조건 하에서는 한쪽 또는 양쪽 모두의 신호 전달이 충실히 이루어지기가 더 어렵다. 건청자들은 먼저 듣게 되므로 영어말의 리듬에 맞지 않는 사인 부분은 빠트리게 되거나, 사인을 무작위로 생략함으로써 사인화된 신호의 질적 저하를 초래하게 될 것이다. 동시에 구어 신호는 전형적으로 속도가 늦어지게 되고 음성적으로 변화가 생기게 되며 종종 운율이 불완전하거나 머뭇거리게 되고, 반복이나 지체하는 경우가 생긴다. 일반적으로 구어 신호의 변화가 적으면 적을수록 사인화된 신호는 더 알아보기 힘들게 된다. 우리의 견해로는 미국 농교육에서 제시되는 SSS의 손짓 표현 부분은 숙달된 사인사용자들에게 조차도 부분적으로만 이해될 뿐이라고 말해도 과장된 것이 아닐 것이다. 미국인들의 교실에서 SSS의 사인체제는 대개가 알아보기 힘든 것이라고 말해도 좋다.

Johnson과 Erting(출간 중)은 건청 유치원 교사가 4세 된 농아동과 말보조 사인(SSS)으로 의사소통을 하는 것을 조사 연구했다. 교사가 SSS로 표현하는 것을 발췌한 부분이 다음에 제시되었다. 발췌문에서는 생략 부호(…)는 아동이 문장에 끼어든 것을 나타낸다. 음성영어는 이탤릭체로 표시하며, 사인의 설명(glosses)은 윗부분에 있다. 손 형태가 쓰여진 영어 단어의 첫글자(머릿글자의 사인)와 일치할 때의 사인은 밑에 줄을 그었다.

TELL　　　　SAY　　　　HORSE RABBIT　　　NO
Tell··· tell the Easter Bunny ···He said," No, he's

ALL　　OUTSIDE　　　DIFFERENT　　COLOR Pro3
all out. you can take a different color

　　　　　　　FORGET　　　　TELL　　　　　　THANK-YOU
You forgot to say you've ··· say thank you···

T　　　　　YOU FORGET <u>HER</u>　　　　　　VOICE PLEASE
T say you forgot her. Use your voice please···

ZERO ORANGE　　　　SORRY　　OUTSIDE ORANGE PICK OTHER COLOR
No orange. He's sorry but he's out of orange. Pick another color.

ZERO PURPLE WHAT　　　　WRONG TOGETHER-WITH EASTER DEVIL
No purple? what's wrong with this Easter Bunny?···

　　　　　　　　　　　　　　Pro3 CAN'T HEAR YOU Pro3 CAN'T HEAR YOU
Well, tell him, He can hear you. He can hear you···

I THINK I FREEZE GREEN TOGETHER-WITH YELLOW FLOWER LOC-ON I-T
Ah, I think I want a green one with yellow flowers on it.

[·····unintelligible········] YELLOW FLOWER [···] OTHER 1
Those are purple flowers. I said yellow flowers. Get another one.

EAT WAIT OTHER 1 <u>CAN</u> OTHER 1
Okay. Wait a minute. Can I have another one? Have another one?

I FREEZE OTHER 1 <u>CAN</u> I HAVE 2 PINK 1　　COOD
I want another one. Can I have two? Oh, A pint one.

I GET 2　　　　　MAYBE ASK　　　　　　　GOOD
I got two.··· I dont't know, maybe. Good Okay, let's change.

GOOD EASTER DEVIL
You were a good Easter Bunny.

Johnson과 Erting은 이런 상황에 대해 다음과 같이 논평하고 있다
(출간 중: 63~4).

> 교사가 계속해서 사인을 불분명하게 표현하는 경우 그 사인은 실제로
> 다른 의미를 나타낼 수도 있기 때문에 문제가 생긴다. 예를 들면
> RABBIT을 DEVIL과 HABBIT으로, CAN을 CAN'T로, WANT가
> FREEZE 등의 의미로 표현될 수 있다. 더욱이나 교사의 사인이 구어 영
> 어와 일치하지 않는다는 사실이 또 다른 문제가 된다. 사인으로 표현하는
> 것은 어떤 의미에서든 구어 영어를 정확하게 재현하지 못한다는 것이 분
> 명하다. 영어 단어 중 사인으로 재현되어지지 않는 것이 많으며, 일관된
> 형태로 생략되는 것도 아니다. 최종적으로 표현되는 것은 사인으로 된 문
> 장인데 이들 대부분은 이해할 수 없는 것들이며, 의도한 의미와는 모순되
> 는 경우가 종종 있으며, 상당히 불충분한 문장이 된다. 최선을 다하더라도
> 교사의 수화 문장은 영어를 정확하게 재현하지 못한다. 청력이 거의 없거
> 나 전혀 없는 농아동과 이전에 영어를 거의 접해 본 적이 없는 농아동이
> 이런 모델로 영어를 배울 것이라고 기대한다는 것은 현실적이지 못하다.

SSS를 사용하는 일반 교사들에게 흔히 이런 류의 오류가 생긴다.
그러면 이런 일이 어느 정도 발생할 수 있는지 혹은 어느 정도 확인
될 수 있는지를 궁금해 하는 것은 당연하다. 그 이유 중 하나는 일반
교사는 전달하는 신호(signal) 중 구어 부분에 주로 관심을 집중하기
때문에 사인 부분은 거의 의식하지 못하게 되는 것이다. 이런 상황에
서 교사는 사인을 표현하고 있으므로 아동들은 교사가 전하는 구어
로부터 정보를 수용하고 있다고 믿어 버리기가 쉽다(Erting, 1986).
그리하여 교사가 언어 표현에만 초점을 두게 되면 아동의 요구 및
반응에 대해서는 적절하게 판단할 수 없게 된다. 이러한 일은 교실
교육이 교사의 교수 전략과 아동의 요구에 맞도록 조절하는 교사의

능력에 의해 좌우된다는 관점에서 볼 때, 모순되는 면이 있다. 또한 이것은 잔존 청력이 조금이라도 많은 아동들에게 의외로 유리하게 해 주는 결과가 된다. 그러므로 이런 아동들은 수업의 성공에 대한 교사 자신의 판단을 바람개비처럼 종잡을 수 없게 만든다.

심지어는 최상의 상황에서도 이런 점(SSS로 배울 때 야기되는 문제점)들은 여전히 현실로 남는다. 예를 들어, 출생 때부터 자연수화(natural sign language)를 습득한 농아동에게 일반 교사가 정확하고 분명하게 사인을 나타내면서 말을 하는 경우를 고려해 보라. 교사가 말을 할 때 아동은 사인의 많은 것들을 인식하게 된다. 그러나 아동은 교사의 메시지를 해석하는 데 필수적인 것이 되는 인위적인 영어 사인에 대한 경험과 영어 문법에 대한 능력이 부족하다. ASL문법에 대한 능력(competency)을 아동이 가지고 있더라도 도움이 되지 않는다. 왜냐하면 교사의 표현은 문장 구조를 ASL문법 규칙에 따라 구성하지 않기 때문이다.

한편, 영어 문법 구조 및 형태론적 원리에 근거를 두어 사인화된 문장을 이해하기 위해서는 맨 먼저 아동이 영어에 능숙해져야 한다는 것은 너무나 분명하며 또한 실제적인 것이기도 하다. 그리고 대부분의 학령기 농아동은 영어에 대한 능력이 거의 혹은 전혀 없다는 것도 사실이다. 이런 결과를 종합해 보면, 교육과정의 중요하고도 가치 있는 것을 가르치는 데에 반드시 영어가 가장 적절한 언어가 될 수 없음을 알 수 있다. 이러한 결론은 농아동교육에 대한 최근의 교수 접근을 설계해 온 사람들의 관점과 상충되는 것 같다.

이런 관점에 반대하여 SE(singed English) 지지자들은 영어말(English speech)을 재현하는 체계는 농아동에게 영어를 '볼 수 있도록(visible)' 해준다는 가정을 한다. 그러므로 농아동은 영어를 보게 됨으로써, 자연스럽게 사인으로 된 영어 수행 능력을 습득하게 되며, 이 사인 영어 수행 능력은 음성 영어 및 문어 영어 수행 능력을 유도할 것이라는 기대에 따라 이러한 가정은 지지를 받는다. SEE

(Signing Exact English) 고안자들의 다음 논평은 이 접근법의 가정
을 분명하게 해 준다(Gustason, Pfetzing & Zawolkow, 1975).

메시지는 분명하다. 농아동이 영어를 잘 배우기를 원한다면, 가능한 한
어릴 때 영어 환경에 노출되어야 한다. 왜냐하면, 언어의 지각을 가능한
한 분명하게 할 필요가 있으므로 언어수용이 언어 표현에 선행되어야 한
다.(P. IV) 의사소통에서 사인이 말하기나 지문자보다 더 크고 더욱 구체
적인 상징을 나타내므로 나이 어린 농아동들이 이러한 수화를 이해하기는
더욱 쉬운 일이다.(P. V)
    그러나 ASL은 그 자체가 독자성을 지닌 언어이며, 영어의 시각적 재현
이 아니다. ASL의 구조는 영어 구조와 다르며, 기호들(symbols)은 영어
단어라기보다는 개념을 재현한 것이다. 어릴 때 ALS을 배운 아동은 의사
소통을 할 수 있으나, 일반 사회에서 훌륭한 역할을 하려고 한다면 영어
를 배워야만 하는데, 이 경우에는 영어를 의사소통과는 다른 형태로 배워
야 하는 것이다. 더군다나, 구조와 기호 체제가 다르기 때문에 많은 일반
인들에게 ASL은 배우기 어려운 언어인 것이다. 대부분의 농아동은 영어
가 모국어(native lanuage)인 일반 건청 부모를 가지고 있기 때문에, 이런
부모들은 SE(signed English)를 배우는 것이 더 편리하므로 아동들에게
ASL을 배우고 나서 2차 언어로 영어를 배우게 하기보다는 부모들의 모
국어인 영어에 아동을 끌어들이려고 한다.(PP. V-VI)

    토털 커뮤니케이션은 현장에 알려지기 시작할 때부터 그것의 철학
과 방법에 있어 SSS가 영어를 시각적으로 재현한다는 가정에 의존
하고 있었다. Denton은 미국에서 토털 커뮤니케이션에 대한 맨 처음
의 옹호자 중 한 사람이며, 1968년에 메릴랜드 농학에서 토털 커뮤니
케이션을 적용하였었다. SSS의 역할에 대해 Denton은 그의 견해를
다음과 같이 요약하고 있다(Denton 1976: 6).

    토털 커뮤니케이션의 일상적 실제 측면에 대한 그 의미는 아동이 직접
적으로 접하게 되는 모든 사람들이 가능한 한 말과 사인을 동시에 사용해
야 한다는 것을 넘어서서, 아동은 적절하게 증폭된 환경(amplication)으로

부터 이익을 얻어야 한다는 사실을 단적으로 의미하고 있다. 물론 이 접근은 일반적으로 영어 구문(syntax)을 사인으로 나타내는 것이 가능하며, 그 사인과 동시에 적절하게 증폭기를 일관되게 사용하면 시각 및 청각 양자를 통한 구문론적 모델을 통해 아동이 모방을 하게끔 한다. 토털 커뮤니케이션의 신호 가운데 시각적인 사인은 말읽기에 활용할 만한 최소한의 단서를 훨씬 더 분명하게 해 주며, 마찬가지로 사인과 말읽기는 최소한의 청각적 단서를 강화해 주며, 이것은 토털 커뮤니케이션의 기초적 작용을 한다. 우리 모두에게 있어 의사소통은 총체적 혹은 복합적인 것이므로 하나의 부면이 강화되면 다른 부면도 촉진된다.

그러나 어떠한 사인 체제(자연적이거나 인위적으로 고안된 것)도 그 체제에 따라 구어로 재현할 수 있으며, 구어의 자연적인 습득을 위한 하나의 방법으로 이용될 것이라는 가정을 뒷받침할 만한 타당성을 입증해 주지는 못했다. SSS가 교육용으로 처음 실시되었을 때부터 SSS가 실제 교육에서 요구하는 목적들을 충족시키지 못한다는 사실에 대해 언어학자와 교육자들은 논쟁해 왔다.

농아동이 SSS를 구어 습득의 모델로 하여 개발한 영어 문법과 일반아동이 듣기와 말하기를 통해 영어를 배워서 개발한 영어의 문법이 일치하지 않는다는 사실이 확인되고 있다. Charrow(1974)는 농아동이 쓴 문어 영어의 변이를 통해, 표준 영어와 상당히 다른 특이한 모조 문법(idiosyncratic)이 있다는 사실을 확인할 수 있었으며, 표준 영어와는 본질적으로 다른 '농영어'(deaf English)로 명명되는 종류의 문법을 SSS를 사용하는 농아동의 경우에 가지게 된다고 설명했다.

S. Supalla(1986)는 아동들이 영어를 사인화하는 경우의 문법은 교육적 모델에 의해 기대되는 문법과는 상당히 차이를 보이는 특성을 지니게 된다는 증거를 제시한다. 그는 농학생이 사인으로 표현한 결과를 연구했는데, 이 아동들은 여러 해 동안 이상적인 SE(signed English)의 환경 속에 있었다. 교사들은 가르치는 동안에 영어 문장

을 사인으로 충실하게 표현했지만, 아동들의 수화를 보면 영어에 대한 능력이 실제적으로 습득되었다고는 볼 수가 없었다. 그는 각 아동이 영어와는 아주 다른 새로운 것을 담고 있는 특이한 문법의 형태를 가지고 있다는 것을 발견했는데, 이것들은 어떤 측면에서는 자연수화의 복합동사 형태소와 유사한 점도 있다. 아동들을 SE환경에 노출시키게 되면 음성 혹은 사인 둘 중 하나를 통해 영어 문법에 대한 능력을 자연스럽게 습득할 것이라는 기대는 비실제적이라는 것을 이 연구는 명백히 제시하고 있다.

일반아동들이 음성언어를 습득하는 것에 대한 연구도 그와 같은 결과가 기대될 수 있다는 것을 확인시켜 준다. McLaghlin(1984: 188-9, 194)은 그의 연구를 요약하면서 다음의 사실을 설명한다. 즉, 일반아동이나 성인이 일차적 언어를 정확하게 학습하기 전에 이차적 언어를 학습하려고 할 때, 혹은 하나의 언어적 환경이나 둘 모두의 언어적 환경이 열악한 언어적 환경일 때, 아동이 결과적으로 습득하게 될 문법은 표적 언어의 정상적인 문법형태의 측면에서 보게 되면 특이하게 다른 것이 되고 말 것이다. 더군다나, 두 언어가 분명하게 구별되는 것이 아니라면 그런 결과는 쉽사리 예측된다고 McLaghlin은 주장한다. 이런 관점에서 볼 때, SSS에는 영어와 ASL이 섞여 있는 것이 발견되며, 신호 가운데 사인으로 된 부분의 수준이 훌륭하지 못할 경우에는 언어 습득 목적에 역효과를 나타내게 하는 모델로 제공될 수 있다는 것이다.

Quigley와 Paul(1984: 19~23)은 SSS운동이 영어 성취 점수의 증진에 성공적으로 기여하는 것을 밝혀 주는 연구가 하나도 없다는 결론을 내리고 있다. 농아동을 위한 각각의 접근법을 지지하는 데 있어 가장 유리하게 내세우는 증거를 살펴보면, 그 유리한 결과들은 사회경제적 지위, 부모의 교양 및 교육 수준, 부모의 사적인 참여 등과 같은 중재적 변인에 의해 영향을 받게 된다는 것으로 설명될 수 있다. 그들은 토털 커뮤니케이션을 실제적으로 활용하는 것을 지지할 만한 어떤 확실한 증거 또한 찾지 못하고 있다.

그러나 대부분의 사람들은 ASL이 사회적으로 의사소통의 훌륭한 수단이 될 수 있지만, 교육과정의 수단으로는 부적합하다고 널리 믿고 있다. 사실, 미국 농교육의 공식적 발표와 실천적인 면 둘 다를 보면, 어릴 때 수화 언어에 노출하는 것은 구어 학습에 방해가 된다고 교육기관 책임을 맡은 사람들은 믿고 있음이 밝혀졌다.「Deaf Life」잡지의 최근 논쟁에서 농아들을 위한 주립 기숙제 농학교의 교장들은 다음과 같은 논평을 했다(Bellefleur, 1988: 23).

> ASL은 개념적이며 훌륭한 언어이다. 그리고 우리는 ASL이 농자의 하위문화(sub-culture)를 증식시키는 데 중요한 역할을 하고 있다고 믿는다. 그러나 농자들이 건청인들과 효과적으로 경쟁하기를 원한다면, ASL이 효율적인 교육과정의 위치를 지닐 수 없다.
> …농자들이 그들이 소유하지 못한 언어를 보조하기 위해 문자 영어를 쓰게 되는 까닭이 무엇일까를 생각해 보면, 사람들은 농자들이 무기력하게 된 언어상태로 그들의 언어 구성인을 유지하려는 잠재적인 동기 때문에 ASL을 옹호하는 것이 아닌가 하고 의심하게 된다.

이와 같은 관점들로 인해 공립 농학교 프로그램들에서 농자 교사들을 발견하기란 흔치 않다. 대부분의 농자 교사들은 기숙제 학교에서 근무하고는 있으나, 농아동의 정상적인 언어 사용에 영향을 별로 받지 않는 상급반이나 발달지체 아동들을 위한 학급에 배치되는 것이 미국 전역의 공통된 현상이다(Moores 1987: 205). 그래서 1870년대까지 교사의 42% 이상이 농자였던 농교육 체제가 1960년경에는 12%이하로 그 비율을 줄일 수 있었던 것이다(Lou 1988: 76). 이는 기본적으로 다음의 논쟁을 통해 이루어졌다. 즉, 기본적으로 농자 교사들이 구어중심 방법들에 있어서는 부적합하다는 것과 어린 시절에 수화에 노출되는 것이 구어영어 습득과 적절한 '건청세계'의 행동을 습득하는 데 도움이 되지 않는다는 잘못된 고정관념에 의해 추진되어 왔다.

또 다른 한편으로 쟁점이 되는 것은, 평균적으로 농자 부모의 농아동은 건청자 부모의 농아동들보다 학업기능에 관련된 기술에 있어 더 높은 성취수준을 나타낸다는 것은 그간 연구자들이 여러 해에 걸쳐 인식해 온 사실이다(Stevenson 1964: Stuckles and Birch 1966: Meadow 1968: Vernonand Koh 1970: Corson 1973: Brasel and Quigley 1977: Moores 1987: 198-205). 이러한 모든 연구들에서, 농자가정의 아동들이 건청 가정의 아동들보다 대부분의 학업 성취 측도에서 더 높았다. 더욱이, 대부분의 연구들에서 구어나 말읽기에서 조차도 두 집단 간에 유의한 차이를 나타내지 않았다(Quigley and Paul 1984: 18). 예를 들어 모든 농부모들이 수화를 사용하는 것은 아니며, 수화를 사용하는 부모 모두가 ASL을 사용하는 등(Quigley와 Paul 1984: 18을 보라)과 같은 고려되어지는 많은 요인들이 있다고 하더라도, 농자 부모의 농아와 건청 부모의 농아 간의 뚜렷한 차이는 농자 부모의 농아들이 자연적인 언어에 일찍 노출되어져 일상적인 화제에서 언어를 능숙하게 사용하는 사람들과 일생 동안 의사소통을 했다는 것이다. 게다가 농자부모의 농아들은 근본적으로 그들 자신과 비슷한 부모에게서 태어났기 때문에 그 아동들은 부모로부터 사회적인 정체성을 획득할 수 있게 된다(Erting 1982: Johnson and Erting, 출간 중). 수화에 익숙한 어른들로부터 수화를 일찍 습득하게 되는 것은 학습 기능을 습득하는 데 유리하게 해 줄 것이며, 구어 영어나 읽기, 쓰기 기능을 습득하는 데 방해가 되지 않을 것이라는 것을 위의 사실들이 뒷받침해 준다.

건청 부모의 모든 아동들과 마찬가지로 농자 부모의 농아동들도 일찍부터 그들의 모국어에 노출됨으로써 자연스럽게 언어를 획득하게 된다는 것이 이런 유형에 대한 설명을 가능하게 해 준다. 수화가 시각적인 언어이기 때문에, 자연수화는 농아동들에게 언어습득의 일반적 과정에 접근할 수 있도록 해준다. 한편, 음성 언어에 관한 연구

결과에 의하면 이중언어주의(bilingualism)는 인지적인 어떠한 특성을 강화시킬 수 있다는 증거가 제시되고 있다. 예를 들면, 이중언어주의에 대한 연구 결과를 요약하면서 Hakuta는 다음과 같이 진술한다 (1986: 35).

> L1[1차적 언어]과 L2[2차적 언어]를 거의 동등하게 사용하는 어떤 이중언어 집단을 택하여 연령, 사회·경제적 수준, 그의 결과에 영향을 줄 수 있는 다른 변인을 통제한 상태에서 단일 언어를 사용하는 집단과 짝짓기를 하여 인지적 융통성(flexibility)을 측정할 도구를 선정하여 두 집단에 실시해 보라. 이중언어를 사용하는 자들이 더 나을 것이다. 인지적 융통성이 농교육의 바람직한 목표가 된다면 ASL과 영어 둘 모두를 습득하는 것은 방해가 되기보다는 이로운 점이 더 많다.

대체로 농자가 있는 가족의 농아동은 가족 모두가 건청인 가정에서 태어난 농아동보다 농교육의 문제점이 훨씬 더 적게 나타난다. 농유아의 조기 교육에 대한 기술적 연구가 그리 많지는 않지만(Erting, 1982: Johnson and Erting, 출간 중), 농자 부모의 농아동이 학교에서 지식의 정보를 더 잘 얻게 되며, 영어와 ASL 둘 다에서 언어적 기능이 더 우수하다는 것은 분명하다. 그러나 이 아동들에게도 체제 내에서 기대감이 낮다는 것과 교육과정을 수용하기에 부족하다는 일반적인 문제점들은 여전히 남아 있다. 그래서 전술한 바와 같이 비록 이들이 또래의 다른 농아동들보다는 더 높은 수준의 성취를 보이기는 하지만, 또래의 건청아동들의 동등한 수준에는 여전히 미치지 못하고 있다.

사인을 자유롭게 사용하게 하고 가족 중에 농자가 있는 아동들이 있는 학교의 프로그램에서 대부분의 농아동들이 사용하는 언어는 ASL이다. 이들은 ASL을 교사로부터 배운 것 같지는 않다. 왜냐하면, 교사들은 ASL을 사용하는 데 있어 단지 한정된 언어 능력만을 가지고 있거나, 설령 그들이 ASL을 안다고 하더라도 아마 교실에서는 사용하지 않을 것이기 때문이다. Woodward와 Allen(1978)은 1,888명의 교사를 대상으로 조사해 본 결과, 단지 140명만이 교실에서 ASL을 사용한다는 것을 발견했다. 더 많은 설문들을 통해 140명의 교사 중 단지 6명만이 ASL을 확실하게 사용할 수 있다는 결론을 내렸다. 결과적으로, 아동 자신이 언어 능력이 있고, 아동들과 관계를 맺게 되는 어른들이 사인을 능숙하게 사용하는 사람들인 경우, 이들은 건청자 부모의 아동들을 위한 사회화 과정의 역할 대부분을 대신할 수 있다. 그러므로 그러한 상황 하에서는 건청자 부모의 농아동들은 주로 또래 아동들로부터 ASL을 배우게 된다. Johnson과 Erting (출간 중)은 4세 된 농아동들 가운데 언어 사용의 준거에 또래 사회화에 대한 역동성이 있음과 그 중 몇몇을 밝히고 있다.

그런 환경에 있는 아동들은 ASL을 통해 언어 능력을 개발시켜가기 때문에, 이들의 사회적인 환경은 구어 학교나 통합된 교실 혹은 기본적으로 ASL과 관계를 갖지 않는 토털 커뮤니케이션 학교의 사회적 환경보다는 더 낫다. 자연적 언어의 개발을 허용해 주는 상황이 언어적 사회화 및 사회 · 정서적 발달 모두를 위한 상황을 더 적절히 제공해 준다는 것은 당연한 사실이다.

1차적 언어를 배우는 능력은 아동이 태어나서 초기의 몇 년 동안에 가장 용이하게 발휘된다는 충분한 증거가 있다(Lenneberg, 1967). 이러한 효과는 수화 습득에서도 나타난다는 것이 Newport와 T. Sualla(1987)에 의해 증명되어졌는데, 그들은 수화를 수십 년간 사용해 온 사람들에게서도 여전히 남아 있는 느린 수화 습득의 흔적을 밝혀내었다. 매우 어린 시기에 ASL을 습득한 사람들이 그 이후에 나이가 들어서 ASL을 습득한 사람들보다 일관된 문법들과 언어의 복잡한 구조들에 대한 풍부한 구사력을 훨씬 더 많이 보여주었다. 그러므로 농아동과 언어능력이 있는 성인 간의 접촉이 빨리 시작되면 될수록 아동의 언어에 대한 궁극적인 구사 능력은 더욱 더 능숙해질 것이며, 완전해질 것이다.

ASL을 조기에 습득한다는 것은 농아동에게 영어를 가르치려는 우리의 목표에도 중요한 것이 될 수 있다. 이중 언어주의 연구자들은 2차적 언어를 배우려 하는 이들은 2차적 언어를 학습하기 전에, 하나의 자연적 언어에 대한 기초를 필요로 한다고 주장하고 있다(Cummins, 1979). Paulston은 언어 획득 연령에 관한 자료를 요약하면서 다음과 같이 결론짓는다(1977: 93).

> 모국어의 발달은 2차적 언어의 학습을 용이하게 해 준다는 증거는 명백하다. 그리고 모국어의 발달 없이는 어떤 언어도 잘 학습되어질 수 없으며, 결과적으로 불완전한 언어가 될 수도 있다는 심각한 의미를 가지고 있다.

이러한 결과들은 가능한 한 조기에 1차적 언어로서의 자연적인 수화를 확립해야 하는 또 하나의 논거를 제공하는 것과 연관된다.

그러나 농교육협의회(the Commission on Education of the Deaf)의 보고에 의하면, 이런 자연적 언어 습득과정의 방법을 의도적으로 유리하게 하는 학교환경을 조성해야 할 가치를 거의 인식하지 못하고 있다.

> [농교육에 있어서] 아동은 전체 프로그램의 한 구성원으로서 자신에게 익숙해져 있는 의사소통 수단을 사용해야 한다는 사실에 거의 비중을 두지 않고 있다. 사실 ASL은 소수인들의 모국어로서 합법적인 지위가 거의 인식되지 않고 있는데, 충분히 독립성이 있는 언어로서 ASL은 이중언어교육법(Bilingual Education Act) 조항에 그대로 적용되어야 한다.

미국에서는 영어를 말하는 건청아동의 부모는 그들의 아동들이 수용할 수 있는 언어로 교과를 배워야 한다는 점을 주장할 수 있다. 마찬가지로 영어를 모르는 아동들은 영어를 알게 될 때까지 그들 자신의 언어로 교수 받을 권리를 가지고 있다. 농교육에 대한 현재의 접근 방법은 단지 영어만의 사용과 구화 중심적 접근을 계속적으로 추구하고 있다. 이런 접근법들은 아동들이 아무리 잘 하더라도 불완전하게 이해할 수밖에 없는 형태의 의사소통을 통해, 교육과정 내용을 배우도록 기대한다. 이것은 교수의 형식(어떻게 말해지는가)이 내용(무엇이 말해지는가)과 계속적으로 갈등을 일으키게 하는 것이다. 미국 농교육은 이 갈등에서 주로 '형식'이 우위를 차지하게 됨에 따라, 이로 인한 농아동과 또래의 건청아동 간에 있어 성취 수준의 차이는 계속될 뿐만 아니라, 더 심해지게 된다.

부모훈련 프로그램과 조기교육 프로그램에서 구어 의존적인 의사소통수단이 영어 습득을 가속화시킬 것이라는 기대는 결국 실패로 끝날 것이라는 사실을 알 수 있다(Lucas, 1989). 이러한 구화 중심의 현격한 영향은 아동의 1차적 언어 습득이 지체되는 것과 사회적 상호작용을 일찍부터 광범위하게 가지지 못하게 하는 영향을 더 심각하게 만든다는 것이다. 그러므로 비록 조기의 아동 교육이 어린 연령에까지 계속되도록 추진되고 있지만, 많은 아동들이 자연적 언어에 대한 능력이 거의 없거나 전혀 없이 그들 연령의 아동들에게서 기대되어지는 사회적 기능들과 지식들에 대해 심각한 부적합성을 지닌 채 그냥 학교에 들어가고 있다.

낮은 기대 수준의 순환

우리는 앞에서 언어정책을 바꾸는 것과 교실에서 자연수화로서 ASL을 사용하게 하는 것이 표준적 학년 수준에 농아동이 접근하도록 하는 데 유리할 것이라고 주장해 왔다. 그러나 농아동이 건청 또래 아동과 동등하게 되는 데 있어서 그런 변화만으로는 충분하지 않을 것이다. 왜냐하면 미국의 농교육이 농아동들은 건청아동들만큼 성취수준을 나타낼 수 없다고 여기고, 그러한 결과를 초래하게 하는 방법들로써 구성되어 있기 때문이다.

미국 농교육협의회 보고서(1988)는 농교육 분야에 있어 표준과 책무성(accountability)이 엄청나게 결여되어 있다는 사실에 관해 설명함과 아울러 여러 가지 권고 내용들을 담고 있다. 그러한 상황은 널리 퍼져 있는 냉소주의나 부당 행위의 결과는 아니다. 사실, 농교육 분야는 헌신적으로 열심히 일하는 사람들에 의해 유지되어지며, 이들 대부분은 공적 서비스의 성공을 이루기 위해 진취적 노력을 해 오고 있다. 지금까지의 교사양성 프로그램들로부터 야기되는 문제는 구화 중심적 교육방법에 대한 믿음과 공약에 구애된 나머지 농아동의 실제적인 의사소통 욕구를 충족시켜 주기 위해 열성을 가지는 교사를 양성해 내지 못했다는 것이다.

예를 들면, 농교육의 전형적인 교사 양성 프로그램의 교육과정은 구화 지도농자의 심리(건청 세계의 표준에 적응하느냐 혹은 잘 적응하지 못하느냐에 주된 관심이 있음), 청각학, 구어 영어의 발달, 그리고 교사교육에서 요구되는 일반적인 교육과정 내용들을 포함하고 있다. 반면에 대부분의 이런 프로그램들은 농자들의 상호작용에 관한 과정, 농아동들의 일반적인 발달에서 ASL의 역할에 관해 가르치는 과정, 심지어 장래 교사가 될 사람에게 ASL을 이해하게 하거나 표현하도록 가르치는 과정 등을 거의 가지고 있지 않다. 실제로 이런 모든 프로그램은 단지 SSS의 몇 개 체제만을 가르치며, 대개 그런 체제를 전수하기 위한 학업 시간은 겨우 두 서너 시간만을 할애하게 된다. 이런 정도의 훈련을 받는 사람들은 기존의 양성 프로그램의 기대를 겨우 충족시켜 줄는지는 모르지만, 실제로 농아동을 가르치는 데 적절히 준비가 안 된 상태이다. 한번 교사로서 교실에 들어가게 되면 의사소통 능력에 대한 진실된 평가기회는 없다. 만일 교사는 자신이 담임하는 아동의 쓰기와 읽기 능력이 개선되지 않는다면, 항상 아동이 부적절하게 배운 결과라고 생각해 버리거나, 농아동에게 영어를 가르치는 일반적인 어려움으로 미루어 버린다. 교사와 아동들 간의 의사소통이 안 되어 있기 때문에, 그러한 실패가 실제로 생길 수 있다는 점은 좀처럼 제기되어지지 않는다.

표준이 없는 이러한 현상은 백년 이상 동안 실패해 오고 있는 교육철학과 그 철학을 바탕으로 한 실천을 설명하고 정당화하기 위한 필요에서 묵시적으로 용인되어 온 것이다. 미국 대표단은 1880년의 밀라노 대회에서 모든 농아동을 위한 구화 중심적 교육선언에 반대하기는 했지만, 미국의 교육 체제는 그때 이후부터 구화주의의 원리와 실제를 수용하여 왔다. 실제로, 구화주의의 실천은 이름이 무엇이냐에 관계없이 교사들이 가르칠 때에는 반드시 말을 해야 하고, 그리고 농학생들에게 말하기 훈련을 강조하는 것이다. 그래서 비록 토털 커뮤니케이션이 전형적으로 '수화주의'로 간주되기도 하지만, 우리는 토털 커뮤니케이션의 핵심이 사인들의 도움으로 구어 영어를 이해하고 학습하는 것에 도움을 주는 데 있으므로 일종의 '숨겨진 구화주의'(crypto-oralism)로 간주한다.

대체로, 농교육의 기존 체제 내의 구성원들과 일반대중들은 구어중심 농교육의 실패가 농교육자들의 실천의 잘못이나 그 체제의 문제라기보다는 농학생들 쪽에 문제가 있다고 확신하도록 하는 것이 가능했었다. 그러므로 농아동의 교육자들에 대한 일반적인 이미지는(비록 노골적으로 언급되지는 않지만) 고도로 숙달된 자, 거의 신비한 자질을 갖춘 사람, 이타적인 실천가로서, 그들은 농아동들이 가진 능력보다 더 나은 성취를 하도록 도와주는 역할을 하고 있다는 것이다. 동시에, 농자들이 가지고 있는 선천적인 한계로 인해 교육자들이 할 수 있는 것이 제한될 수 밖에 없다는 것이다. 결과적으로 구화 중심 체제 자체는 비평의 대상이 되지 않았으며, 성공에 대한 기약없이 그냥 존속되어져 올 수 있었던 것이다.

교육자들의 수행 능력과 그들의 가르침을 받는 학생들의 실패가 불일치하고 있음에도 체제에 대한 의문은 결코 제기되지 않고 있다. 이런 두 가지 사실은 외견상 별 무리 없이 함께 공존하며, 체제의 실천적인 면에 대한 도전은 결코 없었다. 그러나 그 상황은 농아동의 교사들을 자신들에 대한 공적인 이미지와 노력에도 불구하고 여전히 자신들의 교육행위가 성공적이지 못하다는 인식 사이의 갈등을 처리 해야만 하는 이중의 불편한 끈에 묶이도록 한다.

또한 그것은 농자들이 결함이 있는 존재라고 표현되어지는 것과 그리고 농자들이 그들의 결함에도 불구하고, 아주 극적으로 학업성취 를 이루는, 특히 지적이거나 영리한 존재로 표현되어지는 두 개의 상 반된 주장의 결과를 초래한다. 그러한 상반된 진술들은 실패에 대한 진실을 때로는 증명하기도 하고 부정하기도 한다. 그래서 농교육 분 야에서 선도적인 학자는 다음과 같은 주장을 하기도 한다(Moores 1987: 1-2).

> 미국에서는 표준 성취도 검사를 수십 년간 실시한 결과 농학생과 건청 학생들 간에 읽기와 관련된 영역들에서 심각한 교육적 차이가 있음을 보 여준다. 그러나 분명한 한계가 있음에도 불구하고 농자들은 건청자와 동 일한 비율로 고등교육 프로그램에 참여하고 있다. 실제로, Gallaudet의 농 자 졸업생 중 거의 65% 정도가 대학원에 진학하며 건청 학생들과 동일한 조건에서 경쟁하고 있다는 사실은 성취도에 있어 농자와 건청자 간의 격 차는 실제보다 과장된 것일 수 있다.

이상의 언급은 이들 고등교육 프로그램에 참여한다는 사실 그 자 체가 결코 성공의 증거라고 보기에는 충분치 못하다는 사실을 간과 한 결과에서 비롯된 것이다. 그러한 프로그램에 속해 있는 학생들의 성취도를 평가하기 위한 표준화된 검사가 있다. 낮은 성취점수에도 불구하고 학생들의 진급을 허용하기 때문에 성취 점수의 낮은 평균 은 개선될 수가 없을 것이다. 사실은 주요 학습영역에 장애를 가진 농학생들이 고등교육과정 프로그램과 대학원 수준의 교육과정에로의 진급이 허용된다는 사실은 이러한 체제에서 표준 수준을 유지하는 데 실패했다는 또 하나의 증거인 것이다. 더욱이, Gallaudet대학은 미 국 농학생들 가운데 상위 5%의 학생들을 선발하고 있다. 그럼에도 대학원 과정을 계속하는 많은 학생들이 특히 영어의 읽고 쓰기에 결함을 가지고 있으며, 일반 학생들과의 '경쟁'에서 현실적인 도전을 자주 받고 있다. 이러한 학생들의 성공이 농아동 집단의 전반적인 실패를 무효화시킬 수 있다고 주장하는 것은 통계적으로도 그 타당성이 입증되지 않는다.

이런 방식으로 미국 농교육의 구화 중심 체제는 오늘날 농교육의 실패진상을 제대로 설명하지 못해 왔다. 이와는 반대로, 150년 이상의 전통을 가진 미국의 농교육은 교육의 실패가 자기 평가를 위한 이유들이라기보다는, 실패한 농교육의 정당성을 합리화하는 것이 가능했었다. 1870년 이래로 미국의 농아동의 교사 수는 200명 정도에서 1만 명 이상으로 증가하였다(Lou 1988: 76). 이러한 증가는 가능한 한 조기에 교육을 시작하는 것이 농교육의 실패를 감소시킬 수 있다는 주장에 의해 기본적으로 이루어졌다. 그리하여 1890년대에는 입학 연령이 10세 내지 12세이던 것이, 1900년대 초기에 6세경으로 바뀌어졌고, 1940년대에는 3세경으로 앞당겨졌다. 근래에는 '조기교육' 프로그램이 유아에 대한 최초의 접촉을 보다 앞당기려는 의도로 광범위하게 확립되어 가고 있다.

이러한 프로그램의 확대 와중에, 문제를 해결하는 데 실제로 성공하지 못하고 있기 때문에, 자연히 다른 방향으로의 노력이 필요하게 되었으며, 현재 Gallaudet대학에서는 고등학교 졸업 후 읽기 프로그램(post-high school reading program)과 대학 입학 예비 프로그램(preparatory program), 그리고 사전 신입생 단계(pre-freshman status) 프로그램이 있는데, 이런 프로그램은 신입생으로서 대학에 실제로 입학하기 전의 선행 과정이다. 게다가, 농자의 사회적인 서비스를 위한 방대한 체제가 이루어져 있으며, 실제로 필요한 서비스를 거의 모두 제공하고 있다. 그러나 또 다른 면으로 볼 때는, 현재 미국에서 이미 실패하고 있는 교육 체제하에서 농자들에게 서비스를 계속 확대해 가고 있는 셈이다. 결과적으로, 현재의 거대한 서비스

산업 역시 농교육 체제의 실패 위에서 번성하고 있는 것으로 풀이할 수 있다.

그러므로 이런 상황은 수화에 대한 평가 절하, 정보에 대한 제한된 수용, 농학생들의 잠재 능력에 대한 부정적 관점, 그리고 농자의 독립성 저하, 모든 교육적 가치를 의사소통이나 학습에보다는 구화에 두는 일련의 믿음에 대한 공약을 통해 지속되고 있다. 농교육의 새로운 접근이 성공하기 위해서는 프로그램에 참여하고 있는 사람들이 농아동들도 일반아동과 마찬가지로 학습할 수 있다는 믿음에 따라 현행의 교육방법론과 실천을 평가하고, 수정해나가야 하며, 학생들에게 모든 실패의 비난을 돌려 버리는 일을 하지 말아야 된다는 데에 확신을 가져야만 한다.

제 3 절 농아동 교육의 모델 프로그램

이 글의 나머지 부분에서는 농아동의 교육을 위한 모델 프로그램을 제안하고자 한다. 우리는 앞에서 살펴본 관찰로부터 이끌어낸 일련의 원칙을 제시하고, 이어서 학교 단위에서 구성되어질 수 있는 프로그램을 계획하는 데 필요한 개요를 제시하고자 한다. 우리는 이러한 프로그램이 농교육의 실패를 빠른 속도로 쉽게 줄일 수 있을 것이라거나, 과정을 단순하게 하거나 논쟁거리가 거의 없는 상태로 만들어 낼 것이라고 쉽게 기대하지 않는다. 농교육의 역사로부터 도출된 교훈이 하나 있다면, 그것은 문제의 해결책이 상당히 복잡하다는 것이다. 그러나 우리는 현재 미국에서 적용되어지는 어떠한 선택보다도 훨씬 더 납득이 갈 만한 결과를 얻을 수 있을 것이라고 믿고 있다.

우리가 1차적 언어로, 그리고 농아동 교육용 언어로서 ASL을 사용해야 한다고 주장하는 첫 번째 제창자는 결코 아니다. 구화주의를

추진하는 것에서부터 그것의 변화를 축적해 오는 동안 우리나라의
농교육은 ASL을 1차적 언어로 권장하였으며, 그리고 능력 있는 농
성인들을 모델로 내세워 영어를 지도한 결과 만족스러운 성과를 이
룬 것이 입증되고 있다(Lane 1984, Lou 1988). 게다가, 최근에는 많
은 학자들이 농이나 건청 모두에게 "이중언어교육"(billingual educa-
tion)이라고 폭넓게 불리워지는 프로그램을 공공기관에 요청하고 있
다(Kannapell 1974, 1988: Woodward 1978: Erting 1978: Stevens
1980: Quigley and Paul 1984: Paul 1988: Strong 1988). 이러한 제안
들 각각은 ASL이 농아동의 1차적 언어가 되어야 하며, 영어는 2차
언어로서 ESL(English as a second language)을 가르치는 원리에
입각하여 지도되어야 하며, 이 체제의 궁극적인 목적은 잘 교육된 이
중언어 아동을 기르는 데 있다는 우리들의 관점을 공유하고 있다.

  이 논문에서 제안한 것과 유사한 원리에 근거한 프로그램들이 스
웨덴이나 우루과이, 그리고 베네주엘라에서도 국가적인 정책으로 확
립되어 있으며, 각국마다 학교에서 개발되고 있다. 다음의 프로그램
들은 이중 언어 경험을 교육과정의 한 부분으로 적용하고 있다. 예를
들면 레바논의 베이루트(at the Institute de Reeducation
Audio-Phonetique Ain-aar), 덴마크의 코펜하겐(school for the Deaf
at Kastelsvej), 캘리포니아의 산타 모니카(the Tripod Program at
PS-1), 캘리포니아의 페르몬트(California School for the Deaf, (cf,
Strong 1988: Hanson and Padden 1988), 매사추세츠의 프라밍햄
(The learning Center for Deaf Children), 그리고 필라델피아(the
Pennsy-lvenia School for the Deaf) 등이 있다. 그러나 우리가 아는
바로는 미국의 프로그램 중에서 우리가 제안하는 일련의 원리와 실
제를 충분하게 적용하고 있는 프로그램은 없다.

지침원리들

(1) 우리가 농아동들에게 학습시키고자 하는 것을 그들이 수용할 수만 있다면, 농아동들은 잘 배울 수 있게 될 것이다. 아동은 언어와 문화를 학습하려는 욕구와 능력을 가지고 태어난다. 최근의 농교육 실천은 대부분의 농아동이 능숙한 진정한 1차적 언어를 무시하고 그들이 알지 못하는 언어로 의사소통하도록 강요함으로써 농아동들이 언어와 문화를 습득하는 데 방해가 된다. 성인과 아동 사이에 교육적인 환경에서 이루어지는 모든 의사소통은 아동이 수용할 수 있는 언어로 이루어져야만 한다. 이렇게 함으로써 기본적으로 아동의 1차적 언어가 확충될 것이다. 만약에 가르칠 내용의 수용이 아동의 1차적 언어를 통해 이루어진다면, 그 환경에 있는 모든 성인 참여자들은 아동의 1차적 언어에 반드시 능숙해야 한다.

(2) 농아동들의 1차적 언어는 자연적 수화(ASL)이어야 한다. 아동들이 태어날 때, 그들은 어떠한 자연 언어를 학습할 수 있는 소질을 가지고 있다. 어린 시기에 자연적인 수화에 노출되는 농아동들은 정상적인 언어 습득 과정을 거쳐 1차 언어가 쉽게 학습되어진다 (Bellugi, et al., 출간 중). 이러한 이유 때문에, 자연적 수화는 조기에 사회·문화적 정보를 수용할 수 있고, 모든 연령에서의 교육과정 내용을 수용할 수 있게 하는 최선의 도구가 되는 것이다. 조기의 수화 획득이 영어의 읽기와 쓰기나, 혹은 말하기를 습득하는 것을 저해하거나 방해한다는 생각을 지지할 만한 증거는 아직 발견되지 않고 있으며, 오히려 반대로 조기에 수화 언어에 노출되게 되면, 농학생들의 장래 학업 및 언어적 성취를 향상시키는 데 도움이 된다는 증거(앞에서 인용)는 있다.

(3) 자연적 수화의 습득은 언어 획득의 결정적인 시기가 갖는 효

과의 이점을 살리기 위해 가능한 한 조기에 시작되어야 한다. 아동이 1차적 언어를 빨리 습득하게 되면 될수록 세계에 대한 학습을 할 수 있는 기회를 더 많이 가지게 되고, 그리고 교육적 프로그램의 내용을 학습할 준비(언어적인 것과 문화적인 것 모두)를 더 잘하게 될 것이다. 아동들은 농아로 판별되자마자, 바로 즉시 성인 수화자들과 폭넓은 접촉을 해야만 언어를 자연적으로 습득하는 데 유리하게 된다. 일반적으로 1차적 언어의 습득이 지체되면 될수록 정보 수용의 결핍은 더 크게 되고, 어떠한 다른 언어를 능숙하게 습득하는 데에도 더 지체된다. 게다가 인지적, 사회적, 정서적 성장을 위한 가정환경을 조성하기 위해 농아동을 가진 가족은 상당한 수준의 수화 훈련과 농에 관한 교육을 받아야 한다.

(4) 농아동의 자연적 수화 습득과 사회적인 정체감의 발달, 그리고 자아존중감을 고양시키기 위해서는 언어를 능숙하게 구사하는 농 수화자가 가장 좋은 모델이 된다. 건청 부모를 가진 농아동에게 언어 습득의 최초의 모델은 성인 농자이어야 한다. 아동이 성장함에 따라 나이 든 농아동이나, 농가정의 또래들, 숙달된 건청 수화자들 등 이들 모두가 수화 획득을 위한 자원으로 포함된다. 모든 교육적인 환경들 속에는 반드시 농성인들이 있어야 한다. 모든 자연적 언어와 마찬가지로 ASL도 문화적인 배경 안에서 존재하기 때문에 이러한 농성인의 존재는 핵심적인 것이다. 그러한 상황 속에서 이루어지는 일을 이해하도록 해 주는 성인들의 존재가 없다면, 언어습득은 참으로 완전히 이루어질 수 없는 것이다(Esptein 1988).

(5) 농아동이 획득하게 되는 자연적 수화는 교육 내용을 가장 잘 수용하게 해준다. 이 문제에 관해 우리는 이 글의 앞부분에서 대충 논의를 하였다. 이 문제는 본문의 논지 가운데 조기 습득이라는 개념과 더불어 핵심적이며 결정적인 개념이 된다. 이것의 실제적인 적용

을 위해서는 아동들에게 교육과정의 내용을 지도하려는 사람들은 누구나 반드시 수화를 유창하게 하는 사람이어야 한다는 것이다. 현재 능숙한 수화자들이 상당수 있는데, 그들은 벌써 농 교사 훈련을 받은 농자들, 그러한 훈련을 해낼 수 있는 영리하고 젊은 농학생들, 그리고 ASL을 능숙하게 하는 적은 수의 건청 교사들과 학생들이다. Mather(1987)는 ASL에 유창한 농 교사와 유창하지 못한 건청 교사의 학급간의 상호작용을 비교 연구하였다. 그녀는 과제의 처리면에서 비언어적 주제에서조차도 농 교사의 상호작용이 매우 효과적으로 진행되었음을 발견했다. 그녀는 이러한 결과들은 언어의 능숙한 사용과 그리고 ASL로써 어떻게 상호작용하는지에 관한 지식으로부터 생겨난 것이라고 주장하였다.

(6) 수화와 구화는 동일하지 않으며, 그것의 사용은 교육과정 운영에서 모두 분리해서 유지되어야 한다. 아동의 1차적 언어와 기본적 교수언어로서의 ASL은 정보를 전달하고 영어에 대해 이야기하는 두 가지 역할 모두에 사용되어져야 한다. 한편 수화로 영어의 문법적 구조에 관해 이야기하고, 그러한 언어의 측면들을 표현하기 위해 특별한 사인들을 사용하는 것이 유용할 수도 있지만, 그러한 체계적인 영어 수화를 내용의 전달이나 학급에서 학생 상호간의 의사소통 행위를 위해 사용해서는 안 된다. 영어는 2차적 언어로 가르쳐질 것이며, 영어의 지도 방법은 아동이 이미 가지고 있는 1차적 언어의 수행 능력의 이점을 이용하게 된다. 학년이 높아질수록 읽기를 통한 정보의 획득이 더욱 중요한 역할을 하며, 영어는 교수 매체로서 더욱 중요한 것이 될 것이다. 그러나 학급에서의 대화는 ASL로써 계속 이루어질 것이다.

일부의 독자들은 우리가 ASL대화를 강조하는 것이 영어를 게을리하는 것으로 잘못 해석할 수도 있을 것이다. 농자의 언어 학습 가치를 감소시키려는 것이 우리의 의도는 아니다. 미국에서 원만히 생존하기 위해서는 능숙한 영어가 필수적이라는 것은 부인할 수 없는 사실이다. 그러나 이 글에서 말하고자 하는 더욱 직접적인 관련 문제는 해마다 계속되는 학교 생활에서 교육과정 내용의 대부분이 책이나 다른 읽기 교재들에 담겨져 있다는 것이다. 그러므로 아동이 각 학년 수준에서 사용하는 교육 내용의 목적에 충족되려면, 아동에게 영어의 읽고 쓰는 능숙함의 수준이 점차 더 높아질 것을 요구하게 된다.

우리의 목적은 아동들이 ASL과 영어를 이중 언어로 갖게 하는 것이다. 그러므로 영어사용의 능숙함은 우리의 기본적인 목표들 중 하나이다. 다만 영어학습과 교육과정 내용의 성취는 모두 1차적 언어로서 확립된 ASL에 의해 가속되고 확장되어질 것이라고 주장하는 것이다.

두 가지 언어를 모두 존중하고 가치롭게 여겨야 하며, 프로그램에 관계하는 모든 성인들은 두 언어를 모두 사용해야 하며, 그리고 이러한 것의 각기 특수한 활용법이 공개적 토론의 주제가 되어야 한다. 미국에서 농성인이 생활해 나가는 데에 영어를 읽고 쓰는 능력의 중요성은 언어와 사회 학습의 교육과정 모두에 포함되는 주제가 되어야 한다.

(7) 농자가 음성 언어(영어)를 배우게 되는 것은 읽고 쓰는 능력을 통해 2차적 언어를 배우게 되는 하나의 과정이다. Erting(1982)과 Sacks(1988)는 건청자들에 의해 설계되어지고, 건청자들을 위해 설계되어진 세계 속에서 농자들이 반드시 성공하기 위한 핵심적인 적용은 시각적인 것이어야 한다고 강조한다. 농아동이 영어를 학습하는 데도 마찬가지이다. 그 첫 번째로 시각적인(청각적인 것에 반대되는 것으로) 경험을 말할 수 있다. 이러한 것은 농아동이 영어 말읽기를 통해 영어에 대한 수화적인 부호를 통해, 또는 읽고 쓰기를 통해 영어를 학습하거나 간에 모두 해당된다. 예를 들면, De Bentancor (1986)는 농아동들이 구어적 방법을 통해 스페인어를 학습하는 경우

에 말읽기와 부호화는 청각적이거나 음성학적인 것이라기보다는 시각적이라는 것을 보여 주었다.

구어의 학습은 시각적인 경험으로 주어지게 되며, 심지어 외면상으로 청각적인 방법에 의한 것조차도, 우리가 설명했던 그러한 구어에 의존하는 방법들의 난점들을 전제로 하면서, 우리는 그 과정을 공공연하고도 의도적으로 시각적인 것이 되도록 만들 것을 주장한다. 그러므로 영어의 학습은 구어를 통해서가 아니라 문어 교재를 통해 이루어질 것이다. 이렇게 하는 것이 구어지도를 위해 도리어 성공적인 방법이 될 수 있다고 Paul과 Gramly(1986)가 주장하였는데, 이는 Suzuki와 Notoya(1984)도 언급한 바 있다. 그들은 유아와 약 6세까지의 농아동 6명을 대상으로 문어와 구어의 습득을 비교하였다. 그들은 말하기 이전의 읽기 지도 성공사례를 보고하면서 농아동에 대해 다음과 같은 결론을 지었다(1984: 10).

① 문어(written language)의 습득이 구어(oral language)에 의존하지 않는다.

② 문어 지도는 1세경부터 할 수 있다.

③ 문어는 구어보다 학습하기 쉽다.

(8) 말이 농아동의 음성 언어 학습을 위한 1차적 매체로 채택되어서는 안 된다. 말을 이해하고 말을 하는 것은 습득의 수단으로서가 아니라 습득의 결과로서, 언어의 능력이 읽기와 쓰기를 통해 확립되어진 다음에 개발되어지는 기능들이다.

이는 조기의 청각적인 자극과 음성적인 사용을 미리 못하게 막자는 것이 아니다. 이 둘 모두는 조기 아동교육을 위한 우리들의 제안에 중요한 부분을 차지하고 있다. 또한 아동들이 적절한 시기에 청각적 증폭을 제공 받아서는 안 된다는 것을 제안하는 것도 아니다. 그것은 다만 청각이 농아동이 언어적 투입을 수용하는 데 있어 일차적 통로가 되어서는 안 되며, 청각과 구어에 일차적으로 초점을 맞춤으로써 정상적인 연령 수준에서 언어나 지식이 획득되는 것을 방해해서는 안 된다는 것을 주장할 뿐이다.

(9) 청력 손실 원인과 정도가 특별히 조화를 이루도록 설계되어 다양한 접근들에 의한 프로그램을 통해 구어 관련 기능의 발달이 이루어지도록 해야 한다. 언어 습득 이후에 농이 된 아동, 실제적인 잔존 청력을 가진 아동들, 청력손실이 심한 언어 습득 이전의 농아동들은 말하기, 듣기, 말읽기 기능들의 발달은 각기 다른 접근법을 필요로 한다. 그러나 각 아동은 ASL을 통해 교육 과정에 접근하는 것과 마찬가지로, 1차적 언어로서의 ASL에 접근해야 할 것이다. 구어를 이해하도록 학습하는 것과 구어를 통하여 지식을 습득하는 것이 동시에 요구되어질 아동은 아무도 없다.

(10) 농아동은 정상적인 건청아동에 대한 '결함의 모형'으로 간주되어서는 안 된다. 여기서 제안되어지는 모형 체제의 역할은 언어나 행동 문제에서 농아들을 '고착'시키려 하거나, 그들의 건청 친구들과 더욱 유사하게 만들기 위한 것은 아니다. 이 체제의 역할은 농아동이 현대의 미국생활에 충분하면서도 효과적으로 참여할 수 있도록 준비시키는 것이다. 이것은 영어능력의 발달, 특히 읽고 쓰는 능력의 발달을 포함한다. 그러나 보다 중심적인 것은 미국 교육의 모든 교육과정 문제들에 대해 학년 수준에 부응하는 접근의 규정들을 포함하고 있는 것이다. 이 프로그램의 중심 초점이 영어의 읽기와 쓰기의 발달과 교육과정의 모든 영역에서 학년 수준에 상응하는 성취나 혹은 그 학년 수준 이상의 성취에 대한 규정이기 때문에, 구어를 발달시키는 것의 역할이 전혀 무시되는 것은 아니긴 하지만, 중심적인 관심사가 되지는 않는다. 어떤 농아동들은 읽기와 쓰기가 영어 숙달의 유일한 형식이 될 것이다. 그러한 아동들은 교육과정의 내용에 충분히 접근할 것이므로, 성인으로서 합리적인 선택을 해 나가는 데 필

요한 능력들을 개발할 수 있게 될 것이다.

관련되는 논쟁점은 농아동들을 다루는 현대 전문가들에 의한 '중재'라는 용어의 습관적 사용이다. 중재라는 것은 어떠한 부정적이고 병리적인 과정이 발생하여 그것을 제거하거나 없애야 하는 경우에만 필요하다는 것이 우리의 입장이다. 만약에 정상적인 언어습득이 이루어지게 된다면 '중재'의 필요성이 완전히 없어지게 되는 것이다. 하지만 실제로 농아동들이 농의 상태에 대해 적응하는 데 있어 그들의 부모들과 가족성원들의 정서적 욕구의 측면에서 중재를 해 줄 필요가 있을 수도 있다.

(11) 농교육위원회 보고서의 관찰들 중의 하나인 "농이라는 상태에는 아무런 문제가 없다"라는 것에 대해 우리는 동의한다(1988: Vi). 게다가, 농지역 사회의 구성원이 된다는 것, ASL과 같은 미적으로 유쾌한 언어를 사용한다는 것과, 그리고 현대 미국 사회에 효과적이고 성공적으로 적응한다는 등의 많은 긍정적 측면들이 있다. 따라서 제안된 프로그램의 모든 측면들 중의 주된 부분은 농자 생활의 긍정적인 측면들을 명확하게 해 주고, 농자사회와의 상호작용을 위한 기회를 제공함으로써 부모, 아동, 그리고 서비스 제공자들 사이에 이러한 관점들을 강화하게 될 것이다.

(12) 농아동들에게 있어 "제한적 환경의 최소화(Least Restrictive Environment)"는 자연적인 수화를 획득하고, 그것을 통해 음성언어와 학교 교육과정의 내용을 수용할 수 있도록 하는 것을 말한다. P. L. 94~142는 장애아동에게 반드시 '최소한의 제한적 환경'을 제공하는 교육적인 배치가 되어져야 한다고 진술하고 있다. 일반적으로 이러한 환경이 일반적인 환경과 가장 비슷한 환경으로서 해석되어져 왔다. 경제적인 고려사항들과 결합되어서 이러한 개념은 점점 더 많은 비율의 농아동이 통합된 학급 내에 배치되어지는 상황을 창출해

내었는데, 때때로 통역자가 있기는 했으나, 흔히 특별한 서비스가 제공되지는 않았다. 대부분의 경우에 이것이 아동의 언어적 배경에 상관없이 이루어짐으로써, 그런 아동의 대부분이 학교에 입학할 때 수화나 다른 어떠한 언어도 쓸 수 있도록 준비가 제대로 되어 있지 않게 된다. 이런 아동들은 일방적인 의사소통 과정을 통해 영어를 획득하도록 기대된다. 특히, 그들은 교사가 이야기하는 것을 부호화하려고 시도할 때 교사의 말을 통해서나 통역자의 수화(대개 실제적으로는 영어의 부호)를 통해 영어를 습득하도록 기대되어진다. 그러한 환경에서 통역자의 수화는 아동에게 수화나 영어의 적절한 모델을 제공해 주는 기회가 거의 없으며, 일대일의 의사소통이 없이는 아동이 언어를 학습할 기회도 거의 없다. 건청 가정의 농아동이 통합되는 것은 전적으로 부적절하며, 그들을 위한 적절한 배치는 다른 농자들과 접촉하여, 상호작용을 통한 자연 언어를 획득할 수 있게 해 줄 환경에 접해야 한다는 것이 우리의 견해이다.

부모가 농자이고 이미 연령 수준에 맞는 자연 수화를 능숙하게 사용하고 있는 농아동의 경우에는, 매우 숙달된 ASL통역자가 있을 때 통합교육 배치에 따른 부적절성이 훨씬 줄어들게 된다. 그러나 유자격 통역자들을 광범위하게 활용할 수 없다는 문제점은 제쳐 두고서라도, 이러한 아동들조차도 농이라는 낙인이 찍히는 것, 사회적 고립, 교실 내에서 일어나고 있는 모든 것들을 최상의 통역자라 할지라도 모두 전달해 주지 못한다는 것, 동료들로부터 정보를 독립적으로 받아들이는 데 있어 아동의 제한성, 그리고 건청 학생들이 칠판에 있는 도표를 읽고, 바라보는 것과 같이 중요한 시각적 과제들을 듣는 것과 동시에 그 과제들을 해결해 나갈 수도 있는 동안에 농아동들은 통역자를 바라보아야만 하는 것과 같은 실천적인 어려움 등에 직면하기 쉽다(Winston 1988). 게다가 통역자가 ASL을 쓰게 된다면, 아동들은 또 다시 영어의 한 모델을 받아들이지 않아도 된다고 생각한다.

이러한 어려움에도 불구하고 학년 수준에 상응하는 교육과정 내용에 접근하도록 하기 위해 농아동들의 많은 수를 통합시키려고 하는 것이 농교육프로그램 내의 현재 상황이라고 Stone-Harris(1988)는 관측하고 있다. 우리의 제안들이 특수한 프로그램에서 학년수준에 상응하는 내용을 제공하는 데 성공적인 것이라면, 통합 교육의 적용이 농부모를 가진 농아동에게는 굳이 필요한 것이 되지 않을 것이다.

주요 구성요소들에 대한 해설

이 절에서는 농아동 교육에 관한 모델 프로그램의 구성요소를 설명하고자 한다. 가족 지원 프로그램(family support program)은 농아동으로 판별되어지는 그 시각부터 농아동 및 농아동 가족의 언어학습과 적응을 돕는 것이다. 가족-유아-영아(Family-Infant-Toddler) 프로그램은 ASL 습득과 사회 및 정서 발달을 위한 풍부한 환경을 제공하기 위한 목적을 가지고 설계된 훈련과 활동들을 제공한다. 취학전-유치원 프로그램의 목적은 정규 초등학교 교육과정 입학을 위해 언어적, 사회적, 학업적으로 아동들을 준비시키는 데 있다. 협력 아동 발달 센터(Cooprative Child Development Center)는 어린시기부터 3학년까지 아동에게 탁아, 언어적 경험, 그리고 발달적 경험들을 제공할 것이다. 1학년에서 12학년까지의 목표는 학년 수준에 맞는 학업 성취를 달성하게 하는 것이다.

가족 지원 프로그램

이 구성 요소의 목적은 농아동들의 가족들을 위한 교육적, 정서적 지원을 제공해 주는 데 있다. 전형적으로 많이 활용하고 있는 중재모형과 우리가 제시하는 교육 모형 간의 차이를 부모들이 이해하는 것이 중요하다. 우리는 부모들이 새롭고 다른 방법으로 자기 아이의 청각장애 상태를 파악하기를 바라고 있다. 우리는 자신들의 아이가 시각적으로 학습하고 상호작용하는 자연적 성향들이 반드시 금지되어져야 하는 결함을 지닌 인간으로서가 아니라, 성공을 위해 1차적 언어과제가 부모들의 언어과제와는 다른 언어를 학습하여야만 하는 가능성의 존재임을 제시하고 있다. 이것은 농아동이 가족에게 던져주는 도전에 대한 이해를 필요로 할 것이며, 거기에서 농아동은 부모나 형제자매에 의한 실제적인 적응이 없으면 정상적 혹은 충분하게 참여할 수 없게 될 것이다. 가족 활동의 초점은 이런 견해를 수용해서, 그 결과로 가족들이 아동의 발달에 적응하고 참여하는 것이 될 것이다.

이 프로그램은 그들 아동이 재학하고 있는 동안 내내 부모와 가족 구성원에게 활용될 수 있을 것이다. 시간이 흐름에 따라 경험 있는 부모들이 뒤에 오는 새로운 부모와 가족 구성원들이 프로그램에 적응하도록 돕는 데 중요한 역할을 감당하게 될 것이다.

프로그램은 다음과 같은 영역을 포함한다.

① 부모 지원 집단

② 농집단 사회와의 매주 접촉(수양 조부모)

③ 전문가들에 의한 가족 교육과 상담

④ 농 사회와 긴밀히 접촉할 기회를 제공하기 위한 주말 캠프 프로그램

⑤ 농 사회와 장기간의 접촉 기회를 매년 제공하는 여름 캠프 프로그램

가족 - 유아 - 영아 프로그램

이 프로그램의 내용 구성은 농 유아와 농 영아들에게 ASL기능들을 개발시키고 그들 부모와 형제에게 수화와 상호작용 기능을 개발시키는 것을 목표로 한다.

① 가족

    a. ASL지도

    b. 가족 상담

    c. 농에 관한 교육

② 농유아-농영아

    a. ASL습득

    b. 언어와 심리·사회적 발달에 초점을 둔 놀이 집단

    c. 읽기 준비 기능

    d. 말하기 준비 기능

    e. 청능 훈련

    f. 인지 발달

    g. 사회·정서적 발달

    h. 운동 기능 발달

취학전 유치원 교육

이 교육과정의 목적은 아동의 지속적인 발달을 조장하고, 그리고 또래 건청아동들에게서 발견되어지는 것과 동일 수준의 외부세계와의 접촉과 훈련을 제공하는 취학전 환경과 유치원 환경들을 제공하는 것이다. 그 내용은 아동들이 초등학교 입학을 준비하도록 설계되어 있다.

취학전 교육에서 시작하여 전 학년에 걸쳐 계속적으로 모든 학급은 수화를 유창하게 하는 건청 교사와 농 교사로 담당자가 구성될 것이다. 이들 둘 모두가 학급 운영과 교육과정의 비언어적인 측면을 가르치는 데 동등한 책임을 지게 될 것이다. 이에 덧붙여, 농 교사는 ASL의 숙달과 그 습득을 위한 모국어적 모형이 될 것이며, 건청 교사는 잉어를 숙달시키고 습득하는 데 대한 모국어적 모형이 될 것이다. 이들은 각기 프로그램이 만들어내고자 설계되어진 이중언어를 사용하는 인물에 대한 모형이 될 것이다. 학급 내의 두 교사에게 드는 추가 비용은 학급의 학생 수(급당 평균 16명)를 두 배로 하면 상쇄되 어질 것이다.

프로그램 내용

  a. ASL습득

  b. 언어발달에 초점을 둔 놀이 집단

  c. 읽기 기능

  d. 말하기 기능

  e. 청능 훈련

  f. 인지적 발달

  g. 사회·정서적 발달

  h. 운동 기능 발달

1학년~12학년

이 구성요소의 목표는 농학생(평균적인)이 그들의 건청 또래와 동일한 교육과정 내용을 정확히 획득하도록 하는 것이다. 이 목표를 달성하기 위해 ASL은 프로그램 전체를 통하여 1차적 교수언어가 될 것이다. 1학년에서부터 영어는 2차 언어로서 소개되어 가르쳐지게 될 것이다. 영어를 읽고 쓰는 기능의 습득에 기여하는 프로그램 부문은 특별한 학급자료들을 요구하게 될 것이며, 이런 자료의 개발은 교육과정 개발 담당자에 의해 감독되어질 것이다. 말하기 훈련과 청능훈련이 개별화된 기초 자료를 토대로 하여 계속될 것이다.

학년이 높아짐에 따라 교수의 매체로 특히 교과서 자료를 읽어내기 위해 영어의 역할이 증가될 것이다. ASL로써 번역되어 설명되는 문어 영어는 2차적 언어로서의 영어 능력 성취를 위해 이용된다. 기본적인 강조점은 읽기와 쓰기의 사전 습득에 좌우되는 말하기 기능과 입술읽기 기능의 교수와 함께 영어의 읽기와 쓰기의 성취에 주어질 것이다. 일반적으로 아동들이 내용영역에서 상응하는 학년 수준을 유지하기 위해서는 읽기의 숙달이 필수적이다. 만약 이 목표가 실현 불가능하다는 것이 증명된다면, 내용은 학년 수준이되 영어의 수준은 그 학년 수준보다 낮은 것을 제공하는 읽기자료들을 찾아내어 적용할 필요가 있을 것이다. 미국 내 어떠한 곳의 이중언어교육 프로그램에도 이러한 자료들이 있다. 만약 이런 자료를 사용할 필요성이 있다면, 학년 수준에 상응하는 읽기와 쓰기의 목표는 그것이 성취될 때까지 계속 유지될 것이다.

아동 발달 센터

아동 발달 센터는 프로그램에서 절대적으로 필요한 구성요소이다. 그것은 농으로 확인된 시기부터 3학년 말까지 아동에게 탁아와 발달적 경험을 마련해 주도록 구성되어진다. 가장 어린 아동을 위해서는 언어 환경과 학습 환경을 자극할 수 있도록 제시된다. 아동들은 ASL능력을 획득할 것이다. 미국 농아동협회(CDC)요원은 ASL을 유창하게 사용하는 농성인들로 구성될 것이며, 아동들을 돌보는 훈련을 받게 될 것이다. 우리는 이러한 농성인들과 아동들의 상호 작용으로 ASL의 일상적 습득이 이루어지도록 한다.

또한 우리는 아동 발달 센터의 보육 프로그램에 필요한 협력 구성원을 부모로 할 것을 제안한다. 각 가족 성원(이상적으로 부모)은 정규 요원을 보조하기 위하여 매달마다 몇 시간의 일을 요청 받을 수도 있다. 그러한 요구는 부모들에게 막대한 이익들을 줄 수 있을 것이다. 자신들의 아동이 다른 아동들과 그리고 농성인들과 상호 작용하는 것을 관찰할 기회와 그들 자신이 농자들과 상호 작용하는 기회를 가지게 될 것이다. 그들은 농아동들을 관찰할 수도 있고 농아동들과 바람직하고 효과적으로 상호 작용하는 특별한 기술들을 배울 수 있는 기회를 가질 것이다. 그들은 ASL이 사용되는 것을 볼 수 있으며, 실제 상황 속에서 자신의 수화기능들을 발달시킬 수 있는 기회를 가진다.

탁아가 미국에서 전형적으로 교육 체제의 책임인 것으로는 보이지 않지만, 농아동의 경우 언어 습득이 정상적인 속도와 계획에 맞게 진행되려면 필수적인 것이다. 탁아서비스에 대한 규정을 합법화할 수 없는 학교체제 내에서는 사립의 비영리 탁아시설들이 외부 기금의 도움으로 설치되어질 수 있을 것이다. 일단 설치되어지면 그 사업은 자급자족할 수 있게 되어야 한다.

행정, 연구, 그리고 개발

이 구성요소는 프로그램 사업의 전체적 개념과 설계에 초점이 맞추어지며 프로그램이 실시되는 것을 감독한다. 연구와 개발의 측면에 대한 정보의 수집·관찰은 개념적 설계를 실행하는 데 대한 새로운 접근 방법들을 진행시키고 개발하게 한다. 이 설계의 독특한 측면은 언어 습득에 대한 연구, 아동의 진보에 대한 평가, 그리고 진행되는 것을 기초로 한 프로그램의 효과성 등에 관한 연구를 포함한다는 것이다.

이것은 전담행정가, 전담연구원, 개발 전문가들을 필요로 하는데, 그들이 가족-유아훈련에서 시작하여 12학년에 이르기까지 계속해서 교육과정을 만들게 될 것이다.

자료와 자원 개발

이 구성요소의 주요한 초점은 현존하는 인쇄물이나 다른 시각적인 자료를 발췌하고, 그들을 필요에 따라 개작해서 적용하고, 교육과정 내용의 규정들을 강화하기 위한 기술적인 수단들을 찾아내는 데 있다. 주요 구성요소는 인쇄물과 비디오 테이프로 된 다양한 형태의 자료들의 개발이 될 것이다.

① 부모와 아동들을 위한 수화 훈련용 비디오 테이프
② 읽기 준비 기능, 읽기, 쓰기용 인쇄자료들
③ 표준적 학년 수준의 내용자원들에 상응하는 인쇄물과 자막 처리된 비디오 자료
④ 농자와 그들의 생활 양식에 대한 비디오
⑤ 2차적 언어로 영어를 가르치기 위한 인쇄물과 비인쇄 자료들
⑥ ASL기술을 가르치기 위한 인쇄물과 비인쇄 자료들
⑦ Hanson과 Padden(1988)에 의해 설명된 것과 같은 ASL과 영어 문장 비교를 위한 비디오와 컴퓨터의 상호 작용적 기술의 탐구

이것은 각각 연속적 단계를 위해 개발되어 있는 새로운 자료와 함께 계속 유지될 것이다.

우리가 제안한 것들의 실행이 쉽지는 않다. 이것은 큰 공립학교 혹은 농학교의 교육적 자원의 장기적인 투자를 요구하게 될 것이다. 게다가, 그것은 무엇보다도 취학전 단계와 저학년에서 농 교사의 고충, 수화를 잘할 수 없는 건청교사들의 재훈련, 부모 가족 프로그램과 아동 발달 센터의 다양한 측면들을 성취하기 위한 지역사회 개발 작업, 막대한 양의 교육과정 개발, 그리고 농아동 교육이 성공적이 될 수 있도록 이들 프로그램에 참가하는 모든 사람을 가르치는 또 하나의 프로그램 등과 같은 여러 일들을 필요로 하게 될 것이다.

참 고 문 헌

강창욱. "농학생 문장의 문법적 특징 연구." 대구대학교 대학원 석사학
　　위 논문, 1987.

강창욱. "농학생 복합문의 통사・의미론적 특징 분석." 특수교육학회지,
　　제13집 제1호, 5~21, 대한특수교육학회, 1992.

고영근, 남기심. 표준 국어 문법론. 서울: 탑출판사, 1986.

국미경. "농유아의 사용 어휘 및 이해 어휘 연구." 대구대학교 대학원
　　석사학위 논문, 1987.

권재일. 국어의 복합문 구성 연구. 서울: 집문당, 1985.

김동식. 현대 국어 부정법의 연구. 국어 연구, 제42호, 국어연구회, 1980.

김동식. "否定 아닌 否定." 고영근, 남기심. 국어의 통사, 의미론. 서울:
　　탑출판사, 1983, pp. 65~82.

김민수. 新國語學. 서울: 일조각, 1964.

김병하. 특수교육학: 청각장애아교육. 서울: 형성출판사, 1981.

김병하 외 3인. 청각장애아교육. 대구: 대구대학교 출판부, 1990.

김병하 외 3인(역). 토털 커뮤니케이션. 서울: 재동문화사, 1992.

김영배, 신현숙. 현대한국어 문법－통사현상과 그 규칙－. 서울: 한신
　　문화사, 1987.

김희보. 한글바로쓰기. 서울: 종로서적, 1985.

남기심. "국어 연결 어미의 활용론적 기능－나열형 '~고' 중심으로－".
　　연세논총, 제15집, 연세대학교 대학원, 1978.

남기심, 루우프. "論理的 形式으로서의 '~니까' 구문과 '~어서' 구문."
　　고영근, 남기심. 국어의 통사・의미론. 서울: 탑출판사, 1983.

남기심, 고영근. 표준국어 문법론. 서울: 탑출판사, 1986.

문공도. "Cloze 학습이 청각장애아의 독해력과 문장 이해력에 미치는 효
　　과." 대구대학교 대학원 석사학위 논문, 1982.

문교부. 국어과 교사용 지도서. 5-1, 서울: 문교부, 1990.

박경숙, 윤점룡, 박효정. **기초학습기능검사 개발 연구**. 한국교육개발원, 연구보고 RR. 87~42, 1987.

박순함. A Transformational Analysis of Negation in Korean. 서울: 백합출판사, 1967.

성기철. **현대 국어 대우법 연구**. 서울: 개문사, 1985.

서울애화학교. **그림을 활용한 문형지도-교사용 지도서**. 특수교육 시범학교 운영보고서 별책 부록 II, 서울애화학교.

徐泰龍. "國語接續文에 대한 研究 -接續語尾의 意味機能을 중심으로-." **國語研究**, 제40호, 國語研究會, 1979.

石東一. "韓國手話의 言語的 體制化 研究."**特殊敎育學會誌**, 제7집, 大韓特殊敎育會, 1986.

우장석. "그림이야기 언어 검사(PSLT)에 의한 농학생의 문어 능력." **대구대학교 대학원 석사학위 논문**, 1984.

이규식, 권요한, 김갑림. **청각장애아 교육**. 서울: 형성출판사, 1975.

이동원. "읽기 기능의 획득과 초인지적 지식의 관계에 대한 이론적 고찰."**교육학논총** 제6집, 대구경북 교육학회, 1987.

이익섭, 임홍빈. **국어문법론**. 서울: 학연사, 1988.

이인섭. **아동의 언어발달-한국아동의 단계별 위상-**. 서울: 개문사, 1986.

이종승. **교육연구법**. 서울: 배영사, 1980.

이주호. **국어교육연구**. 서울: 학문사, 1983.

李春變. "청각장애아의 조사 오용에 관한 연구."**숭의논총**, 제3집, 1978.

이희승. **새문법**. 서울: 일조각, 1964.

원영조, 신상덕, 유상덕. "농학생의 사용 어휘에 관한 연구-작품을 중심으로."**특수교육연구** 제4집, 대구대학교 특수교육 연구소, 1974.

全炳決. **韓國語 否定構造의 分析**. 서울: 翰信文化社, 1984.

全在昊 외 6인. **新國語學槪論**. 서울: 형설출판사, 1981.

조명한. **한국아동의 언어획득 연구: 책략모형**. 서울대학교 출판부, 1982.

조명한, 정복선. "아동의 언어발달단계에 관한 심리학적 연구 I-초기언어ㅡ." 응용언어학 7권 1호, 서울대학교 어학연구소, 1975.

蔡 琬. 韓國語語順의 硏究. 서울: 지학사, 1986.

최영주. "청각장애 학생의 독해력 분석."(미간행). 대구대학교 대학원 석사학위 논문, 1989.

최현배. 우리말본. 서울: 정음문화사, 1983.

한국청각장애자복지회(편). 청각장애편람. 서울: 도서출판 특수교육, 1992.

허 웅. 표준문법. 서울: 신구문화사, 1969.

허 웅. 국어학ㅡ우리말의 오늘, 어제ㅡ. 서울: 샘문화사, 1983.

Aaronson, D. & Rieber, R. (EDs.) *Psycholinguistic research: Implications and applications.* Hillsdale, NJ: Erlbaum, 1979.

Adams, M. Models of word recognition. *Cognitive Psychology*, 1979, 112, 133~176.

Adams, M. *What good is orthographic redundancy?* (Tech. Rep. No. 192). Urbana: University of Illinois, Center for the Study of Reading, 1980.

Allen, Thomas E. *Patterns of Academic Achievement Among Hearing Impaired Students:* 1974~1983. In: Arthur N. Shildroth and Michael A. Karchmer (eds). Deaf Children in America. San Diego: College-Hill Press, 1986, 161~206.

American National Standards Institute. *American National Standard Specifications for Audiometers* (ANSI S3. 6-1969). New York: American National Standards Institute, 1969.

Anderson, R. *A proposal to continue a center for the study of reading* (Tech. Proposal, 4 vols.). Urbana: University of Illinois, Center for the Study of Reading, February, 1981.

Anderson, M., Boren, N., Caniglia, J., Howard, W. & Krohn, E. *Apple Tree.* Beaverton, OR: Dormac, 1980.

Anderson, R. & Freebody, P. *Vocabulary knowledge* (Tech. Rep.

No. 136). Urbana: University of Illinois, Center for the Study of Reading, 1979 (ERIC Document Reproduction Service No. ED 177 480).

Anken, J. & Holmes, D. Use of adapted "Classics" in a reading program for deaf students. *American Annals of the Deaf*, 1977, 122, 8~14.

Anthony, D. *Seeing essential English*. Unpublished master's thesis, Eastern Michigan University, Ypsilanti, 1966.

Antinucci, F. & Parisi, D. Early language acquisition: A model and some data. In C. Ferguson & D. Slobin (Eds.), *Studies of child language development*. New York: Holt, Rinehart & Winston, 1973.

Armbruster, B., Echols, C. & Brown, A. The role of metacognition in reading to learn. *Volta Review*, 1982, 84, 45~56.

Babb, R. *A study of the academic achievement and language acquisition levels of deaf children of hearing parents in an educational environment using Signing Exact English as the primary mode of manual communication*. Unpublished doctoral dissertation, University of Illinois, Urbana, 1979.

Baddeley, A. Working memory and reading. In H. Bouma (Ed.), *Processing of visible language* (Vol. 1). New York: Plenum Press, 1979.

Baddeley, A. & Hitch, G. Working memory In G. H. Bower (Ed.), *The psychology of learning and motivation. Advances in research and theory* (Vol. 8). New York: Academic Press, 1974.

Baker, C. & Cokely, D. *American Sign Language: A teacher's resource on grammar and culture*. Silver Spring, MD: T. J. Publishers, 1980.

Baker, C. & Padden, C. Focusing on the nonmanual components of American Sign Language. In P. Siple (Ed.), *Understanding language through sign language research*. New York: Academic Press, 1978.

Baker, Charlotte, How does "Sim-Com" Fit into a Bilingual Approach to Education? In: Frank Caccamise and Doin Hicks (eds.). American Sign language in a Bilingual, Bicultural Context. The proceedings of the Second National Symposium on Sign Language Research and Teaching. Silver Spring, MD: National Association of the Deaf, 1978, 13~26.

Bakker, D. *Temporal order in disturbed reading*. The Netherlands: Roterdam University, 1972.

Baron, T. Phonemic stage not. necessary for reading. *Quarterly Journal of Experimental Psychology*, 1973, 25, 241~246.

Barry, K. *The five-slate system. A system of objective language teaching*. Philadelphia: Sherman & Co., Printers, 1899.

Bates, E. Pragmatics and sociolinguistics in child language. In D. Morehead & A. Morehead (Eds.), *Normal and deficient child language*. Baltimore, MD: University Park Press, 1976(a).

Bates, E. *Language and context: The acquisition of pragmatics*. New York: Academic Press, 1976(b).

Battison, R. Phonological deletion in American Sign Language. *Sign Language Studies*, 1974, 5, 1~19.

Beck, I., Omanson, R. & McKeown, M. An instructional redesign of reading lessons: Effects on comprehension. *Reading Research Quarterly*, 1982, 17, 462~481.

Bell, A. Upon a method of teaching language to a very young congenitally deaf child. *American Annals of the Deaf*, 1883,

28, 124~139.

Bellefleur, Philip A. Letter to the Editor. *Deaf Life*, 1988, 2, 23.

Bellugi, U. & Fischer, S. A comparison of sign language and spoken language. *Cognition*, 1972, 1, 173~200.

Bellugi, U. & Klima, E. The roots of language in the sign talk of the deaf. *Psychology Today*, 1972. 6, 61~76.

Bellugi, U., Klima. E. & Siple, P. Remembering in signs. *Cognition*, 1974, 3, 93~125.

Bellugi, Ursula, and Lucinda O'Grady, Diane Lilo-Martin, Maureen O'Grady Hynes, Karen van Hock, and David Corina. Establishment of Spatial Cognition in Deaf Children In: Virginia Volterra and Carol J. Erting (eds). The Transition from Gesture to Language in Hearing and Deaf Children. New York: Springer-Verlag, (In Press).

Belmont, J. & Karchmer. M. Deaf people's memory: There are problems testing special populations. In M. Gruneberg, P. Morris & R. Sykes (Eds.), *Practical aspects of memory*. New York/London: Academic Press, 1978.

Belmont, J. Karchmer, M. & Pilkonis, P. Instructed rehearsal strategies influence on deaf memory processing. *Journal of Speech and Hearing Research*, 1976, 19, 36~47.

Bender, R. *The conquest of deafness*. Cleveland: Press of Case Western Reserve, 1960.

Ben-Zeev, S. The influence of bilingualism on cognitive strategy and cognitive development. *Child Development*, 1977, 48, 1009~1018.

Berko, J. The child's learning of English morphology. *Word*, 1958, 14, 150~177.

Bernero, R. & Bothwell, H. *Relationship of hearing impairment to educational needs.* Springfield: Illinois Department of Public Health and Office of the Superintendent of Public Instruction, 1966.

Berry, M. & Talbot, R. *Exploratory test for grammar.* Rockford, IL: Berry & Talbot, 1966.

Best, B. & Roberts, G. Early cognitive development in hearing impaired children. *American Annals of the Deaf,* 1976, 121, 560~564.

Bever, T., Fodor, J. & Weksel, W. On the acquisition of syntax: A critique of "contextual generalization." *Psychological Review,* 1965, 72, 467~482(a)

Bever, T., Fodor, J. & Weksel, W. Is linguistics empirical? *Psychological Review,* 1965, 72, 493~500(b)

Biemiller, A. Relationship between oral reading rates for letters, words, and simple text in the development of reading achievement. *Reading Research Quarterly,* 1977~78, 13, 223~253.

Black, J. Psycholinguistic processes in writing. In S. Rosenberg (Ed.), *Handbook of applied psycholinguistics.* Hillsdale, NJ: Erlbaum, 1982.

Blackwell, P., Engen, E., Fischgrund, J. & Zarcadoolas, C. *Sentences and other systems.* Washington, D. C.: Alexander Graham Bell Association for the Deaf, 1978.

Blair, F. A study of the visual memory of deaf and hearing children. *American Annals of the Deaf,* 1957, 102, 254~263.

Bloom, L. *Language development: Form and function in emerging grammars.* Cambridge, MA: MIT Press, 1970.

Bloom, L. *One word at a time: The use of single-word utterances before syntax.* The Hague: Mouton, 1973.

Bloom, L. & Lahey, M. *Language development and language disorders.* New York: Wiley, 1978.

Bloom, L., Lightbown, P. & Hood, L. Structure and variation in child language. *Monographs of the Society for Research on Child Development,* 1975, 40, No. 2.

Bloom, L., Miller, P. & Hood, L. Variation and reduction as aspects of competence in language development. In A. Pick(Ed.), *Minnesota Symposia on Child Psychology*(Vol. 9). Minneapolis: University of Minnesota Press, 1975.

Bloomfield, L. *Language.* New York: Holt, Rinehart & Winston, 1933.

Blumenthal, A. *Language and psychology: Historical aspects of psycholinguistics.* New York: Wiley, 1970.

Bobrow, D. & Norman, D. some principle of memory schemata. In D. Bobrow & A. Collins (Eds.), *Representation and understanding: Studies in cognitive science.* New York: Academic Press, 1975.

Bockmiller, P., Hearing impaired children: Learning to read a second language. *American Annals of the Deaf,* 1981, 126, 810~813.

Bode, L. Communication of agent, object, and indirect object in signed and spoken languages. *Perceptual and Motor Skills,* 1974, 39, 1151~1158.

Bonet, J. *Reduction de las letras yarte para ensenar a hablarlos mudos.* Madrid: Francisco Arbaco de Angelo, 1620.

Bornstein, H. A description of some current sign systems designed to represent English. *American Annals of the Deaf,* 1973, 118, 454~463.

Bornstein, H. Signed English: A manual approach to English

language development. *Journal of Speech and Hearing Disorders*, 1974, 39, 330~343.

Bornstein, H. Towards a theory of use for Signed English: From birth through adulthood. *American Annals of the Deaf*, 1982, 127, 26~31.

Bornstein, H., Saulnier, K. & Hamilton, L. Signed English: A first evaluation. *American Annals of the Deaf*, 1981, 125, 467~481.

Bornstein, H. & Saulnier, K. Signed English: A brief follow-up to the first evaluation. *American Annals of the Deaf*, 1981, 126, 69~72.

Bowd, A. Linguistic background and non-verbal intelligence: A crosscultural comparison. *The Journal of Educational research*, 1974, 68, 26~27.

Bowen, J. Linguistic perspectives on bilingual education. In B. Spolsky & r. Cooper (Eds.), *Frontiers of bilingual education*. Rowley, MA: Newbury House, 1977.

Bowerman, M. Structural relationships in children's utterances: Syntactic or semantic? In T. Moore (Ed.), *Cognitive development and the acquisition of language*. New York: Academic Press, 1973.

Bowerman, M. Cross-linguistic similarities at two stages of syntactic development. In E. H. Lenneberg & E. Lenneberg (Eds.), *Foundation of language development: A multidisciplinary approach* (vol. 1). New York: Academic Press, 1975.

Bowerman, M. Semantic factors in the acquisition of rules for word use and sentence construction. In D. Morehead & A. Morehead (Eds.), *Normal and deficient child language*, Baltimore: University Park Press, 1976.

Bragg, B. Ameslish-Our American heritage: A testimony. *American Annals of the Deaf*, 1973, 118, 672~674.

Braine, M. The ontogeny of English phrase structure: The first phase. *Language*, 1963, 39, 1~13.(a)

Braine, M. On learning the grammatical order of words. *Psychological Review*, 1963, 70, 323~348.(b)

Braine, M. On two types of models of the internalization of grammars. In D. Slobin (Ed.), *The ontogenesis of grammar*. New York: Academic Press, 1971.

Brannon, J. Linguistic word classes in the spoken language of normal, hard-of-hearing, and deaf children. Journal of Speech and Hearing Research, 1968, 11, 279~287.

Brasel, K. & Quigley, S. The influence of certain language and communication environments in early childhood on the development of language in deaf individuals. *Journal of Speech and Hearing Research*, 1977, 20, 95~107.

Brasel, K., and Stephen P. Quigley. The Influence of Certain Language and Communication Environments in Early Childhood on the Development of Language in Deaf Individuals. *Journal of Speech and hearing Research*, 1977, 20, 95~107.

Brewer, W. Memory for ideas: Synonym substitution. *Memory & Cognition*. 1975, 3, 458~464.

Brimer, A., *Wide-span reading test*. London: Nelson, 1972.

Brown, A. Metacognitive development and reading. In R. Spiro, B. Bruce & W. Brewer (Eds.), *Theoretical issues in reading comprehension*. Hillsdale, NJ: Erlbaum, 1980.

Brown, A. & Day, J. *Strategies and knowledge for summarizing texts: The development of expertise*. Unpublished manuscript,

1980.

Brown, A., Campione, J. & Day, Learning to learn: On training students to learn from texts. *Educational Researcher*, 1980.

Brown, R. *Words and things*. Glencoe, IL: Free Press, 1958.

Brown, R. *A first language: The early stages*. Cambridge, MA: Harvard University Press, 1973.

Brown, R., Cazden, C. & Bellugi, U. The child's grammar from I to III. In C. Ferguson & D. Slobin (Eds.), *Studies of child language development*. New York: Holt, Rinehart & Winston, 1973.

Brown, J. From communication to language: A psychological perspective. *Cognition*, 1974~75, 3, 255~287.

Bruner, J. The ontogenesis of speech acts. *Journal of Child Language*, 1975, 2, 1~19.

Bruner, J. & Bruner, B. On voluntary action and its hierarchial structure. *International Journal of Psychology*, 1968, 3, 239~255.

Caccamise, F. & Drury, A. A review of current terminology in education of the deaf. *Deaf American*, 1976, 29, 7~10.

Carroll, J., Davies, P. & Richman, B. *The American heritage word frequency book*(Boston: Houghton Mifflin) New York: American Heritage, 1971.

Carrow, E. *Test for auditory comprehension of language*. Lamer, TX: Learning Concepts, 1973.

Carrow, E. *Carrow elicited language inventory*. Austin, TX: Learning Concepts, 1974.

Cathcart, W. Effects of a bilingual instructional program on conceptual development in primary school children. *The Alberta Journal of Educational Research*, 1982, 28, 31~43.

Cattell, J. The time it takes to see and name objects. *Mind*, 1886, 11, 63~65.

Cazden, C. The acquisition of noun and verb inflections. *Child Development*, 1968, 39, 433~448.

Chafe, W. *Meaning and the structure of language.* Chicago: University of Chicago Press, 1970.

Chall, J. *Learning to read: The great debate.* New York: McGraw-Hill, 1967.

Charrow, V. A psycholinguistic analysis of deaf English. *Sign Language Studies*, 1975, 7, 139~150.

Charrow, V. & Charrow, R. *Let the rewriter beware.* Washington, D. C.: American Institute for Research, 1979.

Charrow, V. & Fletcher, J. English as the second language of deaf children. *Developmental Psychology*, 1974, 10, 463~470.

Charrow, Veda R. Deaf English: An Investigation of the Written English Competence of Deaf Adolescents. Technical Report No. 236, Institute for Mathematical Studies in the Social Sciences, Stanford University, 1974.

Charrow, Veda R. manual English: A Linguist's Viewpoint. Proceedings of the Congress of the World Federation of the Deaf. Washington, D. C.: Gallaudet University, 1975.

Chen, K. Acoustic image in visual detection for deaf and hearing college students. *Journal of General Psychology*, 1976, 94, 243~246.

Chomsky, N. *Syntactic structures.* The Hague: Mouton, 1957.

Chomsky, N. *Aspects of the theory of syntax.* Cambridge, MA: MIT Press, 1965.

Chomsky, N. *Language and mind.* New York: Harcourt Brace &

World, 1968.

Chomsky, N. *Reflections on language*. New York: Pantheon Books, 1975.

Chomsky, N. & Halle, M. *The sound pattern of English*. New York: Harper & Row, 1968.

Chun, J. A survey of research in second language acquisition. *The Modern language Journal*, 1980, 64, 287~296.

Cicourel, A. & Boese, R. Sign language acquisition and the teaching of deaf children, Part I. *American Annals of the Deaf*, 1972, 117, 27~33(a)

Cicourel, A. & Boese, R. Sign language acquisition-Conclusion. *American Annals of the Deaf*, 1972, 117, 403~411(b).

Clark, E. What's in a word? On the child's acquisition of semantics in his first language. In T. Moore (Ed.), *Dognitive development and the acquisition of language*. New York: Academic Press, 1973.

Caccamise, F. & Drury, A. A review of current terminology in education of the deaf. *Deaf American*, 1976, 29, 7~10.

Carroll, J., Davies, P. & Richman, B. *The American heritage word frequency book*(Boston: Houghton Mifflin) New York: American Heritage, 1971.

Carrow, E. *Test for auditory comprehension of language*. Lamar, TX: Learning Concepts, 1973.

Clark, H. & Clark, E. *Psychology and language: An introduction to Psycholinguistics*. New York: Harcourt Brace Jovanovich, 1977.

Clarke, B., Rogers, W. & Booth, J. How hearing-impaired children learn to read: Theoretical and practical issues. In R. E. Kretschmer (Ed.), reading and the hearing-impaired individual. *Volta Review*, 1982, 84(5), 57~69.

Clarke, B. & Ling, D. The effects of using cued speech: A follow-up study. *Volta Review*, 1976, 78, 23~35.

Clarke, M. Reading in Spanish and English: Evidence from adult ESL students. *Language Learning*, 1979, 29, 121~150.

Clarke School for the Deaf. *Curriculum series on reading*. Northampton, MA, 1972.

Clerc, L. Some hints to the teachers of the deaf and dumb. *Proceedings of the Second Convention of American Instructors of the Deaf and Dumb* (pp. 64~75). Hartford CN: Press of Case, Tiffany, 1851.

Cohen, A. The case for partial or total immersion education. In A. Simoes (Ed.), *The bilingual child: Research and analysis of existing educational themes*. New York: Academic Press, 1976.

Cohen, A. & Swain, M. Bilingual education: The "Immersion" model in the North American context. *TESOL Quarterly*, 1976, 10, 45~53.

Cokely, D. When is a pidgin not a pidgin? An alternate analysis of the ASL-English contact situation. *Sign Language Studies*, 1983, 38, 1~23.

Coley, J. & Bockmiller, P. Teaching reading to the deaf: An examination of teacher preparedness and practices. *American Annals of the Deaf*, 1980, 125, 909~915.

Collins-Ahlgren, M. Teaching English as a second language to young deaf children: A case study. *Journal of Speech and Hearing Disorders*, 1974, 39, 486~500.

Collins-Ahlgren, M. Language development of two deaf children. *American Annals of the Deaf*, 1975, 120, 524~539.

Commission on Education d the Deaf. Toward Equality. A Report to the President and the Congress of the United States. Washington, D. C.: U. S. Government Printing Office, 1988.

Conley, J. Role of idiomatic expressions in the reading of deaf children. *American Annals of the Deaf*, 1976, 121, 381~385.

Conrad, R. Acoustic confusion in immediate memory. *British Journal of Psychology*, 1964, 55, 75~84.

Conrad, R. Short-term memory processes in the deaf. *British Journal of Psychology*, 1970, 61, 179~195.

Conrad, R. The effect of vocalizing on comprehension in the profoundly deaf. *British Journal of Psychology*, 1971, 62, 147~150(a)

Conrad, R. The chronology of the development of covert speech in children. *Developmental Psychology.* 1971, 62, 147~150(a)

Conrad, R. The chronology of the development of covert speech in children. *Developmental Psychology*, 1971, 5, 398~405(b)

Conrad, R. Short-term memory in the deaf: A test for speech coding. *British Journal of Psychology*, 1972, 63, 173~180.

Conrad, R. Internal speech in profoundly deaf children. *The Teacher of the Deaf*, 1973, 71, 384~389.

Conrad, R. *The deaf school child*. London: Harper & Row, 1979.

Conrad, R., Freeman, P. & Hull, A. Acoustic factors versus language actors in short-term memory. *Psychonomic Science*, 1965, 3, 57~58.

Conrad, R. & Rush, M. On the nature of short-term memory encoding by the deaf. *Journal of Speech and Hearing Disorders*, 1965, 30, 336~343.

Cooper, C., Cherry, R., Gerber, R., Fleischer, S., Copley, B. &

Sartisky, M. *Writing abilities of regularly-admitted freshmen at SUNY/Buffalo.* Unpublished manuscript, University Learning Center, State University of New York, Buffalo, 1979.

Cooper, R. The ability of deaf and hearing children to apply morphological rules. *Journal of Speech and Hearing Research,* 1967, 10, 77~86.

Cooper, R. & Rosenstein, J. Language acquisition of deaf children. *Volta Review,* 1966, 68, 58~67.

Cordasco, F.(Ed.) *bilingualism and the bilingual child: Challenges and problems.* New York: Arno Press, 1978.

Cornett, O. Cued speech. *American Annals of the Deaf,* 1967, 112, 3~13.

Cornett, O. In answer to Dr. Moores. *American Annals of the Deaf,* 1969, 114, 27~33.

Corson, H. *Comparing deaf children of oral deaf parents and deaf parents using manual communication with deaf children of hearing parents on academic, social, and communication functioning.* Unpublished doctoral dissertation, University of Cincinnati, OH, 1973.

Corson, Harvey. Comparing Deaf Children of Oral Deaf Parents and Deaf Children Using Manual Communication with Deaf Children of Hearing Parents on Academic, Social, and Communicative Functioning. Unpublished Ph. D. Dissedation, University of Cincinnati, 1973.

Crandall, K. Inflectional morphemes in the manual English of young hearing impaired children and their mothers. *Journal of Speech and Hearing Research,* 1978, 21, 372~386.

Crandall, Kathleen. *A Study of the Production of Chers and Related Sign Language Aspects by Deaf Children between th Ages of Three and Seven Years.* Unpublished Ph. D. Dissertation, Northwestern University, 1974.

Crandall, Kathleen. Inflectional Morphemes in the Manual English of Young Hearing Impaired Children and their Mothers. *Journal of Speech and Hearing Research,* 1978, 21, 372~386.

Crittenden, J. Categorization of cheremic errors in sign language reception. *Sign Language Studies,* 1975, 5, 64~71.

Croker, G., Jones, M. & Pratt, M. & Patt, M. *Language stories and drills. Books I, II, III, and IV, Manuals.* Brattleboro, VT: The Vermont Printing Co. 1920, 1922, 1928.

Cromer, R. The development of language and cognition: The cognition hypothesis. In B. Foss (Ed), *New perspectives in child development.* Harmondsworth, England: Penguin, 1974.

Cromer, R. The cognitive hypothesis of language acquisition and its implications for child language deficiency. In D. Morehead & A. Morehead (Eds.), *Normal and deficient child language.* Baltimore: University Park Press, 1976.

Crutchfield, P. Prospects for teaching English Det+N structures to deaf students. *Sign Language Studies,* 1972, 1, 8~14.

Cruttenden, A. A phonetic study of babbling. *British Journal of Disorders of Communication,* 110~117.

Cruttenden, A. *Language in infancy and childhood: A linguistic introduction to language acquisition.* New York: St. Martin's Press, 1979.

Crystal, D. & Craig, E. Contrived sign language. In I. Schlesinger

& L., Namir (Eds.), *Sign language of the deaf: Psychological, linguistic, and social perspectives.* New York: Academic Press, 1978.

Cummins, J. Cognitive factors associated with the attainment of intermediate levels of bilingual skill. *The Modern Language Journal*, 1977, 61, 3~12.

Cummins, J. Educational implications of mother tongue maintenance in minority language groups. *Canadian Modern Language Review*, 1978, 34, 395~416.

Cummins, Jim Linguistic Interdependence. and the Educational Development of Bilingual Children. *Review of Educational Research*, 1979, 49, 222~251.

Dale, P. *Language development: Structure and function* (2nd ed.). New York: Holt, Rinehart & Winston, 1976.

Dalgleish, B. Communication preference and the social conditions of language learning in the deaf. *American Annals of the Deaf*, 1975, 120, 70~77.

Daneman, M. & Carpenter, P. Individual differences in working memory and reading. *Journal of Verbal Learning and Verbal Behavior*, 1980, 19, 450~466.

Davis, H. & Silverman, R. *Hearing and deafness*(3rd ed.). New York: Holt, Rinehart & Winston, 1978.

Day, J. *Training summarization skills: A comparison of teaching methods.* Unpublished doctoral dissertation, University of Illinois, 1980.

De Bentancor, Requel Erramouspe. Observaciones Metodológicas para el Estudio de las Estrategias Lctoescriturales en el Niño Sordo. Paper presented to the Primer Encuentro latinoamericano de Investigadores de los Lenguajes de

Señasde los Sordos. Montevideo, Uruguay, 1986.

DeLand, F. *The story of lipreading.* Washington, D. C.: The Volta Bureau, 1931.

Denton, D. Remarks in support of a system of total communication for deaf children. In *Communication Symposium,* Maryland School for the Deaf, Frederick, 1970.

Denton, David M. *The Philosophy of Total Communication.* Supplement to the British Deaf News. Carlisle, Britain: The British Deaf Association, 1976.

De Villiers, J. & de Villiers, P. *Language acquisition,* MA: Harvard University Press, 1978.

DiFrancesca, S, *Academic achievement test result of a national testing program for hearing impaired students, United States, Spring,* 1971 (series D, No. 9). Washington, D. C.: Gallaudet College, Office of Demographic Studies, 1972.

DiStefano, P. & Valencia, S. The effects of syntactic maturity on comprehension of graded reading passages. *Journal of Educational Research,* 1980, 73, 247~251.

Diver, W. Phonology as human behavior. In D. Aaronson & R. Rieber (Eds.), *Psycholinguistic research: Implications and applications.* Hillsdale, NJ: Erlbaum, 1979.

Dixon, K., Pearson, P. & Ortony, A. *Some reflections on the use of figurative language in children's textbooks.* Paper presented at the annual meeting of the National Reading Conference, San Diego, 1980.

Dodd, B. The phonological systems of deaf children. *Journal of Speech and Hearing Disorders,* 1976, 41, 185~198.

Doehring, D., Bonnycastle, D. & Ling, A. Rapid reading skills of integrated hearing impaired children. *Volta Review,* 1978,

80, 39~409.

Dore, J. A pragmatic description of early language development. *Journal of Psycholinguistic Research*, 1974, 3, 343~350.

Dore, J. Holophrases, speech acts, and language universals. *Journal of Child Language*, 1975, 2, 21~40.

Dore, J., Franklin, M., Miller, R. & Ramer, A. Transitional phenomena in early language acquisition. *Journal of Child Language*, 1976, 3, 13~28.

Durkin, D. *Children who read early*. New York: Teachers College Press, 1966.

Durkin, D. *Teaching them to read*(3rd ed.). Boston: Allyn & Bacon, 1978.

Eddy, P. Does foreign language study aid native language development? *ERIC/CLL News Bulletin*, 1978, 1, 1~2.

Edwards, H., Fu, L., McCarrey, H. & Doutriaux, C. Partial French immersion for English speaking pupils in elementary school: The Ottawa Roman Catholic Separate School Board study in grades one to four. *Canadian Modern Language Review*, 1981, 37, 283~296.

Eimas, P. Linguistic processing of speech by young infants. In R. Schiefelbusch & L. Lloyd(Eds.), *Language perspectives: Acquisition, retardation, and intervention*. Baltimore: University Park Press, 1974.

Eimas, P., Siqueland, E., Jusczyk, P. & Vigorito, J. Speech perception in infants. *Science*, 1971, 171, 303~306.

Ellenberger, R. & Staeyed, M. A child's representation of action in American Sign language. In P. Siple (Ed.) *Understanding language through sign language research*. New York: Academic Press, 1978.

Epstein, Paul. *Deafness as an Occasion of Culture.* In: *Commission on Education of the Deaf. Toward Equality.* A Report to the President and the Congress of the United States. Appendix T. Washington, D. C.: U. S. Government Printing Office, 1988, pp. 1~8.

Erting, C. An anthropological approach to the study of the communicative competence of deaf children. *Sign Language Studies*, 1981, 32, 221~238.

Erting, Carol. Language Policy and Deaf Ethnicity. *Sign Language Studies*, 1978, 19, 139~152.

Erting, Carol. *Deafness, Communication, and Social Identity: An Anthropological Analysis of Interaction Among Parents, Teachers, and Deaf Children in a Preschool.* Unpublished Doctoral Dissertation. Washington, D. C.: The American University, 1982.

Erting, Carol. Sociocultural Dimensions of Deaf Education: Belief Systems and Communicative Interaction. *Sign language Studies*, 1986, 47, 111~126.

Ervin-Tripp, S. Is Sybil there? The structure of soIne American English directives. *Language in Society*, 1976, 5, 25~66.

Ervin-Tripp, S. & Mitchell-Kernan, C.(Eds.) *Child discourse.* New York: Academic Press, 1977.

Ewoldt, C. A psycholinguistic description of selected deaf children reading in Sign Language. *Reading Research Quartely*, 1981, 17, 58~89.

Farrar, A. *Arnold on the education of the deaf: A manual for teachers* (2nd ed.). Derby: Francis, Cartes, 1923.

Feldman, C. & Shen, M. Some language-related cognitive advantages of bilingual five-year-olds. *Journal of Genetic*

Psychology, 1971, 118, 235~244.

Ferguson, C. Diglossia. *Word*, 1959, 15, 325~340.

Ferguson, C. Linguistic theory. In *Bilingual education: Current perspectives*, Volume 2. Arlington VA: Center for Applied Linguistics, 1977.

Ferguson, C. & Farwell, C. Words and sounds in early language acquisition: English consonants in the first 50 words. *Language*, 1975, 51, 419~439.

Ferguson, C. & Garnica, O. Theories of phonological development. In E. H. Lenneberg & E. Lenneberg (Eds.), *Foundation of language development: A multidisciplinary approach* (Vol. 1). New York: Academic Press, 1975.

Fillmore, C. The case for case. In E. Bach & R. Harms (Eds.), *Universals in linguistic theory*. New York: Holt, Rinehart & Winston, 1968.

Fischer, S. Influences on word order change in American Sign Language. In C. Li(Ed.), *Word order and word order change*. Austin: University of Texas Press, 1975.

Fischer, S. & Gough, B. Verbs in American Sign Language. *Sign Language Studies*, 1978, 18, 17~48.

Fitzgerald, E. *Straight language for the deaf* (Station, VA: McClure, 1929), Washington, D. C.: The Volta Bureau, 1949.

Flesch, R. *Why Johnny can't read and what you can do about it*, New York: Harper, 1955.

Freedle, F. & Fine, F. Prose comprehension in natural and experimental settings: The theory and its practical implications. In S. Rosenberg (Ed.), *Handbook of applied psycholinguistics*. Hillsdale, NJ: Erlbaum, 1982.

Friedman, L. The manifestation of subject, object, and topic in American Sign Language. In C. Li (Ed.). *Subject and topic*. New York: Academic Press, 1976.

Friedman, L. (Ed.) *On the other hand*. New York: Academic Press, 1977.

Fries, C. *The structure of English*. New York: Harcourt, Brace, 1952.

Fromkin, V. & Rodman, R. *An introduction to language* (2nd ed.). New York: Holt, Rinehart & Winston, 1978.

Furth, H. Conservation of weight in deaf and hearing children. *Child Development*, 1964, 35, 143~150.

Furth, H. A comparison of reading test norms of deaf and hearing children. *American Annals of the Deaf*, 1966, 111, 461~ 462.(a)

Furth, H. *Thinking without language: Psychological implications of deafness*. New York: Free Press, 1966.(b)

Furth, H. A review and perspective on the thinking of deaf people. In J. Hellmuth (Ed.), *Cognitive Studies*: Vol. New York: Brunner/Mazel, 1970.

Furth, H. *Deafness and learning: A psychosocial approach*. Belmont, CA: Wadsworth, 1973.

Furth, H. & Youniss, J. Formal operations and language: A comparison of deaf and hearing adolescents. *International Journal of Psychology*, 1971, 6, 49~64.

Furth, H. & Youniss, J. The influence of language and experience on discovery and use of logical symbols. *British Journal of Psychology*, 1965, 56, 381~390.

Fusaro, J. & Slike, S. The effect. of imagery on the ability of hearing impaired children to identify words. *American*

Annals of the Deaf. 1979, 124, 829~832.

Fusfeld, I. The academic program of schools for the deaf. *Volta Review,* 1955, 57, 63~70.

Gaines, R., Mandler, J. & Bryant, P. Immediate and delayed story recall by hearing and deaf children. *Journal of Speech and Hearing Research,* 1981, 24, 463~469.

Gamez, G. Reading in a second language: Native language approach vs. direct method. *The Reading Teacher,* 1979, 32, 665~670.

Geers, A. & Moog, J. Syntactic maturity of spontaneous speech and elicited imitations of hearing impaired children. *Journal of Speech and Hearing Disorders,* 1978, 43, 380~391.

Gelman, R. Cognitive development. *Annual Review of Psychology,* 1978, 29, 297~332.

Genesee, F. Acquisition of reading skills in immersion programs. *Foreign Language Annals,* 1979, 12, 71~77.

Gentile, A. *Academic Achievement Test Results of a National Testing Program for hearing Impaired Students:* 1971. Washington, D. C.: Gallaudet College Office of Demographic Studies, Series D, No 9, 1972.

Gilman, L., Davis, J. & Raffin, M. Use of common morphemes by hearing impaired children exposed to a system of manual English. *Journal of Auditory Research,* 1980, 20, 57~69.

Giorcelli, L. The comprehension of some aspects of figurative language by deaf and hearing subjects. Unpublished doctoral dissertation, University of Illinois, Urbana, 1982.

Goetzinger, C. & Rousey, C. Educational achievement of deaf children. *American Annals of the Deaf,* 1959, 104, 221~231.

Goldberg, J. & Bordman, P. English language instruction for the hearing impaired: An adaptation of ESL methodology. *TESOL Quarterly*, 1974, 263~270.

Goldberg, J. & Bordman, M. The ESL approach to teaching English to hearing impaired Students. *American Annals of the Deaf*, 1975, 120, 22~27.

Goodman, K. Reading: A psycholinguistic guessing game. *Journal of the Reading Specialist*, 1967, 6, 126~135.

Goodman, K. Behind the eye: What happens in reading. In H. Singer & R. Ruddell (Eds.), *Theoretical models and processes in reading*. Newark, DE: International Reading Association, 1976.

Goodman, L. Meeting children's needs through materials modification. *Teaching Exceptional Children*, 1978, 10, 92~94.

Goodstein, Astrid. Fall, 1988 Admissions/Enrollment Summary. Unpublished Memorandum. Washington, D. C,: Gallaudet University, 1988.

Gormley, K. & McGill-Franzen, A. Why cant't the deaf read? Comments on asking the wrong question. *American Annals of the Deaf*, 1978, 123, 542~547.

Graesser, A., Hoffman, N. & Clark, L. Structural components of reading time. *Journal of Verbal Learning and Verbal Behavior*, 1980, 19, 135~151.

Greenberger, D. The natural method. *American Annals of the Deaf*. 1878, 23, 107~116; 1879, 24, 33~38.

Greenfield, P. & Smith, J. *The structure of communication in early language development*. New York: Academic Press, 1976.

Griswold, E. & Cummings, J. The expressive vocabulary of Preschool deaf children. *American Annals of the Deaf.* 1974, 119, 16~28.

Groht, M. *Natural language for deaf children.* Washington, D. C.: A. G. Bell Association for the Deaf, 1958.

Gruber, H. & Vonéche, J.(Eds.) *The essential Piaget: An interpretive reference and guide.* New York: Basic Books, 1977.

Guberina, P. Verbotonal method and its application to the rehabilitation of the deaf. In *Proceedings of the International Congress on Education of the Deaf* (pp. 279~293). Washington, D. C.: U. S. Govt. Printing Office, 1961.

Gumperz, J. & Hymes, D.(Eds.) *Directions in sociolinguistics: The ethnography of communication.* New York: Holt, Rinehart & Winston, 1972.

Gustason, C., Pfetzing, D. & Zawolkow, E. *Signing exact English.* Silver Spring, MD: Modern Signs Press, 1972.

Gustason, G., Pfetzing, D. & Zawolkow, E. *Signing exact English.* (Rev. ed.). Rossmor, CA: Modern Signs Press, 1975.

Gustason, Gerilee, Donna Pfetzing, and Esther Zawolkow. *Signing Exact English* (Revised Edition). Modern Signs Press, 1975.

Guszak, F. Teacher questioning and reading. *Reading Teacher,* 1967, 21, 227~234.

Hakuta, K. & Cancino, H. Trends in second-language-acquisition research. *Harvard Educational Review,* 1977, 47, 294~316.

Hakuta, Kenji. *Mirror of Language: The Debate on Bilingualism.* New York: Basic Books, 1986.

Halliday, M. *Learning how to mean: Explorations in the*

development of language. New York: Elsevier/North Holland, 1975.

Hammermeister, F. Reading achievement in deaf adults. *American Annals of the Deaf*, 1971, 116, 25~28.

Hansen, J. & Pearson, P. *The effects of inference training and practice on young children's comprehension* (Tech. Rep. No. 166). Urbana: University of Illinois, Center for the Study of Reading, 1980 (ERIC Document Reproduction Service No. ED 186 839).

Hanson, V. Short-term recall by (leaf signers of American Sign Language: Implications of encoding strategy for order recall. *Journal of Experimental Psychology: Learning, Memory, and Cognition*, 1982, 8, 572~583.

Hanson, Vicki L., and Carol A. Padden. The Use of Videodisc Interactive Technology for Bilingual Instruction in American Sign Language and English. *The Quarterly Newsletter of the Laboratory of Comparative Human Cognition*, 1988, 10, 92~95.

Hardyck, C. & Petrinovich, L. Subvocal speech and comprehension level as a function of the difficulty level of reading material. *Journal of Verbal Learning and Verbal Behavior*, 1970, 9, 647~652.

Harrell, L., Jr. A comparison of oral and written language in school age children. *Monographs of the Society for Research in Child Development*, 1957, 22(3).

Hart, B. *Teaching reading to deaf children* (The Lexington School for the Deaf Education Series, Book IV). Washington, D. C.: Alexander Graham Bell Association for the Deaf, 1963.

Hasenstab, NL & McKenzie, C. A survey of reading programs

used with hearing impaired students. *Volta Review*, 1981, 83, 383~388.

Hatcher, C. & Robbins, N. *The development of reading skills in hearing-impaired children.* Cedar Falls: University of Northern Iowa, 1978 (ERIC Document Reproduction Service No. ED 167 960).

Hatfield, N., Caccamise, F. & Siple, P. Deaf students' language competency: A bilingual perspective. *American Annals of the Deaf*, 1978, 12, 847~851.

Haugen, E. *Bilingualism in the Americas: A bibliography and a research guide. Montgomery*: University of Alabama Press, 1956.

Hawes, M. & Danhauer, J. Perceptual features of the manual alphaber. *American Annals of the Deaf*, 1978, 123, 464~474.

Hayes, D. & Tierney, R. *Increasing background knowledge through analogy: Its effects upon comprehension and learning* (Tech. Rep. No.186). Urbana: University of Ilinois, Center for the Study of Reading, 1980.

Heider, F. & Heider, G. A comparison of sentence structure of deaf and hearing children. *Psychological Monographs*, 1940, 52, 42~103.

Heine, M. *Comprehension of high and low level information in expository passages: A comparison of deaf and hearing readers.* Unpublished doctoral dissertation, University of Pittsburgh, 1981.

Higgins, E. An analysis of the comprehensibility of three communication methods used with hearing impaired students. *American Annals of the Deaf*, 1973, 118, 46~49.

Hirsh-Pasek, K. & Treiman, R. Recoding in silent reading: Can the deaf child translate print into a more manageable form? In R. E. Kretschmer (Ed.), Reading and the hearing-impaired individual. *Volta Review*, 1982, 84, 71~82.

Hoffmeister, R. The influential point. Philadelphia, PA: Temple University, 1978. Hoffmeister, R. & Wilbur, R. The acquisition of sign language. In H. Lane & F. Grishean (Eds.), *Recent perspectives on American Sign Language*. Hillsdale, NJ: Erlbaum, 1980.

Hornby, P. Achieving second language fluency through immersion education. *Foreign Language Annals*, 1980, 13, 107~114.

Howe, C. Interpretive analysis and role semantics a ten-year mésalliance? *Journal of Child Language Annals*, 1981, 8, 439~456.

Houck, J. *The effects of idioms on reading comprehension of hearing impaired students.* Unpublished doctoral dissertation. University of Northern Colorado, 1982(Abstract).

Hudgins, C. Auditory training—Its possibilities and limitations. *Volta Review*. 1954. 56, 339~349.

Huey, E. *The psychology and pedagogy of reading.* New York: Macmillan, 1908 (Reprinted, Cambridge, MA: MIT Press, 1968.)

Humphries, T., Padden, C. & O'Rourke, T. *A basic course in American Sign Language.* Silver Spring, MD: T. J. Publishers, 1980.

Hunt, K. *Grammatical structures written at three grade levels.* Champaign, IL: National Council of Teachers of English, 1965.

Huttenlocher, J. The origins of language comprehension. In R. Solso (Ed.), *Theories in cognitive psychology.* Hillsdale, NJ: Erlbaum, 1974.

Hymes, D. Forndations in sociolinguistics. Philadelphia: University of Pennsylvania Press, 1974.

Ianco-Worral, A. Bilingualism and cognitive development. *Child Development*, 1972, 43, 1390~1400.

Ingram, D. Current issues in child phonology. In D. Morehead & A. Morehead (Eds.), *Normal and deficient language.* Baltimore: University Park Press, 1976.

Ingram, R. Theme, rheme, topic,: and comment in the syntax of American Sign Language. *Sign Language Studies*, 1978, 20, 193~218.

Iran-Nejad, A., Odony, A. & Rittenhouse, R. The comprehension of metaphorical uses of English by deaf children. *Journal of Speech and hearing Research*, 1981, 24, 551~556.

Israelite, N. *Direct antecedent context and comprehension of reversible passive voice sentences by deaf readers.* Unpublished doctoral dissertation, Pennsylvania State University, 1981.

Ivimey, G. & Lachterman, D. The written language of deaf children. Language and Speech, 1980, 23, 351~377.

Jakobson, R. [*Child language aphasia and phonological universals*] (A. Keiler, trans.). The Hague: Mouton, 1968.

Jarvella, R. Syntactic processing of connected speech, *Journal of Verbal Learning and Verbal Behavior*, 1971, 10, 409~416.

Jarvella, R. Immediate memory and discourse processing. In G. Bower (Ed.), *The psychology of learning and motivation.*

New York: Academic Press, 1979.

Jarvella, R. & Lubinsky, J. Deaf and hearing children's use of language describing temporal order among events. *Journal of Speech and Hearing Research*, 1975, 18, 58~73.

Jeffers, J. & Barley, M. *Speechreading (lipreading)*. Springfield, IL: Thomas, 1971.

Jensema, C. *The relationship between academic achievement and the demographic characteristics of hearing-impaired children and youth*. Washington, D. C.: Gallauder College, Office of Demographic Studies, 1975.

Johnson, P. Effects on reading comprehension of language complexity and cultural background of a text. *TESOL Quarterly*, 1081, 15, 169~181.

Johnson, L. & Otto. W. Effects of alternations in prose style on the readability of college text. *Journal of Educational Research*, 1982, 75, 222~229.

Johnson, D., Toms-Bronowski, S. & Pittelman, S. Vocabulary development. In R. E. Kretschmer (Ed.), Reading and the hearing-impaired individual. *Volta Review*, 1982, 84(5), 11~24.

Johnson, Robert E. and Carol Erting. Ethnicity and Socialization in a Classroom for Deaf Children. In: Ceil Lucas(ed.). *The Sociolinguistics of the Deaf Community*. New York: Academic Press, (In Press).

Jones, B. *A study of oral language comprehension of black and white, middle and lower class, pre-school children using standard English and Black dialect in Houston, Texas, 1972*. Unpublished doctoral dissertation, University of Houston, 1972.

Jones, P. Negative interference of signed language in written English. *Sign Language Studies*, 1979, 24, 273~279.

Jones, W. A critical study of bilingualism and non-verbal intelligence. *British Journal of Educational Psychology*, 1960, 30. 71~77.

Jones, W. & Stewart, W. Bilingualism and verb: 11 intelligence. *British Journal of Psychology* (Statistical Section), 1951, 4, 3~8.

Jordan, I., Gustason, G. & Rosen, R. An update on communication trends at programs for the deaf. *American Annals of the Deaf*. 1979, 124, 350~357.

Jordan, I., Gustason, G. & Rosen, R. Current communication trends in programs for the deaf. *American Annals of the Deaf*, 1976, 121, 527~532.

Jordan, K. A referential communication study of signers and speakers using realistic referents. *Sign Language Studies*, 1975, 6, 65~103.

Just, M. & Carpenter, P. A theory of reading: From eye fixations to comprehension. *Psychological Review*, 1980, 4, 329~354.

Kachuk, B. Relative clauses may cause confusion for young readers. *The Reading Teacher*, 1981, 34, 372~377.

Kannapell, Barbara. Bilingual Education: A New direction in the Education of the Deaf. *The Deaf American*, 1974, 26(10), 9~15.

Kannapell, Barbara. Linguistic and Sociolinguistic Perspectives on Sign Systems for Educating Deaf Children: Toward a True Bilingual Approach. In: Frank Caccamise and Doin Hicks(eds.). American Sign Language in a Bilingual, Bicultural Context. The proceedings of the Second

National Symposium on Sign Language Research and Teaching. Silver Spring. MD: *National Association of the Deaf*, 1978, 219~232.

Kantor, R., The acquisition of classifiers in American Sign Language. *Sign Language Studies*, 1980, 28, 193~208.

Kantor, R. Communicative interaction: Mother modification and child acquisition of American Sign Language. *Sign Language Studies*, 1982, 36, 233~282.

Kaplan, E. & Kaplan, G. The prelinguistic child. In J. Eliot (Ed.), *Human development and cognitive processes*. New York: Holt, Rinehart & Winston, 1971.

Karchmer, M., Milone, M. & Wolk, S. Educational significance of hearing loss at three levels of severity. *American Annals of the Deaf*, 1979, 124, 97~109.

Karchmer, Michael, Raymond Trybus and M Paquin. Early Manual Communication, Parental Hearing Status, and the Academic Achievement of Deaf Students. Unpublished Ms, 1978.

Kates, S. *Language development in deaf and hearing adolescents*. Northampton, MA: Clarke School for the Deaf, 1972.

Kavanagh, J. & Cutting, J. (Eds.) *The role of speech in language*. Cambridge: MIT Press, 1975.

Kavanagh, J. & Mattingly, I. (Eds.) *Language by ear and by eye: The relationship between speech and reading*. Cambridge, MA: MIT Press, 1972.

Keep, J. & On the best method of teaching language to the higher classes in our institutions for the deaf and dumb. *Proceedings of the Third Convention of American Instructors of the Deaf and Dumb, Columbus*, OH: Steam

Press of Smith & Cox, 1853, 15~31.

King, C. *An investigation of similarities and differences in the syntactic abilities of deaf and hearing children learning English as a first or second language.* Unpublished doctoral dissertation, University of Illinois, 1981.

King, C. *Survey of language methods and materials used with hearing impaired students in the United States.* Paper presented at Entre Amis '83, Convention of ACEHI, CAID, and CEASD, Winnipeg, Manitoba, June 1983.

King, C. & Quigley, S. *Reading and Deafness.* San Diego: College-Hill Press, in press.

Kintsch, W. & van Dijk, T. Toward a model of text comprehension and production. *Psychological Review,* 1978, 85, 363~394.

Klare, G. A second look at the validity of readability formulas. *Journal of Reading Behavior,* 1976, 8, 129~152.

Kleinnn, G. Speech recoding in reading. *Journal of Verbal Learning and Verbal Behavior,* 975, 14, 323~339.

Klima, E. & Bellugi, U. *The signs of language.* Cambridge, MA: Harvard University Press, 1979.

Kluwin, T. The grammaticality of manual representations of English in classroom settings. *American Annals of the Deaf,* 1981, 126, 417~421.

Kluwin, Thomas. A Preliminary Description of the Control of Interaction in Classrooms Using Manual Communication. *American Annals of the Deaf,* 1981a, 126: 510~514.

Kluwin, Thomas. A rationale for Modifying Classroom Signing Systems. Sign Language Studies, 1981b, 31: 179~187.

Krashen, S. Lateralization, language learning, and the critical period: Solne new evidence. *Language Learning,* 1973, 23,

63~74.

Kretschmer, R. E. *Judgments of grammaticality by 11, 14, and 17 year old hearing and hearing impaired youngsters.* Unpublished doctoral dissertation, University of Kansas, 1976.

Kretschmer, R. E. Reading and the hearing-impaired individual: Summation and application. In R. E. Kretschmer (Ed.), Reading and the hearing-impaired individual. *Volta Review*, 1982, 84(5), 107~122.

Kretschmer, R. R. & Kretschmer, L. *Language development and intervention with the hearing-impaired.* Baltimore, MD: University Park Press, 1978.

Kyle, J. Reading development of deaf children. *Journal of Research in Reading.* 1980, 3, 86~97.

LaBerge, B. & Samuels, S. Toward a theory of automatic information processing in reading. *Cognitive Psychology*, 1974, 6 293~323.

Labov, W. *The logic of non-standard English. In F. Williams* (Ed.), *Language and poverty.* Chicago: Markham, 1970.

Labov, W. *Language in the inner city: Studies in the black English vernacular.* Philadelphia: University of Pennsylvania Press, 1972.

Lake, D. syntax and sequential memory in hearing impaired children. In H. Reynolds & C. Williams (Eds.), *Proceedings of the Gallaudet conference on reading in relation to deafness.* Washington, D. C.: Gallaudet College, 1980.

Lambert, W. Culture and language as factors in learning and education. In A. Wolfgang (Ed.), *Education of immigrant students*. Toronto: Ontario Institute for Studies in Education, 1975.

Lambert, W. & Tucker, G. *Bilingual education of children: The St. Lambert experiment*. Rowley, MA: Newbury House, 1972.

Lamendella, J. General principles of neurofunctional organization and their manitestation in primary and nonprimary language acquisition. *Language Learning*, 1977, 27, 155~196.

Lane, H. & Baker, D. Reading; achievement of the deaf: Another look. *Volta Review*, 1974, 76, 489~499.

Lane, H., Boyes-Braem, P. & Bellugi, U. Preliminaries to a distinctive feature analysis of hand shapes in American Sign Language. Cognitive Psychology, 1976, 8, 263~289.

Lane, H. & Grosjean, F. (Eds.) *Recent perspectives on American Sign Language*. Hillsdale, NJ: Erlbaum 1980.

Lane, Harlan. *When the Mind Hears*. New York: Random House, 1984.

Laughton, J. Nonlinguistic creative abilities and expressive syntactic abilities of hearing-impaired children. *Volta Review*, 1979, 81, 409~420.

Layton, T., Holmes, D. & Bradley, P. A description of pedagogically imposed signed semantic-syntactic relationships in deaf children. *Sign Language Studies*, 1979, 23, 137~160.

Lee, D Are there signs of diglossia? Re-examining the situation. *Sign Language Studies*, 1982, 35, 127~152.

Lee, L. Developmental sentence types: A method for comparing normal and deviant syntactic development. *Journal of Speech and Hearing Disorders*, 1966, 31, 311~330.

Lee, L. *Northwestern Syntax Screening Test*. Evanston, IL: Northwestern University Press, 1969.

Lee, L. *Developmental Sentence Analysis*. Evanston, IL: Northwestern University Press, 1974.

Lee, I. & Canter, S. Developmental sentence scoring: A clinical procedure for estimating syntactic development in childre n's spontaneous speech. *Journal of Speech and Hearing Disorders*, 1971, 36, 315~340.

Legarreta, D. The effects of program models on language acquisition by Spanish speaking children. *TESOL Quarterly*, 1979, 13, 521~534.

Lenneberg, E. *Biological foundations of language*. New York: Wiley, 1967.

Lenneberg, Eric. *Biological Foundations of language*. New York: Wiley, 1967.

Levine, E. *The ecology of early deafness: Guides to fashioning environments and psychologial assessments*. New York: Columbia University Press, 1981.

Levy, B. Reading: Speech and meaning processes. *Journal of Verbal Learning and Verbal Behavior*, 1977, 16, 623~638.

Lewis, D. Bilingualism and non-verbal intelligence: A further study of test results. *British Journal of Educational Psychology*, 1959, 29, 17~22.

Liberman, I., Shankweiler, D., Liberman, A., Fowler, C. & Fischer, F. Phonetic segmentation and recoding in the beginning reader. In A. Reber & D. Scarborough (Eds.), *Towards a psychology of reading: The proceedings of the C. U. N. Y. conferences*. Hillsdale, NJ: Erlbaum, 1977.

Lichtenstein, E. *The relationships between reading processes and*

English skills of deaf students. Rochester, NY: National Technical Institute for the Deaf, 1983.

Liddell, S. *Restrictive relative clauses in American Sign Language*. San Diego, CA: Salk Institute and University of California, 1975.

Liddell, S. *American Sign Language syntax*. The Hague: Mouton, 1980.

Lindberg, C. Is the sentence a unit of speech production and perception? In J. Mey (Ed.), Pragmalinguistics: Theory and practice. The Hague: Mouton, 1979. Lindfors, J. *Children's language and learning*. Englewood Cliffs, NJ: Prentice-Hall, 1980.

Ling, D. *Speech and the hearing impaired child: Theory and practice*. Washington, D. C.: A. G. Bell Association for the Deaf, 1976.

Ling, D. & Clarke, B. Cued speech: An evaluative study. *American Annals of the Deaf*, 1975, 120, 480~488.

Ling, D., Leckie, D., Pollack, D., Simser, J. & Smith, A. Syllable reception by hearing impaired children trained from infancy in auditory-oral programs. *Volta Review*, 1981, 83, 451~457.

Ling, D. & Ling, A. *Aural habilitation: The foundations of verbal learning in hearing-impaired children*. Washington, D. C.: A. G. Bell Association for the Deaf, 1978.

Loban, W. *The language of elementary school children*. Champaign, IL: National Council of Teachers of English, 1963.

Locke, J. Phonemic effects in the silent reading of hearing and deaf children. *Cognition*, 1978, 6, 175~187.

Locke, J. & Fehr, F. Subvocal rehearsal as a form of speech. of speech. *Journal of Verbal Learning and Verbal Behavior*, 1970, 9, 495~498.

Locke, J. & Licke, V. Deaf children's phonetic, visual, and dactylic coding in a grapheme recall task. *Journal of Experimental Psychology*, 1971, 89, 142~146.

Looney, P. & Rose, S. The acquisition of inflectional suffixes by deaf youngsters using written and fingerspelled modes. *American Annals of the Deaf*, 1979, 124, 765~769.

Lou, Mimi WheiPing. The History of the Education of the Deaf in the United States. In: Michael Strong (ed.). *Language Learning and Deafness*. New York: Cambridge University Press, 1988, 75~112.

Lucas, Ceil. English Only: Bad News for the Deaf Community. EPIC Events: Newsletter of the English Plus Information Clearing house, 1989, 1.6: 3.

Lucas, E. *Semantic and pragmatic language disorders: Assessment and remediation*. Rockville, MD: Aspen Systems, 1980.

Luetke, B. Questionnaire results from Mexican-American parents of hearing-impaired children in the United States. *American Annals of the Deaf*, 1976, 121, 565~568.

Luetke-Stahlman, B. A philosophy for assessing the language proficiency of hearing impaired students to promote English literacy. *American Annals of the Deaf*, 1982, 127, 844~851.

Luetke-Stahlman, B. & Weiner, F. Assessing language and/or systeln preferences of Spanish-deaf preschoolers. *American Annals of the Deaf*, 1982, 127, 789~796.

Macnamara, J. *Bilingualism and primary education: A study of Irish experience.* Chicago: Aldine, 1966.

MacNeil-Lehrer News Hour. FOCUS: School of Silence, Deaf Education in America. Public Broadcasting System, August 28, 1988.

Mandler, J. A code in the node: The use of a story schema in retrieval. *Discourse Process,* 1978, 1, 14~35.

Mandler, J. & Johnson, N. Remembrance of things parsed: Story structure and recell. *Cognitive Psychology,* 1977, 9, 111~151.

Marmor, G. & Pettitio, L. Simultaneous communication in the classroom: How well is English grammar represented? *Sign Language Studies,* 1979, 23, 99~136.

Marmor, Gloria, and Laura Petitto. Simultaneous Communication in the Classroom: How well is English Grammar Represented? *Sign language Studies,* 1979, 23: 99~136.

Marshall, W. & Quigley, S. *Quantitative and qualitative analysis of syntactic structure in the written language of deaf students.* Urbana: University of Illinois, Institute for Research on Exceptional Children, 1970.

Mason, J. & Kendall, J. Facilitating reading comprehension through text structure manipulation. *Alberta Journal of Educational Psychology,* 1979, 24, 68~76.

Mason, J., Osborn, J. & Rosenshine, B. *A consideration of skill hierarchy approaches to the teaching of reading.* Tech. Rep. No. 42, Center for the Study of Reading, University of Illinois, 1977.

Mather, Susan A. Eye Gaze and Communication in a Deaf Classroom. *Sign Language Studies,* 1987, 54: 11~30.

Mavilya, M. & Mignone, B. *Educational strategies for the youngest hearing impared children, 0~5 years of age.* New York: Lexington School for the Deaf, Educationo Series, Book 10, 1977.

Max, L. An experimental study of the motor theory of consciousness: Actioncurrent responses in deaf-mutes durin sleep, sensory stimulation, and dreams. *Journal of Comparative Psychology*, 1935, 19, 469~486.

McCawley, J. The role of semantics in a grammar. In E. Bach & R. Harms (Eds.), *Universals in linguistic theory.* New York: Holt, Rinehart & Winston, 1968.

McConkie, G. Some perceptual aspects of reading. In R. E. Kretschmer (Ed.), Reading and the hearing-impaired individual. *Volta Review*, 1982, 84(5), 35~43.

McConkie, G. & Zola, D. Language constraints and the functional stimulus in reading. In A. Lesgold & C. Perfetti (Eds.), *Interactive processes in reading.* Hillsdale, NJ: Erlbaum, 1981.

McGill-Franzen, A. & Gormley, K. The influence of context on deaf readers' understanding of passive sentences. *American Annals of the Deaf*, 1980, 125, 937~942.

McIntire, M. The acquisition of American Sign Language hand configurations. *Sign Language Studies*, 1977, 16, 247~266.

McKee, N. Etymology and syntax in a school for the deaf. *Proceedings of the fourteenth Convention of American Instructors of the Deaf*, Flint: Michigan School for the Deaf, 1895, 66~89.

McKee, P., Harrison, M., McCowen, A., Lehr, E. & Durr, W. *Reading for meaning* (4th ed.). Boston: Houghton Mifnin,

1966.

McLaughlin, B. *Second-language acquisition in childhood*. Hillsdale, NJ: Erlbaum, 1978.

McLaughlin, B. Second-language learning and bilingualism in children and adults. In S. Rosenberg (Ed.), *Handbook of applied psycholinguistics*. Hillsdale. NJ: Erlbaum, 1982.

McLaughlin, Barry. The Effects of Early Bilingualism. In: Barry McLaughlin. Second Language Acquisition in Childhood, Vol. 1 (2nd Ed.). Hillsdale, NJ: Erlbaum Associates, 1984, pp. 177~213.

McNeill, D. *The acquisition of language: The study of developmental psycholinguistics*. New York: Harper & Row, 1970.

McNeill, D. Speech and thought. In I. Markova (Ed.), *The social context of language*. New York: Wiley, 1978.

Meadow, K. Early manual communication in relation to the deaf child's intellectual, social, and communicative functioning. *American Annals of the Deaf*, 1968, 113, 29~41.

Meadow, Kathryn. Early Manual Communication in Relation to the deaf Child's Intellectual, Social, and Communicative Functioning. *American Annals of the Deaf*, 1968, 113, 29~41.

Meadow, Kathryn P. Sociolinguistics, Sign Language and the Deaf Sub-Culture. In: T. J. O'Rourke(ed.). Psycholinguistics and Total Communication: The State of the Art. Washington, D. C.: *American Annals of the Deaf*, 1972, pp. 19~33.

Menn, L. Child language as a source of constraints for linguistic theory. In L. Obler & L. Menn (Eds.) *Exceptional language and linguistics*. New York: Academic Press, 1982.

Menyuk, P. A preliminary evaluation of grammatical capacity in children. *Journal of Verbal Learning and Verbal Behavior*, 1963, 2, 429~439.

Menyuk, P. The role distinctive features in children's acquisition of phonolog. *Journal of Speech and Hearing Research*, 1968, 11, 138~146.

Menyuk, P. Early development of receptive language: From babbling to words. In R. Schiefelbusch & L. Lloyd (Eds.), *Language perspectives: Acquisition, retardation, and intervention*. Baltimore: University Park Press, 1974.

Menyuk, P. *Language and maturation*. Cambridge, MA: MIT Press, 1977.

Mey, J. *Pragmalinguitics: Theory and practice*. The Hague: Mouton, 1979.

Miller, G. & Johnson-Laird, P. *Language and preception*. Cambridge, MA: Harvard University Press, 1976.

Miller, J. *Assessing language production in children*. Baltimore, MD: University Park Press, 1981.

Miller, June. Oralism. *Volta Review*, 1970, 27: 211~217.

Modiano, N. National or mother language in beginning reading: A comparative study. *Research in the Teaching of English*, 1968, 2, 32~43.

Moerk, E. *Pragmatic and semantic aspects of early language development*. Baltimore: University Park Press, 1977.

Mohay, H. The effects of cued speech on the language development of three deaf children. *Sign Language Studies*, 1983, 38, 25~47.

Monsen, R. The production of labial occlusives in young hearing-impaired children. *Language and Speech*, 1979, 22,

311~318.

Moog, J. & Geers, A. Grammatical analysis of elicited language: Simple Sentence Level. St. Louis, MO: Central Institute for the Deaf, 1979.

Moog, J. & Geers, A. Grammatical Analysis of Elicited Language: Complex Sentence Level. St. Louis, MO: Central Institute for the Deaf, 1980.

Moog, J. & Kozak, V., *Teacher assessment of grammatical structures*. St. Louis, MO: Central Institute for the Deaf, 1983.

Moog, J., Kozak, V. & Geers. A. Grammatical Analysis of Elicited Language: Pre Sentence Level. St. Luis, MO: Central Institute for the Deaf, 1983.

Moores, D. *Applications of "cloze" procedures to the assessment of psycholinguistic abilities of the deaf.* Unpublished doctoral dissertation, University of Illinois, 1967.

Moores, D. *Educating the deaf: psychology, principles, and practices.* Boston: Houghton Mifflin, 1978.

Moores, Donald F. *Educating the Deaf: Psychology, Principles, and Practices* (3rd Edition). Boston: Houghton Mifflin, 1987.

Morehead, D. & Morehead, A. From signal to sign: A Piagetian view of thought and language during the first two years: In R. Schiefelbusch & L. Lloyd (Eds.), *Language perspectives: Acquisition, retardation, and intervention.* Baltimore: University Park Press, 1974.

Morgan, E. Bilingualism and non-verbal intelligence: A study of test results. Pamphlet No.4, Collegiate Faculty of Education, Aberystwyth, 1957.

Morgan, J. & Sellner, M. Discourse and linguistic theory. In R. Spiro, B. Bruce & W. Brewer (Eds.), *Theoretical issues in reading comprehension.* New York: Erlbaum, 1980.

Morkovin, B. Experiment in teaching deaf preschool children in the Soviet Union. *Volta Review,* 1960, 62, 260~268.

Morse, P. Infant speech perception: A preliminary model and review of the literature. In R. Schiefelbusch & L. Lloyd (Eds.) *Language perspectives: Acquisition, retardation, and intervention.* Baltimore: University Park Press, 1974.

Moskowitz, B. On the status of vowel shih in English. In T. Moore (Ed.), *Cognitive development and the acquisition of language.* New York: Academic Press, 1973.

Moulton, R. & Beasley, D. Verbal coding strategies used by hearing impaired individuals. *of Speech and Hearing Research,* 1975, 18, 559~570.

Myklebust, H. *The psychology of deafness.* New York: Grune & Stratton, 1960.

Myklebust, H. *psychology of deafness* (2nd ed.). New York: Grune & Stratton, 1964.

Namir, L. & Schlesinger, I. The grammar of sign language. In I. Schlesinger & L. Namir (Eds.), *Sign language of the deaf: Psychological, linguistic, and sociological perspectives.* New York: Academic Press, 1978.

Nelson, K. Structure and strategy in learning to talk. *Monographs of the Society for Reasearch in Child Development,* 1973, 38, (Serial No. 149).

Nelson, K. The nominal shih in semantic-syntactic development. *Cognitive psychology,* 1975, 7, 461~479.

Nelson, M. The evolutionary process of methods of teaching

language to the deaf with a survey of the methods now employed. *American Annals of the Deaf*, 1949, 94, Pt. I, 230~294; Pt, II, 354~396: Pt, III, 491~499.

Newport, E. & Ashbrook, E. The emergence of semantic relations in American Sign Language. *Papers and Reports on Child Language Development*, 1977, 13, 16~21.

Newport, Elissa L., and Supalla, Ted. A Critical Period Effect in the Acquisition of a Primary Language. Unpublished Ms, 1987.

Nicholls, G. *Gued speech and the reception of spoken language.* Unpublished master's thesis, McGill University, Montreal, Canada, 1979.

Northcott, Winifred. Freedom through Speech: Every Child's Right. *Volta Review*, 1981, 83: 162~181.

Odom, P., Blanton, R. & McIntire, C. Coding medium and word recall by deaf and hearing subjects. *Journal of Speech and Hearing Research*, 1970, 13, 54~58.

O'Donnell, R., Griffin, W. & Norris, R. *Syntax of kindergarten and elementary school children: A transformational analysis.* Champaign, IL: National Council of Teachers of English, 1967.

Ogden, P. *Experiences and attitudes of oral deaf adults regarding oralism.* Unpublished doctoral dissertation, University of Illinois, 1979.

Oller, D., Jensen, H. & Lafayette. R. The relatedness of phonological processes of a hearing-impaired child. *Journal of Communication Disorders*, 1978, 11, 97~105.

Omanson, R., Warren, W. & Trabasso, T. Goals, inferential comprehension, and recall of stories by children. *Discourse*

Processes, 1978, 1, 337~354.

O'Neill, M. *The receptive language competence of deaf children in the use of the base structure rules of transformational generative grammar.* Unpublished doctoral dissedation, University of Pittsburgh, PA, 1973.

O'Rourke, T. *A basic course in manual communication.* Silver Spring, MD: National Association of the Deaf, 1973.

Otheguy, R. & Otto, R. The myth of static maintenance in bilingual education. *The Modern Language Journal*, 1980, 64, 350~356.

Ottem, E. An analysis of cognitive studies with deaf subjects. *American Annals of the Deaf*, 1980, 125, 564~575.

Owens, R., Haney, M., Giesow, V., Dooley, L. & Kelly, Language test content: A comparative study. *Language Speech & Hearing Services in Schools*, 1983, 14, 7~21.

Padden, C. Some arguments for syntactic patterning in American Sign Language. *Sign Language Studies*, 1981, 32, 239~259.

Page, S. *The effect of idiomatic language in passages on the reading comprehension of deaf and hearing students.* Unpublished doctoral dissertation, Ball State University, 1981(Abstract).

Parisi, D. & Antinucci, F. *Essentials of grammar.* New york: Academic Press, 1976.

Paul, Peter V. American Sign language and English: A Bilingual Minority-Language Immersion Program. CAID-News 'N' Notes. Washington, D. C.: Conference of American Instructors of the Deaf, 1988.

Paul, Peter V. and C. Gramly. Is Reading in L1 Really Necessary for Reading in L2, Especially when L1 has no Written Form? A Perspective on ASL and English. Paper presented to the Eighth Delaware Symposium on Language Studies, University of Delaware, Newark, 1986.

Paulston, C. Ethnic relations and bilingual education: Accounting for contradictory data. In J. Alatis & K. Twaddell (Eds.), *English as a second language in bilingual education.* Washington, D. C.: TESOL, 1976.

Paulston, Christina Bratt. Research. In: Bilingual Education: Current Perspectives, Vol. 2: Linguistics. Washington, D. C.: Center for Applied Linguistics, 1977, pp. 87~151.

Payne, J. *A study of the comprehension of verb-Particle combinations among deaf and hearing subjects.* Unpublished doctoral dissertation, University of Illinois, 1982.

Peal, E. & Lambed, W. The relation of bilingualism to intelligence. *Psychological Monographs: General and Applied,* 1962, 76, 1~23.

Pearson, P. & Johnson, D. *Teaching reading comprehension.* New York: Holt, Rinehart & Winston, 1978.

Peet, H. The order of the first lessons in language for a class of deaf mutes. *Proceedings of the sixth Convention of the American Instructors of the Deaf,* Washington, D. C.: U. S. Govt. Printing Office, 1869, 19~26.

Peet, H. *Course of instruction for the deaf and dumb. Part Third* (7th ed.) New York: Egbert, Crawford & King, Printers. 1870.

Perlman, C. *An invetigation of deaf and hearing children's ability to apply morphological rules to lexical and nonsense items*. Unpublished master's thesis, University of Cincinnati, 1973.

Perry, F. The psycholinguistic abilities of deaf children: An exploratory investigation-II. *The Australian Teacher of the Deaf*, 153~160.

Pettifor, J. The role of language in the development of abstract thinking: A comparison of hard-of-hearing and normally hearing children on levels of conceptual thinking. *Canadian Journal of Psychology*, 1968, 22(3), 139~156.

Piaget, J. [*Play, dreams and imitation in childhood*] (C. Gattegno & F. Hodgson, trans.). New York: Norton, 1951 (originally published, 1945).

Piaget, J. [*The construction of reality in the child*] (M. Cook, trans.). New York: Basic Books, 1954 (originally published, 1937).

Piaget, J. *The language and thought of the child*. New York: Meridian Books, 1955.

Piaget, J. Language and thought from the genetic point of view. In D. Elkind (Ed.), *Six psychological studies*. New York: Random House, 1967.

Piaget, J. [*Biology and knowledge: An essay on the relations between organic regulations and cognitive processes*] (B. Walsh, trans.). Chicago: University of Chicago Press, 1971 (originally published, 1967).

Pintner, R., Eisenson, J. & Stanton, M. *The psychology of the physically handicapped*. New York: Crofts, 1941.

Pintner, R. & Patterson, D. A measurement of the language ability of deaf children. *Psychological Review*, 1916, 23, 413~436.

Pintner, R. & Reamer, J. A mental and educational survey of schools for the deaf. *American Annals of the Deaf*, 1920, 65, 451~472.

Pollack, D. Acoupedics: A uni-sensory approach to auditory training. *Volta Review*, 1964, 66, 400~409.

Power, D., * Quigley, S. Deaf children's acquisition of the passive voice. *Journal of Speech and Hearing Research*, 1973, 16, 5~11.

Powers, A. & Wilgus, S. Linguistic complexity in the written language of deaf children. *Volta Review*, 1983, 85, 201~210.

Presnell, L. Hearing-impaired children's comprehension and production of syntax in oral language. *Journal of Speech and Hearing Research*, 1973, 16, 12~21.

Pugh, G. Summaries from appraisal of the silent reading abilities of acoustically handicapped children. *American Annals of the Deaf*, 1946, 91, 331~349.

Quigley, S. The influence of fingerspelling on the development of language, communication, and educational achievement in deaf children. Urbana, IL: Institute for Research on Exceptional Children, 1969.

Quigley, S. Reading achievement and special reading materials. In R. E. Kretschmer (Ed.), Reading and the hearing-impaired individual. *Volta Review*, 1982, 85(5), 95~106.

Quigley, S. & Frisina, R. *Institutionalization and psychoeducational development of deaf children. CEC Research Monograph.* Washington, D. C: Council on Exceptional Children, 1961.

Quigley, S. & King, C. *Reading milestones.* Beaverton, OR: Dormac, 1981, 1982, 1983, 1984.

Quigley, S. & King, C. Language development of deaf children and youth. In S. Rosenberg(Ed.), *Handbook of applied psycholinguistics.* Hillsdale, NJ: Erlbaum, 1982.

Quigley, S. & Kretschmer, R. E. *The education of deaf children.* Baltimore: University Park Press, 1982.

Quigley, S. & Paul, P. ASL and ESL? *Topics in Early Childhood Special Education.* 1984.

Quigley, S. & Power, D. TSA *syntax program.* Beaverton, OR: Dormac, 1979.

Quigley, S., Power, D. & Steinkamp, M. the language structure of deaf children. *Volta Review.* 1977. 79. 73~83.

Quigley, Stephen P., and Peter V. Paul. ASL and ESL? Topics in Early Childhood Special Education, 19M, 3, 17~26.

Quigley, Stephen P., and R. Kretschmer. *The Education of Deaf Children.* Baltimore: University Park Press, 1982.

Quigley, S., Smith N. & Wilbur, W. Comprehension of relativized sentences by deaf students. *Journal of Speech and Hearing Research*, 1974, 17, 325~341.

Quigley, S., Steinkamp, M, Power, D. & Jones, B. Test of Syntactic Abilities. Beaverton, OR: Dormac, 1978.

Quigley, S., Wilbur, R. & Montanelli, D. Question formation in the language of deaf students. *Journal of Speech and Hearing Research*, 1974, 17, 699~713.

Quigley, S., Wilbur, R. & Montanelli, D. Complement structures in the language of deaf students. *Journal of Speech and Hearing Research*, 1976, 19, 448~457.

Quigley, S., Wilbur, R., Power, D., Montanelli, D. & Steinkamp, M. *Syntactic structures in the language of deaf children.* Urbana: University of Illinois, Institute for Child Behavior and Development, 1976.

Raffin, M. *The acquisition of inflectional morphemes by deaf children using Seeing Essential English.* Unpublished doctoral dissertation, University of Iowa, 1976.

Raffin, M., Davis, J. & Gilman, L. Comprehension of inflectional morphemes by deaf children exposed to a visual English sign system. *Journal of Speech and Hearing Research,* 1978, 21, 387~400.

Rainer, J., Altschuler K. & Kallman, F. (Eds.) *Family and mental health problems in a deaf population.* Springfield, IL: Thomas, 1969.

Rawlings, B. & Jensema, C. *Two studies of the families of hearing impaired children.* Washington, D. C.: Gallaudet College, Office of Demographic Studies, Series R, No. 5, 1977.

Rawlings, Brenda. Characteristics of Hearing Impaired Students by Hearing Status: US 1970~71. Series D., No. 10, Office of Demographic Studies. Washington, D. C.: Gallaudet College, 1973.

Rayner, K., McConkie, G. & Zola, D. Integrating information across eye movements. *Cognitive Psychology,* 1980, 12, 206~226.

Reich, P. & Bick, M. How visible is visible English? *Sign Language Studies,* 1977, 14, 59~72.

Reich, Peter A., and margaret Bick. How Visible is Visible English? *Sign Language Studies,* 1977, 14, 59~72.

Reynolds, R. & Ortony, A. Some issues in the measurement of children's comprehension of metaphorical language. *Child Development,* 1980, 51, 1110~1119.

Richards, J. A non-contrastive approach to error analysis. In J. Richards (Ed.), *Error analysis: Perspectives on second language*. London: Longman, 1974.

Rittenhouse, R. Horizontal decalage: The development of conservation in deaf students and the effect of the task instructions on their performance. Unpublished doctoral dissertation, University of Illinois, 1977.

Robbins, N. & Hatcher, C. The effects of syntax on the reading comprehension of hearing-impaired children. *Volta Review*, 1981, 83, 105~115.

Robins, R. G. General linguistics: *An introductory survey* (3rd ed.). London: Longman, 1980.

Robinson, W. A new device for teaching language. *American Annals of the Deaf*, 1898, 43, 78~87; 170~183.

Rogers, W., Leslie, P., Clarke, B., Booth, J. & Horvath, A. Academic achievement of hearing impaired students: Comparison among selected sub-populations. *British Columbia Journal of Special Education*, 1978, 2, 183~213.

Rosenstein, J. Cognitive abilities of deaf children. *Journal of Speech and Hearing Research*, 1960, 3, 108~119.

Rosenstein, J. Perception, cognition, and language in deaf children. *Exceptional Children*, 961, 27, 276~284.

Rosier, P. & Farella, M, Bilingual education at Rock Point-Some early results. *TESOL Quarterly*, 1976, 10, 379~388.

Ross, M. & Calvert, D. The semantics of deafness. *Volta Review*, 1967, 69, 644~649.

Rumelhart, D. Toward an interactive model of reading. In S. Dornic (Ed.), *Attention and performance VI*. New York/London: Academic Press, 1977.

Russell, J. *Reversal and nonreversal shift in deaf and hearing kindergarten children.* Unpublished master's thesis, Catholic University of America, Washington, D. C., 1964.

Russell, W., Quigley, S. & Power, D. *Linguistics and deaf children.* Washington, D. C.: A. G. Bell Association for the Deaf, 1976.

Sacks, Oliver. *The Revolution of the Deaf.* New York Review of Books, 1988, 35(9), 23~28.

Saer, D. The effects of bilingualism on intelligence. *British Journal of Psychology*, 1923, 14, 25~38.

Salzinger, K. Ecolinguistics: A radical behavior theory approach to language behavior. In D. Aaronson & R. Rieber (Eds.), *Psycholinguistic research: Implications and applications.* Hillsdale, NJ: Erlbaum, 1979.

Sapir, E. Language and environment. In D. Mandelbaum (Ed.), *Selected writings of Edward Sapir in language, dulture, and personality.* Berkely: University of California, 1958.

Schlesinger, H. *The acquistions of signed and spoken language. In L. Liben* (Ed), Deaf children: Developmental perspectives. New York: Academic Press, 1978.

Schlesinger, H. & Meadow, K. *Sound and sign: Childhood deafness and mental health.* Berkeley: University of California Press, 1972.

Schlesinger, I. The role of cognitive development and linguistic input in language acquisition. *Journal of Child Language*, 1977, 4, 153~169.

Schlesinger, I. *Steps to language: Toward a theory of native language acquisition.* Hillsdale, NJ: Erlbaum, 1982.

Schlesinger, I. & Namir, L. (Eds.) *Sign language of the deaf.* New

York: Academic Press, 1978.

Schmitt, P. Language instruction for the deaf. In S. P. Quigley (Ed.), Language acquisition. *Volta Review.* 1966 (Reprint No. 852).

Schmitt, P. *Deaf children's comprehension and production of sentence transformations and verb tenses.* Unpublished doctoral dissertation, University of Illinois, 1969.

Schulze, B. An evaluation of vocabulary development by thirty-two deaf children over a three year period. *American Annals of the Deaf*, 1965, 110, 424~435.

Scouten, E. The Rochester method: An oral multi-sensory approach for instructing prelingual deaf children. *American Annals of the Deaf*, 1967, 112, 50~55.

Searle, J. *Speech acts.* Cambridge: Cambridge University Press, 1969.

Searle, J. Indirect speech acts. In M. Cole & J. Morgan (Eds.), *Syntax and semantics* (Vol. 3). New York: Academic Press, 1975.

Selinger, H. Implications of a multiple critical periods hypothesis for second language learning. In W. Ritchie (Ed.), *Second language acquisition research.* New York: Academic Press, 1978.

Shankweiler, D., Liberman, I., Mark, I., Fowler, C. & Fischer, F. The speech code and learning to read. *Journal of Experimental Psychology: Human Learning and Memory*, 1979, 5, 531~545.

Shipley, E., Smith, C. & Gleitman, L. A study in the acquisition of language; free responses to Command. *Language*, 1969, 45, 322~342.

Simmons, A. A comparison of the type-token ratio of spoken and written language of deaf children. *Volta Review*, 1962, 64, 417~421.

Simmons, A. *Comparison of written and spoken language form deaf and hearing children at five age levels.* Unpublished doctoral dissertation, Washington University, 1963.

Sinclair-de Zwart, H. Language acquisition and cognitive development. In T. Moore (Ed.), *Cognitive development and the acquisition of language.* New York: Academic Press, 1973.

Siple, P. (Ed.) *Understanding language through sign language research.* New York: Academic Press, 1978.

Siple, P. Signed language and linguistic theory. In L. Obler & L. Menn (Eds.), *Exceptional language and linguistics.* New York: Academic Press, 1982.

Siple, P., Fischer, S. & Bellugi, U. Memory for nonsemantic attributes of American Sign Language signs and English words. *Journal of Verbal Learning and Verbal Behavior,* 1977, 16, 561~574.

Skarakis, E. & Prutting, C. Early communication: Semantic function and communicative intentions in the communications of the preschool child with impaired hearing. *American Annals of the Deaf,* 1977, 122, 382~391.

Skinner, B. About behaviorism. New York: Knopf, 1974.

Slobin, D. *Psycholinguistics* (2nd ed.). Glenview, IL: Scott, Foresman, 1979.

Slobin, D. Comments on developmental psycholinguistics. In F. Smith & G. Miller (Eds.), *The genesis of language: A Psycholinguistic approach.* Cambridge, MA: MIT Press,

1966.

Solbin, D. & Welsh, C. Elicited imitation as a research tool in developmental psycholinguistics. In C. Ferguson & D. Slobin (Eds.), *Studies of child language development*. New York: Holt, Rinehart & Winston, 1973.

Smith, C. An experimental approach to children's linguistic competence. In J. Hayes (Ed.), *Cognition and the development of language*. New York: Wiley, 1970.

Smith, F. *Comprehension and learning: A conceptual framework for teachers*. New York: Holt, Rinehart & Winston, 1975a.

Smith, F. The role of prediction in reading. *Elementary English*, 1975b, 52, 305~311.

Smith, F. *Comprehension and learning: A conceptual framework for teachers*. New York: Holt, Rinehart & Winston, 1978.

Snow, C. The development of conversation between nlothers and babies. *Journal of Child Language*, 1977, 4, 1~22.

Snow, C. & Ferguson, C. (Eds.) *Talking to children: Language input and acquisition*, Cambridge: Cambridge University Press, 1977.

Sokolov, A. *Inner speech and thought*. New York: Plenum Press, 1972.

Spiro, R. Remembering information from text: Theoretical and empirical issues concerning the "State of Schema" reconstruction hypothesis. In R. Anderson, R. Spiro & W. Montague (Eds.), *Schooling and the acquisition of knowledge*. Hillsdale, NJ: Erlbaum 1977.

Staats, A. Linguistic-mentalistic theory versus an explanatory S-R learning theory of language development. In D. Slobin (Ed.), *The ontogenesis of grammar*. New York: Academic

Press, 1971.

Stanovich, K. Toward an interactive-compensatory model of individual differences in the development of reading fluency. *Reading Research Quarterly*, 1980, 16, 32~71.

Stanovich, K. & West, R. Mechanisms of sentence context effects in reading: Automatic activation and conscious attention. *Memory and Cognition*, 1979, 7, 77~85.

Stevens, Raymond P. Children's Language Should be Learned and not Taught. *Sign Language Studies*, 1976, 11, 97~108.

Stevens, Raymond P. Education in Schools for Deaf Children. In: Charlotte Baker and Robin Battison (eds.). Sign Language and the Deaf Community. Silver Spring, MD: National Association of the Deaf, 1980, 177~191.

Stevenson, E. A Study of the Educational Achievement of Deaf Children of Deaf Parents. California News, 1964, 80, 143.

Stokoe, W. Jr., *Sign language structure: An outline of the visual communication systems of the American deaf.* Studies in Linguistics, Occasional Paper No. 8, 1960(Reissued Washington, D. C.: Gallaudet College, 1971.)

Stokoe, W. Jr. *Semantics and human sign languages.* The Hague: Mouton, 1972.

Stokoe, W. Jr. the use of sign language in teaching English. *American Annals of the Deaf*, 1975, 120, 417~421.

Stokoe, William C., Jr. Sign Language Structure: An Outline of the Visual Communication Systems of the American Deaf. (Studies in Linguistics: Occasional Papers 8) Buffalo, NY: University of Buffalo, 1960. [Rev. ed., Silver Spring, MD: Linstok Press, 1978].

Stone-Harris, Rachel. El Lenguaje de Señas de la Educación del Niño Sordo. Paper presented to the Centro Nacional de Recurso para la Educación Especial, Madrid, Spain, 1988.

Stowitschek, J., Gable, R. & Hendrickson, J. *Instructional materials for exceptional children: Selection, management, and adaptation*, Germantown, MD: Aspen System, 1980.

Streng, A. *Reading for deaf children.* Washington, D. C.: Alexander Graham Bell Association for the Deaf, 1965.

Strong, Michael. A Bilingual Approach to the Education of Young Deaf Children: ASL and English. In: Michael Strong(ed.). Language Learning and Deafness. New York: Cambridge University Press, 1988, 113~129.

Stuckless, E., and J. Birch. The Influence of Early Manual Communication on the Linguistic Development of Deaf Children. *American Annals of the Deaf*, 1966, 111, 425~ 460, 499~504.

Stuckless, E. R. & Birch, J. The influence of early manual communication on the linguistic development of deaf children. *American Annals of the Deaf*, 1966, 111, 452~460, 499~504.

Stuckless, E. R. & Hurwitz, A. Recording speech in real-time print: Dream or reality? *The Deaf American*, 1982, 34, 10~15.

Stuckless, E. R. & Marks, C. *Assessment of the written language of deaf students.* Pittsburgh, PA: University of Pittsburgh, School of Education, 1966.

Stuckless, E. R. & Matter, J. *Word accuracy and error in steno/computer transliteration of spoken lectures into real-time graphic display.* Rochester NY: National Technical Institute for the Deaf, RTGD Working Paper

No.1, 1982.

Stuckless, E. R. & Pollard, G. Processing of fingerspelling and print by deaf students. American Annals of the Deaf, 1977, 122, 475~479.

Supalla, Sam. Manually Coded English: The Modality Question in Signed Language Development. Unpublished Masters Thesis. University of Illinois, Urbana-Champaign, 1986.

Suzuki, Shigetada, and Masako Notoya. Teaching Written Language to Deaf Infants and Preschoolers. Topics in Early Childhood Special Education, 1984, 3, 10~16.

Swain, M. Linguistic expectations: Core, extended and immersion programs. *Canadian Modern Language Review*, 1981, 37, 486~497.

Taylor, L. *A language analysis of the writing of deaf children.* Unpublished doctoral dissertation, Florida State University, Tallahassee, 1969.

Templin, M. *Certain language skills in children, their development and interrelationships.* Institute of Child Welfare Monograph Service, 26. Minneapolis: University of Minnesota Press, 1957.

Tervoort, B. *Analysis of communicative structure patterns in deaf children.* (Final Report, Project No. R. D, 467-64-65), Washington, D. C.: United States Department of Health, Education, and Welfare, Vocational Rehabilitation Administration, 1967.

Tervoort, B. Bilingual interference. In I. Schlesinger & L. Namir (Eds.), *Sign language of the deaf: Psychological, linguistic, and sociological perspectives.* New York: Academic Press, 1978.

Thompson, W. An analysis of errors in written compositions by deaf children. *American Annals of the Deaf*, 1936, 81, 95~99

Thorndike, R. Reliability. In E. Lindquist (Ed)., *Educational Measurement*. Washington, D. C.: American Council on Education, 1951.

Thorndike, R. & Hagen, E. *Measurement and evaluation in psychology and education* (2nd ed.). New York: Wiley, 1961.

Trabasso, T. On the making and assessment of inferences during reading. In J. Guthrie (Ed.), *Reading comprehension and education*. Newark, DE: International Reading Association, 1980.

Troike, R, Research evidence for the efrectiveness of bilingual education. *NABE Journal*, 1978, 3, 13~24.

Troike, R. Synthesis of research on bilingual education. *Educational Leadership*, 1981. 38, 498~504..

Truax, R. Reading and language. In R. R. Kretschmer & L. Kretschmer (Eds.) *Language development and intervention with the hearing impaired*. Baltimore: University Park Press, 1978.

Trybus, R. & Karchmer, M. School achievement scores of hearing impaired children: National data on achievement status and growth patterns. *American Annals of the Deaf Directory of Programs and Services*, 1977, 122, 62. 69.

Trybus, Raymond, and Carl Jensema. Communication Patterns and Education Achievement of Hearing Impaired Students. Office of Demographic Stries, Series T, No. 2. Washington, D. C.: Gallaudet College, 1978.

Tucker, G. The linguistic perspective. In *Bilingual education: Current perspectives.* Vol. 2, Arlington, VA: Center for Applied Linguistics, 1977.

Turner, R. (Ed.) *Ethnomethodology.* Harmondsworth, England: Penguin, 1974.

Tweeney, R., Hoeman, H. & Andrews, C. Semantic organization in deaf and hearing subjects. *Journal of Psycholinguistic Research,* 1975, 4, 61~73.

Tyack, D. & Gottesleben, R. *Language sampling, analysis, and training: A handbook for teachers and clinicians.* Palo Alto, CA: Consulting Psychologist's Press. 1974.

Van der Geest, T. *Evaluation of theories on child grammars.* The Hague: Mouton, 1974.

Van Uden, A. *A world of Language for deaf children. Part I. Basic principles.* Amsterdam Holland: Swets & Zeitlinger, 1977.

Van Uden, A. A World of Language for Deaf Children (Part I: Basic Principles). St. Michielsgestel, The Netherlands: The Institute for the Deaf, 1968.

Vellutino, F. Theoretical issues in the study of word recognition: The unit of perception controversy reexamined. In S. Rosenberg (Ed.), *Handbook of applied psycholinguistics,* (pp. 33~197). NJ: Erlbaum, 1982.

Venezky, R. *Theoretical and experimental base for teaching reading.* The Hague: Mouton, 1976.

Ventry, I. & Schiavetti, N. Evaluating research in speech pathology and audiology: *A guide for clinicians and students.* Menlo Park, CA: Addison-Wesley, 1980.

Vernon, M. Relationship of language to the thinking process.

Archives of General Psychiatry, 16, 325~333.

Vernon, M. Multiply handicapped deaf children: Medical, educational and psychological considerations. Washington, D. C.: *Council for Exceptional Children Research Monograph*, 1969.

Vernon, MacKay, and S. Koh. Effects of Manual Communication on Deaf Children's Educational Achievement, Linguistic Competence, Oral Skills, and Psychological Development. *American Annals of the Deaf*, 1970, 115, 527~536.

Walter, G. Lexical abilities of hearing and hearing-impaired children. *American Annals of the Deaf*, 1978, 12, 976~982.

Wardrop, J. *Standardized testing in the schools: Uses and roles.* Monterey, CA: Brookes/Cole, 1976.

Wheeler, D. Processes in word recognition. *Cognitive Psychology*, 1970, 1, 59~85.

White, A. & Stevenson, V. The effects of total communication, manual communication, oral communication and reading on the learning of factural information in residential school deaf children. *American Annals of the Deaf*, 1975, 120, 48~57.

Wilbur, R. An explanation of deaf children's difficulty with certain syntactic structures in English. *Volta Review*, 1977, 79, 85~92.

Wilbur, R. *American sign language and sign systems.* Baltimore: University Park Press, 1979.

Wilbur, R. The linguistic description of American Sign Language. In H. Lane & F. Grosjean (Ed.). Recent perspectives on American Sign Language. Hillsdale, NJ: Erlbaum, 1980,

Wilbur, R., Fraser, J. & Fruchter, A. *Comprehension of idioms by hearing imapired students*. Paper presented at the American Speech-Language-Hearing Association Convention, Los Angeles, 1981.

Wilson, K. *Inference and language processing in hearing and deaf children*. Unpublished doctoral dissertation, Boston University, 1979.

Wing, G. The theory and practice of grammatical methods. *American Annals of the Deaf*, 1887, 32, 84~92.

Winitz, H. *Articulatory acquisition and behavior*. New York: Appleton-Century-Crohs, 1969.

Winner, E., Engel, M. & Gardner, H. Misunderstanding metaphor: What's the problem? *Journal of Experimental Child Psychology*, 1980, 30, 22~32.

Winston, Elizabeth A. *Mainstream Interpreting: An Analysis of the Task*. Unpublished MS. Washington, D. C.: Gallaudet University, 1988.

Withrow, F. Immediate memory span of deaf and normally hearing children. *Exceptional Children*, 1968, 35, 33~41.

Wolff, P. The natural history of crying and other vocalizations in early infancy. In B. Foss (Ed.), *Determinants of infant behavior* (Vol. 4). London: Methuen, 1969.

Woodward, J. Some characteristics of pidgin sign English. *Sign Language Studies*, 1973, 3, 39~46.

Woodward, J. Historical bases of American Sign Language. In P. Siple (Ed.), *Understanding language through sign language research*. New York: Academic Press, 1978.

Woodward, J. Sociolinguistic research on ASL: An historical perspective. In C. Baker & R. Battison (Eds.), *Sign language and the deaf community: Essays in honor of*

William C. Stokoe. Silver Spring, MD: National Association of the Deaf, 1980.

Woodward, james, and Thomas Allen. Classroom Use of ASL by Teachers. *Sign Language Studies,* 1987, 54, 1~10.

Woodward, James. Some sociolinguistic Problems in the Implementation of Bilingual Education for Deaf Students. In: Frank Caccamise and Doin Hicks(eds.). American Sign Language in a Bilingual, Bicultural Context. The proceedings of the Second National Symposium on Sign Language Research and Teaching. Silver Spring, MD: National Association of the Deaf, 1978, 183~203.

Woodward, J. & Markowicz, H. Same handy new ideas on pidgins and creoles: Pidgin sign languages. International Conference on Pidgins and Creole Languages, Honolulu, 1975.

Wrightstone, J., Aronow, M. & Moskowitz, S. Developing reading test norms for deaf children. *American Annals of the Deaf,* 1963, 311~316.

Youniss, J. & Furth, H. Prediction of causal events as a function of transitivity and perceptual congruency in hearing and deaf children. *Child Development,* 1966, 37, 73~81.

Yussen, S. & Santrock, J. *Child development.* Dubuque: W. C. Brown, 1978.

Zola, D. *The effect of redundancy on the perception of words in reading* (Tech. Rep. No. 216). Ubana: University of Illinois, Center for the Study of Reading, 1981.

사항 색인

● 편저자 ●

김병하   대구대 대학원 특수교육학과 문학박사 취득
            Gallaudet University 객원연구교수
            대구대학교 사범대학 학장 역임
            대한특수교육학회회장 역임
            현재 대구대 특수교육학부 교수
            BK21 특수교육 교육연구단 단장
            대구장애우권익문제연구소 이사장

            주요 저서
            『한국의 특수교육』, 『청각장애아 교육』, 『특수교육의 역사적 이해』,
            『토털 커뮤니케이션』 외 다수

청각장애와 언어

● 초판 발행   2002년 1월 17일
● 2   쇄   2003년 7월 17일

● 엮 은 이   김병하 · 강창욱 · 최영주
● 펴 낸 이   채종준
● 펴 낸 곳   한국학술정보㈜
            경기도 파주시 교하읍 문발리 파주출판문화정보산업단지
            538-2
            전화 031) 908-3181(대표) · 팩스 031) 908-3189
            홈페이지 http://www.kstudy.com
            e-mail(e-Book사업부) ebook@kstudy.com
● 등   록   제일산-115호(2000. 6. 19)
● 가   격   32,000원

ISBN   89-534-0636-6 93370 (Paper Book)
         89-534-0637-4 98370 (e-Book)